KB074259

The Water Will Come:

Rising Seas, Sinking Cities, and the Remaking of the Civilized World

옮긴이_ **박중서**

한국저작권센터(KCC)에서 일했고 출판 번역가로 활동 중이다. 논픽션 번역서로는 올리버 벌로의 『머니랜드』, 마이클 루이스의 『블라인드 사이드』, 시몬 비젠탈의 『모든 용서는 아름다운가』, 빌 브라이슨의 『거의 모든 사생활의 역사』, 조지프 캠벨의 『신화와 인생』, 찰스 밴 도렌의 『지식의 역사』 등이 있다.

물이 몰려온다.

높아지는 해수면, 가라앉는 도시,
그리고 문명 세계의 대전환

제프 구델 지음 | 박중서 옮김

북트리거

기후변화에 관한 탁월한 책을 하나 읽고 나면, 우리는 거기에 나온 내용을 잊고 싶어도 잊을 수 없다. 제프 구델의 『물이 몰려온다』는 아주 확실히 그런 책 가운데 하나다. … 구델은 이미 여러 해 동안 기후변화에 관한 글을 써 왔다. … 그는 진짜배기고, 헌신적이고, 발로 뛰는 저자다.

— 제니퍼 시니어, 《뉴욕타임스》

미국인이 배수排水에 관해 주목할 만한 순간이 있다면 바로 지금일 것이다. 하지만 이 훌륭한 책은 앞으로 여러 해 동안 물이 우리의 도시와 우리의 영혼에 부과하게 될 더 느리지만 더 가차 없는 대가가 무엇인지에 집중한다.

— 빌 맥키벤, 《워싱턴포스트》

기후변화, 상승하는 해수면, 그리고 이런 일이 우리의 미래에 갖는 의미에 관해 더 많이 배우고 싶은 사람이라면 『물이 몰려온다』를 읽어 보라.

— 크리스 헤이스, MSNBC

올해의 가장 중요한 책 가운데 하나다. … 우리 생애 동안 바다가 상승할지 여부에 대한 탐구가 아니라, 바다가 상승할 것이라는 기정사실에 대한 설득력 있는 탐구다.

— 시에라클럽

구델은 비록 두서없지만 생생하기 그지없는 과학과 역사, 사회학의 혼합 속으로 뛰어들었다. … 구델은 과학 다큐멘터리 애청자가 아닌 사람조차도 흥미를 느낄 법한 방식으로 기후변화에 대해, 그리고 그 사건이 이 행성의 모든 사람에게 어떤 의미인지에 대해 이야기한다.

— 즐라티 마이어, 《USA투데이》

환경적 대의를 위해 제프 구델이 내놓은 가장 최근의 기여물인 이 책은 끝없는 기후 온난화와 해수면 상승에 따르는 인간의 딜레마에 관해서 눈이 번쩍 뜨이는 초상을 그리고 있다. 『물이 몰려온다』는 세계 각지의 설득력 있는 일화를 세계에 아직도 남아 있는 극소수의 회의주의자조차도 재고하게 만들 법한 충격적인 전문가들의 의견과 한데 조합했다. 이 책을 읽고 바로 지금의, 오늘 당장의 위험에 대해 다시금 생각하고 기후 문제에 대처하기 위해 우리가 반드시 더 열심히, 더 빨리 노력해야 하는 이유를 되새겨 보라.

— 존 케리, 전직 국무장관

『물이 몰려온다』는 절대적으로 명석한 과학 저널리즘이며, 전 세계 모든 시민의 필독서임이 분명하다.

—《포브스》

섬뜩한 내용을 면밀한 취재로 명료하게 서술한 이 책은 지구의 변화하는 기후가 오늘날의 우리에게 무슨 의미인지를, 또 미래 세대에게는 무슨 의미일지를 서술한다. … 이 책은 바로 '우리' 자신이 위기에 처한 주인공으로 등장하는 스릴러 소설이다.

— 존 그린, 작가

매력적이다. … 구델은 해수면이 예전부터 항상 상승하고 하강해 왔지만, 현재의 상승은 주로 극적으로 가속화하는 북극 만년설의 녹아내림에 의해 야기되며, 바닷가에 있는 수많은 도시에는 이것이야말로 파국적인 일이 될 것이라고 지적한다.

— 댄 캐플런, 《북리스트》

해수면 상승에 관한 이야기라면 다른 작가들도 했었지만, 아마 구델이 한 만큼 설득력 있는 이야기는 없을 것이다. 그의 매력적인 이야기들은 … 해수면 상승의 함축적 의미와 사회가 직면하는 선택을 명확히 설명한다.

— 로버트 글렌논, 《뉴욕타임스북리뷰》

구델의 언론인다운 문체는 매력적이고, 넓은 독자층에 호소력이 있을 것이다. … 물이 가득한 우리의 미래로 떠나는, 이 생각을 일깨우는 여행은 도전과 영감을 동시에 제공한다.

— 제시카 라몬드, 《사이언스》

제프 구델은 석탄 채굴부터 지구공학에 이르기까지 우리 시대의 가장 중요한 쟁점 가운데 일부를 줄곧 건드려 왔다. 『물이 몰려온다』에서 그는 특유의 엄격함과 지성을 발휘하여 해수면 상승의 위험을 설명한다. 그 결과는 깊은 설득력이 있는 동시에 깊은 불안감을 일깨운다.

— 엘리자베스 콜버트, 퓰리처상 수상 작가

필독서다. … 구델은 통찰력과 공감을 바탕으로 글을 쓰며, 우리가 지금 당장 행동에 돌입하도록 이웃, 친구, 정치인을 설득하는 데 사용할 수 있는 입문서를 제공한다.

— 레오나르도디카프리오재단

해수면 상승이 다가오고 있다. 우리는 이 사실을 마치 온도계의 수치, 얼음의 녹는점, 열팽창의 법칙만큼이나 명료하게 알고 있다. 제프 구델의 책은 화석연료에 얽힌 거짓말을 낱낱이 파헤친다. (개인적인 바람으로는) 아직 시간이 있을 때 우리가 귀를 기울였으면 하는 경고다.

— 셸던 화이트하우스, 상원의원

『물이 몰려온다』는 훌륭하고도 설득력 있는 연구다. … 기후변화가 연안 도시에 끼칠 영향에 관한 무시무시하고, 과학적으로 근거가 확실하면서도, 철저하게 타당한 시각이다.

—《커커스리뷰》

빈틈없이 조사했으며, 자기 분야에 능숙한 언론인 특유의 명료하고 접근하기 쉬운 필체로 집필했다. … 설득력 있고, 시의적절하고, 생생하게 구성된 『물이 몰려온다』는 올해 최고의 필독서 가운데 하나가 될 것이다.

— 에이미 브래디, 《셀프어웨어니스》

밀로와 조지아와 그레이스에게 바친다.

CONTENTS

한 나라의 역사에서 땅이 애초의 생각만큼

다루기 쉽지는 않다는 것이 분명해지는

역사적 순간이 항상 있게 마련이다.

— 짐 셰퍼드, 「물과 함께 살아가는 네덜란드」

일러두기

1. 본문에 나오는 인명과 지명 등의 표기는 원칙적으로 국립국어원이 정한 외래어표기법을 따랐으나, 관례로 굳어진 몇몇 경우는 예외로 했다.
2. 본문의 각주는 모두 옮긴이의 주석이며, 미주는 모두 원서의 주석이다.
3. 저자가 이탤릭체로 강조한 부분은 한국어판에서 볼드체로 처리했다.
4. 학술지를 비롯한 정기간행물은 《》, 단행본은 「」 논문·보고서는 「」 TV 프로그램·영화·미술 작품 제목은 〈〉로 묶었다.
5. 거리, 면적, 무게, 온도 등의 단위 표기는 국제도량형표기법에 맞추었으나, 문맥과 상황에 따라 원서의 야드파운드법을 적용했다. 이때 내용의 이해를 위해 필요한 부분에는 [ ] 안에 국제도량형표기법으로 환산한 수치를 제시하되, 가독성을 위해 근삿값으로 표기했다.

아틀란티스

2037년 마이애미를 덮친 허리케인 이후, 마이애미비치 퐁텐블로호텔 로비의 유명한 나비넥타이 무늬 바닥은 두께 1피트의 모래로 뒤덮였다. 한때 엘비스가 헤엄쳤던 수영장에는 죽은 매너티 (바다소) 한 마리가 떠 있었다. 대부분의 피해는 허리케인의 시속 280 킬로미터짜리 강풍이 아니라, 지대가 낮은 이 도시를 휩쓴 높이 6미터의 폭풍해일에서 비롯되었다. 사우스비치에서는 역사적인 아르데코 양식 건축물들이 기초에서 떨어져 나가고 말았다. 스타아일랜드의 저택들은 유리 세공 문손잡이가 달려 있는 곳까지 물에 잠겼다. 유명한 해변을 따라 포트로더데일까지 이어지는 27킬로미터에 달하는 A1A 도로는 대서양 속으로 사라져 버렸다. 폭풍은 버지니아키에 있는 하수처리장을 쓰러트렸고, 급기야 도시는 수억 갤런의 미처리 하수를 비스케인만에 쏟아낼 수밖에 없었다. 해변을 따라 탐폰과 콘돔이 흩어져 있었고, 인간 배설물의 악취는 콜레라에 대한 공포를 불러일으켰다. 사망자는 300명이 넘었으며, 그중 상당수는 마이애미비치와 포트로더데일을 물에 잠기게 한 해일에 쓸려 가 버렸다. 서둘러 도시를 탈출하려다 교통사고로 사망한 사람도 13명이나 되었다. 마이애미에서 남쪽으로 39킬로미터 떨어진 곳의 노후한 시설인 터키 포인트 핵발전소의 원자로 하나가 해일로 크게 손상되었고, 거기서 분출된 방사능구름이 도시 상공을 떠돌고 있다는 (알고 보니 가짜였던) 뉴스가 퍼졌기 때문이다.

물론 대통령은 마이애미가 틀림없이 복구될 것이라고, 미국인은 포기하지 않을 것이라고, 도시는 이전보다 더 나아지고 더 튼튼하게 재건될 것이라고 말했다. 하지만 스스로를 기만하지 않는 이들이 보기에 이 폭풍은 번창하는 21세기 도시 마이애미의 종말의 시작임이 분명했다.

큰 허리케인은 항상 재난을 불러오게 마련이다. 하지만 이번에는 상황이 의외로 나빴다. 해수면 높이가 세기 초에 비해 1피트[30센티미터]나 더 상승하면서 플로리다 남부의 대부분 지역은 폭풍이 닥치기도 전부터 물에 젖고 취약해졌다. 물이 더 높아졌기 때문에 폭풍해일은 모두가 상상했던 것보다 훨씬 더 깊이 그 지역으로 밀려들어왔으며, 배수 운하를 역류한 끝에 연안에서 몇 마일 떨어진 주택과 쇼핑센터를 침수시켰다. 활주로를 새로 돋우어 깔았음에도 마이애미 국제공항은 열흘 동안 폐쇄되었다. 소금물 때문에 지하 전기 배선이 합선되면서 마이애미데이드카운티 일부 지역은 몇 주 동안 전기가 끊겨 밤마다 암흑천지였으며, 공용 식수 우물이 오염되면서 집 잃은 수천 명은 주 방위군이 공급하는 생수 통을 얻기 위해 아귀다툼을 벌였다. 침수 지역에서는 지카바이러스와 뎅기바이러스를 전파하는 모기들이 알에서 깨어났다(한때 보건직 공무원들은 수컷 모기에 볼

바키아 박테리아를 주입함으로써 모기의 바이러스 전파 능력을 저지할 수 있기를 기대했지만, 질병을 옮기는 이집트숲모기가 박테리아에 면역성을 갖게 되면서 결국 실패로 돌아갔다). 1992년 허리케인 앤드루로 초토화된 적이 있었던 홈스테드는 마이애미데이드카운티에서도 저지대에 자리한 노동자 계층의 도시로, 이곳의 주인 없는 주택 수천 채가 공중 보건을 위협한다고 간주되어 철거되고 말았다. 마이애미쇼어에서는 침수된 아파트 단지 전체를 매입하고 도로를 파내서 선상 가옥이 늘어선 운하로 바꾸겠다는 제안을 들고 개발업자들이 시 공무원에게 접근했다. 하지만 프로젝트에 대한 자금 조달은 전혀 성사되지 않았다.

폭풍이 닥치기 전부터도 해수면 상승의 피해 때문에 시와 카운티의 예산은 이미 바닥나기 직전의 상태였다. 주 정부와 연방 정부의 자금 역시 불충분하기는 마찬가지였다. 수많은 미국인의 눈에 마이애미는 물에 지나치게 가까이 건물을 세우지 말라는 지난 수십 년 동안의 경고를 깡그리 무시해 왔던, 부유하고도 제멋대로인 도시로 비쳤기 때문에 외부에서도 자금 지원을 꺼렸던 것이다.

해안에 해벽海壁, seawall을 두르고 건물을 돋우려는• 시도가 있었지만, 부동산 소유주 가운데 가장 부유한 극히 일부만이 방어 조치를 할 수 있었다. 해변은 대부분 사라져 버렸다. 연방에서 신선한 모래를 쏟아붓기 위해 몇 년마다 1억 달러씩 지출할 여력이 없다고 결정했으며, 그리하여 모래 보충이 중단된 채로 조수潮水가 점점 더 높

• 건물을 들어 올리고 그 아래의 토대를 증축한 뒤 다시 건물을 얹는 방법, 건물을 그대로 둔 채 건물 자체의 바닥을 높이거나 새로운 층을 추가하는 방법 등이 있다.

아지며 해변을 쓸어 간 것이다. 2020년대 말에 이르러 유일하게 남은 해변은 고급 호텔 앞에 있는 모래 오아시스들처럼 사적으로 유지되는 곳뿐이었다. 허리케인은 그마저도 앗아 갔기에, 이제 호텔과 콘도 건물들은 석회석 암반 위에 올라앉은 모습이 되었다. 관광객은 사라졌다. 허리케인 이후 이 도시는 악덕 집주인과 영적 치유사와 변호사의 메카가 되었다. 그나마 이 카운티에서도 아직 거주 가능한 지역에서는 손꼽히는 부자들만이 자택에 보험을 들 여력이 있었다. 주택담보대출을 얻기란 거의 불가능했다. 대개는 그곳의 주택이 앞으로 30년간 그 자리에 남아 있으리라고 믿는 은행이 없었기 때문이다.

여전히 물은 거의 10년에 1피트꼴로 계속 상승했다. 큰 폭풍은 번번이 해안선을 좀 더 집어삼키고, 도시 안으로 점점 더 깊숙이 물을 밀어 넣었다. 호황기에 건설된 마천루는 점차 비어 가더니 마약이며 희귀 동물 매매업자의 활동 무대로 사용되었다. 폐허가 된 프로스트과학박물관에는 악어들이 둥지를 틀었다(역사가들은 그 박물관 이름의 유래가 된 억만장자 필립 프로스트가 기후변화 회의론자였다고 냉소적으로 지적했다).[1] 여전히 물은 계속 상승했다. 21세기 말에 이르러 마이애미는 완전히 다른 뭔가가 되었다. 다이빙 명소가 되어, 관광객이 상어와 따개비로 뒤덮인 SUV 사이를 헤엄치며 한때 거대했던 미국 도시의 폐허를 탐사하는 곳으로 유명해진 것이다.

～

이것은 물론 미래에 관한 한 가지 전망일 뿐이다. 미래를 더 밝게 상상할 수도 있고, 더 어둡게 상상할 수도 있다. 하지만 나는 언론인이지 할리우드의 각본가가 아니다. 이 책에서 나는 우리가 자기 자신과 아이들, 손주들을 위해 만들어 가고 있는 미래에 관한 진실한 이야기를 하고 싶다. 그 이야기는 다음과 같은 사실로 시작된다. 기후가 온난화되고 있으며, 세계의 거대 빙상ice sheet●이 녹고 있으며, 바닷물이 상승하고 있다는 사실 말이다. 이것은 추측에 근거한 발상이나 몇몇 괴짜 과학자들의 가설, 어느 나라가 꾸며 낸 사기극이 아니다. 해수면 상승은 우리 시대의 핵심 사실들 가운데 하나이며, 중력과 마찬가지로 실재한다. 이 사건은 우리 대부분이 오로지 막연하게만 상상했을 법한 방식으로 세계를 재편할 것이다.

이 이야기에 대한 내 관심은 실제 허리케인으로부터 시작되었다. 2012년, 그러니까 허리케인 샌디가 뉴욕시를 강타한 직후, 나는 폭풍으로 인한 범람에 가장 큰 피해를 입은 지역인 맨해튼의 로어이스트사이드를 방문했다. 내가 찾아갔을 무렵에는 물이 이미 빠진 다음이었지만, 동네에서는 곰팡이 냄새와 썩은 냄새가 진동했다. 전기는 나갔고, 상점은 문을 닫았다. 부러진 나무, 방치된 자동차, 곳곳에 널린 잔해, 아파트 지하에서 망가진 가구를 꺼내는 사람들이 눈에 들어왔다. 몇몇 상점의 창문과 문에는 시커먼 수위선水位線이 보였다. 이스트강이 무려 2.7미터 이상 범람하면서 해벽을 넘어 로어맨해튼의 저지대를 침수시켰던 것이다. 사람들이 천천히 자기 삶을 다시 추스르는 모습을 지켜보며 걸어 다니고 있자니 문득 궁금

● 대륙의 넓은 지역을 덮는 빙하.

해졌다. 이번처럼 이 도시에 홍수가 났다가 불과 몇 시간 만에 물러나는 것이 아니라, 아예 대서양이 밀려들어 와서 그대로 머무른다면 어떻게 될까?

나는 10년이 넘도록 기후변화에 관한 글을 써 왔지만, 로어이스트사이드의 홍수를 목격하고 나서야 비로소 절실함을 느끼게 되었다(뉴올리언스조차도 허리케인 카트리나가 강타한 지 몇 년 뒤에야 방문했다. 그곳의 홍수에 관한 텔레비전 화면은 비록 재난처럼 보이기는 했지만, 로어이스트사이드를 걸어 다녔을 때만큼 내게 강력한 영향을 주지는 않았다). 허리케인 샌디가 닥치기 1년여 전, 나는 기후변화 과학의 대부인 NASA 과학자 제임스 핸슨과 인터뷰했다.[2] 그때 그는 만약 화석연료 사용을 늦추려는 조치가 전혀 없을 경우, 이번 세기말에 이르러서는 해수면이 최대 3미터까지 상승할 것이라고 말했다. 그 당시만 해도 나는 그 발언이 시사하는 바를 완전히 파악하지 못했다. 허리케인 샌디를 겪은 뒤에야, 비로소 그 의미를 알게 되었다.

로어맨해튼을 방문한 직후, 나는 마이애미로 가서 그 도시가 세워진 토대인 다공성 석회석 기초 및 평탄 지형에 관해서 조사했다. 마이애미비치의 몇 군데 지역에서는 만조 때 무릎까지 차오르는 시커먼 바닷물을 헤치고 걸어 다니기도 했다. 나는 서쪽으로 멀리 떨어진 에버글레이즈 습지와 인접한 노동계급 지역으로 만조가 역류하는 모습을 보았다. 굳이 많은 상상력을 동원하지 않더라도, 내가 지금 현대의 아틀란티스 건설 현장에 서 있다는 사실을 알 수 있었다. 상승하는 물에 대처하는 일에 우리 세계가 얼마나 어설프게 준비되어 있는지가 명료해졌다. 이를테면 전 세계적 전염병과는 달리,

해수면 상승은 인간의 생존에 직접적인 위협이 되지는 않는다. 초창기 인류는 상승하는 바다에 아무 문제 없이 적응했다. 그들은 그냥 더 높은 땅으로 옮겨 갔으니까. 하지만 현대 세계에서는 그러기가 쉽지 않다. 화석연료 시대의 기반 시설 그 자체가(즉 연안의 주거 및 업무 개발 지구, 도로, 철도, 터널, 공항 등이) 우리를 가장 취약하게 만든다는 사실은 끔찍한 아이러니다.

⁓

바다의 상승과 하강은 지구의 유서 깊은 리듬 가운데 하나를 전형적으로 보여 준다. 이것은 지구 역사 40억 년 내내 계속된 배경음악이다. 과학자들은 오랫동안 이런 사실을 이해해 왔다. 심지어 비교적 최근의 역사에서도 해수면 높이는 크게 요동쳤다. 지구 궤도가 흔들림에 따라 이 행성에 와 닿는 햇빛의 각도와 세기가 변화하고, 빙하기가 찾아왔다 물러갔다 하며 벌어진 일이다. 지금으로부터 12만 년 전의 마지막 간빙기 동안 지구의 기온은 오늘날과 거의 비슷했으며, 해수면은 지금보다 6~9미터 더 높았다.[3] 그러다가 2만 년 전인 마지막 빙하기의 절정에 이르자 해수면은 지금보다 120미터나 더 낮았다.[4]

오늘날의 상황에 차이가 있다면, 인간이 행성을 뜨겁게 달구고 그린란드와 남극의 거대한 빙상을 녹이는 방식으로 이 같은 자연의 리듬에 간섭하고 있다는 점이다. 불과 몇십 년 전까지만 해도 대부분의 과학자는 이런 빙상이 워낙 크고 워낙 철벽 같기 때문에, 화석연료를 태우는 장난감을 가진 70억 명의 인간조차도 단기간에 거기에 큰 영향력을 행사하지 못하리라 믿었다. 하지만 오늘날 대부분의 과학자는 그런 믿음이 틀렸음을 알게 되었다.

20세기에 바다는 약 15센티미터 상승했다.[5] 하지만 이것은 화석 연료를 사용해서 생긴 열기가 그린란드와 남극에 상당한 영향을 끼치기 이전의 이야기다(20세기에 기록된 해수면 상승 가운데 절반은 따뜻해진 바다의 팽창에서 비롯되었다). 오늘날의 바다는 지난 세기에 기록된 것보다 2배 이상의 속도로 상승하고 있다.[6] 지구온난화가 심해지고 빙상이 그 열기를 느끼기 시작하면서부터, 해수면 상승 속도는 급속히 증가할 것으로 보인다. 미국 최고의 기후과학 기관인 국립해양대기국의 2017년 보고서에 따르면, 전 세계의 해수면 상승 폭은 2100년까지 최소 약 30센티미터에서 최대 2.5미터 이상에 이를 수 있다.[7] 우리가 이 행성을 심하게 가열한다면 해수면 상승도 이후 여러 세기 동안 계속될 수 있다. 비록 이런 예측에 약간의 불확실성이 여전히 남아 있기는 하지만, 내가 인터뷰한 과학자 상당수는 얼음의 역학을 더 잘 이해할수록 정교한 예측도 늘어날 것으로 믿고 있다. 기온으로 따지면 추세선이 상승하고 있다. 2016년은 지금까지의 기록 중에서도 가장 더운 해였고(2017년은 그에 버금갔으며),[8] 내가 이 글을 쓰고 있는 지금도 북극은 평년보다 섭씨 20도나 더 따뜻하다.[9]

하지만 연안에 살고 있는 사람이라면, 해수면 상승의 높이보다 더 중요한 것은 **속도**다. 물이 천천히 높아진다면 그리 대단한 문제도 아니다. 사람들에게 도로와 건물을 돋우고 해안 방벽을 세울 시간이 주어지니까. 아니면 다른 곳으로 이주할 수도 있을 것이다. 여하간 느린 해수면 상승도 파괴적이긴 하겠지만 충분히 관리할 만하다. 불운하게도 대자연은 항상 그렇게 고분고분하지는 않다. 과거에 바다는 빙상의 갑작스러운 붕괴와 함께 극적인 맥동pulse●을 보이며 상승했다. 마지막 빙하기의 막바지에는 겨우 한 세기 만에 물이 4미터나 상승했다는 증거도 있다.[10] 만약 그런 일이 다시 일어난다면 전 세계 연안 도시에는 파국이 닥칠 것이다. 해안 지대를 떠나는 수억 명의 피난민이 생기고, 수조 달러 가치의 부동산과 기반 시설은 물에 잠길 것이다.

연안 도시를 살리는 최상의 방법은 화석연료 이용을 중단하는 것이다(혹시 인간의 활동과 기후변화 사이의 연계에 대해 여전히 의문을 품고 있는 독자가 있다면, 지금 책을 잘못 고른 셈이다). 하지만 설령 우리가 석탄과 가스와 석유 이용을 내일 당장 금지하더라도, 지구의 온도 조절 장치를 곧바로 끌 수 있는 것은 아니다. 우선, 이산화탄소는 여타 공기 오염 물질과는 다르다. 예를 들어 스모그를 야기하는 화학물질만 해도 우리가 공중에 쏟아 버리기를 멈추면 곧바로 사라져 버린다(자동차에 촉매 변환기를 장착하자 대체로 그런 일이 일어났다). 오늘날 배출되는 이산화탄소의 상당량은 향후 수천 년 동안 대기 중에 남아 있을 것이다. 이는 결국 우리가 내일 당장 이산화탄소를 감축하더라도, 우리가 이미 공중에 쏟아 버린 이산화탄소로부터 비롯되는 온난화를 중지시킬 수 없다는 뜻이다. "화석연료로 인한 이산화탄소를 대기에 방출함으로써 생긴 기후 충격은 스톤헨지보다 더 오래 지속될 것이다."[11] 과학자 데이비드 아처의 말이다. "타임캡슐보다 더 오래, 핵폐

● 일정한 간격을 두고 충격적으로 단시간만 진폭이 나타나는 파형.

기물보다 더 오래, 지금까지의 인류 문명 역사보다 훨씬 더 오래갈 것이다."

해수면 상승과 관련해서 보자면, 지구 기후 시스템의 느린 반응은 장기적으로 어마어마한 결과를 암시한다. 우리가 지구상의 모든 SUV를 스케이트보드로 교체하고, 석탄화력발전소를 전부 태양광 패널로 바꿔 마치 마법처럼 내일 당장 전 세계의 탄소 배출을 0으로 만든다 치더라도, 이미 대기와 해양에 쌓여 있는 열 때문에 바다는 상승을 멈추지 않을 것이다. 그렇게 되려면 지구가 식어야 하는데, 수백 년이 걸릴 것이다.

그렇다고 해서 이산화탄소 감축이 무의미하다는 것은 아니다. 오히려 정반대다. 우리가 기온 상승을 산업화 이전 대비 섭씨 1.5도 이내로 제한할 수만 있다면 이번 세기의 해수면 상승은 60센티미터에 그치고, 사람들에게는 적응할 시간이 더 많이 주어질 것이다.[12] 하지만 화석연료 파티를 중단하지 않는다면 우리는 섭씨 4.4도 이상의 온난화를 향해 나아갈 것이다. 그리고 이와 함께 모든 것은 물거품이 된다. 이번 세기말에 이르러 해수면은 1.2미터 상승할 테니까(혹은 4미터가 될 수도 있다). 장기적인 결과는 훨씬 더 충격적이다. 만약 우리가 지금까지 확인된 지구상의 석탄, 석유, 가스의 매장량을 완전히 소진하면, 앞으로 수백 년 동안 바다는 60미터 이상 상승해서 사실상 세계의 주요 연안 도시를 모조리 침수시킬 수도 있다.[13]

해수면 상승에 대처하기가 까다로운 이유는 기껏해야 몇 주 동안 해변에 머물러서는 그 실태를 목격하기가 불가능하기 때문이다. 더 높은 폭풍해일, 더 높은 조수, 그리고 바닷가와 도로와 연안 기반 시설의 점진적인 침식을 통해서 해수면 상승은 그 실체를 드러낼 것이다. 심지어 최악의 시나리오에서도 변화는 몇 초, 몇 분, 몇 시간에 걸쳐서가 아니라 몇 년, 몇십 년, 몇 세기에 걸쳐서 일어난다. 이는 틀림없이 우리 인류가 유전적으로 대처 능력을 제대로 갖추지 못한 종류의 위협이다. 우리는 칼을 든 사람이나 커다란 송곳니를 가진 짐승처럼 갑작스러운 위협에 맞서 스스로를 방어하도록 진화했지, 오랜 시간에 걸쳐 서서히 가속화해 인식하기조차 힘든 위협에 대응해 결정을 내리도록 만들어지지는 않았다. 천천히 뜨거워지는 물속에서 넋 놓고 있다가 삶아져 죽게 되었다는 우화 속 개구리의 상황과 우리의 상황이 별로 다르지 않다.

이 책의 자료 조사 도중에 만난 한 건축가는 이런 농담을 던졌다. 돈만 충분하다면 무슨 일에서건 살아남을 방법을 기술적으로 고안할 수 있다는 것이다. 맞는 말 같았다. 돈만 충분하면 마이애미의 모든 거리와 건물을 3미터씩 돋워 재건할 수 있을 테고, 그렇게 하면 이 도시는 향후 한 세기 정도는 상당히 멀쩡한 모습을 유지할 수 있을 것이다. 하지만 지금 우리가 돈 걱정은 안 해도 되는 세계에 사는 것은 아니며, 해수면 상승과 관련한 냉혹한 진실 가운데 하나도 그렇게 해서 나온다. 즉 부유한 도시와 국가는 해안 방벽을 쌓고 하수도 시설을 개선하고 주요 기반 시설을 돋워 재건할 만한 여력이 충분한 반면, 가난한 도시와 국가는 그럴 여력이 없다는 것이다. 심지어 부유한 나라에서도 해수면 상승으로 인한 경제적 손실은 상당할 것이다. 최근의 한 연구에 따르면, 해수면이 1.8미터 상승할 경우 미국 내에서만 약 1조 달러 상당의 부동산이 물에 잠길 것으로 추정되는데, 플로리다의 주택은 8채 중 1채가 침수될 것으로 예상된다.[14] 중대한 조치를 취하지 않는다면, 해수면 상승에서 비롯된 손해는 2100년에 이르러 매년 100조 달러에 달할 수도 있다.[15]

하지만 단순히 경제적 손실만 문제 되는 것은 아니다. 애인과 처음 키스를 한 해변, 벵골호랑이가 어슬렁거리던 방글라데시의 맹그로브숲•, 플로리다만의 악어 보금자리, 실리콘밸리의 페이스북 본사, 베네치아의 산마르코 바실리카(대성당), 남북전쟁 유적인 사우스캐롤라이나주 찰스턴의 포트섬터, NASA의 케네디우주센터, 태즈메이니아의 사자死者의 섬, 인도네시아 자카르타의 빈민가, 몰디브제도와 마셜제도 같은 나라 전체가, 심지어 멀지 않은 미래에는 도널드 트럼프 대통령의 겨울철 백악관인 마러라고까지도 덩달아 사라질 것이다. 전 세계 1억 4,500만 명이 현재의 해수면에서 90센티미터 이내 높이의 땅에 살고 있다.[16] 물이 상승하면 이들 가운데 수백만 명은 실향민으로 전락할 것이다. 또한 그중 상당수는 가난한 나라에 살기 때문에 대대로 기후 난민이 생겨날 것이고, 이들의 상황에 비하자면 오늘날의 시리아전쟁 난민의 재난은 마치 새 발의 피처럼 보이는 날이 올지도 모른다.[17]

여기서의 진정한 변수는 기후과학의 변덕이 아니라, 인간 심리의 복잡성이다. 과연 어느 시점에서 우리는 이산화탄소 오염을 줄이기 위한 극적인 행동에 돌입할 것인가? 우리는 상승하는 물에 도시

• 해안가에서 주로 자라고 바닷물에 적응한 키 작은 나무 '맹그로브'로 이루어진 생태계. 민물과 해양 생태계를 연결하는 한편, 해수면 상승과 허리케인, 홍수로부터 사람들을 보호한다.

가 대비할 수 있도록 적절한 기반 시설을 확충하는 데 수십억 달러를 사용할 것인가, 아니면 너무 늦어 버릴 때까지 아무 일도 하지 않을 것인가? 우리는 수몰된 해안 및 섬에서 온 이재민을 환영할 것인가, 아니면 가둬 놓을 것인가? 우리의 정치·경제 시스템이 이런 도전에 어떻게 대응할지는 아무도 모를 일이다. 간단한 진실은 인간이 이 행성에서 엄연한 지질학적 동력이라는 것, 즉 우리 스스로도 미처 의도하지 않았으며 차마 모두 이해하지 못한 방식으로 세계의 경계를 재편할 능력을 지녔다는 것이다. 매일 조금씩 물이 상승해서, 해변을 유실시키고 해안선을 잠식하고 주택과 상점과 예배당으로 밀려오고 있다. 세계가 침수되면 막대한 고통과 재난이 야기될 공산이 크다. 아울러 아무도 미처 예상치 못한 방식으로 사람들을 하나로 묶어 주고, 그리하여 창의력과 동지애를 불어넣을 가능성도 있다. 어느 쪽이든지 간에 물이 몰려오고 있다. 마이애미대학의 지질학자 핼 원리스는 언젠가 나와 함께 해변을 향해 차를 타고 가면서 마치 구약성경에 어울리는 굵은 목소리로 이런 말을 했었다. "지금 당장 자기가 탈 배를 만들지 않는 사람은 지금 여기서 무슨 일이 일어나는지 이해하지 못하고 있다고 봐야 할 겁니다."

제1장

세상에서 가장
오래된 이야기.

R/V 크노르호는 과학의 연대기에서 유명한 선박이다.[1] 한편으로는 험한 바다를 헤치고 나아가는 그 능력으로, 또 한편으로는 선수와 선미의 그 이례적인 프로펠러 배열 덕분에 기동성이 상당히 좋기로 유명하다. 과학자들은 우즈홀해양학연구소가 보유한 길이 74미터의 강철 선체 연구선 크노르호를 세계 각지에서 이루어진 수천 건의 연구 원정에서 사용해 왔는데, 원정 도중 여객선 타이태닉호의 잔해를 발견한 일도 있었다. 나는 몇 년 전에 한 달 동안 크노르호를 탄 적이 있었다. 내가 참여했던 여정에서 우리가 찾아다닌 것이라고는 기껏해야 북대서양의 해저에 깔린 훌륭하고 진득한 진흙뿐이었다. 진흙의 코어를 시추해 그 안에 파묻힌 생물의 껍데기를 분석함으로써 연구자들은 과거 바다의 기온과 염도를 더 잘 이해할 수 있다. 기온과 염도, 이 두 가지는 지구 기후의 역사를 재구성하려는 과학자들에게 각별히 중요하다.

우리는 버뮤다 인근의 해저 휴화산 군집인 버뮤다 융기부 주위를 항해하고, 상황이 좋아 보일 때는 정박하여 코어 샘플을 채취하는 데 대부분의 시간을 보냈다. 한번은 뉴욕시 연안으로부터 160킬로미터 정도 떨어진 해역에서 과학자들이 허드슨협곡이라고 부르는 곳을 지나갔는데, 바다가 지금보다 낮았던 2만 년 전에는 허드슨강이 대륙붕 가장자리인 바로 그곳에서 폭포를 이루며 바다로 떨어졌다고 한다. 우리가 그곳을 지나가는 동안, 배에 장착된 음향반향 장치라는 장비가 협곡의 실시간 이미지를 형형색색으로 그려 냈다. 주목할 만한 광경이었다. 허드슨강이 대륙붕 사이에 길을 내고, 계단 모양의 단구와 높은 벽을 만들어 낸 것이 나타났다. 협곡은 대륙붕을 따라 720킬로미터 넘게 이어지다가, 마침내 3킬로미터가 넘는 깊이에 도달했다. "이곳은 그랜드캐니언보다 더 거대하죠." 내가 저 아래를 내려다보며 감탄하자, 그 여정의 수석 연구원 로이드 케이그윈이 말했다.

지금으로부터 2만 년 전, 그러니까 마지막 빙하기가 절정에 가까웠을 무렵만 해도 세계는 오늘날과 매우 다른 모습이었다. 기온은 섭씨 4도 정도 더 낮았고, 대다수 지역의 기후는 더 건조했다. 북아메리카에서는 우리가 〈아이스 에이지〉라는 영화를 통해 알게 되었으며 또 사랑하게 된 매머드, 나무늘보, 검치호랑이 등 빙하기의 생물 모두가 평야와 숲을 어슬렁거리며 돌아다녔다. 서부에서는 오늘날의 샌프란시스코에서부터 서쪽으로 약 50킬로미터 떨어진 태평양의 패럴런제도까지 걸어갈 수 있었다. 군데군데 두께가 수천 피트에 달했던 로렌타이드Laurentide 빙상이 캐나다와 미국 중서부 북쪽의 대부분을 덮고 있었으며, 동부 연안을 따라 뉴욕시까지 펼쳐져 있었다. 유럽에서는 동서 방향으로 런던부터 파리까지, 그리고 북쪽으로는 스코틀랜드부터 스웨덴까지 마른 땅이 이어져 있었다. 아시아에서는 태국에서 인도네시아까지 걸어갈 수 있었고, 거기서 보트를 타면 오스트레일리아까지 내려갈 수 있었다.

사람들은 실제로 그렇게 했다. 미국 어린이라면 누구나 중학교에서 배우는 것처럼, 한 차례 이주의 물결로 인간은 아시아와 북아메리카를 연결하는 육교land bridge●를 넘어왔으며, 그리하여 할리우드와 실리콘밸리와 벤앤드제리스 아이스크림의 탄생을 위한 기초가 마련됐다. 정확히 왜, 그리고 언제 인류가 육교를 건너오게 되었는지를 놓고서는 애초에 많은 논의가 있었다. 최근까지만 해도 인간이 북아메리카에 도착한 시기에 대한 최선의 추정은 지금으로부터 1만 3,200년 전이었다. 여러 인류학자는 이보다 훨씬 더 먼저 그랬을 리는 없다고 여겼다. 비록 육교가 열린 상태였다 해도 그때까지는 북아메리카의 상당 부분이 빙상에 뒤덮여 있어서, 제아무리 용감한 초창기 탐험가들조차도 대륙의 안쪽으로 내려오기가 사실상 불가능했기 때문이다.

하지만 이런 서사는 도전받게 되었다. 2012년 플로리다주립대학의 젊은 인류학자 제시 핼리건은 잠수부 팀을 이끌고 탤러해시에서 약 120킬로미터 떨어진 오실라강을 탐사했다. 오실라강은 플로리다 북부의 석회석 고원을 구불구불 가로질러 멕시코만을 향해 흘러가

● 대륙이나 섬 사이를 잇는 가늘고 긴 땅.

는 느리고, 검고, 신비스러운 강이다. 이전에도 고고학자들은 그곳에서 선박 여러 척 분량의 들소 뼈, 검치호랑이 뼈, 마스토돈 뼈와 엄니를 찾아냈는데, 그중 일부에는 마치 인간이 만들었음 직한 표시가 남아 있었다. 빙하기 동안에는 그곳에서 160킬로미터쯤 더 바깥으로 나가야 비로소 바다와 육지가 만났고, 오늘날 오실라강이 흐르는 지역은 원래 고지대 사바나였다. 석회석에서는 샘물이 콸콸 솟아나 고였고, 그렇게 생긴 웅덩이로 동물들이 물을 마시러 찾아왔다. 바다가 높아지고 물이 밀려오면서 이 웅덩이에 퇴적물이 들어차게 되자, 웅덩이 주변의 죽은 동물 뼈가 뒤덮이며 보존되었다.

2013년 5월, 핼리건 연구 팀은 우리가 세계를 바라보는 방식을 바꿔 놓은 과학적 발견 중 하나를 이뤄 냈다. 마스토돈 똥이 들어찬 강물 속 함락공(싱크홀) 한 곳에서 오로지 인간만이 만들었음 직한 양날 돌칼 한 점을 찾아낸 것이다. 더 중요한 사실은, 핼리건이 그 돌칼의 탄소 연대를 지금으로부터 1만 4,500년 전이라고 정확히

플로리다의 오실라강에서 발견된 1만 4,500년 전의 돌칼

측정할 수 있었다는 것이다.[2]

이 발견은 여러모로 중요했다. 첫째로, 이전까지 생각했던 것보다 무려 1,000년도 더 전에 인간이 플로리다에서 돌아다녔다는, 반론의 여지가 없는 증거였기 때문이다. 인간이 북아메리카에 더 먼저부터 있었다는 증거라면 다른 것들도 있기는 하다. 예를 들어 미국 오리건주와 칠레처럼 서로 멀리 떨어진 곳에 있는 고고학 유적에서 발굴된 유물의 경우가 그렇다.[*] 하지만 그중 어느 것도 이것만큼 확실하지는 못했다. 둘째로, 이전까지의 연구자들이 이해한 것보다 초창기 이주자들이 더 창의적이고 유능했음을 암시했기 때문이다. "지금으로부터 1만 2,600여 년 전까지만 해도 알래스카에서 북아메리카대륙의 안쪽까지 내려오는 경로가 얼음에 막혀 있었습니다." 핼리건의 말이다. "따라서 시간 여행이나 순간 이동의 가능성을 배제하고 나면, 1만 4,500년 전에 사람들이 아시아에서 플로리다의 이곳까지 올 수 있는 유일한 방법은 배를 타고 오는 것뿐입니다." 핼리건은 그들이 어쩌면 서부 연안을 따라서 내려왔다가 아마중앙아메리카까지 가서는, 멕시코만을 건너 플로리다에 왔을 수 있다고 주장했다. 만약 이게 사실이라면 이 구석기시대의 수렵채집인은 무려 보트를 만들고, 해류를 이해하고, 해안을 항해하고, 식량과 식수를 저장했다는 뜻이 된다. 물론 연안을 따라 내려오는 이 경로의 증거를 찾는 것은 거의 불가능하다. 그 당시 수많은 유적과 야영

• 1975년 칠레 몬테베르데에서는 약 1만 4,800년 전의 것으로 추정되는 유물이 발견되었으며, 2002년 미국 오리건주 페이즐리에서는 약 1만 4,300년 전의 것으로 추정되는 유물이 발굴되었다.

지가 오늘날에는 태평양에서도 거의 90미터 아래에 잠겨 있기 때문이다.

이 발견에서 (최소한 이 책의 목적과 관련해) 가장 중요한 점은 양날 돌칼의 연대가 마지막 빙하기 말기에 빙상이 갑자기 붕괴하던 시기와 일치한다는 것이다.

과학자들은 이 사건을 융빙수맥동 1A^{Meltwater Pulse 1A}•라고 지칭한다. 이 사건은 마지막 빙하기 말에 지구가 따뜻해지면서 일어났다. 과학자들이 세계 각지의 산호초와 기타 지질학 유적을 통해 알아낸 바에 따르면 지금으로부터 1만 4,500년 전부터 이후 약 350년의 기간 동안 바다는 극적인 속도로, 즉 10년에 30센티미터 이상씩 상승했다.[3] 과학자들이 알기로 이런 종류의 급작스러운 상승을 야기하는 원인은 매우 큰 얼음덩어리의 붕괴뿐이었다. 가장 가능성 높은 후보는 북아메리카를 덮고 있었던 로렌타이드 빙상과 남극대륙의 빙하였다. 이들도 붕괴의 메커니즘까지는 몰랐다. 어쩌면 북아메리카의 거대한 얼음 댐••이 갑자기 무너지며 로렌타이드 빙상 안에 붙잡혀 있었던 융빙수가 쏟아졌을 수도 있고, 서남극^{West Antarctica}의 빙상 아래에서 따뜻한 바닷물이 위로 올라왔을 수도 있다. 하지만 그 사건에 대한 지질학적 증거 자체는 반박의 여지가 없다. 그런 일이 실제로 벌어졌던 것이다.

- • 1,500년 동안 해수면이 무려 20미터가량 상승한 지질학적 사건으로, 마지막 빙하기가 끝나고 해빙기에 접어든 시기의 두드러진 특징이다.
- •• 빙하와 연결돼 바다 위에 떠 있는 빙붕^{ice shelf}을 가리킨다. 빙붕은 대륙을 덮은 빙하가 바다로 흘러내리는 것을 막는 댐 역할을 한다.

플로리다 연안의 평평한 지형 때문에 그곳에 살던 사람들에게는 상승하는 바다가 특히나 극적이었을 것이다. 핼리건의 추산에 따르면, 바다는 매년 150미터에서 180미터의 속도로 내륙으로 움직였다.[4] 즉 해안선이 10년에 1마일[1.6킬로미터]씩 사라지는 셈이다. 이 정도면 해변에서 생선을 손질하는 사이에도 물이 다가오는 것을 거의 눈으로 확인할 수 있을 지경이었다.

핼리건은 사람들이 물웅덩이를 버리고 떠난 이유가 과연 해수면 상승이었는지에 대해서는 의구심을 갖고 있다. 지금까지의 증거만 놓고 보면 그 장소에서의 도축은 매우 짧은 기간 동안에만 발견되기 때문이다(그 이유에 대한 기록도 전혀 없는데, 문자 기록이 시작되기도 전의 일이었으니 딱히 놀랄 일도 아니다). 하지만 무슨 일이 있었든, 상승하는 바다가 그들이 살던 세계를 근본적으로 변화시키고 있었다는 사실만큼은 분명하다. 또한 그들만 이 문제를 겪었던 것도 아니었다. 융빙수맥동 1A의 시기에 지구에는 약 300만 명의 인구가 살고 있었다. 이쯤 되면 오늘날 로스앤젤레스 인구에 가깝다. 그들은 소집단을 이루고 살면서 도구를 만들고, 사냥을 하고, 현대의 삶으로 나아가는 기나긴 사다리에서 일종의 걸음마를 떼고 있었다. 그들은 과연 무슨 생각을 했을까? 그들은 과연 무엇을 두려워했을까? 연구자들은 야영지와 도구와 산재된 유물을 토대로 추론만 할 수 있을 뿐이다. 하지만 가장 의미심장한 단서는 의외로 그들이 남기고 간 이야기에서 비롯될 수도 있다.

니컬러스 리드는 오스트레일리아 원주민의 죽어 가는 언어를 연구하는 오스트레일리아의 언어학자이다. 학부생 시절이던 1970년대에 그는 오스트레일리아 북부에서 사용되는 거의 사멸한 원주민 언어를 설명한 『이디니어 문법A Grammar of Yidiɲ』이라는 책을 읽게 되었다.[5] 그 책에서도 유독 한 대목이 몇 년 동안 그의 기억에 남았다. "연안의 모든 이디니어 신화를 관통하는 한 가지 테마가 있다는 점은 주목할 만한 가치가 있다. 예전만 해도(사실은 약 1만 년 전을 말한다) 해안선이 오늘날 보초堡礁, barrier reef • 있는 곳에 위치했지만, 이후 바다가 상승하면서 해안이 현재의 자리로 후퇴했다는 내용 말이다." 이 생각은 오랫동안 리드의 뇌리를 떠나지 않았다. 해수면 상승 같은 1만 년 전의 사건이 실제로 원주민 신화의 기초가 될 수 있을까?

2014년에 리드는 자신의 동료이자 태평양의 해수면 상승을 연구해 온 해양지질학자인 패트릭 넌에게 이 생각을 언급했다. 넌은 만약 그 신화의 세부 사항이 충분히 명확하고 충분히 상세하다면 지질학적 자료를 가지고 확인해 볼 수 있으며, 그리하여 두 사람은 그 신화의 기원 시기를 사실상 알아낼 수 있다는 견해를 내놓았다.

원주민 사회는 6만 5,000여 년 동안 오스트레일리아에 존재해 왔으며, 1788년에 유럽이 이 대륙을 식민화할 때까지 고립된 상태였다. 오스트레일리아는 확실히 사람이 살기 힘든 환경이었으므로,

---

• 육지에서 분리되어 해안을 따라 띠 모양으로 길게 발달한 산호초.

식량과 지형과 기후에 관한 정보를 전수하는 것은 대대로 생존에 중요할 수밖에 없었다. 물론 그렇다고 해서 수천 년에 걸쳐 원주민의 입에서 입으로 전해진 이야기가 최초의 내용과 "정확히 똑같다"는 뜻까지는 아니다.

"오래전부터 언어학자들 사이에서는 가장 오래된 구전 이야기가 800년쯤 간다고 간주되어 왔습니다. 그 이후로 넘어가면 이야기의 구체적인 지시 대상은 사라진다는 거죠." 리드가 내게 내놓은 설명이다. "그러니 무려 1만 년 동안 입에서 입으로 전해진 이야기가 어떻게 정확할 수 있겠습니까?"

하지만 실제로 정확하다고 치면 흥미진진한 일이었다. 리드는 원주민 신화를 읽기 시작했다. 그중 상당수가 19세기 말과 20세기 초에 서양의 연구자들이 수집한 것이었다. 그는 해수면 상승에 관한 이야기의 사례를 무려 21개나 손쉽게 찾아냈다. 저마다 다른 내용이었지만, 모두 바다가 상승하고 연안과 섬에 살던 사람들이 그 문제에 대처하는 방법을 놓고 씨름했던 시기를 기록한 것으로 보였다. 오스트레일리아에서도 지대가 낮았던 연안 육지에서는 해수면이 약간만 상승해도 넓은 땅이 비교적 빠르게 물에 잠겼을 것이다. "사람들은 매년 바다가 더 높아져 간다는 사실을 분명히 알고 있었을 겁니다." 리드의 말이다. "그리고 바다가 예전에는 지금보다 더 멀리 있었다는 이야기를 자기 아버지와 할아버지와 증조할아버지로부터 틀림없이 들었을 겁니다."

그 사례 가운데 하나는 다음과 같다.

태초에, 그러니까 우리가 기억하는 한 가장 먼 옛날에, 우리 고향의 섬들은 오늘날처럼 섬들이 아니었다. 그곳은 본토에서 튀어나온 반도의 일부였고, 우리는 오늘날처럼 보트를 탈 필요도 없이 자유롭게 육지를 돌아다녔다. 그러다가 갈매기 여자 가른구르Garnguur가 자기 뗏목을 끌고 반도의 목 부분에서 왔다 갔다 해서 우리의 고향을 섬들로 만들어 버렸다.[6]

오스트레일리아 북부 근해 웰즐리제도의 기원에 관한 이 이야기는 오스트레일리아의 다른 지역에서 채록된 이야기들과 유사하다. 남부 연안 지역에서 식민지 시대 초기에 기록된 이야기들을 보면, 그 지역이 원래는 마른 땅이어서 사람들이 캥거루와 에뮤를 사냥했지만 훗날 물이 상승해서 차오르더니 결코 빠지지 않았다는 내용이 나온다.

"해안선이 더 멀리 있었던, 그러니까 '오늘날 보초 있는 곳'에 있었던 시기에 관한 이 지역 원주민의 이야기는 수없이 많습니다." 리드가 내게 한 말이다. 그중 한 이야기에 따르면, 보초가 원래 연안이었을 때 구냐Gunya라는 이름의 남자가 그곳에 살고 있었다. 그런데 구냐가 관습상 금기였던 물고기를 먹자 신들이 분노하고 말았다. 신들은 그를 벌하기 위해 바다를 솟아오르게 해 그와 가족을 물에 빠트려 죽이려 했다. "그는 언덕으로 도망쳐서 그 운명에서 벗어났지만, 바다는 결코 원래의 경계로 돌아가지 않았습니다." 리드의 말이다.

오늘날 그레이트배리어리프大堡礁, Great Barrier Reef 탐험의 출발점으로 흔히 여겨지는 연안 도시 케언스 지역의 이디니족에게서 채록한 또 다른 이야기를 보면, 오늘날 해안으로부터 1.6킬로미터가량 떨어져 있는 피츠로이섬이 본토의 일부분이었던 시기에 대한 회고가 나온다.[7] 이 이야기에는 원주민에게 역사적·문화적 연상 작용을 불러일으키는 유명한 지형지물 몇 군데에 대한 묘사도 나오는데, 오늘날에는 모두 바다에 잠겨 있다. 넌과 리드의 말에 따르면, 그 이야기의 세부 사항을 토대로 연구자들은 이 지역에 살던 사람들이 마지막 빙하기 동안 "오늘날 그레이트배리어리프가 있는" 연안에 정착하고 있었음을, 또한 당시 그곳은 언덕이 오르락내리락 이어지고 가장자리에는 가파른 절벽이 병풍처럼 둘러진 넓은 범람원이었음을 거의 확신할 수 있었다고 한다. 그때의 절벽들이 오늘날 피츠로이 같은 섬으로 변했던 것이다.

"원래 우리는 이렇게 생각했습니다. 해수면은 아주 천천히 기어올라왔을 것이 분명하다고, 따라서 해안 주민이라도 한평생 그런 사실을 인식 못 했을 것이 틀림없다고 말입니다." 리드가 내게 한 말이다. "하지만 연구를 진행하다 보니, 그 당시의 오스트레일리아도 분명 이 문제에 관한 소문이 퍼지며 꽤나 떠들썩했을 것이라는 인식에 이르게 되었죠. 내륙으로의 이동, 근교와의 관계 재정립, 내륙의 이웃 나라 영토로 잠식해 들어가는 과정에서의 교섭 등이 지속적으로 진행되었음이 분명하다고 말입니다. 즉 이 문제로 인해 막대한 파급효과가 있었을 거라는 겁니다."

하지만 이런 이야기들이 실제 사건에 대한 기록이라는 발상은 놀라울 수밖에 없었다. "1만 년이라고 하면 사실상 300세대 내지

400세대에 해당합니다." 리드의 말이다. "뭔가를 400세대 동안 전수할 수 있다는 생각은 이례적이긴 하죠." 하지만 리드는 오스트레일리아 원주민의 이야기 문화가 지닌 "교차 세대 교차 검증" 과정이라는 중요한 특징이, 통상적인 한계인 1,000년이 넘도록 이어진 그 이야기들의 지속성을 설명해 줄 수 있다고 여긴다. 즉 아버지가 아들에게 이야기를 전수하면, 훗날 아들의 조카들은 자기네 숙부가 그 이야기를 정확히 알고 있는지 확인할 의무가 주어지는 식으로 검증이 이루어진다는 것이다.

물론 이 이야기들은 그 당시 원주민 부족들이 주변의 해수면 상승에 대해 생각하거나 느낀 바를 우리에게 전혀 말해 주지 않는다. 하지만 이 이야기들은 그 경험이 얼마나 지극히 의미심장하고도 기묘했는지, 얼마나 불가해했는지를 확실히 포착하고 있다.

～

서양에서 가장 유명한 홍수 이야기는 물론 노아 이야기다. 구약성경에 나오는 이 이야기는 노아가 방주를 만들고, 온갖 동물을 그 안에 실어서 하나님이 지상을 정화하기 위해 내려보낸 홍수에서 생존할 수 있도록 하는 과정이 나온다. 하나님이 보기에는 자신이 사랑스럽게 창조한 낙원에서 너무도 많은 타락과 방탕이 벌어지고 있었기 때문에 뭔가 조치를 취해야 했던 것이다. 이것은 죄와 구원에 관한 강력한 이야기지만, 구약성경에서 기원하는 것은 아니다. 대부분의 성서 학자는 노아 이야기가 『길가메시 서사시』에 나오는 더 오래된 홍수 이야기에 근거했다고 믿는다.[8] 한 메소포타미아 왕의 모험 이야기인 이 서사시는 성경보다도 2,000년 전에 기록되었다.

성경 자체에서(혹은 『길가메시 서사시』에서) 이러한 이야기들이 1만 년 전의(혹은 다른 어떤 시기의) 해수면 상승과 관련되었다는 증거는 전혀 없다. 오히려 양쪽 사례 모두에서 홍수는 기록적인 폭우로 야기되었다.

하지만 실제로는 상황이 더 복잡하다고 여기는 학자가 두 명 있다. 컬럼비아대학의 지질학자 윌리엄 라이언과 월터 피트먼은 『길가메시 서사시』와 더 나중의 노아의 홍수 이야기 모두가 지금으로부터 약 7,000년 전 흑해 인근에서 일어난 실제 사건에 근거했다고 주장한다. 마지막 빙하기 말기였던 그 시기에 해수면은 계속 상승하고 있었다. 그 당시의 흑해는 고립된 담수호였으며, 오늘날의 터키에 해당하는 높고도 좁은 띠 모양 땅을 울타리 삼아 지중해와 차단되어 있었다. 그 주위의 기름진 땅에는 사람들이 소집단을 이루어 살면서 작은 보트로 물고기를 잡고 식량을 얻기 위해 농작물 재배를 시도했다.

얼음이 녹으면서 지중해는 점점 더 상승했고, 기원전 5600년경에는 흑해보다 150미터나 더 높은 곳까지 상승했다. 그러다가 양쪽 사이의 띠 모양 땅이 붕괴하면서 바닷물이 흑해로 쏟아져 들어왔다. 워낙 많은 물이 워낙 빨리 쏟아져 들어오는 바람에 폭 90미터에 깊이 140미터의 홈이 땅에 파였는데, 그곳이 바로 오늘날의 보스포루스해협이다. 라이언과 피트먼의 계산에 따르면, 이때 매일 쏟아져 들어온 물의 양은 나이아가라폭포에서 매일 떨어지는 물의 양보다 200배나 더 많은 400세제곱미터로, 맨해튼 섬 전체에 높이

800미터의 물 더미를 쌓을 수 있는 양이다. 결국 흑해의 수면은 매일 15센티미터씩 높아졌으며, 삼각주가 물에 잠기고 강 유역의 평지도 침범을 당했다. 그러고 나서도 물은 매일 1.6킬로미터씩 상류로 거슬러 올라갔다. "자기들로선 이해할 수 없는 사건 때문에 농지를 떠나야 했던 농부들이 느꼈을 공포는 차마 상상하기도 어렵다. 그처럼 믿을 수 없는 폭력의 위력을 보면, 모든 신들의 분노가 한꺼번에 닥쳐오는 듯했을 것이다." 피트먼과 라이언은 이렇게 썼다. "그들은 늙은이며 어린이를 비롯한 가족들과 함께 가져갈 수 있는 물건을 챙겨서 도망쳤다. 호수 주위에서 얻은 또 다른 언어, 새로운 생각, 새로운 기술의 단편들도 가지고 떠났다."9

2년이 지나자 호수의 물은 100미터나 상승해서 지중해와 같은 높이가 되었다. 호수 주변에 살던 사람들은 유럽과 중동으로 흩어졌으며, 자기네 농업기술과 요령을 서양으로, 그리고 훗날 메소포타미아가 되는 지역으로 전파했다. 그곳에서 홍수 이야기는 『길가메시 서사시』에 나오는(그리고 더 나중에는 성경에 나오는) 또 다른 홍수 이야기의 토대가 되었다.

물론 이 논지를 모든 과학자가 받아들이는 것은 아니다.10 우즈홀해양연구소의 리비우 지오산은 부쿠레슈티대학의 동료들과 함께 그 지역에서 코어를 시추해서, 다뉴브강이 흑해로 흘러들어 오는 곳 인근의 퇴적물 자료를 살펴보았다. 그들이 발견한 증거에 따르면, 흑호Black Lake(흑해)의 수면은 라이언과 그 동료들이 주장한 높이의 겨우 절반쯤만 상승했고, 땅도 라이언과 피트먼이 주장한 6만 5,000제곱킬로미터(즉 웨스트버지니아주 전체보다 더 큰 면적)가 아니라 겨

19세기 프랑스 화가 귀스타브 도레의 성경 삽화 〈대홍수The Deluge〉

우 2,100제곱킬로미터(즉 로드아일랜드주의 절반쯤)만 물에 잠겼던 것으로 확인되었다.

흑해의 홍수가 아무리 심했다 하더라도, 실제로 그 사건이 『길가메시 서사시』나 성경의 홍수 이야기에 영감을 부여했는지 여부야 연구자들도 절대 확실히 알아낼 수는 없을 것이다. 하지만 홍수가 고대 세계에서는 빈번하고도 파괴적인 사건이었으며, 정치적이고 사회적인 와해를 묘사하는 일반적인 은유였다는 것은 확실하다. 『길가메시 서사시』와 성경 모두에서 홍수는 파국이었다. 하지만 동시에 정화이기도 했으며, 타락한 세계에 새로운 질서가 출현하도록 준비시키는 수단이기도 했다.

다른 빙하시대 포유류와 달리, 인간은 변화하는 기후와 상승하는 바다에 상당히 잘 적응했다. 그런데 이 방면에서 다른 대부분의 집단보다 훨씬 더 뛰어났던 집단이 있었으니, 바로 플로리다 남부에 살다가 18세기에 유럽인에게 옮은 천연두로 전멸한 아메리카 원주민 칼루사족이다.[11] 그들이 어떻게 살았는지를 더 잘 살펴보기 위해, 나는 칼루사족의 옛 수도였던 플로리다 멕시코만 연안의 섬에 위치한 마운드키고고학주립공원을 찾았다.

나를 안내한 테레사 쇼버는 고고학자 겸 전직 박물관장으로 10년 넘게 칼루사족을 연구한 바 있다. 나는 러버스키주립공원의 보트 정박장에서 그녀를 만났다. 우리는 그녀의 친구가 조종하는 5미터짜리 낚시용 보트에 장비를 실었다. 당시 46세였던 쇼버는 키가 크고, 말랐지만 근육질이었으며, 칼루사족의 풍속에 관한 열정이 대단해 전염성이 느껴질 정도였다. 우리는 에스테로만灣을 가로질러 달려갔고, 그 와중에 플로리다 특유의 뭉게구름으로 가득한 하늘 아래 흩어진 수많은 제트스키와 낚시용 보트를 피해 갔다. 멀리서 바라본 마운드키는 플로리다의 여느 섬과 다르지 않게 야트막하고 푸르르고 평화로워 보였다. 그 섬에서 유일하게 주목할 만한 점은 완전히 인공적이라는 것, 즉 칼루사족이 버린 조개껍데기를 이용해서 만든 섬이라는 것이었다.

우리는 맹그로브가 뒤엉킨 곳을 지나 섬으로 접근했고, 마치 다른 시대로 들어가는 입구처럼 느껴지는 좁은 수로를 따라 천천히 앞으로 나아갔다. 보트에서 내려 작은 해변으로 올라서는 도중에 쇼버가 내게 설명한 바에 따르면, '칼루사'Calusa는 그들의 언어로 "사나운 사람들"이라는 뜻이다. 칼루사족이 이 지역에서 얼마나 오랫동안 살았는지는 아무도 정확히 모르지만, 아마 수천 년은 됐을 것이다. 1513년에 그들과 최초로 접촉한 유럽인은 스페인의 탐험가 폰세 데 레온Ponce de León이었는데, 전설에 따르면 그는 젊음의 샘을 찾아다니고 있었다. 칼루사족은 그의 선박을 공격하고 쫓아내 버렸다. 어리석게도 그는 10년 뒤에 이곳을 다시 찾았다. 칼루사족은 다시 공격했다. 이번에는 활을 쏘아 데 레온을 맞혔는데, 화살에는 플로리다의 맹그로브숲에서 자라는 사과나무 비슷한 나무인 만치닐의 독성 수액이 묻어 있었다. 이 나무의 스페인어 이름은 '아르볼 데 라 무에르테'árbol de la muerte, 즉 "죽음의 나무"였다. 그 수액에는 포르볼이라고 불리는 유기 화합물을 포함한 지독한 독소가 들어 있기 때문이다. 결국 데 레온은 몇 주 뒤에 푸에르토리코에서 사망했다.

해변의 모래를 밟으면서 나는 지금 고대의 굴oyster 껍데기를 바라보고 있는 건지도 모른다고 생각했다. "좀 더 깊이 들어가야 나와요." 쇼버가 농담을 건넸다. 총 50헥타르에 달하는 이 섬 전체가 아메리카 원주민들이 여러 세대에 걸쳐 자기네 '팔라파'palapas(움막) 뒷문으로 내던진 굴과 홍합 껍데기로 만들어졌다는 사실은 믿기 힘들었다. 이것은 기본적으로 잘 설계된 쓰레기장이었다. 수렵채집인은 이런 식의 이른바 조개무지를 오스트레일리아부터 덴마크에 이르는 세계 각지에 남겼다. 플로리다에도 연안과 대부분의 강변에 조개무지가 있었다. 연안의 조개무지 가운데 상당수는 물속에 잠겨 있거나, 개발로 인해 파괴되었다. 하지만 쇼버의 설명에 따르면 마운드키는 상태가 꽤 좋았다.

맹그로브숲을 따라 걷는 동안 쇼버가 내게 해 준 설명에 따르면, 스페인 사람들이 처음 왔을 때만 해도 섬과 그 주변에는 대략 1,000명이 살고 있었다. 하지만 이들은 고립된 상태가 아니었다. 모피, 식량, 유리구슬, 그리고 그 밖의 상품을 인근 부족과 교류했다. 심지어 이들이 카누를 타고 무려 쿠바까지 다녀왔다는 증거가 있다.

"혹시 그들이 어떤 미술 작품을 남겼나요? 이야기는요?"

"하나도 없어요." 쇼버의 말이었다. "그들은 전멸했어요. 이 조개무지가 전부죠."

20분쯤 걷자 우리는 오솔길을 가로지르는 폭이 넓고 깊이가 얕은 도랑 비슷한 곳에 이르렀다. "이곳이 대운하였어요." 그녀가 설명했다. "칼루사족은 물을 이용한 공학에 매우 뛰어났죠. 그들은 운하를 건설했는데, 거기에는 물 조절을 위한 수문이 달려 있을 뿐 아니라, 마치 도시의 광장 비슷한 기능을 하는 커다란 저수조도 있

플로리다의 화가 딘 퀴글리의 〈파인랜즈 유적The Pinelands Site〉.
칼루사족을 비롯한 초기 플로리다 주민들은 물과 함께 살아가는 데 잘 적응했다.

었어요. 그들에게 물은 저항해야 하는 대상이 아니었어요. 물은 그
들의 삶에서 깊숙이 한몫을 차지하고 있었죠."

물과 함께 사는 방법을 알았던 사람들은 칼루사족뿐만이 아니
었다. 뉴잉글랜드에서도 아메리카 원주민은 나무 골조에 풀 깔개나
나무껍질을 덮은 집에 살았기 때문에, 여차하면 해체해서 물을 이
용해 운반할 수 있었다. 뉴펀들랜드섬의 일부 지역에는 '발진'發進,
launching이라는 관습이 아직도 일반적이다. 즉 물이 상승하거나 해
안이 변하면, 집을 나무 썰매에 싣고 끌어서 새로운 장소로 옮기는
것이다. 독립 전쟁 동안에는 미국 메인주에서 도망친 왕당파가 자
기네 집을 국경 너머 캐나다 뉴브런즈윅주까지 가져갔고, 그렇게 옮
긴 집이 아직도 그곳의 항구에 늘어서 있다. 케이프코드의 주택 역

시 움직이고 재활용된다. 한 관찰자는 그곳 주민이 자기네 "집을 오랜 세월 동안 한결같은 가족의 보금자리로 생각하기보다는, 오히려 마치 소라게가 빌려 쓰는 소라 껍데기처럼 필요할 때마다 장소와 기능이 바뀌는 일시적인 거처"로 생각한다고 여겼다.

이 많은 것들이 오늘날 잊힌 지식이다.

"허리케인 찰리가 닥쳐왔을 때 저는 이곳 플로리다 남부에 살고 있었죠." 쇼버가 말했다. 찰리는 2004년 이 지역을 강타한 4등급의 허리케인이었다. "전기가 끊기고, 승용차에 기름을 넣을 수도 없었어요. 많은 이들에게 총체적인 재난이었죠." 쇼버는 칼루사족이 허리케인과 폭풍에도 대처해야 했겠지만, 그들에게는 아마 큰 문제는 아니었을 거라고 짚어 냈다. "그들은 단지 집을 다시 짓기만 하면 되었죠. 그건 그들 삶의 일부였어요. 폭풍이 해안선을 바꿔 놓더라도 아무 상관 없었어요. 폭풍이 그들의 오두막을 날려 버리더라도 다시 지을 수 있었죠. 저는 그들이 영속감, 즉 세계가 고정되었다는 감각을 갖고 있었다고 생각하지 않아요. 그들의 세계는 매일같이 변화하는 것이었어요."

우리는 운하를 떠나서 맹그로브 사이로 난 좁은 오솔길을 기어 올라가 조개무지 꼭대기에 이르렀다. 높이가 9미터쯤 되었다. 플로리다 남부에서 이 정도면 에베레스트산 같은 느낌이었다. "족장의 집이 아마 여기 있었을 거예요." 쇼버가 설명했다. "집이 더 높이 있을수록 위신도 더 높았으니까요. 마치 오늘날의 도시와 마찬가지인 거죠."

이는 기묘하게도 희망적인 순간이었다. 나는 여기에, 즉 1,000년 전 칼루사족이 한 번에 굴 껍데기 하나씩을 던져서 건설한 인공 섬 위에 서 있었다. 쇼버의 설명에 따르면 그 껍데기들은 시간이 흐르면서 서로 뒤얽히고 석회화되었으며, 결국 수천 년의 세월 동안 살아남은 단단한 구조물을 만들어 냈다. 이것은 단지 인간의 독창성을 보여 주는 기념물일 뿐 아니라, 물과 함께 살아가는 것이 우리 조상들이 아주 오랫동안 줄곧 해 왔던 일이라는 증거이기도 했다. 물론 칼루사족이야 상승하는 바다로 인해 육지가 물에 잠기면서 소금물이 전선을 부식시키거나, 부동산 가치가 폭락하거나, 원자력 발전소에 노심용융이 발생할 것에 대해서까지 굳이 걱정할 필요는 없었겠지만.

제2장 노아와 함께 살았다.

‥‥‥‥‥‥‥‥‥‥‥‥‥‥‥‥‥‥‥‥‥‥‥‥‥‥

존경받는 마이애미 변호사라면 누구나 그러하듯이, 웨인 패스먼은 값비싼 스포츠카를 보유하고 마이애미비치 인근 선셋아일랜즈의 바닷가 저택에 살고 있다. 선셋아일랜즈는 (모두 합쳐 네 군데인데) 비스케인만灣에 솟아오른 상당수의 섬들과 마찬가지로 진흙을 퍼 올려서 높이 쌓은 다음, 진흙이 유실되지 않도록 막아주는 장벽을 에워싸서 만들었다. 이 공법은 칼루사족이 수천 년 동안 한 일과 기본적으로 다르지 않다. 해수면에서 불과 몇 미터 위에 있는 이 섬의 주택 대부분은 가격이 1,000만 달러 내지 1,500만 달러에 달하며, 마이애미 시내의 기가 막힌 전망을 볼 수 있다. 패스먼이 사는 집에서 조금 올라가면 마이애미비치의 부유한 전직 시장 필립 리바인의 집이 나오고, 한때 록 가수 레니 크라비츠의 소유였던 2,500만 달러짜리 지중해 부흥 양식 저택도 거기서 별로 멀지 않다.[1] 이 글을 집필할 당시 오십 대 초반이었던 패스먼은 마이애미비치에서 성장했고, 마이애미의 사업체와 개발업체를 위해 토지 임대 및 용도지역 설정 협상을 다루며 경력을 쌓았다. 2017년에 그는 마이애미비치 상공회의소 대표가 되었으며, 마이애미의 재계 인사들에게 해수면 상승의 위험을 이해시키려고 열심히 노력했다. 그리고 다른 무엇보다도 물가에 인접한 건축물의 개발 사업을 중지시키는 데 힘썼다. "노아가 옳았습니다." 그는 어느 날 밤의 만찬에서 내게 이렇게 말했다. "홍수에 관해 이야기를 하면 아무도 귀를 기울이지 않습니다. 사람들은 모두 그게 자기네 문제가 아니라고 생각합니다. 혹시 헬리콥터를 타고 공중에서 크레인들을 내려다보신 적이 있습니까?"

그런 경험은 없었지만, 가만 듣고 보니 그것도 괜찮은 생각인 것 같았다. 몇 주 뒤에 나는 마이애미비치의 또 다른 토박이이자 오랜 지역 활동가였던 셰릴 골드, 그리고 전직 이스라엘 군 조종사이며 현재는 마이애미대학에서 대기과학 교수로 재직 중인 로니 아비사르와 함께 공중에 올라와 있었다. 우리는 작은 헬리포트에서 이륙해 도시 서쪽의 에버글레이즈 습지 가까이까지 날아간 다음, 낮은 고도로 마이애미를 향해 하강했다. 비스케인만을 가로지르는 보트들, 옥상에서 일광욕하는 사람들이 보였다. 그런데 패스먼의 말이 맞았다. 공중에서 내려다보니 마이애미 시내는 크레인으로 이루어진 숲이었다. 대부분의 건축물은 콘도 건물이었다. 그중 상당수는 노먼 포스터나 자하 하디드 같은 록스타급 건축가가 설계했고, 21세기 포스트모던 부류의 방면에서는 건축학적으로도 흥미로웠다. 하지만 헬리콥터에서 내려다보면 모두 똑같아 보였다.

공중에서 내려다보면 이 도시가 바다에 바짝 붙어 있는 모습을 볼 수 있었다. 단지 새로운 콘도 건물들만이 아니었다. 호텔, 병원, 대학 건물도 있었다. 그 모두가 딱 해안에 있었고, 각자의 엄지발가락을 물속에서 달랑거리고 있었다.

살충제의 위험을 고발함으로써 현대 환경 운동에 영감을 준 책 『침묵의 봄』의 저자 레이첼 카슨은 물 가까이에 살고자 하는 우리 욕망의 뿌리를 설명하려 했다. 그녀는 생명 그 자체가 어떻게 바다에서 유래했는지, 그리고 "우리 각자가 어머니 자궁 속의 축소판인 바다에서 개체로서의 생명을 시작하고, 태아의 발달단계에서는 일찍이 아가미로 호흡하는 수중 세계 서식자에서부터 육지에 살 수 있는 생물이 되기까지 우리 종이 진화해 온 단계를 반복했"는지에 대해 썼다. 카슨은 인간이 바다로 돌아가는 길을 만들 것이라고 예견했다. 물리적으로 바다에 돌아갈 수 없다고 치면 인간은 "정신적이고 상상적으로 바다에 재진입할" 것이라고 말이다.[2]

공중에서 내려다보면, 그것이 딱 지금 마이애미에서 벌어지고 있는 일인 것 같았다.

～

지금으로부터 수십억 년 전만 해도 플로리다는 아프리카의 일부였다.[3] 대서양이 열리면서 플로리다는 북아메리카대륙에 달라붙은 채 남겨졌다. 그것은 그냥 커다란 바윗덩어리였다. 지구의 역사 동안 해수면이 상승하고 하강하면서 수백 미터의 바닷물이 플로리다를 수백 년 동안 뒤덮었다가 다시 노출했다. 물이 높아질 때마다

(물론 그런 시간이 대부분이었는데) 바다에는 먹고 배설하고 죽는 미생물들이 가득했다. 미생물의 골격과 배설물과 껍질은 산호 조각, 모래, 진흙 알갱이와 함께 바다으로 가라앉았는데, 특히 모래와 진흙 대부분은 북쪽에 있는 애팔래치아산맥에서 쓸려 내려와 오늘날의 플로리다에 도착한 것이었다. 결국 이 모든 물질이 화학적 변모를 거쳐 함께 굳어져 석회석으로 변했다. 배설물과 뼈와 산호의 축적물인 석회석은 점점 더 두꺼워졌고, 오늘날 어떤 곳에서는 그 두께가 무려 900미터나 된다.

바다가 상승하고 하강하는 동안에도 물이 더러는 오래 멈춰 있었다. 암초가 형성되거나 어란석입자魚卵石粒子, ooid라는 진주 비슷한 작은 알갱이가 만들어질 만큼 긴 시간이었다.[4] 지금으로부터 약 12만 년 전에 특히나 이례적인 상황 하나가 발생했는데, 바로 해수면이 오늘날에 비해 약 6미터쯤 더 높아진 사건이었다. 플로리다의 남쪽 해안가에서는 얕고, 따뜻하고, 거친 물로 인해 사실상 어란석입자 공장이 형성되었다. 이곳에서는 조개껍데기와 진흙 같은 새우 배설물 덩어리와 산호 조각들이 굴러다니다가 탄산염이 미세하게 코팅되어 마치 진주 같은 광택을 얻게 되었다. 이렇게 만들어진 어란석입자가 커다란 모래 알갱이 정도로 자라나면 바다에 자리를 잡았다(오늘날 바하마제도 일부 해변에서도 이와 똑같은 과정을 살펴볼 수 있다). 시간이 흐르면서 축적된 어란석입자는 해수면이 다시 하강하면서 서로 결합해 어란석입자 석회암(어란상 석회암)이 되었다. 결국 어란석입자 그 자체도 풍화되어 구멍이 숭숭 뚫린 이례적인 석회암이 남게 되었다. 그 다공성 어란석입자 석회암층은 오늘날 해수면 위

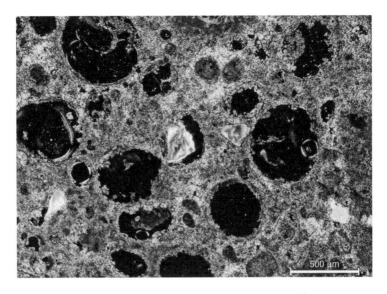

어란석입자가 용해된 마이애미산産 석회암의 확대 사진.
검게 보이는 구멍을 통해 물이 흘러들어온다.

로 약 4미터쯤 솟아올라 팜비치부터 홈스테드 근처까지 이어지는 대서양 해안 능선의 일부가 되었다. 오늘날에는 그 능선을 따라서 500만 명 이상이 살아가고 있다.

플로리다 남부의 팬케이크처럼 평평한 지형에서 해안 능선이 등장한 것은 큰 사건이었다.[5] 이로 인해 능선 서쪽의 평지에서 물이 빠지지 못하게 되면서, 훗날의 에버글레이즈 습지인 그곳은 늪으로 변모했다. 결국에는 몇몇 강이(그중에서도 시내를 가로지르는 마이애미강이 가장 규모가 크다) 낮은 지점으로 점차 나아가면서 늪에서도 어느 정도 물이 빠져나가게 되었다. 시간이 흐르면서 오래된 암초가 침식되었다. 씨앗이 여기저기 자리를 잡았다. 소나무와 마호가니처럼 강인한 나무들이 자라났고, 능선은 늪과 해변 사이의 돌출성이 고속도로가 되었다. 플로리다 동부 연안에 살던(아울러 서부 연안의 칼루사족과 혈연관계인) 아메리카 원주민 테케스타족은 이곳을 따라 이동했으며, 플로리다 남부에 살던 퓨마와 사슴과 기타 마른 땅을 좋아하는 생물들도 마찬가지였다. 1890년 마이애미강 하구에 자리한 바로 이 해안 능선에서, 본래 19세기에 건설된 외딴 군사 전초기지 포트댈러스의 일부였던 주택 한 채를 41세의 미망인 줄리아 터틀이 구입했다.[6] 터틀은 낡은 주택을 수리해서 관광 명소로 만들었다. 그녀는 틀림없이 플로리다 남부에서 발 빠르게 부유해질 기회와 풍경의 아름다움 모두를 파악한 최초의 인물이었을 것이다.

터틀의 주택은 당연히 오래전에 사라졌다. 하지만 그 자리에는 역사 안내판이 놓여 있다. 만약 오늘날의 마이애미에서 부동의 중심이 있다면, 즉 크레인으로 이루어진 숲의 한가운데가 있다면 바로 이곳이다. 그 양쪽으로는 높이 치솟은 콘도들이 비스케인만 쪽을, 즉 항구와 마이애미비치를 굽어보고 있다. 어느 날 내가 해안을 따라 걷고 있는데, 커다란 요트들이 강을 따라 상류로 모터를 돌려 나아가고 있었다. 드레이크, 아니면 카녜이 웨스트의 노래가 시끄럽게 울려 댔고, 노출 심한 수영복 차림의 남녀가 타고 있었다. 나는 일전에 본 터틀의 사진을 떠올렸다. "마이애미의 어머니"인 그녀는 스탠더드오일의 공동 창업자로 어마어마한 부자였던 헨리 플래글러를 우선 설득해서 이 외진 장소까지 이어지는 철도를 놓게 했다. 1896년 그녀가 팜비치에 주택을 한 채 갖고 있던 플래글러에게 오렌지꽃을 보냈고, 그의 소유인 철도를 팜비치부터 마이애미까지 연장하도록 설득했다는 이야기가 이 도시의 창건 신화인 셈이다. 일단 플래글러의 철도가 연장되자, 음, 이후에 무슨 일이 벌어졌는지는 여러분도 알고 있을 것이다. 20세기가 생겨난 것이다.

비록 자신들이 오래된 산호초 위에 살고 있다는 사실은 몰랐지만, 지역 주민들은 높은 바위투성이 능선을 암초라고 부르고, 더 아래쪽의 물에 잠긴 모래투성이 지역을 습지나 소택지沼澤地라고 불렀다. 농장주들은 습지를 좋아했다. 개간할 필요가 없는 데다 그곳의 흙이 채소 재배에 적절했기 때문이다(특히 여름비가 내리기 전에 다 자라나는 겨울 채소를 키우기 좋았다). 일단 소나무와 마호가니를 없애 버리고 나자, 바위투성이 능선은 감귤류 재배에 적합한 것으로 드러났다. 능선의 경사 덕분에 정착민들이 그곳에서 맞닥뜨린 가장 큰 위협인 물에서도 어느 정도까지는 안전할 수 있었다. 플로리다 남부에서는 물과 땅 사이의 경계가 항상 애매모호했다.

그 첫 번째 증거는 조지 메리크의 회고록이다.[7] 그는 (전직 주지사 젭 부시를 포함한) 플로리다의 유지들 가운데 상당수가 오늘날 살고 있는 마이애미 남부의 계획도시 코럴게이블스Coral Gables의 설립자이다. 1901년에 15세 소년이었던 메리크는 마이애미 인근의 가족 농장에 살았다. 이 집은 연안 능선 위에 있었지만 바로 그해에 닥친 호우 때는 홍수에서 안전하지 못했다. "우리는 노아와 함께 살았다." 메리크는 훗날 그 농장에서 보낸 자신의 삶에 관해 이렇게 기술했다. 연안 능선 아래의 모든 땅이 물에 잠겼다. 메리크 가족의 채소밭도 깊이 180센티미터의 물에 잠겨 보이지 않게 되었다. 도로는 통행이 불가능해졌고, 가뜩이나 저지대인 도로에서는 물이 워낙 깊어서 마차 몇 대가 둥둥 떠다니기까지 했다.

메리크가 "방주"라고 일컬은 그의 자택 상황은 더 나빴다. 물이 차오르자 가족은 헛간에서 판자를 떼어다가 못질해서 오두막 바닥을 범람한 물보다 높게 돋우었다. 바퀴벌레와 다른 벌레들도 피난처를 찾아 집 안으로 들어왔다. "죽이면 죽일수록 더 많은 바퀴벌레가 다시 나타나는 것이, 마치 하늘에서 비가 내리는 것 같았다." 메리크의 말이다. 개구리들도 침입했다. "오두막을 끝없이 에워싼 울음소리에는 뭔가 섬뜩한 데가 있었다. 마치 그칠 줄 모르고 떨어지는 빗방울 하나하나가 새로운 목소리를 낳는 것 같았다. 새로운 깩깩, 개굴, 꾸륵, 꼬록, 끽끽 소리 따위를 말이다." 에버글레이즈 습지에 살던 악어가 헤엄쳐 들어와 물에 빠져 죽어 가는 토끼를 으르렁거리면서 집어삼켰다. 메리크와 아버지는 임시변통으로 만든 뗏목 위에 놓아 둔 요리용 스토브에 쓸 장작을 헛간에서부터 물에 둥둥 띄워 가져왔다. 급기야 거름 구덩이가 넘쳐흐르면서 메리크 아버지의 발에는 마치 벌레 같은 붉은색 부스럼이 나타났고, 메리크의 어머니는 이를 치료하기 위해 터진 상처에 요오드를 부었다.

메리크 가족 같은 초기 정착민은 이곳에서 문명이 계속되려면 반드시 저 물에 대해서 뭔가 조치를 취해야 한다는 사실을 알고 있었다. 더 중요한 점은 이들 개척민이 에버글레이즈 습지에서 물을 빼는 작업을 마치 임자 없는 땅 만들기에 상응하는 일처럼 여겼다는 사실이다. 1909년에 이르러 마이애미운하의 준설이 시작됐고, 그 결과 대대적인 경관의 재구성이 이루어졌다. 아마 지금까지 인간이 시도한 것 중에서 가장 극적이고, 가장 부주의했다고 평가해도 무방할 법한 모습으로 말이다.[8] 이 거대한 물길 돌리기 계획이 마무리되자 에버글레이즈 습지의 수천 제곱킬로미터 땅에 물이 빠져 마르면서 투기꾼들에게 기회가 열렸다.

투기꾼들이야 당연히 투기를 했다. 에버글레이즈 습지의 간척으로 인해 이제껏 미국에서 유례가 없었던 수준의 부동산 광풍이 일어났다. "히브리인들이 이집트에 옮겨 온 시대 이후로, 또는 예언자 무함마드의 헤지라 이후로 과연 이에 버금갈 만한 일이 또 있을까?"[9] 한 신문에서는 이렇게 숙고했다. 이곳을 찾은 순례자들 중에는 권투 선수 진 터니, 영화배우 애롤 플린, 사업가 앨프리드 듀폰, J. C. 페니, 헨리 포드 같은 유명인사가 포함되어 있었다. 하지만 평범한 미국인 역시 부자가 되기 위해, 휴가를 즐기기 위해, 화창한 기후에서 은퇴 생활을 하기 위해 플로리다로 향했다. "그을린 피부는 한때 노동의 상징이었지만, 지금은 여가의 상징이 되었다."[10] 마이클 그런월드는 저서 『늪: 플로리다주 에버글레이즈 습지와 낙원의 정치학The Swamp: The Everglades, Florida, and the Politics of Paradise』에서 이렇게 썼다.

하지만 심지어 그때도 반대자들이 있었다. 그런월드가 지적했듯이, 플로리다의 환경보호주의자 중에서도 가장 달변이었던 찰스 토레이 심프슨은 새로운 윤리를 제시하면서 이렇게 주장했다. 플로리다 사람들은 더 이상 스스로를 자연보다 우월하다고 간주하지 말고, 자연을 길들이고 이용하려 들기를 멈춰야 한다는 것이다.

점진적인 야생의 파괴, 숲의 파괴, 늪지의 배수, 그리고 꽃과 아름다움이 놀랍도록 풍성한 평원의 변모에는 뭔가 매우 괴로운 데가 있다. 그런 것들 대신에 추악한 건축물, 권력을 향한 분투, 저속함과 가식덩어리인 문명화된 인간이 도래하는 것에는 뭔가 매우 괴로운 데가 있다는 말이다. 머지않아 이 방대하고, 외롭고, 아름다운 황무지는 개간되고 길들여질 것이다. 머지않아 이 황무지는 운하와 고속도로에 파헤쳐지고 강철 철로에 짓눌릴 것이다. 수많은 야생동물의 은신처였던 장소를 분주하고도 고된 사람들이 차지할 것이다. … 야생 새들의 울음소리 대신 기차의 기적 소리와 자동차의 경적 소리가 들릴 것이다. 우리는 항상 우리의 놀라운 국가적 성장을 자화자찬한다. 언젠가는 에버글레이즈 지역을 자랑스레 가리키며 이렇게 말할 것이다. "불과 몇 년 전만 해도 저곳은 쓸모없는 늪이었지만, 오늘날에는 제국이 되었다." 하지만 우리가 야생을 파괴하고 그 땅에 수많은 인간을 채워 넣었다는 것 때문에 과연 뭔가가 나아지기는 했는지, 나는 매우 진지하게 궁금해진다.[11]

지질학적으로 설명하자면, 마이애미비치는 신참에 해당한다. 지금으로부터 3,000년 전, 그러니까 대피라미드가 건설될 무렵 근해의 어란석입자로 이루어진 대지臺地 위에 오늘날 우리가 마이애미비치라고 부르는 모래톱이 형성되기 시작했다. 얕은 물에 모래가 모이기 시작한 것이다(그 대부분은 빠르게 침식되던 애팔래치아산맥에서 흘러온 분쇄된 돌들이었다). 맹그로브 씨앗도 물에 쓸려 왔다. 곤충도 도착했다. 1800년대 말에 이르러 그곳은 맹그로브를 비롯해 야자나무, 방울뱀, 들쥐, 모기, 기타 곤충들이 빽빽하게 뒤얽힌 장소가 되었다. "원시림이 해변까지 기어 내려왔는데, 열대지방에서만 볼 수 있는 밀림처럼 빽빽하고, 으스스하고, 들어갈 수조차 없었다." 초창기의 방문자 가운데 한 명은 이렇게 썼다. "마체테를 휘둘러서 길을 내지 않고서는 그 안으로 몇 피트 이상 나아가기조차 불가능했다."12

인류 역사의 대부분 동안 해변을 반가운 장소로 생각한 사람들은 극소수에 불과했다. 실제로 초창기의 유럽 탐험가들에게 해변은 피해야 할 장소였다. 해변은 보트를 상륙시킬 수 있는 곳이기는 했지만, 그럴 때를 제외하면 죽음과 질병이 수반되는 동시에 문명과 자연 사이의 경계를 상징하는 신뢰할 수 없는 구역이었다. 17세기부터 신세계에 정착하기 시작한 영국인, 네덜란드인, 프랑스인은 잠재적인 해변 휴양지를 물색한 것이 아니었다. 그들은 목재와 모피와 생선을 원했다.

유럽에서 최초로 해변을 점유하고 바다에 면한 주택을 지은 사람들은 바닷공기와 바닷물이 치료 효과가 있다고 확신한 중·상류층 뭍사람들이었다. 18세기 중반에는 기적적인 치료법이라는 터무니없는 약속에 이끌린 영국의 병약자와 건강염려증 환자가 영국해협에 자리한 브라이튼 같은 장소에 모이기 시작했다. 이들은 새로 발명된 이동식 탈의 및 입수 시설인 목욕 기계에서 노닥거렸고 해변 산책과 관광으로 시간을 보냈는데, 그 지역 주민들에게는 완전히 낯선 활동이었다. 소설가 제인 오스틴이 관찰한 것처럼 그 지역 주민들은 물을 이용해 생계를 유지할 때를 제외하면 물을 피하는 사람들이었다. "바다의 풍경은 오로지 도시 사람들을 위한 것이니, 그들은 바다의 위협을 한 번도 경험한 적이 없기 때문이다. 진정한 뱃사람이라면 바다를 마주보기보다는 육지에 둘러싸여 있기를 바란다."[13]

19세기 말에 이르러 사람들은 해안과 더 가까운 곳에 주택과 호텔을 짓기 시작했다. 뉴저지주 애틀랜틱시티 같은 곳에 새로 건설된 부두는 본질적으로 육지의 연장이었으며, 덕분에 방문객은 해안에만 머물지 않고 그 너머까지 나아가서 바다도 내다보고 육지도 돌아보는 안전한 전망 장소를 얻게 되었다. 이들 초창기 휴양객들에게 해변의 매력은 그 공허함과 "깨끗함", 즉 난파선도 없고, 파도에 쓸려 온 시체도 없고, 지저분한 산업 생활의 흔적도 없는 깨끗함 자체였다. 프랑스의 한 사회학자는 이를 가리켜 "휴가 이데올로기가 해안에서 이룩한 미적 정복"[14]이라고 일컬었다.

1870년에 이르러 애틀랜틱시티는 완전한 해변 휴양지가 되었으며, 뉴욕 브루클린의 코니아일랜드에는 롤러코스터와 고급 호텔이 들어섰다. 하지만 마이애미비치는 여전히 맹그로브와 모기만 우글거리는 장소일 뿐이었다. 1876년 미국 정부에서는 아마도 마이애미비치 최초의 영구 구조물이었음 직한 건물을 지었는데, 바로 비스케인 대피소다. 난파 사고 다발 지역인 그곳 해안에 표류한 피해자를 위한 시설로, 식량과 의복, 이불, 구급 장비가 비치되어 있었다. 하지만 대피소 관리인 잭 피코크의 아내가 1885년과 1886년에 그곳에서 아이들을 낳은 걸 보면, 그 장소에는 분명 약간의 로맨스도 있었을 것이다.[15]

～

마이애미까지 오는 철도를 건설하라고 터틀이 플래글러를 설득할 무렵인 1890년대에는 최초의 투기꾼들이 마이애미비치에 나타났다. 그중에서도 가장 중요한 인물인 뉴저지 출신의 농부 존 콜린스(오늘날 마이애미비치의 주요 대로인 콜린스로路 이름의 기원이기도 하다)는 그 섬의 토지 수백 에이커를 사실상 거저 구매하고, 일부 토지를 개간하고, 코코넛 나무를 3만 8,000그루 심으며 한재산 벌 생각을 했다.[16] 하지만 계획은 실패로 돌아갔다. 그러고 나서 그는 아보카도 나무를 2,945그루 심었는데, 결과는 이전보다 조금 더 나은 정도에 불과했다. 하지만 콜린스가 한 가장 주목할 만한 일은 바로 마이애미에서 출발해 비스케인만을 거쳐 모래톱까지 이어지는 다리를 건설하기 시작한 것이다. 그렇게 하면 사람들을 끌어모으고 그 땅의 가치를 더 높일 수 있다고 생각한 터였다. 그 시도를 통해 **실제로** 이루어진 일 가운데 가장 두드러진 것은 칼 피셔의 관심을 사로잡은 일이었다. 대담한 속도광인 이 중서부 출신의 사업가는 사상 최초로 대량생산 방식을 적용한 자동차 헤드라이트의 제조와 특허를 바탕으로 부를 쌓았으며, 인디애나폴리스 자동차 고속도로와 사상 최초의 대륙 횡단 고속도로 건립에도 일조한 바 있었다. 하지만 무엇보다도 피셔는 마이애미비치를 미국의 겨울 놀이터로 변모시키는 일의 잠재력을 알아본 선전가이자 흥행사였다. 피셔는 다리 건설을 마무리할 수 있는 자금을 콜린스에게 제공하는 대가로 외관상 가치 없는 늪지에 불과한 땅 수백 에이커를 얻었다.

새로 얻은 부동산을 살펴보러 나선 피셔를 따라온 아내 제인이 곧바로 이해했던 것처럼, 이것은 정신 나간 계획이었다. "나를 몸서리치게 만드는 생물들이 우리 머리 위로 드리운 나뭇가지에 가만히

1923년 마이애미비치에서의 칼 피셔

앉아 있었다." 그녀는 회상했다. "밀림은 마치 온실처럼 무덥고 찌
는 듯했다. 내 몸에서 드러난 곳은 전부 모기에게 뜯겼다. 나는 그
황량한 땅에서 어떤 매력도 발견할 수 없었다. 하지만 칼은 마치 환
상을 보는 사람 같았다. 그는 막대기를 하나 집어 들었고, 우리가
깨끗한 모래밭에 도착하자 도면을 그리기 시작했다. 이제 와서 생

각해 보니, 그는 바로 그 늪에서 마이애미비치가 완전한 모습으로 떠오르는 광경을 조망한 것이었다."[17]

피셔는 흑인 노동자 수백 명을 고용해서 야자나무와 맹그로브를 베었다. 다음으로는 비스케인만의 해저에서 퍼 올린 모래로 습지를 메웠다. 그는 거대한 강철 선체로 이루어진 준설선을 동원했는데, 그 갑판에는 준설기 전체뿐만 아니라 자체 정비소와 얼음 제조소까지도 완비되어 있었다. 이 기계에는 1,000마력짜리 엔진이 달려 있어서, 직경 50센티미터 파이프를 통해 모래투성이 만의 해저를 수면으로 퍼 올렸다. 이 준설선은 불과 24시간 만에 1만 5,000세제곱미터의 준설토를 옮길 수 있었다.

준설토는 모래와 진흙과 이회토의 혼합물로, 한 관찰자의 묘사처럼 마치 "질퍽한 곡물 죽"과도 비슷했다.[18] 일꾼들은 뱀에 물리지 않도록 목이 긴 장화를 신고, 무릎까지 차오르는 진흙과 침전물 속에서 일했다. 맨 먼저 해야 할 일 가운데 하나는 해변까지 이어지는 도로를 만들 수 있도록 콜린스교橋가 끝나는 지점에 있는 불스아일랜드를 변모시키는 것이었다. 준설선 가운데 한 대가 나흘 동안 23만 세제곱미터의 모래를 불스아일랜드로 퍼 올려서 수천 제곱미터에 달하는 땅을 만들었다. 미학적인 이유 때문에 이 섬은 1914년에 벨아일이라고 이름을 바꾸었다.•(오늘날의 벨아일에는 콘도 건물은 물론이고, 기념품점에서 바이브레이터를 구매할 수 있는 인기 만점의 호텔 겸 온천인 스탠더드도 들어서 있다). 그 땅에 뭔가를 하기 위해서는 우선 "수프"라

• 불스아일랜드Bull's Island는 '황소의 섬'이라는 뜻이고, 벨아일Belle Isle은 '아름다운 섬'이라는 뜻이다.

131-13. 1923—Filling the polo fields; the Nautilus Hotel under construction in the distance.

마이애미비치의 개발을 위한 공간을 더 많이 만들어 내기 위해
비스케인만에서 "수프"를 퍼 올리는 준설선

는 별명으로 통하는 준설토를 말리고 굳혀야 했다. 6개월 동안 건드
리지 않고 놔두자, 해초와 해양 생물이 마르거나 썩어 없어지고 그
냄새도 날아가 버렸다.

　　그 모두가 파도에 유실되지 않게 하려면 단단한 테두리를 세워
야 했다. 파일드라이버로 말뚝 공사에 사용할 지지대를 박아 넣고,
거기다가 강철 케이블로 목재를 연결했다. 플로리다 중심부에서 캐
낸 수천 톤의 돌을 바지선에 싣고 오키초비호澗부터 배수 운하를
통해 마이애미까지 와서, 거기서 다시 비스케인만을 가로지른 다음,
부두에 하역하고 노새에 실어 마이애미비치 곳곳으로 날랐다. 한
관찰자의 말마따나 "만灣 주변은 점차 바닷물 위로 1.5미터나 우뚝
솟아 있는 반짝이고 단단히 다져진 눈 더미에 뒤덮인 듯한 모습이

되기 시작했다."[19] 새로운 땅이 바람에 날려 가지 않도록 에버글레이즈 습지에서 구한 짚을 바지선에 실어 와서 흩뿌리고 다졌다. 제인 피셔는 이렇게 회고했다. "대부분 여성과 어린이였던 흑인 수백명이 버뮤다에서 가져온 풀을 바구니째 앞에 놓고 밀면서 흙 위를 엉금엉금 기어 다녔다."[20] 야생의 섬은 점차 길들여졌고, 중서부에서 사람들이 승용차를 몰고 달려오기에 적합해졌다.

연안을 따라 북쪽으로 몇 킬로미터 떨어진 포트로더데일에서는 웨스트버지니아 출신 광부이자 12인 대가족의 일원인 찰스 그린 로즈가 뉴강을 따라 여러 개의 운하를 준설했고, 그 준설토를 이용해 마치 움켜쥐는 손가락 같은 모양으로 육지에서 강으로 뻗은 작은 대륙 여러 개를 만들었다. 이렇게 하면 모든 거리의 모든 부지가 운하에 접하게 되어서 부두용으로 판매할 수 있었다. 로즈는 이 개발지를 '미국의 베네치아'라고 이름 붙여서 수백만 달러를 벌었다.[21] 그의 운하 건설 기법은 '손가락 섬 형성법'이라는 이름으로 알려지며 금세 유행했는데, 여러 해가 지나고 나서야 사람들은 그런 운하가 결국 썩어 가는 웅덩이가 되며, 개발지가 매너티와 기타 야생동물의 서식지를 파괴한다는 사실을 알게 되었다. 아울러 그곳의 주택들도 오물 속으로 가라앉게 된다거나, 아니면 21세기 들어 해수면이 상승하게 되면서 '미국의 베네치아'라는 이름도 원래 의도와는 전혀 다른 의미를 갖게 되었다거나 하는 사실까지도 알게 되었다.

벌어들일 수 있는 돈이 워낙 많다 보니 희극에 가까운 상황도 벌어졌다. 제1차 세계대전 이후 한 참전 용사는 외투 한 벌을 주고 해변의 땅 10에이커를 구입했는데, 광풍의 와중에 그 부동산의 가격은 2만 5,000달러에 달했다. 요란한 군중이 맹그로브 해안가 400에이커의 가격을 불과 세 시간 만에 3,300만 달러로 올려놓기까지 했다. "거의 모두가 오로지 부동산 이야기만 했고 … 반도의 이쪽 끝부터 저쪽 끝까지 방문객이 바글바글했던 그 당시에는 플로리다의 어느 누구도 다른 생각은 전혀 하지 않았다. 물론 방문객들이 잠잘 곳을 찾아내는 문제를 생각해야 할 때만큼은 예외였지만."[22] 《뉴욕타임스》 기사의 일부다. 1916년에 피셔의 회사에서는 4만 달러 상당의 부동산을 판매했다. 그로부터 9년 뒤인 1925년에 이 회사에서는 2,400만 달러 상당의 부동산을 판매했다. 그즈음에는 마이애미비치에 호텔이 56개에 객실만 무려 4,000개였고, 그 외에도 아파트 178개 동, 개인 주택 858채, 상점 및 사무실 308개, 카지노 및 목욕탕 8개, 폴로장 4개, 골프장 3개, 극장 3개, 초등학교와 고등학교와 사립학교 각 1개, 교회 2개, 라디오 방송국 2개가 있었다.

1925년 유머 작가 윌 로저스는 피셔를 가리켜 "물속에 모래가 들어 있다는 사실을 발견할 만큼 똑똑했던 최초의 인물"이었다고 풍자했다. "그는 준설기를 가져와서 모래를 퍼낸 다음, 모래 위에 있던 물을 대신 아래로 내려보냈다. 칼은 그 모래가 부동산 판매 간판을 지탱해 줄 수 있다는 사실을 깨달았고, 그것이 그가 원한 전부였다."[23]

물론 광풍은 결국 끝나고 말았다. 국세청에서는 플로리다의 투기꾼을 조사했고, 상업개선협회에서도 플로리다의 사기꾼을 적발했으며, 언론인들은 플로리다의 스캔들을 보도했다. 이어서 대자연도 플로리다 남부의 매립 과정에서 이루어진 폭파와 배수에 대한 복수를 감행했으니, 1926년 9월 18일에 4등급 허리케인이 새로 주조된 피셔의 낙원을 강타한 것이다.[24] "마이애미비치는 성난 파도의 바다 속에 갇혀 버렸다."[25] 언론인 마저리 스톤먼 더글러스는 이렇게 썼다. 시속 200킬로미터의 강풍이 불자 전신주가 졸지에 투창처럼 날아다녔다. 건물 지붕도 벗겨져 투원반처럼 날아갔다. 높이 3미터의 폭풍해일이 마이애미비치에 밀어닥쳤다. 주택이 기초에서 떨어져 나와 물에 떠다녔다. 물이 빠진 거리는 모래로 뒤덮였고, 허세를 부리던 바다 가까이의 호텔 로비도 마찬가지였다. 허리케인으로 인한 최종 피해는 사망자 113명에 주택 완파 및 손상 5,000건이었다.

지금 와서 돌이켜 보면 이런 피해는 전혀 놀랄 일도 아니다. 플로리다 광풍의 DNA 전체는 발 빠른 돈벌이와 관련되어 있었기 때문이다. 어느 누구도 회복탄력성에 관해 생각하지 않았다. 어느 누구도 익히 알려진 허리케인 경로의 한가운데 있는 물가에 도시를 건설하는 일의 결과를 숙고하려고 굳이 멈춰 서지 않았다. 주택은 허약했고, 전기 배선은 엉성했고, 다리는 연약했고, 도로는 물가를 따라 만들어졌다. 누가 굳이 신경을 썼겠는가? 이곳은 마이애미비치였다. 정부의 감독도 없었고, 장기 계획도 없었다. 유일하게 중요한 미래는 다음번의 칵테일, 다음번의 아름다운 일몰, 다음번의 재즈 클럽 연주뿐이었다.

허약한 건축의 위험성이 드러난 곳은 마이애미뿐만이 아니었다. 1926년의 허리케인으로 플로리다 한가운데의 오키초비호를 에워싼 어설프게 건축된 흙 제방이 무너지며 호수 아래의 농지가 범람하고 주민 400명이 사망했다. 2년 뒤에 또 다른 허리케인이 닥치자, 여전히 허약한 제방에서 심지어 더 큰 부분이 무너지며 높이 4.5미터의 쓰나미가 이전과 똑같은 농지로 쏟아졌다.[26] 이번에는 주민 2,500명 이상이 사망했는데, 대부분은 에버글레이즈 습지의 채소밭에서 물에 빠져 죽은 가난한 흑인이었다.

결국 변화가 생겼다. 마이애미시市에서는 미국 최초의 건축 조례를 통과시켰다(이는 훗날 최초의 전국적인 건축 조례의 기초가 되었다). 이 조례에 따르면 지붕을 볼트로 고정하고, 건물의 뼈대를 기초에 단단히 접합하고, 창문을 강화유리로 만들어야 했다. 건축 조례는 시간이 흐르면서 더욱 개선되었고, 그리하여 오늘날의 마이애미는 (대부분의 현대 도시와 마찬가지로) 허리케인에 대한 저항력이 그 어느 때보다도 더 강해졌다.

하지만 플로리다 남부에서 저렴한 건축의 유산은 여전히 살아남았다. 1992년의 허리케인 앤드루로 야기된 참사에서 이를 확인할 수 있다. 당시 마이애미 남부의 홈스테드라는 지역이 초토화되었다. 피해 액수가 260억 달러에, 사망자가 65명이었고, 이재민이 25만 명이었다. 플로리다 남부를 여행하면서 알게 된 바에 따르면, 무척이나 사랑을 받는 사우스비치의 아르데코 양식 건물에 사용된 콘크리트에는 바닷물이나 소금기 머금은 해변 모래가 섞이는 경우가 종종 있어서, 시간이 흐르면 콘크리트가 부식되어 매우 약해진다. 내가 아는 어느 건축가는 사우스비치의 한 호텔을 개축하는 과정에서 구조 벽체가 너무 약한 나머지, 망치로 한 번 때리면 실제로 넘어갈 정도인 것을 발견했다. 급기야 개축을 계속하지 못하고, 호텔 전면을 제외한 나머지 모두를 무너트려 현대식 기준에 맞춰서 신축해야 했다. 그렇다면 얼마나 많은 마이애미의 노후 건물이 이와 똑같은 취약함 때문에 고통받고 있을까? 1950년대와 1960년대에 마이애미비치에서 일하면서 퐁텐블로호텔과 에덴로크호텔의 화려한 조명을 담당했던 전기공학자 겸 조명 디자이너 러너드 글레이저는 내가 건축 조례에 관해서 물어보자 웃음을 터트렸다. "조례 따위는 없었어요! 설령 그런 게 있었다 치더라도 누구 하나 신경 쓰지 않았죠. 관건은 일을 빨리, 그리고 저렴하게 해치우는 것이었으니까요. 마이애미비치에서는 어느 누구도 장기적인 결과에 대해 생각하지 않았습니다."

1926년의 허리케인은 플로리다 남부의 정치인과 재계 인사들의 원동력이었던(그리고 오늘날에도 여전히 원동력인) 과대 선전과 부정denial의 조합을 역시나 드러내 보였다. 햇빛, 해변, 그리고 재미라는 플로리다의 꿈(2016년 플로리다의 한 언론인은 이를 다음과 같이 요약했다. "마이애미비치의 경제를 떠받치는 것은 외지인들이 그곳을 찾아와서 술에 취하기를 즐긴다는 사실이다")을 처음으로 상술한 사람은 바로 칼 피셔였다.[27] 피셔는 코끼리와 노출이 심한 수영복 차림의 젊은 여성, 홍보 전문가 들을 이용해서 낙원을 제조했다. 부동산 관련 투자는 항상 쏠쏠했다.

성性 관련 투자는 항상 더 쏠쏠했다. 기후 관련 투자는 항상 완벽하기 그지없었다. 그렇다면 허리케인은? 1921년에 관광객과 투자자를 마이애미비치로 초청하는 한 신문광고에서는 "여름철 폭풍의 위험은 사실상 전혀 없다"고 확언했다. 정작 여름철 폭풍과 허리케인은 무려 수천 년 동안 플로리다 남부를 휩쓸고 지나간 바 있었는데도 말이다.

허리케인 강타 이후에는 잡아떼기가 속출했다. 마이애미의 재계 인사들은 허리케인 이야기 때문에 방문객과 투자자가 겁을 내고 안 올까 봐 우려했다. 급기야 플로리다의 지도자들은 피해 규모를 축소했으며, 참사에 관한 보도를 헛소문이고 과장이라며 부정하고, 구호 활동을 공공연히 저지했다. 《마이애미헤럴드》의 한 사회부장이 피해 금액만 1억 달러에 달한다는 기사를 제출하자, 손실액을 1,000만 달러로 줄여서 실으라는 명령이 윗선에서 내려왔다. 마이애미 시장은 외부의 원조 제안을 거절했으며, 플로리다 주지사도 생활이 빠르게 정상으로 돌아오고 있다고 주장했다. 적십자 대표가 "플로리다에서는 고통받는 가난한 사람들 따위는 호텔과 관광 사업에 비해 덜 중요하다고 간주된다"고 비난했지만, 공식 홍보는 계속해서 폭풍을 낙원에 깃든 소소한 불편 정도로 묘사할 뿐이었다.[28] 한 과대 선전가는 《마이애미헤럴드》에 전면 광고를 내서 플로리다는 여전히 성장할 준비가 완벽히 되어 있으며, 이번의 큰 타격은 중서부의 홍수나 뉴잉글랜드의 "겨울 질환", 혹은 캘리포니아의 지진에 비하자면 아무것도 아니라고 주장했다. "물론 허리케인으로 인한 인명 손실도 일부 있지만, 허리케인은 일생에 한 번밖에 오지 않는다."29

　칼 피셔와 기타 초창기 플로리다의 개발업자들은 아마 탐욕스
러운 일확천금 전문가였겠지만, 적어도 쾌락 추구를 위해 자연을
정복하는 것에 관해서는 일가견이 있었다. 이들이 이해한 바에 따
르면, 제아무리 모기와 악어가 들끓는 늪이라도 배수하고 준설해서
발 빠른 수익을 올릴 수 있었다. 제아무리 허리케인이 거대하더라
도 도시는 항상 재건할 수 있었다. 플로리다 남부야말로 20세기와
21세기 인간의 삶에 드러난 기술의 지배를 미국 전체에서 가장 잘
보여 주는 곳이었다. 그곳은 준설기에 의해 창조되고, 에어컨에 의
해 냉각되고, 핵에너지에 의해 전기가 공급되고, 승용차에 의해 지
배되고, 살충제에 의해 위생이 유지되고, TV와 인터넷에 의해 미화
되었다. 이곳은 사람이 자연을(즉 더위, 해충, 악어, 그리고 다른 무엇보다도
특히 물을) 길들일 수 있다는 전제를 믿어야만 비로소 거주할 수 있
는 장소였던 것이다.

제3장 새로운 기후의 땅.

그린란드 서부 해안에 있는 야콥스하운Jakobshavn 빙하는 지구상에서 가장 빨리 움직이는 빙하다. 또 가장 많이 사진이 찍힌 빙하로, 전 세계에서 기후 파파라치들을 끌어모은다. 만약 여러분이 뉴스 보도나 다큐멘터리에서 어느 빙하의 사파이어빛 표면에서 뚝 떨어지는 커다란 얼음덩어리의 이미지를 본 적이 있다면, 십중팔구 야콥스하운이었을 것이다. 이것은 빙하계의 킴 카다시안이다. 빠르고도 예측 불가능하게 변화하면서, 우리 세계에서 일어나는 변화를 차마 무시하기 어려운 방식으로 상징하기 때문이다. 코펜하겐에서 출발해 그 빙상을 보러 가는 사람들의 주 출발점인 그린란드 남부의 마을 캉에를루수아크까지 가는 비행 중에 나는 저 유명한 빙하를 가까이에서 볼 수 있으리라는 기대로 흥분했었음을 솔직히 인정한다.

이번 여행의 내 길잡이는 제이슨 박스다. 미국의 기후학자인 그는 그린란드의 얼음에서 벌어지고 있는 일을 이해하는 데 큰 관심을 가진 준정부 기관인 덴마크 그린란드 지질조사단에서 일하고 있다(그린란드는 한때 덴마크의 주였으며, 지금도 여전히 덴마크왕국의 준주이다). 젊고 이단아 같은 과학자이자 그린란드 얼음의 광팬인 박스는 여름의 얼음 녹는 철을 몇 주 앞둔 상황에서 이번이 그린란드 해빙解氷에는 기록적인 한 해가 될 것이라고 공개 예측하여 많은 주목을 받았다.

그의 말은 옳았다. 2012년 여름 동안 열파가 기상 모델의 예측보다 훨씬 더 뜨겁게 북극권을 덥히면서 그린란드의 얼음은 마치 여름철 보도 위에 떨어진 아이스크림마냥 녹기 시작했다. 보통 여름철에는 그린란드의 저지대만 녹았다. 그런데 2012년에는 고지대를 비롯한 빙상 표면 전체에서 녹아내림이 관찰되었다.[1] 항공사진에는 선명한 파란색 물로 이루어진 강들이 빙상 표면을 따라 흐르다가, 과학자들이 물랭moulin이라고 부르는 것 속으로 사라지는 모습이 보였다(물랭이란 기본적으로 얼음에 난 커다란 구멍으로, 강이 빙하의 내부로 폭포수처럼 떨어지며 흘러드는 곳이다). 2012년의 녹아내림은 세계 언론의 관심을 끌었으며, 캉에를루수아크에서 융빙수로 불어난 강물을 따라 트랙터 한 대가 유실되는 모습을 보여 주는 유튜브 영상은 수백만 명이 시청했다.

내가 캉에를루수아크 공항에서 만난 박스는 딱 야생 속 과학자다운 행색이었다. 꾀죄죄하고, 머리는 헝클어졌으며, 어깨에는 크고 검은 더플백을 하나 메고 있었다. 염소수염에 살짝 반항적인 태도를 지닌 박스는 마치 개심한 펑크족 같은 느낌을 풍겼다. 몇 분 동안 잡담을 나눈 뒤에, 우리는 캉에를루수아크로 들어섰다. 이곳은 문자 그대로 활주로 주위에 세워진 마을이었으며, 원래는 제2차 세계대전 중에 미군이 건설한 곳이었다(심지어 반원형 군용 막사를 상점과 호텔로 개조해 놓아서 지금도 여전히 군사기지 같은 느낌이 들었다). 나는 그 마을에 신제품 노스페이스 재킷을 걸친 중년들이 많은 것을 보고 깜짝 놀랐다. "재난 관광이죠." 박스의 설명이었다. "빙상에 작별을 고하러 여기까지 온 사람들이라니까요."

우리는 대로를 따라 걸어갔고, 그곳에서 나는 처음으로 그린란드를 제대로 바라보았다. 높고도 기복이 있는 언덕을 보니 기묘하게도 샌프란시스코 북부의 언덕이 떠올랐다. 물론 그린란드에는 나무가 없었다. 심지어 내가 6월에 갔는데도 초록색이라고는 딱히 찾아볼 수 없었다. 초여름인데도 가벼운 오리털 재킷을 입어야 할 만큼 쌀쌀했다. 주위에 얼음은 보이지 않았지만, 박스의 말에 따르면 지평선만 넘어가면 빙하가 잔뜩 있다고 했다. "몇 시간만 걸어가면 도착합니다." 그가 설명했다. 놀랍게도 나는 공기 중에서 얼음 냄새를 맡을 수 있었다. 마치 누군가가 커다란 냉장고 문을 열어 놓기라도 한 것 같았다.

우리는 박스가 "과학 호텔"이라고 부르는 마을 가장자리의 한 숙소에 들어갔다. 원래는 반원형 군용 막사였는데, 침대와 케이블 TV를 들여놓고 있었다. 우리는 짧게 저녁 산책을 다녀왔고, 박스는 2012년의 해빙 당시 떠내려가는 트랙터의 유튜브 영상을 촬영한 장소인 왓슨강으로 안내해 주었다. 이 강은 현재 폭이 9미터쯤 되고, 마치 뒤뜰의 개울처럼 얌전했으며, 빙하의 실트질 때문에 회색이었다. 2012년 열파의 절정기에는 왓슨강이 격류로 변해서 영국 템스강에 흐르는 물보다 10배나 많은 물이 흘렀다.[2]

마을을 산책하면서 박스가 내놓은 설명에 따르면, 이번 여행에서 그의 목표는 그린란드가 갑자기 녹는 이유에 관한 몇 가지 비정통적인 생각을 검증하는 것이었다. 특히 그는 이런 현상이 눈이 검어진 것과 관련되어 있다고 믿었다. 그 원인으로는 중국의 석탄 화력발전소라든지 미국 서부 및 캐나다 북부의 산불에서 비롯된 검댕이 빙상에 떨어진 것, 얼음 표면에서 어두운 색의 조류藻類와 박테리아가 자라는 것을 지목했다. "검은 눈은 깨끗한 눈보다 많은 열을 흡수해서 녹는 속도가 더 빠르죠." 박스의 설명이었다. "그렇다면 그린란드 같은 곳에서 그 영향은 어느 정도로 큰 걸까요? 그건 저도 모릅니다. 하지만 중대한 문제일 수 있습니다. 그리고 이것은 현재의 기후 모델에 들어 있지 않은 많은 사항들 가운데 하나입니다."

훗날 마이애미와 뉴욕, 베네치아와 기타 연안 도시를 잠기게 할 대부분의 물은 다음 두 군데에서 비롯될 것이다. 한 곳은 남극, 또 한 곳은 그린란드다. 킬리만자로산의 눈이나 파타고니아의 빙하가 사라졌다는 소식은 여러분도 종종 들어 보았겠지만, 도시를 잠기게 만드는 규모로 말하자면 육지에 있는 빙하는 이에 별로 기여하는 바가 없다. 정말로 중요한 것은 지구 양쪽 끝에 있는 커다란 얼음덩어리 두 개에서 일어나는 일이다.

과학자들이 이해한 바에 따르면 그린란드와 남극에서의 위험은 서로 매우 다르다.[3] 남극은 그린란드보다 7배나 더 크고, 얼음도 훨씬 더 많다. 만약 남극대륙 전체가 녹는다면(물론 그 과정만 해도 수천 년이 걸릴 수 있다) 지구의 해수면은 약 60미터 높아질 것이다. 만약 그린란드 전체가 녹는다면(물론 남극이 녹는 것에 비해서는 시간이 더 적게 걸릴 것이다) 해수면은 약 7미터 높아질 것이다. 지금 여기서 이야기하는 물의 양이 어느 정도인지 쉽게 설명하자면 이렇다. 전 세계 인구 70억 명이 한꺼번에 바다로 뛰어든다 치더라도, 그로 인한 해수면 상승은 기껏해야 약 0.25밀리미터에 불과하다.[4] 물론 현재는 그린란드에서 녹은 물이 남극에서 녹은 물보다 2배쯤 더 많이 해수면 상승에 기여하고 있다. 하지만 향후 수십 년 안에 상황이 바뀔 수도 있다.

그린란드가 위치한 북극은 지구상에서 가장 빨리 따뜻해지는 지역 가운데 하나다. 이곳의 주된 문제가 빙상 표면에서 벌어지는 녹아내림이라는 사실은 놀라울 것도 없다. 이는 더 따뜻한 기온뿐만 아니라 공기 중 습도의 양, 바람의 속도와 방향, 하늘의 구름 양, 그리고 (박스의 가설처럼) 얼음 표면이 박테리아나 조류 같은 유기체나 검댕에 의해 얼마나 검어졌는지에 따라서도 촉진된다.

이와 대조적으로 남극은 지구상에서 가장 추운 장소다. 특히 가장 큰 빙상이 자리한 동남극East Antarctica은 유난히 춥다. 여기서만큼은 표면의 녹아내림도 문제가 되지 않는다. 하지만 빙상이 사라질 수 있는 경로는 그것 하나만이 아니다. 과학자들은 남극에서 따뜻한 바닷물 때문에 빙하가 아래에서부터 녹아 빙상 전체가 불안정해지는 상황을 더 우려하고 있다. 서남극에서는 특히나 이런 일이 걱정스럽다.[5] 가장 큰 빙상들 가운데 상당수가 그곳에 있는데, 그중 스웨이츠Thwaites는 크기가 대략 미국 펜실베이니아주 정도 된다.[•] 과학자들은 이 빙상을 수중 말단 빙하라고 부른다. 빙하의 상당 부분이 해수면 아래에 있기 때문이다. 서남극 주위의 해류에서 미묘한 변화가 일어나서 더 따뜻한 물이 그 지역으로 이동했다. 비록 작은 변화라 할지라도 이들 빙하 아래쪽의 녹는 속도를 증가시키기에는 충분하다. 빙하가 바다와 만나는 곳에서 마치 손톱처럼 자라 물에 떠 있는 빙붕ice shelf은 아래로부터의 녹아내림에 특히나 취약하다. 만약 물이 계속 따뜻해진다면, 빙붕이 갈라져서 떨어져 나갈 가능성이 있다. 이처럼 물에 떠 있는 빙붕의 균열 그 자체로는 해수면이 상승하지 않는다(이는 유리잔에 들어 있는 얼음이 녹아도 물의 높이가 상승하지 않는 것과 매한가지다). 하지만 빙붕은 그 뒤에 있는 빙하를 떠받치는 데, 즉 가두는 데 중요한 역할을 담당한다. 빙붕이 무너진다면 빙하(그중 일부는 두께 3,000미터의 얼음산이다)가 그대로 바다로 미끄러질 것이다.

서남극에서의 위험을 키우는 또 한 가지 요인은 대륙 자체의 형태다. 엑스레이를 이용하면 그곳의 얼음 속을 볼 수 있는데, 서남극 빙상 아래의 땅은 수백만 년의 세월 동안 빙하의 무게에 짓눌려서 역경사면을 이루고 있다. "거대한 수프 그릇에 얼음이 잔뜩 들어 있는 모습이라고 생각해 보세요." 펜실베이니아주립대학의 극지

• 펜실베이니아주의 총면적은 11만 9,000제곱킬로미터로, 10만 제곱킬로미터인 남한보다는 크고, 12만 제곱킬로미터인 북한보다는 작다.

빙하학자 스리다 아난다크리슈난은 내게 이렇게 말했다. 이 비유에서 빙하의 가장자리는 수프 그릇의 테두리에 올라앉아 있는데, 그 테두리는 해수면보다 300미터 이상 낮다. 테두리 안쪽의 땅은 수백 킬로미터에 걸쳐서 아래로 향하는 경사면이며, 그렇게 계속 가다가 남극의 동부와 서부를 가르는 남극종단산맥과 만난다. 그 분지의 가장 깊은 곳에서는 얼음의 두께가 3킬로미터 이상에 달한다.

일부 과학자들은 남극을 둘러싼 바다가 계속 뜨거워져서 빙붕이 무너질 경우, 이 거대한 빙하가 지반선grounding line●에서 미끄러지며 경사면을 따라 아래로 후퇴하기 시작할 것이라고 말한다. 오하이오주립대학의 빙하학자 이언 호와트의 묘사처럼, 그 모습은 "언덕을 굴러 내려가는 공"과 비슷할 것이다. 빙하가 경사면을 따라 더 깊이 후퇴할 경우, 빙하 절단면의 절벽은 더 높아지고 더 불안정해질 것이고, 빙하가 파열되어 바다로 떨어지는 속도도 더 빨라질 것이며, 결국에는 과학자들이 빙상의 '고삐 풀린 붕괴'runaway collapse라고 부르는 현상으로 귀결될 것이다. 물론 이런 현상은 해수면을 상승시킬 것이다. 그것도 빠르게.

그린란드와 남극의 녹아내림이 전 세계에서 똑같이 느껴지지는 않을 것이다. 역설적이게도 그린란드의 녹아내림은 오히려 남반구에 더 큰 충격을 줄 것이다. 마찬가지로 남극의 빙하 붕괴는 북반구에서 더 크게 체감될 것이다. 과학자들은 이런 지역적 효과를 가리

● 대지의 기준이 되는 지면을 나타내는 선으로, 이곳에서 대륙빙하가 지반과 분리돼 바닷물에 뜨기 시작한다.

2017년 초, 서남극의 빙상에 길이 160킬로미터의 균열이 생겨났다.

켜 지문 날인fingerprinting●이라고 부른다. 이것은 자전하는 지구 표면의 물을 중력이 확산시키는 방식에서 비롯된 결과다.[6] 그린란드와 남극 모두에서 빙상이 녹아 질량이 더 작아지면, 그 주위의 물에 작용하는 중력이 감소한다. 이렇게 되면 인접 지역의 해수면 높이가 내려가게 되지만, 내려간 물이 지구 반대편에 있는 물을 더 높이 밀어 올린다. 따라서 그린란드가 녹으면 불균등하게도 뉴욕보다 자카르타에 더 큰 충격이 나타날 것이다. 마찬가지로 남극이 녹으면 딱 그와 정반대 효과가 나타날 것이다. 예를 들어 서남극의 거대 빙하들이 붕괴하면 전 세계 해수면 상승의 평균 높이는 약 3미

● 특정 강제력에 대한 기후 반응의 시공간 패턴을 지문fingerprint이라고 한다. 본문에 언급된 지문 날인이란, 빙하의 융해로 인한 전 세계 해수면 변화의 패턴인 '해수면 지문'이 만들어지는 과정을 가리킨다.

터에 달할 것이다. 하지만 중력 때문에 뉴욕시에서는 해수면이 4미터나 상승하게 된다.[7]

"북극권이 얼마나 빨리 변화하고 있는지를 이해하기는 어렵습니다." 내가 그린란드로 떠나기 전에 만난 러트거스대학의 기상과학자 제니퍼 프랜시스의 말이다. NASA에 따르면, 오늘날 그린란드에서 매년 사라지는 얼음의 양은 1990년대 내내 사라진 얼음의 양보다 무려 3배나 많다.[8] 2012년에서 2016년 사이만 해도 1조 톤의 얼음이 사라졌는데, 이 정도면 각 변의 길이가 9.7킬로미터에 달하는(즉 에베레스트산보다 높은) 거대 얼음 육면체를 만들 수 있을 것이다.[9] 얼마 전만 해도 대서양과 태평양을 연결한다는 가상의 북쪽 경로인 이른바 '북서항로'를 지나려면 쇄빙선이 필요했다. 그런데 2016년 여름에는 수영장 여러 개와 극장을 완비하고, 승무원만 600명에 달하는 디젤엔진 호화 유람선 크리스털세레니티호가 1,700명의 승객을 태우고 바로 그 경로를 지나갔다.[10] 2040년에 이르면 북극권의 여름철에는 해빙海氷이 완전히 사라질 가능성이 있다. 그때쯤이면 북극에서 윈드서핑도 할 수 있을 것이다.

지난 20년 동안 북극권은 섭씨 1.6도 이상 따뜻해졌다. 이는 세계 평균보다 약 2배나 더 빠른 속도다.[11] 얼음이 녹으면서 이 지역의 알베도albedo, 즉 반사율도 변화했다. 깨끗하고 신선한 눈은 자연에서 확인된 가장 반사력 좋은 물질 가운데 하나로, 햇빛의 90퍼센트 이상을 반사한다. 하지만 얼음이 부드러워지면 그 구조가 변화하며 반사율이 낮아져서 더 많은 열을 흡수하게 된다. 눈이 녹아 없어지면 더 많은 물과 더 많은 땅이 노출되는데, 물과 땅 두 가지

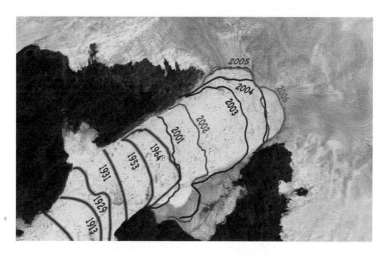

지난 100년 동안 야콥스하운 빙하는 극적인 후퇴를 보여 주었다.

모두 눈보다 더 어두운 까닭에 계속 더 많은 열을 흡수한다. 그로 인해 더 많은 얼음이 녹으면서, 빠르게 가속화할 수 있는 되먹임 고리가 만들어진다.

북극권의 이런 극적인 변화는 지구의 기후 시스템 전체에 파급 효과를 가져올 수도 있다. 예를 들어 일부 연구에서는 북극해의 얼음 감소와 최근 캘리포니아의 기록적 가뭄 사이의 연관성을 주장한 바 있다(물론 그 연관성이 결정적인 것은 아니었다).[12] 다른 연구에서는 북극권의 온난화로 인해 북극권과 열대 지역의 기온차가 줄어들면서, 북반구의 바람 패턴이 느려지게 되었다고 주장했다. 그 결과로 더 극단적인 여름 기후가 나타났는데, 그것이 바로 2003년 유럽에서의 폭염과 2010년 파키스탄에서의 극심한 홍수라는 것이다.[13]

물론 과학자들은 반사율의 기본 물리학을 이미 오래전에 이해한 바 있다. 하지만 전통적인 기후 모델로 파악하기 힘든 것으로 악명 높은 빙상의 습성은 오히려 카오스이론에 매우 가까울 수 있다. 즉 제트기류의 경로나 구름량의 정도 같은 작은 변화가 어마어마한 결과로 귀결될 수 있는 것이다. "과학자들은 향후 수십 년 내에 그린란드가 완전히 녹아내리는 것을 목격하리라고 예상하지는 않았습니다." 펜실베이니아주립대학 산하 지구시스템과학센터의 대표 마이클 만의 말이다. "그런데 막상 그런 일이 일어났으니, 우리는 이런 의문을 품어야 하는 겁니다. 우리 모델에서 뭐가 빠진 걸까? 우리가 미처 이해 못 한 어떤 기본 물리학이 있는 걸까? 아니면 눈 위에 떨어진 검댕의 효과처럼, 미처 계산하지 못한 어떤 인간적 요인이 있는 걸까?"[14]

───

모든 학생들이 알고 있듯이 물 분자 하나는 수소 원자 두 개와 산소 원자 하나로 이루어져 있다. 수소는 지금으로부터 약 140억 년 전 빅뱅 때 형성되었고, 산소는 (더 복잡한 원소로서) 더 나중에 별들의 초고온 내부에서 생성되었다. 별들이 죽음을 맞이해 초신성으로 변하자 폭발로 인해 그 원소가 우주에 퍼졌고, 거기서 산소와 수소가 뒤섞여 물이 만들어졌다.

우주에는 물이 가득하다. 최근 과학자들은 지구에서 120억 광년 떨어진 블랙홀 주위를 거대한 물 구름이 에워싸고 있음을 발견했다.[15] 우리 태양계만 해도 목성, 토성, 해왕성, 천왕성의 내부에는 어마어마한 양의 물이 들어 있다. 화성의 극지에는 지구와 마찬가지로 만년설이 있고, 남위와 북위 지역에도 빙하의 띠가 있다(실제로 과학자들은 화성의 빙하 속에 들어 있는 물의 양이 행성 표면 전체를 깊이 90센티미터의 얼음[16]으로 뒤덮기에 충분하다고 계산했다).[17] 토성과 목성의 위성들도 그 얼음 표면 아래에 바다가 있다. 지구의 물이 특이한 것은 놀랍게도 얼음과 수증기 사이의 액체 상태로 존재한다는 점이며, 또한 너무 짜지도 않고, 너무 산성도 아니며, 너무 알칼리성도 아니라는 점이다. 게다가 우리는 물을 많이 갖고 있다. 지구의 바다는 행성 표면의 약 70퍼센트를 덮고 있다. 이 방대한 물 보유고가 없었다면 이 세상에는 초밥이나 카약도 없었을 것이고, 힘든 하루를 보낸 다음에 하는 따뜻한 샤워도 없었을 것이며, 이 모든 것에 앞서 우리가 아는 형태의 생명도 없었을 것이다. 생명은 물에서 태어나 수십억 년의 세월 동안 물에서 진화했으며, 그러고 나서야 최초의 물고기가 해변으로 기어올라와 마른 땅에 보금자리를 마련했다.

지구상의 모든 물이 과연 어디에서 유래했는지에 대해서는 아직 제대로 알려진 바가 없다. 가장 인기 있는 설명은 이 행성이 존재하기 시작하고 나서 처음 10억 년 동안 이곳에 떨어진 얼음 혜성이나 소행성으로부터 물이 누적되었다는 것이다.[18] 그게 사실이라면 우주에서 지저분한 눈뭉치가 상당히 많이 날아와 떨어졌다는 뜻이 되는데, 어쨌거나 가능한 일이기는 하다. 또 한 가지 이론에 따르면, 적어도 지구의 물 가운데 일부는 지금으로부터 46억 년 전 지구가 형성될 때 함께 붙잡혔던 먼지 알갱이들에 묻어 있었던 것이다. 그 출처가 어디든, 과학자들은 지구상에 존재하는 물의 양이 수십억 년 동안 고정되어 있었음을 알고 있다. 즉 실제로는 증감이 없으며, 행성의 기온에 따라서 단지 재배열되는 것뿐이다.

빙하기의 도래와 종식은 현재 가장 문자주의적인 창조론자를 제외한 모든 사람에게 공인된 지구 역사의 일부지만, 이를 제대로 이해하게 된 것은 1940년대가 되어서였다. 당시 세르비아의 공학자 밀루틴 밀란코비치Milutin Milankovitch는 한 가지 가설을 내놓았다.[19] 지구 궤도의 동요로 인해 지구에 도달하는 햇빛의 양이 일정 간격을 두고 변했기 때문에, 딱 빙하기를 촉발할 만큼의 기온 변동이 일어났다는 것이다. 대략 10만 년마다 한 번씩 얼음이 증가해 더 많은 물을 가두면서 해수면이 하강했다. 그러다가 얼음이 녹으면 해수면이 상승했다. 수백만 년에 걸친 지구의 모습을 빨리 감기 화면으로 처리하면, 얼음이 규칙적으로 나타났다 사라지는 듯 보일 것이다. 마치 이 행성이 살아 숨 쉬는 것같이.

~

내가 캉에를루수아크에 도착한 다음 날, 우리는 비행기를 타고 일룰리사트에 갈 예정이었다. 연안의 작은 마을인 그곳은 빙상의 발치에 자리하고 있다는 이유로 졸지에 과학의 메카가 되었다. 그런데 우리를 얼음 위까지 데려다주겠다며 박스와 계약한 헬리콥터 조종사가 도무지 나타나지 않았다(그린란드의 얼음 과학자들에게는 헬리콥터가 자전거나 마찬가지다). 헬리콥터가 없다면 현장 연구를 시작하기 위해 빙하 위까지 가기란 사실상 불가능했다.

박스는 몇몇 동료들과 함께 하루 종일 캉에를루수아크 곳곳을 수소문했다. 그는 이런 지연 사태에 조급해하는 모습이 역력했다. 시계가 째깍거리고 있었고, 우리가 단단한 땅 위에서 보내는 매 시간이 마치 헛되이 낭비되는 것처럼 느껴졌다. 하지만 우리는 일단 먹어야 했기에, 저녁이 되자 박스와 나는 1.6킬로미터쯤 걸어서 어느 빙하 호수까지 갔다. 사향소 스테이크, 훈제 넙치, 고래 카르파초 같은 그린란드 전통 음식을 판매하는 작은 식당이 그곳에 있었다.

저녁 식사를 하면서 박스와 나는 2012년의 대규모 녹아내림에 관해서 이야기했다. 실제 녹아내림이 기후 모델의 예측보다 훨씬 더 **빠르게** 일어난다는 사실은 결국 그 모델에서 뭔가가 **빠졌다는** 의미였다. 도대체 무엇일까? 동요하는 제트기류가 그 지역에 열파를 가져온 걸까? 열을 가두는 낮은 구름의 성질인 걸까? 어쩌면 그럴 수도 있었다. 하지만 본인의 말마따나 "빙하학의 대통합 이론"을 연구 중이던 박스는 검댕과 박테리아로 검어진 눈이야말로 강력하지만 간과된 요소라고 믿었다. "이 모두를 하나로 통합하려면 오랜 세월이 걸릴 겁니다." 그의 설명이었다. "불행히도 세계가 변화하는 속도를 감안해 보면, 사실 우리에게는 그걸 종합하고 있을 만한 시간이 없습니다."

내가 발견한 박스의 매력 가운데 하나는 큰 그림 그리기를 두려워하지 않는다는 점, 그리고 자신의 진짜 청중은 다른 과학자들이 아니라 일반 대중이라는 사실을 매우 의식한다는 점이다. 그가 보기에 일반 대중은 대담한 가설 내놓기를 머뭇거리는 과학자들로부터 줄곧 배신을 당해 왔다. 박스에게는 이 정도야 문제도 아니었다. 예를 들어 2009년에 그는 그린란드에서 가장 큰 빙하 가운데 하나인 페테르만Petermann 빙하가 그해 여름에 깨질 것이라고 발표했다. 이는 북극권이 얼마나 빨리 더워지고 있는지를 보여 주는 강력한 징후라는 것이다. 심지어 박스는 그 붕괴를 더 잘 추적할 수 있도록 멀리 떨어진 빙하에 장비를 설치하는 과학 원정을 주도하기도 했다. 대부분의 빙하학자는 그가 돌았다고 생각했다. 그해 여름이 지나도록 아무 일도 일어나지 않은 이후에는 특히나 그랬다. 하지만 2010년 페테르만 빙하는 결국 깨지기 시작했다. 그리고 2년 뒤에는 맨해튼 크기의 2배에 달하는 빙산들로 산산조각 났다.

"저는 얼음을 좋아합니다. 자연의 온도계이기 때문이죠." 박스는 사향소 피자를 먹으며 내게 말했다. "정치적인 이유는 아닙니다. 세계가 더워지면 얼음이 녹죠. 간단합니다. 모든 사람이 이해할 수 있는 종류의 과학인 겁니다."

～

처음만 해도 해수면 높이의 실시간 모니터링은 해수면 상승과 아무 관계가 없었다. 이는 19세기 초에 단순한 검조기檢潮器, tide gauge 로 시작되었다. 1807년에 토머스 제퍼슨은 신생국가의 지도를 작성하여 해양 무역을 원활히 하도록 해안선에 관한 체계적인 조사를 시작하라고 미국 정부에 요청했다.[20] 해안선은 조석에 따라 변화했기 때문에, 이는 결국 조사관이 해안의 물 높이 변화를 측정해야 한다는 뜻이었다. (세계에서 가장 오랫동안 지속적인 기록을 해 온 검조기는 샌프란시스코 크리시필드 인근의 어느 부두 끝에 있다. 이 검조기는 1854년 6월 30일부터 지금까지 계속 해수면 높이를 기록해 오고 있다.)

처음에 조사관들은 검조주tide staff를 사용했다. 이것은 사실상 기다란 나무 자로, 즉석에서 사람이 눈금을 읽어야 했다. 19세기

말에는 검조주 대신 초보적인 검조기가 등장했는데, 부두 끝에 파이프를 하나 세우고 부표를 하나 넣어 둔 것이었다. 부표에는 펜이 달려 있어서 종이 두루마리에 물의 상승과 하강을 기록했다. 오늘날의 검조기는 완전히 최첨단이다. 마이크로파를 이용해 수면과의 정확한 거리를 측정한 다음, 이를 위성에 쏘아 올려서 세계 각지의 연구자들이 즉시 이용할 수 있도록 한다.

하지만 아무리 검조기가 정확하더라도 측정치들이 항상 장비가 설치된 육지에 대해 상대적이며, 그 육지가 종종 움직인다는 점이 문제였다. 예를 들어 루이지애나주의 멕시코만 연안 같은 일부 장소에서는 지하수 사용과 기타 문제로 지반침하가 발생하고 있기 때문에, 검조기만 보면 마치 그곳의 바다가 다른 곳의 바다보다 훨씬 더 높아진 것처럼 보인다. 경우에 따라 알래스카나 핀란드 같은 곳에서는 빙하 반동glacial rebound이라는 현상 때문에 육지가 실제로 상승한다.[21]

뉴욕시는 빙하 반동이 실제로 작용한 좋은 예다. 지금으로부터 2만 년 전의 마지막 빙하기 동안 주로 캐나다와 미국 북부에 있었던 빙상의 무게가 그 아래의 땅을 짓누르면서, 오늘날 뉴욕시에 해당하는 지역이 툭 튀어나오게 되었다(예를 들어 우리가 소파 쿠션을 손으로 꾹 누르면 그 주변이 툭 튀어나오는 것을 생각하면 된다). 그런데 뉴욕시 아래의 툭 튀어나왔던 부분이 지금은 도로 꺼지다 보니, 결국 육지가 가라앉으면서 그 지역의 해수면 상승 속도가 늘어나는 것이다.

이 모든 지역적 차이에 대한 해결책은 물론 세계 각지의 검조 기록의 평균값을 내는 것이다. 하지만 검조기는 어디까지나 전 세계적 해수면 상승이라는 복잡한 현상의 대략적인 근사치만 내놓을 수 있을 뿐이다. 그보다 더 나은 방법은 신기술이 제공한다. 1992년 NASA와 CNES(프랑스 국립우주센터)는 해수면 변화를 정밀하게 측정할 수 있는 최초의 인공위성인 토펙스/포세이돈을 발사했다. 그 이후 모두 세 대가 차례대로 발사되었고, 구형과 신형 인공위성을 함께 가동해 25년간의 연속적인 해수면 변화 기록을 얻었다. 가장 최근의 인공위성은 2016년 초에 발사한 제이슨 3호다. 제이슨 3호는 계속 지구를 선회하며 레이더파를 해수면에 반사시켜서 인공위성과 바다 사이의 거리를 측정하고, 이와 함께 지구 중심을 기준으로 인공위성의 높이도 측정한다. 이로써 측정치에는 조수와 파도의 영향이 제거돼 육지의 상승이나 하강으로 인한 왜곡이 없어진다. 이 데이터에 검조 기록의 평균값을 조합하고, 바다의 열 함량 변화를 기록하는 해양 부표의 측정값까지 조합하면 과학자들은 해수면이 어느 정도 상승했고 그 원인은 무엇인지에 대한 아주 훌륭한 그림을 얻게 된다.

더 나은 데이터를 얻게 되면서 이제 과학자들은 해수면 상승 속도의 변화를 초래하는 대륙의 움직임 이외의 다른 요소를 더 명확히 이해할 수 있게 되었다. 그중 하나가 앞서 내가 언급했던 중력에 의한 지문 날인으로, 그린란드의 빙상이 녹으면 남반구로 물을 밀어내고, 남극의 빙산이 녹으면 북반구로 물을 밀어내는 것을 말한다. 또 한 가지 중요한 요인은 기온인데, 이는 매일, 매 계절, 매년 동요하게 마련이다. 가열된 물은 팽창한다(결국 그것은 당연히 끓어서 수증기로 변한다. 물론 우리야 세계의 바다가 조만간 그렇게 되리라고 걱정할 필요는 없지만 말이다). 전 세계적으로 보자면, 지구의 기온 상승에 의한 바다의 열팽창은 지난 50년 동안 관측된 해수면 상승에 절반 정도 기여했다.[22] 앞으로는 그린란드와 남극이 녹아내리는 속도의 증대에 비해 열팽창이 왜소해지면서 그 비율도 감소할 것이다.

해류 역시 국지적 해수면 높이에 영향을 미친다. 멕시코만류의 속도는 미국 동부 연안의 버지니아에서부터 플로리다에 이르는 전 지역의 해수면 높이에 영향을 줄 수 있다(멕시코만류는 북쪽의 차가운 물을 적도로 옮긴 다음, 한 바퀴 돌아서 다시 따뜻한 물을 북극권으로 가져간다). 멕시코만류가 더 빨라지면 해안으로부터 바닷물을 끌어간다. 반대로 느려지면 바닷물을 가둬 두게 되어서 해수면이 상승한다. 버지니아주 노퍽은 가뜩이나 낮은 지형과 땅 꺼짐 현상 때문에 해수면 상승이 두드러진 곳인데, 설상가상으로 느리게 움직이는 멕시코만류가 더 많은 물을 연안으로 밀어내고 있어서 문제다. 최근의 한 연구에 따르면, 1950년부터 2009년까지 대서양의 북서부인 노스캐롤라이나주의 해터러스곶 북쪽 바다는 전 세계 평균보다 3~4배 더 빠르게 상승했다.[23]

녹아내리는 얼음과 상승하는 바다에서 비롯되는 가장 초현실적인 결과는 이 두 가지 모두가 일종의 타임머신이라는 점이다.[24] 즉 그 영향력이 워낙 현실적이다 못해 심지어 우리의 하루 길이까지 바꿔 놓고 있다는 뜻이다. 그 작동 방식은 이렇다. 빙하가 녹고 바다가 상승하면 중력으로 인해 더 많은 물이 적도로 향한다. 이렇게 되면 지구의 형태가 계속해서 약간씩 변하는데, 급기야 한가운데가 점점 더 두꺼워지면서 행성의 자전 속도가 느려진다. 비유하자면 발레 무용수가 회전 중에 양팔을 벌리면 속도가 느려지는 것과 비슷하다. 물론 아주 많이 느려지는 것은 아니어서 매년 수천 분의 몇 초에 불과하지만, 매년 상승하는 바다의 거의 눈치 채기 힘든 도약과 마찬가지로 결국 누적 효과가 발생한다. 공룡이 지구를 활보했을 때만 해도 하루는 겨우 23시간에 불과했다.

~~~

제이슨 박스는 콜로라도주에서 태어나 어린 시절을 덴버 교외에서 보냈다. 그의 아버지는 그곳에서 한 항공우주 회사의 전기공학자로 일했다. "제이슨은 똑똑했고, 말썽 부리기를 좋아했죠."[25] 박스의 누나 레슬리의 말이다. 열 살 때 박스는 들판에 피뢰침을 세우는 바람에 자칫 마을 전체를 불태워 버릴 뻔했다.

십 대 시절 박스는 종종 소매 없는 군용 재킷을 입고 스케이트보드를 타고 다니면서 데드 케네디스, 배드 릴리전, 주다스 프리스트 같은 밴드의 음악을 들었다. 그는 콜로라도대학 볼더캠퍼스에 입학했고, 누나와 함께 센서스라는 아마추어 밴드에서 활동했다(그는 기타와 보컬을 맡았다). 연주회 때마다 박스는 오실로스코프와 고장 난 팩스 기계 같은 낡은 전기장치로 무대를 장식하는 것을 좋아했다. "제이슨은 밤늦게까지 술을 퍼마시며 파티를 즐겨 놓고도 다음 날 아침이면 일찍 일어나 과학 심화 강의에 참석하는 부류의 학생이었죠." 역시나 그의 누나의 말이다. 볼더에서 그의 전공은 ("지나치게 범생이 같은") 컴퓨터과학이었다가 ("놀랍지만 비현실적인") 천문학으로 바뀌었다가 ("너무 느려터진") 지질학으로 연이어 바뀌었다. "그러다가

그린란드에서 얼음의 코어를 채취하는 제이슨 박스

저는 기후학 강의를 듣고, 킬링 곡선Keeling Curve을 보았는데, 바로 거기 꽂혀 버렸습니다." 박스의 말이었다. 과학자 찰스 데이비드 킬링의 이름에서 따온 킬링 곡선은 1958년 이래 공기 중 이산화탄소 농도의 상승을 측정하는 유명한 그래프로 지구온난화 과학의 근간이다. "저는 그게 어마어마한 것을 함축하고 있다는 걸 알았죠." 박스의 말이었다.

박스는 스무 살에 처음으로 그린란드에 갔다. "그 친구가 제 사무실로 찾아와서는 이렇게 말하더군요. '선생님을 따라서 그린란드에 가고 싶습니다.'" 당시 콜로라도대학의 지질학 교수였던 독보적인 빙하학자 콘라트 슈테펜의 말이다. 박스는 그린란드 곳곳에 소형 기상관측소를 설치하고 유지하는 일을 했으며, 바람과 기온과 햇빛이 빙하에 어떤 영향을 미치는지 점점 더 관심을 갖게 되었다. 그린란드 빙하 얼음이 증발로 얼마나 손실되는지에 관한 박사 학위 논문을 쓰고 난 뒤에, 박스는 유명한 버드극지기후연구센터가 있는 오하이오주립대학에서 일자리를 얻었다. 2013년에 박스는 아내 클라라와 어린 딸 아스트리드를 데리고 코펜하겐으로 가서 덴마크 그린란드 지질조사단에 합류했다. 박스가 처음 맡은 과제는 그린란드의 거대한 얼음 변화를 실시간으로 모니터링하는 컴퓨터 모델을 완성하는 것이었다. 또한 그는 그린란드에서 녹아내린 얼음의 활용 방안(예를 들어 신형 수력발전소 건설)에 대한 덴마크 정부의 검토 프로젝트를 돕는 데에도 관여하고 있었다.

2012년 여름에 박스는 그린란드로 가는 길에 뉴욕의 라과디아 공항에서 콜로라도의 대규모 산불 영상을 처음 보게 되었다. "제 고향인 주州가 불타는 모습을 TV로 보고 있으니 기분이 이상하더군요." 박스의 말이었다. 하지만 그는 거기서 한 가지 아이디어를 얻었다. NASA의 토머스 페인터는 다음과 같이 회고한다. "제이슨이 저한테 전화를 걸어서는 이렇게 말하더군요. '자네 생각에는 산불에서 나온 검댕이 그린란드를 녹일 수도 있을 것 같지 않나?' 저는 과연 그런 검댕 입자가 그곳에 떨어지는지 여부는 모르겠지만, 그래도 지구 대기의 순환 패턴을 고려하면 분명 생각해 볼 수야 있겠다고 대답했습니다." 몇 주 뒤에 박스가 그린란드의 레이저 위성사진을 훑어보다가 얼음 위에 있는 (아마도 산불에서 비롯되어 날아다니는 검댕일 가능성이 있는) 연기구름을 발견하면서 이 가설은 더욱 힘을 얻게 되었다.

검댕이 눈과 얼음의 녹는 속도에 강력한 영향을 끼칠 수 있다는 발상 자체는 새로운 것이 아니다. NASA의 과학자 제임스 핸슨도 2004년에 발표한 논문에서 이 발상을 분석하며 다음과 같이 주장했다. 검댕으로 인해 북극권 얼음의 반사율이 2퍼센트만 감소하더라도, 빙하의 녹는 속도에 끼치는 영향은 대기 중 이산화탄소 농도가 2배 증가했을 때의 영향과 똑같다는 것이다.[26] 박스의 가설에서 새로웠던 점은 콜로라도의 산불과 2012년의 그린란드 해빙解氷을 직결했다는 것이다. 즉 특정한 산불과 특정한 해빙 사건을 직접 연결했다는 것이다.

많은 과학적 발상이 시적詩的이지만, 이번 발상은 기후의 작은 변화가 어떻게 예측 불가능한 방식으로 주변의 파급효과를 증폭시킬 수 있는지 분명히 보여 준다. 박스가 깨달은 것처럼 미국의 따뜻해진 기온은 로키산맥의 소나무에 스트레스를 주고, 급기야 소나무는 소나무좀벌레에 취약해진다. 소나무좀벌레가 열로 약해진 나무줄기를 파고들어 가면, 결국 소나무는 죽어서 일종의 장작이 되고 만다. 야영객이 피운 모닥불에서 불꽃이 하나 튀면 나무에 불이 붙고, 머지않아 산자락 전체가 불타며 검댕이 하늘로 떠오르고, 그중 일부는 제트기류를 타고 그린란드에 떨어진다. 검댕은 눈을 검게 만들어서 얼음이 물로 바뀌는 변화를 가속화하고, 그 물이 북대서양으로 흘러내리면 결국 마이애미, 상하이, 뉴욕시, 베네치아, 뭄바이, 라고스, 그리고 방글라데시의 논으로 좀 더 깊이, 더욱더 깊이 들어가는 것이다.

～

사우스플로리다대학의 지질학자 유진 도마크는 남극반도의 라르센 B Larsen B 빙붕을 마지막으로 본 사람 가운데 하나다. 남극의 한여름인 2002년 12월에 그는 아문센해海의 해저에서 진흙 표본을 채취하며 3주 동안 남극에 머물렀다. 도마크는 빙산의 바닥에 붙어서 바다로 떨어져 나온 돌을 찾고 있었다. 그 돌에서 과거에 빙상이 얼마나 빨리 붕괴됐는지에 관한 정보를 얻을 수 있기 때문이다. 그해 12월, 그는 라르센 B의 표면 바로 앞에 있는 바다에서 많은 시간을 보냈다. 당시 라르센 B는 세계에서 가장 큰 빙붕 가운데 하나였으며, 면적은 로드아일랜드주와 비슷했고, 두께는 최대 60미터에 달했다. 도마크는 그해 여름이 유난히 따뜻하다는 사실을 감지했다. 아마 그가 빙붕 꼭대기에 올라가 봤다면, 곳곳에 얼음 녹은 연못이 있었을 것이다(북쪽으로 툭 튀어나온 남극반도는 지난 수십 년 동안 남극대륙에서 유일하게 상당한 수준의 표면 온난화surface warming를 보여 준 지역이다). 하지만 이전까지만 해도 얼음 위에 올라가 본 적이 없었던 도마크는 그 빙붕이 불안정하다는 사실을 전혀 몰랐다. 어쨌거나 그 빙봉은 무려 1만 2,000년 동안 그곳에 있었으니까.

미국으로 돌아온 지 한 달 남짓 지나서, 그는 라르센 B가 국제적인 뉴스가 되었다는 사실에 깜짝 놀랐다. 빙붕 전체가 장관을 연출하며 붕괴한 것이다.[27] 그 종언은 위성사진으로 기록되었다. 붕괴까지는 채 한 달이 걸리지 않았다. "정신이 아득해지더군요." 도마크가 내게 한 말이다. "그렇게 빨리 산산조각 날 것이라고는 어느누구도 생각하지 못했으니까요."[28]

기후과학자들이 보기에 라르센 B의 붕괴와 10년 뒤에 벌어진 그린란드 빙상 표면의 완전한 융해는 요란한 경종이었다. "그 사건은 빙상에서 일어나고 있는 일을 우리가 얼마나 이해하지 못하는지를 보여 주었습니다."[29] 오리건주립대학의 대표적인 해수면 상승 전문가 피터 클라크의 말이다. 클라크는 2013년에 간행된 IPCC(기후변화에 관한 정부 간 협의체) 제5차(가장 최신판) 보고서●에서 해수면 상승 항목의 주요 저자 가운데 하나였다.[30] 하지만 바로 전년도에 있었던 그린란드의 대규모 녹아내림에 대한 탐사 연구는 물론이고, 서남극 빙하의 취약성을 강조한 더 최근의 연구도 이 보고서에는 포함되지 않았다. 따라서 2013년 IPCC 보고서는 간행되자마자 시대에 뒤쳐져 버렸다.

이는 상당한 문제가 된다. IPCC 보고서는 전 세계 기후 협정과 세계 각지 연안 계획의 과학적 토대가 되는 중요한 문서이기 때문이다. 해수면 상승의 최대치를 3피트 2인치[96.5센티미터]라고 예상한

● IPCC는 기후변화 평가 보고서를 6~7년 주기로 발간해 왔다. 제5차 보고서 이후 8년 만인 2022년 9월에는 제6차 보고서(종합보고서)가 발표될 예정이다.

2013년 보고서는 특히나 중요했는데, 2015년에 파리기후협정을 위한 협상에서 과학적 근거가 되었기 때문이다. 당시 많은 정치인과 활동가는 이것이야말로 탄소 오염 감축을 위한 유의미한 전 세계적 협정의 발판이 될 마지막 시도라고 보았다. 6~7년에 한 번씩 갱신되는 IPCC 보고서는 역사적 데이터(과거의 해수면 상승 속도와 높이)와 최신 모델링 기법 및 연구를 종합한 결과물이다. 물론 과학은 천천히, 신중하게 움직이므로 IPCC 보고서도 최첨단 지식을 담고 있다고는 말할 수 없다. 하지만 정치인과 과학자들이 IPCC 보고서를 절대적 기준으로 생각했기에, 많은 사람들도 2100년까지 해수면 상승이 최대 3피트 2인치에 달할 것이라는 IPCC의 예측을 그 당시로서는 최악의 경우에 대한 추정이라고 여겼던 것이다. 하지만 사실은 아니었다.

2012년 이후, 라르센 B의 붕괴에 그린란드의 대규모 녹아내림이 더해지면서 빙상이 기존 예상보다 훨씬 더 빨리 변화하고 있다는 것이 매우 명백해졌다. 그렇다면 현재 과학자들은 미래에 무슨 일이 일어날지에 대해 어느 정도까지 제대로 이해하고 있는 것일까? 2015년 NASA의 제임스 핸슨은 남극 빙상의 융해가 기하급수적으로 증가한다는 점을 감안할 때, 2100년에 이르면 해수면 상승은 최대 9피트[2.7미터]에 달할 수 있다고 주장하는 논문을 발표했다.[31] 매사추세츠대학의 로브 디콘토와 펜실베이니아주립대학의 데이비드 폴라드는 또 다른 논문에서 서남극의 스웨이츠 빙하와 파인아일랜드 빙하처럼 커다란 빙하의 급속한 절단과 후퇴만으로도 2100년에 이르러 해수면 상승이 3피트[90센티미터] 이상 이루어질 수 있다고 주장했다.[32] 현장 연구 중인 과학자들이 목격한 빙붕의 붕괴와 빙하 융해의 가속화는 이런 주장을 확증한다. "서남극에서 나온 가장 최근의 현장 데이터는 한마디로 '하느님 맙소사'였습니다." 미국 국립해양대기국의 연안 계획 책임자인 마거릿 데이비드슨은 2016년의 이메일에서 이렇게 말했다.[33]

마이애미비치, 브루클린 남부, 보스턴의 백베이, 또는 기타 연안 저지대에 사는 모든 이들에게 2100년의 해수면 상승 예상 높이에서 3피트와 6피트의 차이란, 곧 물에 젖었지만 사람이 살 수 있는 도시와 아예 물에 잠긴 도시와의 차이를 의미한다. 여기에는 수십억 달러 상당의 연안 부동산이 포함되어 있다. 해수면과의 차이가 미처 3피트가 안 되는 곳에서 살아가는 1억 4,500만 명의 삶은 말할 것도 없으며, 그중 상당수는 방글라데시나 인도네시아 같은 가난한 국가에 살고 있다. 3피트와 6피트의 차이는 곧 관리 가능한 연안 재난이냐, 수십 년간의 난민 발생 참사이냐의 차이다. 많은 태평양 섬나라들에 있어 이것은 생존이냐 멸망이냐의 차이다.

중대한 질문은 여전히 남아 있다. 과학자들이 미처 이해하지 못한, 또는 그들의 모델이 아우르지 못했던 급격한 얼음 융해의 핵심 원인은 무엇일까? 혹시 동요하는 제트기류일까? 변화하는 해류일까? 눈 위의 검댕일까? 서남극에 대한 논문에서 디콘토와 폴라드는 한편으로 빙하 표면에 있던 소량의 융빙수가 끼치는 효과를 감안하고, 또 한편으로 빙붕 절단의 물리학에 대한 향상된 이해를 조합하여, 빙하가 훨씬 더 빨리 붕괴하리라는 결론을 간단히 얻어 냈다. "이런 일이 진행되는 속도의 최대치가 어디인지는 우리도 모릅니다." 빙상의 역학에 관해 어느 누구보다도 잘 이해하고 있음 직한 펜실베이니아주립대학의 지질학자 리처드 앨리가 내게 한 말이다. "우리는 지금까지 아무도 목격한 적 없는 사건을 접하고 있습니다. 우리에게는 이와 비슷한 경험이 전혀 없습니다."

나와 이야기를 나누었던 대부분의 과학자와 마찬가지로, 박스 역시 2100년까지 해수면이 3피트 2인치 상승할 것이라는 IPCC의 추정치가 여전히 너무 낮다고 기꺼이 인정했다. 그래서 나는 그에게 물어보았다. 혹시 2100년까지 6피트가 상승할 것이라는 추산도 여전히 너무 낮다고 생각하는가?

그러자 박스는 서슴없이 대답했다. "망할, 당연하죠."

~

저녁을 다 먹어 치우고 나서도 잔뜩 신경이 곤두서 있던 박스가 마침내 헬리콥터 조종사를 찾아내서 우리도 출발할 준비를 마쳤다. 우리는 그린란드 서부 연안을 따라 160킬로미터쯤 떨어진 일룰리사트까지의 짧은 비행을 위해 헬리콥터에 올랐다. 공중으로 떠오르자마자 빙상을 볼 수 있었다. 마치 검푸른 바다로 흘러내려 가는 크고 새하얀 강처럼 보였다. 일룰리사트에 가까워지자, 박스는 야콥스하운 빙하를 손으로 가리켰다. 우리는 바로 그 위를 날았다. 넓고도 평탄한 빙하의 저수지이자 디스코만灣을 향해서 흘러가는 얼음 강인 그것은 물가에 이르러서 갑자기 멈춰 있었다. 그 앞의 피오르드에는 빙산들이 흩어져 있었다. 공중에서 내려다보니 마치 조약돌 같았다.

우리는 일루리사트의 작은 공항에 착륙했고, 장비를 내려서 셔틀버스를 타고 호텔로 갔다. 일룰리사트(그린란드어로 "빙산"이란 뜻이다)는 매력적인 어촌으로, 만灣까지 이어지는 경사면에는 밝은 색깔의 뉴잉글랜드식 목조 주택이 늘어서 있었다. 우리가 머무는 아크틱호텔은 피오르드를 굽어보는 만 위의 언덕 경사면에 자리하고 있었다. 캉에를루수아크에서 머물던 막사에 비하면 마치 고급 호텔이나 다름없는 기분이었다("앨 고어도 여기 왔을 때 바로 이곳에 묵었어요." 체크인 할 때 아크틱호텔의 한 손님이 이런 말도 했다). 박스가 자기 장비를 다시 점검하는 동안, 나는 호텔 인근의 절벽을 따라 짧게 산책을 다녀왔다. 그리 멀지 않은 근해에 빙산이 오후의 햇빛을 받아 번쩍이며 떠다녔다. 어떤 것은 뉴욕 5번가의 공공 도서관만큼 컸고, 또 어떤 것은 우편함만큼 작았다. 그 모습을 보니 전투를 향해 나아가는 병사들의 대대가 떠올랐다.

다음 날 아침, 우리는 셔틀버스를 타고 다시 공항으로 가서 또 다른 헬리콥터 조종사인 말리크 닐센을 만났다. 그는 까칠해졌다가 관대해졌다가 했는데, 자기가 어떻게 행동하고 있는지를 잘 알고 있으면서도 그 짜릿함과 위험성을 절대 잊지 않는 사람이었다. 우리는 비행 계획을 논의했다. 이륙 직후에는 야콥스하운 빙하의 절단 전면을 살펴보고, 곧이어 빙원ice field 위에 내려앉아 빙상 표면에서 검댕 표본을 채취하기로 했다.

우리는 그린란드에서 일반적인 짐말에 해당하는 벨 212 기종 헬리콥터에 탑승했다. 내부는 놀라우리만치 널찍했다. 이번 여행에 동행한 영화 제작자 피터 싱클레어는 조종사와 나란히 앞좌석에

그린란드 디스코만의 빙산들

앉았다. 박스와 나는 뒷좌석에 앉았다. 우리는 헤드셋을 쓰고, 모든 것을 다시 한번씩 확인하고, 야콥스하운 빙하까지의 25분짜리 비행을 출발했다.

우리는 빙하 바로 앞에 있는 만을 따라서 고도 약 150미터를 유지하며 날았다. 마치 빙산의 산란장 위를 날아가는 듯했다. 야콥스하운 빙하의 전면이 우리 앞에 나타났다. 청백색 얼음벽이었다. 나는 얼음덩어리가 분리되어 바다로 떨어지는 모습을 보았다.

전면에 도달하기 전에, 헬리콥터는 남쪽으로 방향을 틀어 빙하와 나란히 이어지는 거친 산맥 쪽으로 향했다. 우리는 박스가 인공위성 사진에서 확인한 맨땅을 찾아보고 있었다. 박스는 인터폰으로 조종사와 몇 마디를 주고받았다. 곧이어 그는 내게 미소를 지으며 엄지를 치켜들었다. 잠시 후에 헬리콥터가 풋볼 경기장만 한 평범한 바위투성이 툰드라에 착륙하자, 박스가 뛰어내렸다. "새로운 기후의 땅에 오신 것을 환영합니다." 그가 말했다. 곧이어 박스는 싱클레어의 카메라 앞에 서서 아찔하고도 박식한 독백을 늘어놓았다. 그의 고등학교 과학 선생님이 들었으면 매우 자랑스러워했을 법한 모습이었다. 그의 설명에 따르면, 이 장소는 지난 수천 년 동안 높은 건물 하나 분량의 얼음과 눈에 뒤덮여 있었다. 하지만 지금은 불과 몇 달 만에 얼음과 눈의 마지막 흔적조차도 사라져 버렸다. "우리는 바로 이 땅 위에 선 최초의 인간일 겁니다." 박스는 흥분하며 말했다.

빙상의 더 안쪽을 향해 이륙하기 직전에 나는 혹시 야콥스하운 빙하의 전면을 다시 한번 지나갈 수 있겠냐고 물어보았다. 박스는 고개를 끄덕였지만, 그래도 너무 가까이 갈 수는 없다고 경고했다. 대규모 절단 사태는 워낙 예측 불허기 때문에, 거대한 얼음 절벽이 피오르드로 떨어질 경우에는 위험한 난기류가 발생할 수 있다는 것이다.

아무래도 닐센은 그런 위험을 크게 걱정하지는 않은 모양이다. 우리가 빙하의 절단 전면에 접근할 때, 그가 어찌나 헬리콥터를 가까이 갖다 댔던지 내가 손을 뻗으면 마치 얼음을 만질 수 있을 것만 같았기 때문이다. 헬리콥터 창문을 따라 얼음벽이 지나갔다. 파랗고, 투명하고, 금이 간 모습이었다. 우리 바로 앞에서 커다란 덩어리가 바다로 떨어지는 것이 보였다. 마치 바로 아래의 바닥이 빠져버린 것처럼 일직선으로 떨어졌다. 다시 보니 더 작은 조각이 또 하나 떨어졌다. 물리학의 법칙이 작용하고 있는 걸 느낄 수 있었다. 빙하의 유구하고도 멈출 수 없는 힘이 바다로 미끄러지듯 작용해 우리 세계를 재편하고 있었다.

제4장 **에어포스원.**

알래스카에 온 오바마 대통령은 매우 기분이 좋은 상태였다. 2015년 가을이었고, 두 번째 임기가 1년 하고도 약간 더 남은 시점이었다. 즉 결승선이 그의 눈앞에 들어왔음을 누구나 알 수 있었다. 이번 여행의 공식 목적은 세계가 직면한 기후 재앙에 대해 사람들의 관심을 끌려는 것이었지만, 앵커리지에서 있었던 한 차례의 주요 정책 연설 때를 제외하면(이때 그의 말투는 마치 대마 재배 활동가와 마찬가지로 종말론적으로 들렸다) 그는 북쪽에서 체류한 사흘 내 내 환하게 웃으면서 보냈다. "울타리에 갇혀 있다가 밖으로 나오니 좋은 거지요." 한 보좌관은 이런 농담을 했다. 다른 이들은 미국 경제의 호조를 그 원인으로 지목했다. 이란과의 힘겹고 논란 많은 핵 협상을 지켜 낼 만큼의 상원 표가 확보됐음을 대통령이 막 알았다는 사실을 그 원인으로 꼽기도 했다. 몇 달 전에는 도널드 트럼프가 대통령 선거에 나서겠다고 선언했지만, 그때만 해도 트럼프의 유세는 누구 하나 진지하게 받아들이지 않는 농담에 불과했다. 오바마 대통령의 인기는 하늘을 찔렀고, 그의 업적은 확고한 듯 보였다.

이유야 어쨌건, 앵커리지의 엘먼도프 공군기지에 도착한 방탄 리무진에서 내리는 오바마의 얼굴에서는 쾌활함을 볼 수 있었다. 대통령은 환한 미소를 지었고, 지역 정치인들과 악수를 나누고서 껑충거리며 계단을 올라 에어포스원●에 올라타더니, 해수면 상승과 그 밖의 기후 충격으로 위협받는 알래스카주 서부 연안의 마을 코처뷰까지 가는 짧은 비행에 나섰다. 정장과 넥타이도 없었고, 각하라는 존칭도 없었다. 알래스카 순방의 사흘째이자 마지막 날, 그는 모험을 위해 검은색 아웃도어 바지와 회색 스웨터에 검은색 칼하트 재킷을 걸쳤다. 백악관의 보도 자료와 비디오 블로그에서 지적한 것처럼 이번 순방은 역사적인 의미가 있었다. 오바마는 북극을 방문한 최초의 현직 대통령이자, 인간 문명의 종말을 이야기하는 자신의 동영상을 셀카봉으로 직접 촬영한 최초의 대통령이었기 때문이다.

한 가지 기묘하고도 예상 밖이었던 것은 대통령의 명랑한 기분이 그가 전달하려 했던 메시지의 심각성과 다급함과는 상반되었다는 점이다. "기후변화는 더 이상 멀리 떨어진 어떤 문제가 아닙니다." 그는 이번 순방의 첫날, 앵커리지에서 열린 북극권에 관한 국제 정상회의에서 이렇게 말했다. 놀라우리만치 노골적인 언어로, 오바마는 탄소 오염을 감축하기 위해 더 많은 조치가 취해지지 않을

● 미국 대통령 전용기.

경우에는 다음과 같이 될 것이라고 경고했다. "우리는 더 이상 고칠 수조차 없이 망가진 행성에 우리 아이들을 가둬 두는 꼴이 될 겁니다. 물에 잠긴 국가들. 버림받은 도시들. 더 이상 아무것도 자라지 않는 농지들." 그의 조급함이 확연히 드러났다. "우리는 충분히 서두르지 않고 있습니다." 그는 24분짜리 연설에서 무려 네 번이나 이렇게 말했다(나중에 한 보좌관의 말에 따르면 이 반복된 구절은 즉석에서 나온 것이었다).

오바마에게 이번 알래스카 순방은 대통령 임기 마지막의 대대적인 추진 사항의 시작을 상징했다. 즉 그해 말 파리에서 개최될 국제 기후 회담에서 유의미한 협상을 이끌어 내기 위한 추진력을 마련하려는 것이었다("저는 세계를 억지로 잡아끌고서 파리로 가는 중입니다." 훗날 오바마는 집무실로 찾아온 한 손님에게 이렇게 말했다). 파리협정은 세계 각국으로 하여금 기후변화로 인한 최악의 결과를 저지할 수 있는 수준까지 탄소 오염을 감축하는 데 노력을 기울이게 하는 최후 저지선에 해당하는 시도라고 흔히 여겨졌다. 향후 수십 년 안에 해수면의 상승을 늦추는 것 역시 그런 노력에 포함되어 있었다.

정치적인 측면에서 대통령은 알래스카에 제공할 만한 것이 별로 없었다. 그는 북아메리카 최고봉에 알래스카 원주민식 이름인 디날리Denali를 되돌려 주었으며, 미국 해양경비대의 새로운 쇄빙선 건조 사업을 가속화했다. 이는 대부분 상징적인 조치일 뿐이었고, 알래스카 사람들이 해안선 침식과 영구 동토층 해빙에 대처하는 데에는 별반 도움이 되지 않았다(그는 훗날 2017년도 예산안에서 알래스카 마을들의 이주를 위해 1억 달러를 제안했지만 아쉽게도 삭감되었다).[1] 결국 이 여행은 대부분 계산되고 잘 만들어진 대통령의 홍보 활동이었다. 그리고 이 여행은 다음과 같은 의문을 제기했다. 만약 미국 대통령이 녹아내리는 빙하 위에 선 채로 이 세계가 곤경에 처해 있다고 말하는 모습을 미국 국민이 본다고 치면, 과연 그들이 관심을 갖기는 할까?

"제가 이번 여행을 하고 싶었던 한 가지 이유는 이 문제를 좀 더 절실하게 만드는 데 시동을 걸기 위해서였습니다. 또한 이것은 우리가 계속 미뤄도 그만인 머나먼 문제가 아니라는 사실을 사람들에게 강조하려는 것이기도 했고요." 대통령이 내게 한 말이었다. "이것은 우리가 지금 당장 공략해야 하는 뭔가입니다."

오바마로선 자신의 의향을 밝히기에 알래스카보다 더 나은 장소를 선정할 수가 없을 터였다. 기후 면에서 이곳은 화석연료라는 괴물의 검은 핵심이었다. 또 한편으로 알래스카의 기온은 다른 지역보다 무려 2배나 빨리 상승하고 있고 빙하도 워낙 빠르게 후퇴하고 있어서, 심지어 내가 앵커리지까지 타고 간 델타항공의 조종사조차도 승객들에게 이렇게 방송으로 안내할 정도였다. "비행기 왼쪽 창밖으로 보이는 빙하를 구경하시기 바랍니다. 저기 오래 남아 있지는 않을 테니까요!"[2] 곤경에 처한 것은 코처뷰 같은 마을뿐만이 아니었다. 오바마가 방문한 바로 그 주에 스트레스로 지친 3만 5,000마리의 바다코끼리가 알래스카주 북부의 해변으로 우르르 무리지어 모여들었는데, 그놈들이 사냥 때 쉼터로 사용하던 해빙이 녹아서 사라졌기 때문이다.[3]

다른 한편으로 알래스카는 화석연료 생산에서 비롯되는 세입에 거의 전적으로 의존하는 상황이었는데, 낮은 유가와 북부 지역 유정 및 가스정의 고갈 때문에 연료 생산량 자체도 급격한 하락세였다. 그해만 해도 알래스카는 37억 달러의 예산 부족 사태로 고전하는 중이었다.[4] 알래스카 주지사 빌 워커는 대통령의 여정에 처음부터, 즉 워싱턴 DC에서부터 앵커리지까지 동행했다. 한 대통령 보좌관에 따르면 이때 워커는 주 당국의 세입을 늘릴 수 있도록 석유와 가스 채굴에 필요한 연방 토지를 더 개방해 달라고 대통령에게 다소간 호소했다. "알래스카는 바나나 공화국●이나 다름없습니다." 알래스카의 환경 단체 쿡만보호협회의 사무총장 밥 샤벨슨이 내게한 말이다. "주 당국은 석유를 뽑아내지 않으면 끝장날 수밖에 없습니다."

코처뷰까지의 비행을 위해서 공군은 대통령의 747 여객기를 앵커리지의 활주로에 대기시키고, 더 작은 757 여객기를 동원했다(이 새로운 여객기의 명칭도 '에어포스원'이었다. 그 이름은 특정 기체에만 붙은 것이 아니라, 대통령이 현재 탑승한 기체라면 종류를 불문하고 자동 적용되는 것이기 때문이다. 참모들은 이 여객기를 '미니 에어포스원'이라고 불렀다). 수전 라이스 국가안보보좌관을 비롯한 대통령의 고위 참모진 일부도 동승했다.

이번 순방에 라이스가 동행했다는 점은 빠르게 녹고 있는 북극권이 국가 안보에 미치는 영향도 빠르게 증대하고 있음을 상기시켰다. 얼음이 사라지면 완전히 새로운 바다가 열릴 것이며, 바로 그곳

● '바나나 공화국'은 20세기 초 미국에 휘둘리던 중앙아메리카 여러 나라들을 지칭하던 별명이다. 미국 정부와 기업의 후원을 받는 독재정권하에서 바나나를 비롯한 농작물 수출이 주요 산업이기 때문에 이런 별명이 붙었다.

에는 지금까지 확인된 천연가스 매장량의 30퍼센트[5]와 석유 매장량의 13퍼센트가 있을 터였다. 러시아와 달리 미국은 그곳에서 작업할 만한 장비가 열악한 상황이어서, 중량급 쇄빙선이 단 한 척에 불과했다(반면에 러시아는 무려 40척이었다). 북극권에 눈독을 들이는 국가는 러시아만이 아니었다. 우리가 코처뷰로 날아가는 바로 그 순간에도 중국 전함 다섯 척이 그 아래의 공해상을 지나가고 있었다. 우연의 일치일까, 아니면 힘의 과시일까? 그리고 동쪽으로 수백 마일 떨어진 곳에서는 캐나다군이 연례 대규모 군사훈련인 나누크NANOOK 작전을 실행 중이었다. 캐나다 정부에 따르면 이 훈련은 "자국의 북부 지역에 대한 주권을 과시하기 위한" 의도였다.

북극권으로 접어들기 전에 우리는 알래스카 연어 어업의 핵심인 브리스틀만灣의 소규모 도시 딜링엄에 착륙했다. 대통령이 탄 차량 행렬은 곧장 해변으로 향했고, 그곳에서는 알래스카 원주민 여성 둘이 그물로 은연어 몇 마리를 잡아 놓고 있었다. 이것은 대통령의 소셜미디어 피드에 또 다른 멋진 볼거리를 제공하는 동시에, 대통령에게 알래스카 경제에서 연어의 중요성에 관해 짧게 이야기할 기회를 마련해 주었다. 이 순방에서 가장 재미있었던 순간은 원주민 여성이 건네준 60센티미터 길이의 은연어를 오렌지색 고무장갑을 낀 대통령이 받아 들었을 때 발생했다. 외관상 수컷이며 여전히 팔팔했던 이 연어가 대통령의 발에 사정하고 말았던 것이다. 오바마는 웃음을 터트렸고, 이에 원주민 여성은 그에게 무슨 말을 살짝 건넸다. 그러자 대통령은 다시 웃음을 터트리더니, 그녀가 한 말을 모두에게 큰 소리로 전해 주었다. "이분께서 그러시네요. 이 연어가

알래스카 주민 400명이 살고 있는 사주섬 키발리나는 바다에 잠식되고 있다.

나를 만나서 반갑다며 그런 거라고 말입니다."

드디어 종착지인 코처뷰였다. 그곳으로 가는 동안 대통령은 좀 더 북쪽으로 가서 자기가 내려다볼 수 있도록 키발리나라는 섬 위를 한 바퀴 돌아 달라고 조종사에게 부탁했다. 코처뷰와 마찬가지로 키발리나는 기후변화가 연안을 따라 늘어선 알래스카 원주민 마을들에 초래한 대대적인 혼란의 전형에 해당했다. 이곳에서는 바다의 상승으로 매년 18미터씩 해안선이 잠식되고 있었고, 이에 더해 영구 동토층이 녹아내려 토양이 불안정해지자 주택들이 붕괴되어 바다로 떨어지고 있었다.[6] 키발리나의 주민 400여 명도 곤경에 처해 있었다. 마을을 본토의 더 높은 곳으로 이전하려면 1억 달러 정도가 소요될 텐데, 주 정부에서나 연방 정부에서나 그 비용을 기꺼이 부담할 의사는 없었다.

우리는 알래스카 연안에서 1마일도 채 떨어지지 않은 그 섬 위로 긴 호弧를 그리며 하강했다. 넓고 차가운 회색 바다 위에 떠 있는 그 얇은 울타리섬barrier island(사주섬)을 공중에서 내려다보니 마치 마이애미비치의 북극 버전처럼 보였다. 백악관의 공식 비디오 촬영 기사인 호프 홀이 카메라를 들고 창문으로 달려가 머지않아 바다에 잠길 땅을 찍었으며, 그 광경은 나중에 대통령이 페이스북과 그 밖의 소셜미디어 사이트에 올린 비디오 메시지 가운데 하나에 사용되었다.

～

우리는 오후 5시쯤 코처뷰에 착륙했다. 대통령은 활주로에서 북서북극권자치구Northwest Arctic Borough 시장 레지 줄의 환영을 받았다. 곧이어 우리는 지정된 차량에 올라타 그곳의 고등학교까지 짧은 거리를 달렸다. 길가에는 허약하고 풍파에 시달린 주택의 창문마다 성조기가 걸려 있었고, 앞마당에는 고장 난 개썰매가 방치되어 있었다. 길고도 어두운 겨울에는 섭씨 영하 37도(체감온도)까지 기온이 내려가는, 가장 가까운 문명과는 720킬로미터나 떨어진 곳의 힘든 삶을 실감할 수 있었다.

차량 행렬이 도착한 코처뷰고등학교는 커다란 금속 건물에 대통령을 환영하는 현수막이 걸려 있었고, 지붕에는 저격수가 배치되어 있었다. 코처뷰 허스키스 농구 팀의 상징인 청색과 금색으로 장식된 실내 농구장에는 1,000명이 모여 있었다. 오바마는 기후변화와 극북極北의 경이로움에 관해 여유 있는 연설을 했다. 자신이 북극을 방문한 최초의 현직 대통령으로 역사에 기록되리라는 사실을 즐기는 모습이 역력했다. 그는 1923년의 순방 중에 무려 2주간 이곳에 머물렀던 워런 하딩이 부럽다면서, 그래도 자기는 "그렇게 오랫동안 의회를 혼자 놔둘 수 없기" 때문에 서둘러 돌아가야 한다고 말했다.

연설이 끝나자 나는 백악관 보좌관의 안내를 받아 커다란 원탁 하나와 파란색 플라스틱 의자 두 개가 한가운데 놓인 거의 텅 빈 교실로 들어갔다. 천장에는 파란색 판지로 만든 얼음 결정이 늘어뜨려져 있었고, 비밀경호국 요원 한 명이 문간에 서 있었다. 나는 이번 순방에 동행한 백악관 언론 담당 비서관 조시 어니스트와 잡담을 나누며 수첩을 만지작거렸다. 놀랍게도 백악관에서는 내 질문의 범위에 아무런 제한도 걸지 않았고, 질문 내용을 미리 검토하겠다고 요구하지도 않았다. 어니스트는 내가 45분 동안 대통령과 함께 있게 될 것이라고 전했다.

복도에서 발걸음 소리가 들리더니 대통령이 들어왔다. 어찌나 편안하고 친근하던지, 혹시나 그가 미국 대통령이라는 사실을 모르는 사람이 봤다면 위압적인 면모가 전혀 없다고 생각할 법했다. 우리는 악수를 나누고 조금 전의 비행에 관해 몇 마디 나누었다. 곧이어 오바마는 플라스틱 의자 하나에 앉아서 이렇게 말했다. "그럼 시작해 보죠." 우리는 한 시간 이상 이야기를 나누었고, 그 시간 동안 이번 순방에 관한 그의 공식 발언에 깃들었던 쾌활함은 사라지고 말았다. 오마바는 계산된 어조로 말했지만, 거기에는 인류 문명의 운명이 자신의 손에 달려 있음을 믿고 있다는 것을(물론 명분 없는 믿음은 아니었다) 암시하는 진지함이 깃들어 있었다. 회견이 거의 끝나 갈 즈음, 혹시 빠르게 변화하는 기후로 인해 이 세계에서 상실되는 것들에 대한 슬픔을 느끼지 않느냐고 내가 묻자 그는 실제로 어떤 감정을 보여 주었다. 잠시 동안 눈길을 피하고 고개를 돌리는 것이, 앞으로 수십 년 안에 닥칠 상황이 거의 감당하기 불가능할 정도라는 것을 마치 아는 듯했다.

내가 오바마에게 처음 던진 질문들 가운데 하나는 북극권의 석유 시추에 관한 것이었다. 우리가 방문했던 당시 뉴스에서 많이 다루던 문제였기 때문이다. 당신은 기후변화를 그토록 심각하게 받아들였다면서, 왜 그런 일을 허락했는가? 시추를 위해 북극권을 개방하는 것은 자신이 한 조치가 아니라고 대통령은 재빨리 지적했다. "대통령이라고 해서 항상 어떤 사안을 시작하기로 결정한 당사자는 아니거든요." 오바마의 말이었다. 하지만 연안 시추를 위한 길을 열어 놓은 장본인이 전임 대통령 조지 W. 부시였다는 사실까지 콕 집어 말하지는 않았다.

그는 기후변화에 관해서 과학이 제아무리 다급하게 굴더라도 정치는 천천히 움직일 수밖에 없으며, 화석연료에 의존하는 알래스카주 같은 곳에서는 특히 그렇다고 했다. "정치적 합의를 구축하지 못한 상태에서라면 제가 아무리 요란하게 떠들어 봤자 아무런 결실도 없을 겁니다." 오바마는 에너지 비용을 줄이고 일자리를 만들 수 있는 청정에너지 추진의 중요성에 관해 이야기했다. "그렇게 되면 우리는 경제 발전과 지구 보전 사이의 모순으로 보이는 것을 줄일 수 있을 겁니다."

"좋습니다. 무슨 말씀이신지 이해했습니다." 나는 대통령의 눈을 똑바로 보며 이렇게 말했고, 이와 동시에 내 두뇌의 또 다른 부분은 지금 내가 미국 대통령의 눈을 똑바로 바라보고 있음을 자각했다. "하지만 문제는 기후변화에 대한 합의 구축이 여타 사안들과는 다르다는 점입니다. 기후변화는 물리학으로 설명이 가능하니까요. 그렇죠? 지구온난화는 합의 구축과는 별개로 기정사실이라는 뜻입니다."

"무슨 말씀이신지 이해합니다." 대통령은 시원하게 대답했다. 그가 소매를 걷어붙이자 가느다란 손목이 드러났다. "하지만 우리가 이 문제를 공략하려면, 물론 저야 우리가 충분히 그럴 수 있다고 생각합니다만, 다음과 같은 사실을 반드시 감안해야 할 겁니다. 즉 지금 당장 평범한 미국인은 기후변화보다는 오히려 일터까지 출퇴근하는 데 드는 석유 가격에 여전히 더 많은 관심을 쏟고 있다는 것이지요. 설령 그들이 기후변화 부정론을 넘어섰다 하더라도 말입니다. 만약 우리가 그 쟁점에 관해 어떻게 이야기할 것이며 다양한 이해관계자 모두와는 어떻게 협력할 것인지 전략적으로 생각하지 않는다면, 자칫 이 문제가 선동으로 이용되기 쉽습니다. 그러면 우리는 더 빠른 진전이 아니라, 오히려 더 느린 진전을 해야 하는 처지에 놓일 겁니다."

대통령은 계속해서 말했다. "그러니까 과학은 변화하지 않습니다. 다급함은 변화하지 않습니다. 하지만 저의 임무 가운데 하나는 A 지점에서 B 지점까지 가는 가장 빠른 길을 찾아내는 것입니다. 즉 우리가 청정에너지 경제를 실현할 수 있는 지점까지 가기 위한 최선의 방법을 찾아내는 것이지요. 정치에 관여하지 않은 사람이라면 이렇게 말할 겁니다. '자, 두 점을 잇는 가장 짧은 길은 바로 일직선입니다. 그러니 그냥 일직선으로 나아갑시다.' 음, 불행히도 민주주의에서는 때때로 갈지자로 나아가야 할 수도 있습니다. 매우 현실적인 우려와 이해를 감안해야 할 수도 있고요."

나는 생각했다. '실용주의자 오바마로군.' 하지만 그가 세계에서 가장 큰 경제의 수장이며 자유 진영의 지도자임을 감안한다면, 과연 그는 자기 딸들이 살아 있는 동안 벌어질지도 모르는 기후 재난을 막아야 한다는 책무에 어떻게 임했던 것일까?

나는 오바마가 "기후 재난"이라는 표현에 질색할 것이라고 생각했다. 하지만 그는 그러지 않았다.

"저도 그 문제를 많이 생각합니다." 오바마는 이렇게 말하다가 잠시 멈추더니 자기 양손을 내려다보았다. "저는 말리아와 사샤 생각을 많이 합니다. 우리 아이들의 아이들 생각을 많이 합니다."

곧이어 더 대통령다운 목소리로 돌아와서 그는 이야기를 계속했다. "대통령이 돼서 좋은 일 가운데 하나는 여행을 많이 다니고, 극소수의 사람들만 볼 수 있는 유리한 지점에서 세계의 경이로움을 직접 보게 된다는 것입니다. 어제 우리가 바닷가에 가서 그 피오르드를 구경할 때 해달 한 마리가 배영을 하면서 배에 올려놓은 먹이를 먹고, 돌고래 한 마리가 물에서 뛰어오르고, 고래 한 마리가 물을 뿜어내더군요. 저는 그걸 보면서 이렇게 생각했습니다. '꼭 우리 손자 손녀도 이걸 볼 수 있게 하고 싶다.'"

"우리는 매년 하와이에 갑니다만, 일단 퇴임하고 나면 거기서 많

알래스카주 딜링엄 해변을 거니는 오바마 대통령

은 시간을 보내기를 간절히 바라고 있습니다. 제가 다섯 살인가 여덟 살 때 스노클링 하러 가서 본 것과 똑같은 걸 제 아이들도 스노클링 하러 가서 보게 하고 싶지요. 어릴 때 인도네시아에서 꽤 오래 살았는데, 제 아이들도 그와 똑같은 경험을 어느 정도는 해 봤으면 좋겠습니다. 숲을 거닐다가 갑자기 오래된 사원을 보게 되는 것 같은 경험 말입니다. 저는 그런 일이 모조리 사라져 버리는 걸 바라지 않습니다."

대통령은 휴가 중에 기후변화가 자연 세계에 가하는 충격을 서술한 엘리자베스 콜버트의 『여섯 번째 대멸종The Sixth Extinction』이라는 책을 읽었다고 말했다. "커다랗고도 갑작스러운 변화가 일어날 수 있다고 명시하더군요. 그리고 그런 일은 가능성의 영역 밖에 있지 않습니다." 그는 말했다. "그런 일은 이전에도 일어났다는 겁니다. 다시 일어날 수도 있다는 거죠."

그는 양손을 모아서 천막 비슷한 모양을 만들더니 계속 말했다. "이 모두를 접하다 보니, 제가 할 수 있는 모든 방법으로 이 문제를 공략해야만 하겠다는 생각이 들더군요. 하지만 대통령 노릇을 하다 보면, 그 직책에도 불구하고 어떤 일을 혼자서 할 수는 없습니다. 저는 미국 국민도 제가 느끼는 것과 똑같은 다급함을 반드시 느껴야 한다는 생각으로 계속 되돌아갑니다. 또 그들이 그렇게 느끼지 못하는 것도 이해할 만은 합니다. 오늘날 과학은 사람들에게 추상적으로 느껴지니까요. 앞으로는 매년 덜 추상적으로 다가올 겁니다. 제 생각에는 지금 우리가 목격하는 기록적인 산불로 인해, 그러니까 서부의 절반이 극단적이거나 심각한 가뭄을 겪고 있다는 사실로 인해 사람들도 이런 상황을 더 잘 이해하게 되지 않을까 싶습니다. 만약 소방관 세 명이 비극적으로 목숨을 잃은 데다 방대한 지역이 불타고 있는 워싱턴주 주민들에게 이런 이야기를 한다면, 그들은 상황을 더 잘 이해할 겁니다. 당신도 플로리다주에 내려가서 만조 때마다 물에 잠기는 지역에 가 본다면, 사람들이 상황을 더 잘 이해하고 있다는 걸 알 수 있을 겁니다."

공식 인터뷰 뒤에 대통령은 그 지역 공무원들을 만나러 떠났다. 그 일정이 끝나면 그와 함께 코처뷰만灣을 따라 산책하기로 예정되어 있었다. 그래야만 이번 방문을 소재로 《롤링스톤》에서 제작 중인 단편 다큐멘터리에 우리 두 사람의 모습을 나란히 담을 수 있을 것이기 때문이다. 우리는 차량 행렬에 올라타 몇 블록을 지나서 물가에 도착했다. 코처뷰만의 물은 회색이고 잔잔했으며, 비록 9월 초였지만 이미 겨울이 다가오는 걸 느낄 수 있었다. 몇백 미터 떨어진 곳에서는 대통령이 지역 주민들과 만나 사라지는 해빙과 홍수에 관해 이야기를 나누고 있었다.

문득 며칠 전의 일을 떠올렸다. 그때 나는 어느 산의 빙하 전면을 향해 걸어 올라가는 대통령의 모습을 보고 있었다. 큰 빙하는 아니었지만, 제아무리 작은 빙하라도 대통령의 모습을 작아 보이도록 하기에는 충분했다. 이번 여행에서 대통령의 힘에 딸린 장식품을 모조리 목격했다. 전용기에서부터 헬리콥터, 경호원, 지역 정치인들의 알랑방귀에 이르기까지. 하지만 자연계에 작용하는 더 큰 힘에 비하자면 아무것도 아니었다.

10분쯤 지나자 대통령 보좌관 중 한 명이 나더러 합류하라고 손짓으로 신호했고, 나는 대통령과 함께 새로이 보강된 코처뷰 해안을 따라 걸었다. 도시를 해수면 상승으로부터 보호하기 위해 쌓아 놓은 수 톤의 잡석과 콘크리트가 그곳에 있었다. 경호원들은 우리의 대화가 안 들릴 정도의 거리를 두고 뒤따라왔다. 약간 쌀쌀하다 보니 대통령도 외투 주머니에 양손을 넣고 있었다.

"저는 기후변화에 관해 여러 과학자들과 이야기를 나누었습니다." 나는 시간을 허비하고 싶지 않아서 이렇게 말했다. "대부분이 앞으로 뻔히 도래할 일에 대해서 얼마나 정직해야 하는지를 놓고 씨름하고 있었습니다. 얼마나 직설적이어야 하는지, 얼마나 낙관적이야 하는지를 놓고 말입니다. 당신은 이 일에 관해 분명히 큰 책임을 갖고 있습니다. 미국이 과연 어느 정도까지의 진실을 받아들일 수 있다고 판단하고 있습니까? 당신도 무엇이 도래할지를 알 테니…."

"음, 사실은 이렇습니다." 산책 중 그는 만 저편을 바라보며 내게 말했다. "제가 지역사회 조직가로 일하던 시절, 우리의 기본 원칙 가운데 하나는 이거였습니다. 큰 문제가 있다면, 반드시 사람들이 받아들일 수 있을 만한 작은 조각으로 나누어야 한다. 예컨대 우리가 세계 기아에 관해 이야기하면 사람들은 대개 이런 태도를 갖게 마련입니다. '내가 기아 문제를 해결할 수는 없겠지.' 그런데 우리가 '이 아이들의 기아를 줄이는 바로 이 구체적인 문제를 해결합시다.'라고 사람들에게 말하면 어떤 행동을 얻어 낼 수 있습니다. 여기서 저의 임무는, 그러니까 이번 여행의 핵심은 경보를 울리는 겁니다. 하지만 저는 사람들이 '우리는 끝장났고, 딱히 할 수 있는 일이 없어.'라고 생각하게 만드는 방식으로 이 문제를 제시하지는 않으려고 주의하고 있습니다."

오바마가 이렇게 말하는 것만 놓고 보면, 과연 그가 '우리는 끝장나지 않았다'고 믿기는 하는 건지 나로선 의문이 들었다. 하지만 나는 그냥 넘어갔다.

"보세요. 우리는 이 세상 모든 개구리를 보전하지는 않을 것이고, 이 세상 모든 산호초를 보전하지도 않을 겁니다." 오바마는 말했다. "하지만 저는 일부 산호초를 보전할 수 있고, 일부 개구리도 보전할 수 있습니다. 앞으로 적응이 필요하고 실향민도 발생하겠지만, 저는 최악의 상황을 완화할 수 있고 결국 이 행성이 지금 느껴지는 것보다 회복탄력성이 큰 곳이 되기를 기대해 볼 수 있습니다. 하지만 가장 중요한 일은 다급함을 표현하는 것, 그리고 최소한 우리가 지금 모습보다 훨씬 더 적극적이어야 한다는 사실로부터 물러서지 않는 것이겠지요."

나는 압박을 가했다. "하지만 당신도 과학을 알지 않습니까. 가끔은 거기서 말하는 내용에 겁이 나지 않습니까?"

"겁이 나지요." 그는 솔직하고도 태연하게 말했다.

나는 이번 세기말에 이르러 해수면 상승이 IPCC 추정치의 2배에 달하는 6피트[1.8미터] 이상일 것이라고 믿는 과학자들이 많다는 이야기를 꺼냈다.

"6피트라고요?" 대통령이 반문했다. 마치 그 한마디에 그 생각 모두가 갑자기 너무 현실적으로 느껴지기라도 하는 듯한 투였다.

"그렇습니다." 내가 말했다. "아시다시피 그런 연구에는 어느 정도 불확실성이 있기는 합니다만, 설령 오차를 모두 감안하더라도 우리가 현재 예상하는 것보다 더 낮은 것이 아니라, 더 높은 해수면 상승이 일어날 가능성이…."

"그것 보세요. 항상 이렇게 겁이 나는 내용을 읽어야 하는 것이 제 직업의 일부라니까요."

그의 말에 웃음을 터트리지 않을 수 없었다. "그건 맞는 것 같네요. 제 생각에도요."

"예를 들어 저는 팬데믹에 관해 만성적인 고민을 안고 있습니다. 어쩌면 우리 살아생전에 언젠가 스페인독감 비슷한 뭔가로 많은 사람이 죽어 나갈 가능성도 있죠… 우리가 신경을 쓰지 않는다면 말입니다. 저는 할 수 있는 일을 하고, 할 수 있는 최대한으로 합니다. 제가 하고 싶지 않은 일이 있다면, 바로 그 일의 규모에 마비되는 것입니다. 또 제가 바라지 않는 일이 있다면, 이런 일이 어찌어찌 우리의 손아귀를 벗어났다고 생각한 나머지 사람들이 그만 둔감해지는 것입니다. 저는 인간의 상상력이 문제를 해결할 수 있다고 믿어 의심치 않습니다. 물론 보통은 우리가 필요로 하는 것만큼 빨리 해결하지는 못하지만요. 이건 마치 불완전한 민주주의를 향한 현실적인 응원과도 비슷하죠. 그런 종류의 것입니다. 제 생각에 처칠이 이런 말을 했던 것 같더군요. 다른 모든 것을 시도해 보고, 다른 모든 대안이 바닥났을 무렵, 우리는 마침내 옳은 일을 하게 된다고요. 여기서도 부디 같은 일이 일어나면 좋겠군요."

이 말과 함께 우리의 산책은 끝났고, 오바마 보좌관의 안내에 따라 2011년 아이디타로드 개썰매경주 우승자 존 베이커와 만났다. 대통령은 그가 건네주는 썰매개 강아지를 한번 안아 보고, 야구 모자를 선물로 받았다. 나는 그 모습을 지켜보면서 기후변화 같은 쟁점에 관해 대통령에게 조언하는 특별 보좌관 브라이언 디스와 이야기를 나누었다. 그는 똑똑하고 격식을 차리지 않았으며, 깔창이 떨어진 낡은 운동화를 신고서도 그걸 재미있게 생각할 만큼 대통령과의 관계가 견고했다.

디스와의 대화 도중에, 나는 해수면 상승으로 플로리다가 처한 위험에 관해 대통령이 방금 전에 언급하더라고 그에게 말했다. 나는 해수면 상승이 연안 도시들에 야기할 경제적 재난의 임박에 관해서 디스 같은 사람이 어떻게 생각하는지가 궁금했다. 그로 말하자면 2009년 자동차업계에 대한 대통령의 성공적인 긴급 원조의 주요 설계자 가운데 하나였기 때문이다. "마이애미가 물에 잠기면 당신은 어떻게 할 겁니까?" 내가 물었다. "미국의 거대한 도시를 하나 잃는다는 것은 어떤 의미일까요? 연방 정부는 그 문제에 어떻게 대처할까요? 만약 마이애미에 돈이 필요하다면, 연안을 따라 늘어선 다른 여러 지역도 마찬가지일 텐데요."

"마이애미에는 자원이 많으니까요." 디스가 말했다. "거기서도 해결책을 궁리할 수 있을 겁니다. 세금을 올려서 비용을 마련할 수도 있겠지만, 앞으로 몇 년 안에 그곳에서도 상당한 혁신이 있으리라 생각합니다. 저는 오히려 키발리나 같은 곳이 더 걱정입니다. 그곳 사람들은 딱히 갈 데도 없고 자체적인 자원도 없으니까요."

잠시 후에 디스는 내 곁을 떠나 방탄 SUV로 돌아가는 대통령에게 다가갔다. 오후 8시 30분에 우리가 탄 차량 행렬은 다시 공항으로 돌아갔고, 대통령은 에어포스원의 계단을 뛰어 올라갔다. 소규모로 모인 알래스카 주민들이 철망 울타리 뒤에서 손을 흔들며 작별 인사를 했다. 그는 모두 합쳐 네 시간 동안 북극에 머물렀지만, 그 정도만 해도 역대 어느 대통령보다 무려 네 시간이나 더 이곳에 머무른 셈이다. 에어포스원에 마련된 내 좌석에 앉아서 보니 대통령은 이미 비행기의 회의용 탁자에 달린 가죽 의자에 앉아 있었다. 여전히 아이디타로드 개썰매경주 모자를 쓴 채였다. 그는 참모에게 이렇게 말했다. "그럼 일을 시작해 볼까."

제5장 **부동산 룰렛。**

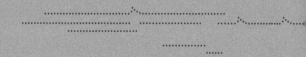

2013년에 개관한 마이애미페레스미술관은 마이애미라는 도시가 새로운 아틀란티스라는 사실을 인정한 최초의 건물이었다. 물론 그 인정이 간접적이고 부지불식간에 나온 것이기는 하지만 말이다. 유명한 스위스 건축 회사 헤어초크앤드뫼롱이 설계한 이 미술관은 건립비만 1억 1,800만 달러가 들었고, 마이애미 시내의 가장자리에서 비스케인만을 굽어보고 있다. 건축가들은 스틸츠빌Stiltsville에서 영감을 얻었다. 스틸츠빌이란 1930년대에 그 만에 설치한 기둥, 즉 지주支柱, stilts 위에 지어 놓은 주택들을 말하는데, 대개는 그 소유주가 법의 손길이 미치지 않는 곳에서 파티를 즐기기 위한 장소로 사용되었다. 이 미술관은 주 구조물이 가느다란 콘크리트 기둥들로 지지되기 때문에, 마치 공중에 매달려 있는 것처럼 보인다. 평탄한 퍼걸러pergola 비슷한 지붕으로 햇빛이 통과해 스며들고, 커다란 데크가 바다를 굽어보고 있으며, 공중 정원이 마치 해초처럼 걸려 있다. 1층은 탁 트인 자갈밭 주차장이다. 만약 폭풍 해일이 밀어닥치더라도 승용차 몇 대가 박살나는 것 외에는 별다른 피해 없이 물러갈 것 같다는 상상이 가능하다. 건물 전체는 만 가장자리의 허공에서 맴도는 것같이 보인다. 마치 물이 다가오기를 기다리는 것처럼. 마이애미의 문화적 진화의 상징으로 널리 칭송된 이 미술관의 이름은 개발업자 호르헤 페레스(《타임》에서 "열대 지방의 트럼프"[1]로 지칭한 인물이다)에서 유래했는데, 그는 이 건물에 자기 이름을 넣을 권리를 얻는 대가로 5,500만 달러 상당의 현금과 미술품을 기부했다.[2]

마침 이 미술관에서 '나는 어떻게 공중에서 제비를 잡았는가 How I Caught a Swallow in Midair'라는 제목의 회고전을 연 미술가 미셸 오카 도너의 강연을 들으러 어느 날 밤 이곳을 방문했다. 오카 도너는 마이애미비치에서 자랐다. 그의 아버지는 원래 이 지역 판사였다가 더 나중인 1950년대에는 시장을 역임했다. 그녀의 작품은 마이애미비치와 깊이 연관되어 있었으며, 그중 상당수는 다년간 해안을 걸어 다닌 경험으로부터 영감을 얻은 결과물이었다. 이를테면 사람의 형상으로 빚은 바닷말, 산호 형상의 청동 주조물을 조립해 만든 의자, 신화 속 바다 괴물을 연상시키는 부목浮木 조각 따위가 그랬다. 오카 도너는 마이애미 인근의 공공 설치미술 작품으로 가장 유명한데, 그중 하나가 마이애미 국제공항에 있는 〈해변 산책 A Walk on the Beach〉이다. 공항 바닥을 1마일 넘게 덮고 있는 이 작품은 검은색 인조 대리석 테라초에 조개껍데기와 규조류 같은 형태의 청동 오브제들을 설치한 것이다. 그 작품 위를 여러 차례 걸어 다니다 보니, 문득 해변 산책이라기보다는 수중 산책 같다는 생각이 들었다. 마치 그녀는 마이애미 공항(마이애미데이드카운티에서도 유독 저지대에 자리한 까닭에 정기적으로 홍수가 일어났다)이 이미 바다에 탈환되었다는 사실을 암시하는 듯했다. 얼마나 전복적인가! 내가 이런 점을 언급하자, 오카 도너는 눈을 반짝이며 이렇게 대답했다. "음, 맞아요, 그거야말로 제가 의도했던 바였죠."

미술관 강연에서 그녀는 자신의 작품에 관해, 그리고 자신이 플로리다 남부의 자연 세계로부터 어떻게 영감을 받았는지에 관해 회고했다. 마이애미의 막후 유력자들이며 미술품 수집가들로 이루어진 잘 차려입은 군중 앞에서는 해수면 상승이나 기후변화에 관해 한마디도 꺼내지 않았지만, 정작 오카 도너는 당장의 위험에 대해 매우 잘 이해하고 있었다. 최근 그녀는 마이애미비치에 있는 자택을 매각했는데, 바닷물이 상승하기 이전에 거기서 나올 때가 되었다는 개인적 믿음이 한몫했다.

강연이 끝나고 나는 로비를 돌아다니다가 오카 도너의 전시회 도록을 구입하기 위해 줄을 섰다. 마침 내 앞에는 멋진 회색 정장을 입은 남자가 서 있었다. 그가 뒤로 돌아섰을 때, 나는 누구인지 곧바로 알아보았다. 이 미술관의 이름이 비롯된 인물 호르헤 페레스였던 것이다.

21세기 초 마이애미에서 벌어진 빌딩 광풍을 상징하는 사람이 하나 있다면 바로 페레스였다. "그는 마이애미 개발업자 중에서도 초대형 고릴라에 해당합니다." 콘도 분석가 피터 잘레우스키가 내게 한 말이다. 미술관에서 나와 딱 마주쳤을 때 66세였던 페레스는 쿠바 출신 피난민의 아들로 아르헨티나에서 태어났고, 콜롬비아에서 성장했으며, 미시간대학에서 공부했다. 대학 졸업 후에는 몇 년 동안 마이애미시의 도시계획 부서에서 일하다가 개발 사업에 뛰어들었다. 그가 뉴욕의 개발업자 스티븐 로스와 공동 창업한 릴레이티드그룹 플로리다는 오늘날 마이애미에서 가장 큰 건설업체다. 이 도시에 있는 콘도 다섯 채 가운데 한 채는 릴레이티드에서 지었다.[3] 릴레이티드의 건물은 건축가들 사이에서 특징 없는 디자인과 높은 수익률로 유명하다. ("그는 감히 꿈을 꾸었고, 감히 그 꿈을 실현시켰다." 그의 친구인 도널드 트럼프는 부동산 시장에서 부자가 되는 법을 설파한 페레스의 저서 『발전소 원칙Powerhouse Principles』의 서문에서 이렇게 썼다. "그 결과로 수많은 삶과 수많은 도시가 변화했다."[4]) 페레스는 플로리다 민주당 정계에서 영향력 있는 인물이어서, 클린턴과 오바마의 대통령 유세 때도 지원을 아끼지 않았다. 2017년 《포브스》에서는 그의 개인 재산을 28억 달러로 추산했다.[5]

　이 책을 쓰는 동안 나는 해수면 상승과 아울러 그 사태가 페레스와 건물에 끼치는 영향에 관해 이야기를 나눠 보기 위해 여러 차례 그의 사무실을 통해 접촉을 시도했지만, 이때까지는 아무런 결실도 없었다. 그런데 지금 그가 바짝 다린 정장을 걸치고, 아름답게 매듭지은 넥타이를 매고, 그을린 피부에 표정 없는 얼굴로, 콧수염과 턱수염을 깔끔히 다듬고, 검은 머리카락을 흠 한 점 없이 빗은 모습으로 내 앞에 서 있는 것이다. 페레스는 자제력 있는 인물이었고, 냉정을 유지하는 데 익숙했다.

　나는 해수면 상승에 관한 책을 집필 중인 언론인이라고 소개했다. 그의 표정이 굳어졌다. 우리는 몇 마디 말을 주고받았다. 페레스는 오카 도너의 작품을 20년 넘게 수집해 왔다고 언급했다.

"이 기회를 빌려서 당신에게 몇 가지 질문을 드리지 않을 수 없군요." 내가 그에게 말했다. 페레스의 얼굴은 돌처럼 굳어 버렸다. "해수면 상승이 플로리다 남부에서의 부동산 사업에 관한 당신의 사고방식을 어떻게 변화시키고 있습니까?"

"그런 문제를 매일같이 생각하고 있지는 않습니다." 그가 대답했다.

페레스가 한마디로 일축하자 나는 당황했다.

"그렇다면 그게 당신이 개발하고자 하는 부동산의 종류에 관한 생각을 바꾸기는 했나요?"

"아니요, 그렇지 않습니다."

2005년 플로리다주 서니아일스비치에서 만난 호르헤 페레스와 도널드 트럼프

"그것 때문에 당신이 짓고 있는 건물의 설계가 변화하기는 했나요?"

"아니요." 페레스가 말했다. 목소리가 동요하는 것처럼 들리기 시작했다. "우리는 건축 조례를 따라서 짓습니다."

"그게 이 미술관의 설계에도 영향을 주긴 했나요?"

"그것에 대해서라면 저는 아무 생각도 해 본 적이 없습니다." 그가 대답했다.

"음, 이 도시의 잦아진 홍수가 당신이 보유한 부동산 가치에 영향을 미칠까 봐 걱정되지 않습니까? 무슨 말인가 하면, 그건 불가피한 일이니까요. 그렇지 않습니까?"

"아니요, 저는 그것에 대해서는 걱정하지 않습니다." 페레스가 말했다. "저는 앞으로 이삼십 년 안에는 누군가가 해결책을 찾아내리라고 믿습니다. 만약 그게 마이애미에서 문제가 된다면, 마찬가지로 뉴욕과 보스턴에서도 문제가 될 겁니다. 그렇다면 사람들이 과연 어디로 가겠습니까?" 그는 잠시 머뭇거리더니, 곧이어 이렇게 덧붙였다. "게다가 그때쯤이면 저는 이미 죽은 다음일 텐데, 그게 무슨 상관입니까?"

나로선 어떻게 대답해야 할지 몰랐다. 페레스가 이런 사교 행사에서 언론인의 질문을 받는 것을 감격스러워하지 않는다는 사실은 이해할 만했다. 그럼에도 불구하고 그가 드러낸 거부감은 정말 경악할 만했다. 미래의 마이애미를 형성하는 데 일조한 자신의 책임에 대해서나, 본인 사망 직후 머지않아 늪으로 변할 건물들을 유산으로 남긴 자신의 책임에 대해서나 결코 시인하지 않았기 때문이다. 여기서 중요한 점은 우리가 만난 시기가 2016년 봄이었으며, 그때 이미 마이애미는 햇볕 쨍쨍한 날에도 만조 시에 홍수가 일어나서 주요 신문, 잡지, 뉴스 프로그램 다수가 이 도시의 해수면 상승의 위험에 관해 이야기하고 있었다는 사실이다. 페레스가 이 문제에 대해 생각하지 않았다거나, 이 문제가 자기 사업에 어떤 영향을 끼칠지 고려하지 않았다는 것은 상상할 수 없었다. 하지만 페레스와 일한 적 있었던 마이애미의 한 건축가가 내게 말한 것을 보면, 그가 두려워하고 있다는 추정도 충분히 가능하다. 혹시나 해수면 상승에 관해 이야기하고 그 위험을 인정할 경우, 자칫 자신의 해안 프로젝트 가운데 일부가 의문의 대상이 되어서 결과적으로는 금전적 손해를 보게 되지 않을까 염려하고 있다고 말이다.

어쨌거나 나는 페레스를 압박할 만한 기회를 더 이상 얻지 못했다. 우리는 그때쯤 대기 열에서 조금씩 전진한 끝에 맨 앞으로 나와 한창 책에 사인하는 오카 도너와 마주하게 되었기 때문이다. 그는 나를 외면하고 돌아서며 그녀에게 말했다. "아까의 강연은 정말 좋았습니다, 미셸."

그녀는 페레스를 따뜻이 환영하며 그가 가져온 책에 극적인 필체로 사인해 주었다.

～～～

플로리다 인구의 4분의 3 이상은 연안에 산다.[6] 연안은 사실상 모든 주택, 도로, 사무용 건물, 콘도 건물, 전력선, 수도관, 하수관이 폭풍해일과 만조에 취약한 상태다. 앞으로 몇 년간 바다가 상승하면 이런 기반 시설의 상당 부분을 반드시 재건하거나 옮겨야 할 것이다. 억만장자 마이클 블룸버그, 톰 스테이어, 헨리 폴슨이 공동 설립한 단체인 위험사업계획의 보고서에 따르면, 2050년까지 150억 내지 230억 달러 상당의 플로리다 부동산이 물에 잠길 가능성이 있다.7 2100년에는 물에 잠긴 부동산의 가치가 최대 6,800억 달러에 달할 수도 있다.

마이애미에서는 부동산 소유주와 부동산 투자자들의 의식 속으로 앞으로 벌어질 상황에 대한 자각이 느리게나마 침투하고 있다. 주택이나 콘도를 소유한 사람들의 경우에는 그 문제가 다음과 같은 질문의 형태로 나타난다. '이걸 팔아야 하나, 말아야 하나?' '이곳에서 몇 년 더 있어도 되나, 아니면 해변의 콘도를 지금 당장 처분해야 하나?' 내가 아는 마이애미 부동산 소유자들은 사실상 모두 이런 계산을 해 보았다. 이건 마치 부동산 룰렛 게임과도 비슷하다. '나는 얼마나 행운이라고 여기는가? 나는 얼마나 크게 판돈을 걸고 싶은가?'

모든 사람이 소문, 과학, 본능, 자기가 사는 곳과의 정서적 유대, 재난에 대한 감내 등의 어떤 조합에 근거하여 서로 다른 방식으로 이 게임을 하고 있다. 미술관에서 열린 오카 도너(앞서 말했듯이, 그녀는 이미 나름대로의 계산을 마치고 마이애미비치의 자택을 매각하기로 결정했다)의 강연에 참석했던 밤, 내가 탄 우버 택시의 운전사는 알고 보니 해수면 상승의 위험에 대해 절실히 자각하는 인물이었다. 카멜은 지금으로부터 10년 전에 터키를 떠나 플로리다로 이민을 왔다. 현재 그는 마이애미에 콘도를 몇 채 소유하고 있다. "에어비앤비를 통해서 대여하는 거죠." 그의 말이었다. 내가 해수면 상승에 관해 물어보자, 카멜은 그런 일이 벌어진다는 사실에 이의를 제기하지 않았다. 그의 말에 따르면, 어떤 잡지의 기사를 읽어 보니 이 도시의 상황이 정말로 나빠지게 되는 2025년까지는 아직 시간이 있다는 것이다. "그래서 저로선 팔아야 할 때까지 아직 7, 8년이 남아 있는 셈이죠." 카멜이 말했다. "사람들이 계속 찾아오는 한, 저는 에어비앤비로 돈을 벌 수 있어요."

며칠 뒤에 나는 부유한 은퇴 사업가와 저녁 식사를 함께했는데, 마침 그는 마이애미비치에서도 가장 홍수가 잦은 지역 가운데 한 곳의 건물 17층에 널찍한 콘도를 하나 갖고 있었다. 따뜻한 그날 저녁에 우리는 그의 자택 베란다에 서서 비스케인만의 바닷물과 마이애미 시내의 불빛을 바라보았다. "나는 이곳이 좋습니다." 그의 말이었다. "여기 있게 되어서 무척 행운이라는 느낌이죠." 그는 저 아래 요트들을 내려다보았다. "3피트[90센티미터] 이하의 상승이라면 이 모든 것을 방어할 수 있다고 생각합니다." 그의 말이었다. "심지어 3피트 이상 상승하더라도 우리는 여기서 멀쩡할 것이라고 생각합니다. 이 건물은 워낙 가치가 높기 때문에 그냥 내버려 둘 수는 없습니다. 그 일에 대해서라면 뭔가 조치가 이루어지겠죠." 하지만 곧이어 그는 말을 멈추더니, 부동산 가치가 상대적으로 더 낮은 마이애미비치 북부를 손으로 가리켰다. "하지만 골프장이나 다른 어딘가의 근처 부지에 평범한 주택을 한 채 갖고 있다면, 그때는 곤경에 처하게 될 것입니다. 그런 곳에는 아무도 신경 쓰지 않을 테니까요." 그로부터 몇 주 뒤에 같은 건물에 살고 있던 한 친구가 내게 보낸 이메일을 보니, 그는 이와는 다른 판단에 도달한 모양이었다. "아직 기회가 있을 때 여기에서 나갈 겁니다." 그의 말이었다. "파티는 끝났습니다." 그는 지금으로부터 5년 전에 100만 달러를 주고 그 콘도를 매입했었다. 결국 그는 200만 달러에 그 콘도를 매각했다.

모두가 부동산 룰렛에서 나름대로의 전략을 갖고 있다. 나는 소금물이 석회석을 뚫고 분출해서 뿌리에 닿아 나무가 죽기 시작하면 마이애미의 부동산 시장도 완전히 망할 것이라고 예견한 한 예술가를 만났는데, 이 예술가의 견지에서는 그것이야말로 도래하는 침수의 강력한 시각적 징후일 것이라고 한다. 한 교사는 부동산 매매 사이트 질로Zillow에서 자기 주택의 가치가 35만 달러에서 30만 달러로 떨어지면 매각하기로 남편과 계획을 세웠다고 내게 말했다. 내가 만난 사람들 중에는 절대로 주택을 팔지 않을 것이라고, 자기는 마이애미에서의 생활을 너무 사랑하기 때문에 차라리 이 도시와 함께 물에 잠기는 편을 선택하겠다고 단언한 경우도 여럿이었다.

스위스의 정신분석가 엘리자베스 퀴블러로스는 슬픔의 다섯 단계를 부정, 분노, 협상, 우울, 수용으로 구분한 바 있다. 내가 아는 한 2013년까지만 해도 마이애미데이드카운티 전체에서 해수면 상승이 가까운 시일 내에 이 도시의 심각한 쟁점이 되리라고 공개적으로 시인했던 사람은 겨우 네 명뿐이었다. 비교적 최근인 2010년에 이 카운티에서는 뉴어버니즘New Urbanism(신도심주의)의 가치를 예찬하고 마이애미를 21세기에 대비시키기 위해 마련된 '마이애미 21'

이라는 이름의 새로운 용도지역 설정 계획이 마무리되었지만, 정작 해수면 상승은 언급조차 되지 않았다. 마이애미데이드카운티의 최고위원이 내게 말했던 것처럼 "사람들은 자기네가 문제를 무시해 버리면, 결국 사라질 것이라고 생각하는 모양"이다.

하지만 부정론은 점차 사라지는 추세다. 플로리다의 주민 상당수는 분노 단계를 건너뛰고 협상 단계로 넘어갔다. 특히 부동산의 경우가 그랬다. 나와 대화를 나눈 사람들 대부분에게 중요한 쟁점은 마이애미가 언젠가는 수면 아래 있게 될지 여부가 아니었다. 그건 당연한 일이었기 때문이다. 더 급박한 문제는 이런 것이었다. '과연 내가 언제까지 머물러 있어도 되는가?'

~

마이애미비치의 해수면 상승 관련 인텔리겐치아intelligentsia(지식인층)라는 것이 실제로 존재한다고 치면, 2016년 초의 어느 날 밤에 해변의 가장 호화로운 호텔 중 하나인 W의 연회장에 모인 사람들이었다. 공식적으로 이 행사는 마이애미비치 상공회의소에서 주최하는 것이었으며, 그날 저녁의 순서지에 나와 있는 주제는 '해수면 상승의 경제적 영향'이었다. 그리고 그날 저녁에 차마 명시되지 않았던 주제는 '빌어먹을, 이거 진짜잖아. 우리 이제 어떻게 해야 하지?'였다.

칵테일파티 시간이 되자, 나는 정부 및 대학과 공조하는 비영리단체 플로리다해양기금에서 연안 계획 업무를 담당하는 변호사 토머스 루퍼트와 이야기를 나누었다. "해수면 상승은 마치 노화와도 비슷합니다." 그의 말이었다. "멈출 수 없는 일이고, 그저 더 완화하거나 악화시키거나 할 수 있을 뿐이죠." 그의 말에 따르면 키라르고에 사는 한 남자는 바닷물로 인한 부식이 걱정되어 벤틀리 승용차를 픽업트럭으로 바꾸었다고 한다. 또 물에 잠겨 버린 부동산을 원래 소유주가 여전히 소유하는 것으로 봐야 하는지 여부를 둘러싼 복잡한 법적 쟁점도 있었다(대개는 '아니다'로 본다). 나는 부동산 중개인과 대화를 나누었는데, 마침 그는 그날 오후에 들은 이야기 때문에 격분한 상태였다. 부동산을 판매할 때 해수면 상승과 관련된 홍수 위험이 있으면 필수적으로 공개하라는 내용이 있다는 것이다. "그건 바보 같은 짓일 거예요." 그녀는 진토닉을 한 모금 마시며 내게 말했다. "그렇게 하면 시장이 **죽고** 말 거라고요."

칵테일파티가 끝나고, 우리는 열두어 개의 탁자가 마련된 연회장으로 들어섰다. 각각의 탁자에 여덟 사람씩 앉았는데, 자리마다 두 명씩 포함된 "인플루언서"가 간단한 발표와 함께 토론을 진행하기로 되어 있었다. 그러다가 15분이 지나면 인플루언서들이 다음 탁자로 옮겨 가는 식으로 발표와 토론이 계속되었다.

나는 우연히도 마이애미의 개발업자 데이비드 마틴과 한자리에 앉게 되었다. 그는 덴마크의 '앙팡 테리블'enfant terrible(무서운 아이) 비야케 잉엘스 같은 건축가가 설계한 코코넛그로브의 두 동짜리 건물을 비롯한 최고급 개발 사업을 전문으로 하는 맞춤형 서비스 회사인 테라그룹의 대표였다. 쿠바계 미국인인 마틴은 사십 대 초반이었지만 여전히 십 대 소년 같은 에너지를 갖고 있었다. 그는 마이애미 지역에서 나고 자랐으며, 어느 면으로 보거나 이 지역에 관해 깊은 애착을 품고 있었다. W에서 그는 검은색 머리에 젤을 발라 넘기고, 멋진 검은 테 안경을 끼고, 화이트진에 착 달라붙는 흰색 와이셔츠를 걸쳤다. 건축가 레이날도 보르헤스는 훗날 마틴을 가리켜 "양심 있는 건축업자"라고 내게 말했다.

우리 쪽 자리의 첫 번째 발표자는 마이애미대학의 지질학자 헬 원리스로, 나와는 몇 년 전에 처음 알게 된 사이였다. 평소와 마찬가지로 그는 지질학 원정에서 막 돌아온 사람 같은 행색이었으며, 흰색 반팔 셔츠에 주름진 재킷을 걸치고 있었다. 원리스는 '해수면 상승의 도래하는 현실: 너무 빠르고 너무 금방인'이라는 제목의 여섯 쪽짜리 유인물을 나눠 주었다. 그는 탁자에 둘러앉은 우리 모두를 향해 이렇게 말했다. "여러분이 반드시 알아야 할 첫 번째 요점은 지구온난화가 사실이라는 것입니다." 원리스의 말에 따르면 1997년 이래 온난화로 인한 열에너지 가운데 절반은 바다에 저장되어 왔다. 이는 결국 우리가 지금 이산화탄소 오염을 늦춘다 하더라도 기후는 계속해서 오랫동안 가열되리라는 뜻이다. 그는 코럴게이블스시市에서 15센티미터 단위로 해수면 상승에 대처하기 위한 단계별 계획을 개발 중이라고 했다. "우리에게 필요한 현명한 종류의 계획이죠." 원리스의 말이었다.

"좋아요. 무슨 말씀인지 알겠습니다." 데이비드 마틴이 말했다. "하지만 제가 알고 싶은 것은 이겁니다. 우리가 목도하게 될 해수면 상승은 어느 정도일까요? 그리고 얼마나 빠를까요?"

"음, 현재의 합의에 따르면 2100년까지 90센티미터입니다." 원리스의 답변이었다. "하지만 그 수치도 계속 올라가고 있어요. 제 생각에는 아무리 낮게 잡아도 이번 세기말까지는 1.2미터 이상이 될 겁니다. 개인적으로 저는 최대 4.6미터까지 보고 있습니다."

탁자에는 잠시 침묵이 흘렀다. 사람들의 눈이 휘둥그레졌다.

내 근처에 앉아 있던 값비싼 옷을 입은 부동산 중개업자가 윌리스에게 이의를 제기했다. "이 행사가 공포 조장의 자리가 되어서는 안 되죠!" 그녀의 항의는 마치 울화통을 터트리기 직전인 여섯 살짜리 꼬마의 말처럼 들렸다. "왜 모두들 마이애미만 콕 집어서 난리인 거죠? 왜 우리가 이 문제의 본보기가 된 거죠? 이런 일은 동부 연안 전역에서 벌어지고 있는데, 왜 언론에서는 마이애미만 콕 집어서 난리인 거냐고요?"

"음, 마이애미에는 위험에 처한 것이 꽤 많기 때문이죠." 윌리스가 말했다.

"제 생각에 과학자들이 이 문제를 밀어붙이는 까닭은 돈을 원하기 때문이에요." 부동산 중개업자가 주장했다.

"저는 돈을 원하는 게 아닙니다." 윌리스는 화를 내며 말했다.

"개인적으로는 아니더라도, 당신도 일을 진행하는 데 돈이 필요할 수도 있지요. 당신네 대학의 과학 프로그램을 위해서라든지 말이에요. 당신은 사람들을 겁먹게 해서는 안 됩니다. 마이애미가 조만간 없어질 거라고 사람들한테 말해서는 안 된다고요. 그건 옳지 않아요. 공정하지 않다고요."

"저는 단지 과학에서 말하는 내용을 말씀드리는 것뿐입니다." 윌리스는 무표정했다. 곧이어 그가 다음 탁자로 가야 할 시간이 되었다.

왼쪽 지도는 오늘날의 마이애미, 오른쪽 지도는
해수면이 2미터 상승한 이후의 마이애미다.

우리의 두 번째 발표자가 탁자로 다가왔다. 마이애미의 변호사
겸 기후변화 옹호자 가운데 한 명이며, 이번 행사의 주최자인 웨인
패스먼이었다. "해수면 상승은 판도를 바꾸는 사건이 될 겁니다."
그가 우리에게 말했다. 그는 유비무환의 중요성을 강조했고, 특히
대형 건물 프로젝트에서 그렇다고 지적했다. 그렇게 하지 않았던 사
례로서 그는 6억 달러짜리 프로젝트임에도 불구하고 해수면 상승
을 고려하지 않았던 마이애미비치 컨벤션센터의 개축을 언급했다.
"왜 그 많은 돈을 모두 쓰면서도 건물을 돋우지 않은 걸까요? 홍수
에 대비하기 위해 저류지 공간을 만들 수도 있었습니다만, 실제로
는 그렇게 하지 않았습니다. 이게 얼마나 정신 나간 짓입니까?" 또
한 그는 마이애미비치와 그 도시의 나머지를 연결하는 둑길 이야기

를 꺼냈다. "여기에는 다리가 세 개 있는데, 하나같이 취약합니다. 만약 해수면이 50센티미터만 더 상승하더라도 우리는 마이애미비치에 갈 수 없을 겁니다."

건축 조례와 건물 높이 제한에 관한 논의가 많이 나왔다. 발표자가 다시 바뀌자 조시 사위슬라크가 우리 탁자에 나타났다. 그는 대형 기반 시설 프로젝트를 전문으로 다루는 세계적인 공학 회사 AECOM의 세계 회복탄력성 이사였다. 사위슬라크는 안경을 쓴 쾌활한 태도의 덩치 큰 남자였다. AECOM에 입사하기 전에는 백악관 환경질위원회Council on Environmental Quality의 부위원장으로 재직했었다. 그는 마이애미비치가 플로리다 남부의 경제 전체를 이끌고 있으며, 플로리다는 바로 여기서 무슨 일이 일어나느냐에 달려 있다고 주장했다. "따라서 마이애미비치의 번영을 유지하는 것이 중요합니다."

"예, 맞습니다, 형씨." 데이비드 마틴이 메모를 하다 말고 고개를 들어 대답했다. "우리는 이 문제를 속속들이 아는 사람 50명으로 이루어진 팀을 구성한 다음, 그 사람들더러 1년 동안 궁리해서 해결책을 만들어 내라고 할 필요가 있습니다. 해결책이 **실제로** 있다는 사실을 전 세계에 보여 줄 필요가 있습니다." 마틴은 현재 일부 도로가 해수면에서 겨우 5피트에서 8피트 위에 있을 뿐이지만, 자기가 짓고 있는 새로운 건물들은 해수면에서 15피트에서 18피트 위에 있다고 지적했다. "이게 도대체 말이나 됩니까?"

아무도 이에 대해서 타당한 설명을 내놓지 못했다.

잠시 후에 사위슬라크가 말했다. "마이애미는 회복탄력성의 수도로서 자체적으로 재규정할 필요가 있습니다."

"맞는 말이에요!" 부동산 중개업자가 외쳤다.

마틴은 특유의 퉁명스러운 태도로 사위슬라크를 돌아보았다.

"그렇다면 이 도시를 고치는 데 비용이 얼마나 들까요?

"그건 저도 모르죠." 사위슬라크가 말했다.

"당신은 이 도시를 높일 수 있겠습니까?"

"예, 하지만….."

"그렇게 할 수 있다고요?" 마틴이 캐물었다.

"예, 할 수는 있습니다." 사위슬라크가 말했다.

"그렇다면 비용이 얼마나 들까요? 정확한 숫자로 말씀해 주세요. 10억 달러? 50억 달러?" 마틴은 점점 조급해졌다. "저는 과연 이 도시를 고치는 데 비용이 얼마나 들지 알고 싶은 겁니다." 그가 주장했다.

"음, 일단 위에서부터 시작해야 할 겁니다. 그런 다음 각 지역에서의 이행으로 내려가는 식으로….."

마틴은 만족하지 못했다. "그런데 문제는 이겁니다. 비용이 얼마나 들지 모른다면, 과연 예산 수립은 어떻게 할 것이며 세금은 어떻게 배분할 겁니까?"

"음, 우리는 이에 대해 연구할 수 있습니다. 그렇게 해서 추정치를….."

"우리한테는 정확한 숫자가 필요합니다. 그래야 뭔가를 할 수가 있어요. 저는 과연 이게 비용이 얼마나 들지 알고 싶은 겁니다."

"음, 상당히 큰 숫자일 겁니다."

"저도 압니다. 하지만 우리는 제3세계 국가가 아니잖아요."

"예, 아니기는 하죠." 사위슬라크의 말이었다.

잠시 후에 모임은 끝나고 말았다.

〜

플로리다 남부에는 기업의 본사가 거의 없고, 제조업 회사도 전혀 없으며, (스포츠와 포르노를 제외하면) 연예 산업도 전혀 없다. 심지어 1970~1980년대 마이애미 경제에 동력을 제공했던 불법 마약 시장조차도 쇠퇴했다. 마이애미의 핵심 사업은 부동산과 관광이다. 이곳은 부동산과 쾌락의 제국이다.

이렇다 보니 마이애미는 해수면 상승을 상대하기가 유난히 부적절한 곳이었다. 사람들은 문제에서 도피하기 위해 해변을 찾는 것이지, 문제에 잠식되기 위해 해변을 찾는 것이 아니다. 연안 지역을 벗어나면 마이애미는 인종 갈등의 오랜 역사를 지닌 가난하고 남루한 도시일 뿐이며, 이런 모습들은 모두 이 지역 경제 엔진의 일부가 아니라 오히려 배기가스에 해당한다. 마이애미는 환상을 위한 곳이고, 스스로를 재상상하기 위한 곳이다. 이곳은 SUV를 몰기로 한 선택의 도덕적 함의를 숙고하기 위한 곳도 아니고, 가죽 소파가 물 때문에 손상을 입을까 봐 걱정하기 위한 곳도 아니다.

두 번째 문제는 방금 말한 첫 번째와 연관된 것으로, 플로리다에 소득세가 없다는 점이다. 대신 주 정부와 지방정부는 대부분 재산세로 세입을 충당한다. 예를 들어 마이애미데이드카운티에서는 가용 예산 가운데 3분의 1가량이 재산세에서 비롯되는데, 이는 다시 말해 학교를 운영하고 경찰 봉급을 주는 데 재산세가 어마어마하게 중요하다는 뜻이다.[8] 사실상 재산세의 세입을 올리는 방법은 두 가지뿐이다. 세율을 올리거나, 아니면 점점 더 값비싼 부동산을 짓는 것이다. 세율이 낮다는 사실을 자랑처럼 여기는 플로리다에서는 어떤 정치인이 세율 인상에 관한 이야기를 꺼내기만 해도 경력이 끝장날 가능성이 있다. 따라서 이곳의 유인책은 건설을 계속하면서 불안을 유발하지 않는 것이다. 그러니 바닷가 콘도에 돈을 묻

마이애미 시내의 마이애미강 하구

어 두면 안전하지 않다면서 투자자에게 겁주는 일은 없어야 했다.

　세 번째이자 가장 큰 쟁점은 어느 누구도 위험을 부담하지 않는 까닭에, 어느 누구도 회복탄력성이 더 큰 도시를 만드는 데 돈을 쓰려 하지 않는다는 것이다. 호르헤 페레스 같은 개발업자가 새로운 콘도 건물을 지을 경우, 일반적으로 착공하기도 전에 단지가 모두 판매된다. 개발업자는 완공된 건물을 곧바로 입주자협의회에 넘겨주는데, 이때 입주자협의회는 마치 그 건물을 관리하는 회사처럼 운영되었다. 입주자협의회는 자기네 건물에 신경을 쓰지 않았다. 대부분의 소유주가 자기 콘도를 보유하는 기간은 4년 내지 5년이었기 때문이다. 여차하면 내 돈을 빼 버릴 수 있다고 생각하는 한, 그 장소가 앞으로 20년 안에 어떻게 될지를 누가 신경이나 쓰겠는가? 주택담보대출 역시 이와 유사한 문제를 갖고 있다. 은행은 35년 만기 대출을 해 주지만 대개는 그 채권을 신속하게 매각하고, 분할하고, 증권화한다. 그렇게 채권을 처리한 시점이면 은행도 담보를 1년 이상 갖고 있지 않고, 이미 다른 은행이나 금융회사와 교환한 다음이게 마련이다. 이런 회사들이 앞으로 10년 뒤에 어떤 주택이나 콘도에 일어날 일을 왜 걱정하겠는가?

　마이애미, 혹은 애틀랜타와 오스틴 같은 또 다른 핫플레이스에서 벌어진 콘도 광풍의 부분적인 원인은 햇볕 좋은 도시에 살고자 하는 젊은 세대가 많다는 사실이었다. 그런데 마이애미의 경우에는 대부분의 현금이 해외에서 유입되었다. 해외 국적자들은 2015년 마이애미데이드카운티, 브라워드카운티, 팜비치카운티에서 약 60억 달러 상당의 부동산을 매입했는데, 그 정도 금액이면 그 지역 전체 주택 구입 비용의 3분의 1이 넘는다.⁹ 이들 대부분은 비용을 현금으로 지불했다. 2015년 마이애미데이드카운티의 주택 및 콘도 거래의 절반 이상은 현금으로 이루어졌으며, 이는 전국 평균의 2배에 달한다.¹⁰ 이는 베네수엘라, 브라질, 아르헨티나, 러시아, 터키에서 온 돈이다. 그중 일부는 깨끗한 돈이지만, 적지 않은 부분이 역외 계좌와 기타 금융 속임수를 통해서 세탁된 더러운 돈이다. 해외 투자자들에게 마이애미의 콘도는 마치 안전 금고나 마찬가지다. 여기에 돈을 넣어 두면 미국 사법 체계와 미국 경제의 기본적인 신뢰도에 기대어 보호를 받기 때문이다.

해외투자와 엮여 있다 보니, 마이애미의 콘도 시장은 다른 곳의 시장과 상당히 다르다(물론 사실은 샌프란시스코와 뉴욕 같은 다른 미국 대도시들도 하나같이 해외 자본을 넉넉히 끌어들이기는 하지만 말이다). 한편으로 마이애미 시장의 힘은 해외 경제의 힘에 상당 부분 의존한다. 특히 석유 같은 일용품과 엮인 해외 경제에 크게 좌우된다. 러시아와 브라질의 석유 및 가스 재벌들이 돈을 벌어서 마이애미에 묻어 놓고 있는데, 정작 그 도시는 그들을 부자로 만든 화석연료 탓에 문자 그대로 물에 가라앉고 있다는 점은 크나큰 역설 가운데 하나다. 여기서의 핵심은 마이애미가 안전한 투자처로 간주된다는 점이다. 하지만 이곳이 안전한 투자처가 아니라면 어떻게 될까? 지금까지 마이애미에서 그러했듯이, 해외 자금은 신속하게 들어올 수 있다. 하지만 그보다 더 빨리 흘러나갈 수도 있다.

이 모든 사실들을 합쳐 보면, 우리는 마이애미의 부동산 게임이 다음과 같이 보인다는 사실을 알게 된다. 승리하는 시나리오에 따르면, 민간 지도자들은 사전 대책을 강구하는 방식으로 해수면 상승의 위험을 주장하고, 주와 연방 기금을 얻기 위해 강력히 로비하고, 정치적 용기를 충분히 발휘하여 세금을 올림으로써, 그 돈으로 도시가 거리와 둑길을 돋우고, 더 나은 하수도에 투자하고, 저지대 공항의 원활한 가동을 유지하도록 할 것이다. 해외 투자자들도 당황하지 않고, 부동산 가치도 급락하지 않을 것이다. 비록 인구가 감소하고 일부 건물을 포기한다 하더라도, 혁신이 활성화될 것이며 물과 함께하는 새로운 생활 방식(예컨대 수상 주택, 운하 거리, 옥상 정원 등)이 대두할 것이다. 물은 계속해서 상승하고 사람들은 계속해서 떠나겠지만, 혁신과 질서라는 물결의 완충작용을 통한 느리고도 안정적인 후퇴일 것이다.

패배하는 시나리오에 따르면, 투자자가 해수면 상승이 건물과 기반 시설에 끼치는 위험을 더 잘 이해하게 되면서 그 지역에 대한 투자를 점점 기피할 것이다. 사람들이 매각에 나서면서 주택과 콘도의 공급은 증가하고 수요는 감소할 것이다. 재산세의 세입이 감소할 것이다. 완만한 감소조차도 시와 군의 예산에는 어마어마한 결과를 불러올 것이다. 이는 교사, 경찰, 소방관의 인력 감축을 의미하며, 또한 펌프 구매, 도로 보수, 해벽 건축 비용을 비롯해 해수면 상승에 대처하기 위해 필요한 기타 기반 시설의 건축 및 유지를 위한 자금의 감소를 의미한다. 부족한 금액을 메우기 위해 세금을 올릴 용기를 내기는커녕, 정치인들은 시장을 더 놀라게 하지 않을까 걱정한 나머지 세금을 낮게 유지하려 애쓸 것이다. 수리나 성능 개선을 위한 자금이 없다면 기반 시설은 무너지게 된다. 그로 인해 더 많은 사람들이 부동산을 매각하고, 급기야 하강 곡선이 계속될 것이다. 돈을 가진 사람은 떠나고, 해적과 사기꾼이 몰려들 것이다. 혁신과 질서 대신 범죄와 무법 상황이 펼쳐질 것이다. 마이애미는 새로운 아틀란티스가 되기도 전에, 일찌감치 박살 나고 물에 잠기고 반쯤 내버린 지역으로 가득할 것이며, 그런 곳들에서는 모기가 번식하고 유출된 정화조 장치 때문에 비스케인만이 조류藻類 가득한 석호로 변할 것이다.

하지만 이 룰렛 게임에서는 자칫 마이애미에, 특히 한 콘도 분석가가 내게 한 말마따나 "기저귀 가격에 민감한 사람들이 사는" 내륙 지역에 큰 충격을 가할 수 있는 한 가지 다른 요인이 있다.

그것은 바로 홍수 보험이다.

～～～

2016년 가을에 나는 플로리다주 세인트어거스틴의 해벽 위에서, 허리케인 매슈가 이 역사적인 도시 쪽으로 대서양을 밀어붙이는 모습을 지켜보았다. 해벽을 넘은 폭풍해일이 주차장을 가로질러, 거리를 따라, 연석을 넘어 두 시간이 넘도록 들이쳤고 물은 점점 더 높아졌다. 30분이 채 되기도 전에 이 오래된 도시는 수 피트의 물속에 잠기고 말았다. 얼마나 순식간인지, 지켜보고 있자니 무시무시했다. 나는 방치된 느낌이 나는 도시 곳곳을 차를 몰고 돌아다녔다. 차갑고 검은 물은 사방으로 흐르며 나무를 쓰러트리고, 건물과 집 안으로 들이치며 주변에서 소용돌이치고, 나뭇가지와 잡동사니를 실어 날랐다. 내가 유일하게 본 사람들은 위층 창문에서 불어나는 물을 내다보는 얼굴들, 그리고 라이언스교橋의 순찰차에 앉아 있는 경찰관뿐이었다. 그는 해변으로 가려고 할 정도로 어리석은 사람들이 있을까 봐 접근을 막고 있었다.

다음 날 아침이 되자 물은 사라지고 없었다. 사람들은 밖으로 나와 피해 상황을 살펴보았다. 그 지역 라디오 방송국에서는 도와주겠다고 제안하는 싸구려 변호사들의 광고를 끝도 없이 쏟아 내고 있었다. 한 광고에서 말하듯이 폭풍 피해에 대해 정부 및 보험회사로부터 "최대한의 보상을 얻어 내겠다"는 내용이었다.

이것은 물론 플로리다에서는 유명한 이야기다. 플로리다 연안에서의 삶에서 가장 큰 위험은 예나 지금이나 항상 허리케인이다. 그곳 주민들은 이런 사실을 1926년에도 알았고, 허리케인 앤드루가 250억 달러의 피해를 끼친 1992년에도 또다시 알게 되었다.[11] 매년 허리케인의 계절이 시작되면, 그곳에서는 이런 질문이 감돌았다. 혹시 올해 폭풍이 유난히 심하면 어쩌지? 해수면이 상승하면 허리케인으로 인한 피해의 위험이 커질 뿐이다. 즉 바다가 처음부터 더 높을수록 육지로 밀려오는 폭풍해일도 높아질 것이라는 뜻이다. 2012년 허리케인 샌디가 뉴욕시를 강타하자 해수면 상승으로 파고가 높아지면서 약 20억 달러의 추가적인 피해를 낳았다.[12]

부동산 소유주들은 이 같은 위험에 대처하기 위해 허리케인 보험을 들었다. 하지만 허리케인 보험은 물이 아니라 바람으로 인한 피해만을 보장해 준다. 만약 바람(즉 허리케인)으로 **야기된** 폭풍해일 때문에 건물 한 채가 피해를 입었다면 당연히 보상이 이루어진다. 하지만 큰 비, 늘어난 강물, 또는 만조로 인한 홍수는 대부분 보상에서 제외되었다.

미국에서는 사실상 모든 홍수 보험이 국립홍수보험프로그램 NFIP, National Flood Insurance Program을 통해서 제공된다. 이 프로그램은 멕시코만의 여러 주들에 막대한 홍수를 일으킨 허리케인 벳시 직후인 1968년에 만들어졌다. 그 사건의 여파로 여러 상업 보험회사들은 홍수 지역에 살고 있는 사람들에게 보험 판매를 거절했다. 그 틈새를 메우기 위해, 또한 흔히 가난했던 저지대의 주택 소유주들을 보호하기 위해 NFIP가 탄생한 것이었다.

NFIP의 경우, 홍수의 위험 결정을 담당하는 연방재난관리청 FEMA, Federal Emergency Management Agency에서 지면의 높이와 기타 요인들에 근거하여 지역의 지도를 작성한다. 그 홍수 지역에 있으면서 프레디맥이나 패니메이●에서(즉 은행이나 기타 대부업체에서 만든 담보를 증권화하는 두 군데 정부 기관에서) 후원하는 담보를 보유하고 있는 모든 건물은 반드시 홍수 보험에 들어야 했다. 사실상 이는 연안이나 강 인근의 낮은 지역에 있는 모든 건물이 반드시 홍수 보험에 가입되어 있어야 한다는 뜻이다. 지금 현재 NFIP하에서 허용 가능한 보장의 최고액은 주거용 부동산의 경우 25만 달러고, 상업용 부동산의 경우 50만 달러다.

그 당시만 해도 NFIP는 좋은 발상이었다. 하지만 나중에 가서

● 프레디맥Freddie Mac과 패니메이Fannie Mae는 각각 미국의 주택 담보 전문 국책 금융기관인 '연방주택담보대출공사'FHLMC, Federal Home Loan Mortgage Corporation와 '연방저당권협회'FNMA, Federal National Mortgage Association를 가리키는 별명이다.

는 고위험 지역에 사는 주택 소유주들에게 보험료를 보조해 주는 관료주의적이고, 시대에 뒤떨어지고, 운용이 엉망인 프로그램이 되었다. 장점이 무엇이든 간에, 그 프로그램은 홍수가 잦은 지역에서의 건축을 조장했으며 저렴한 홍수 보험 비용이 미국 시민으로서의 생득권이라고 잘못 생각하도록 미국 주택 소유주들을 한 세대 동안 길들여 놓았다. 2012년 의회는 이 프로그램을 개혁하기 위한 초당적 법안을 통과시켰다. 법안에는 위험의 실제 비용을 더 잘 반영하는 쪽으로 보험료를 인상할 수 있도록 허용하는 여러 조치가 포함되어 있었다. 하지만 정치적 분노가 워낙 강력했던 까닭에, 이 법안의 발의자들(즉 캘리포니아주의 민주당 의원 맥신 워터스와 일리노이주의 공화당 의원 주디 비거트)조차도 불과 1년도 못 되어서 그 법안을 철회하는 쪽에 표결하고 말았다. 그때 이후로 의회는 법안의 일부에 어설프게 손을 댔지만, 그 프로그램은 여전히 끔찍하리만치 시대에 뒤떨어져 있었다. 현실과는 관련성이 희박한 홍수 지도를 사용하고, 심지어 앞으로의 해수면 상승을 고려하지도 않았다. 2017년 허리케인 하비가 텍사스를 강타해서 1,250억 달러의 피해를 입혔을 때, 이 프로그램은 이미 230억 달러 적자 상태였다.[13] 의회는 하비 직후의 365억 달러짜리 재난 구제 법안의 일부를 통해 그 적자 대부분을 상쇄해 주었지만, NFIP의 근본적인 문제는 여전히 남아 있었다.

"NFIP는 파산했습니다." 웨인 패스먼이 마이애미항을 등지고 사무실에 앉아서 내게 말했다. "플로리다 남부의 미래를 생각할 때, 가장 두려운 것은 바로 그곳의 홍수 보험입니다." 패스먼도 다른 누구 못지않게 잘 알고 있듯이, 플로리다 주민 가운데 홍수 보험 증권을 갖고 있는 사람은 170만 명 이상에 달한다. 이 정도면 미국에서 가장 큰 규모다. 그 보험 증권은 약 4,280억 달러의 부동산 가치를 보장하고 있다[14](마이애미데이드카운티 한 곳에만 34만 6,742건의 보험증권이 있으며, 플로리다와 텍사스와 루이지애나를 제외한 나머지 모든 주보다 보험증권의 숫자가 더 많다).[15]

그 위험을 설명하려고, 패스먼은 플로리다 남부의 투자자와 민간 단체를 대상으로 한 발표에 사용한 슬라이드 몇 장을 내게 보여 주었다. 그중 가장 극적인 슬라이드에는 홍수 보험료의 꾸준한 상승이 연간 보험료와 주택 가치에 끼치는 경제적 영향이 나타나 있었다. 패스먼이 예로 든 사례에서, 35만 달러 상당의 주택에 대해 소유주는 연간 2,500달러의 홍수 보험료를 지불해야 했다. 만약 그 보험료가 1년에 18퍼센트씩(즉 현행 법률에서 허락하는 최대한으로) 상승한다면, 10년이 지나면 주택 소유주는 보험료를 1만 1,000달러 이상 내야 한다. 이와 동시에 보험료가 오르면 주택의 가치가 떨어진다. 만약 보험료가 1년에 18퍼센트씩 오른다면, 2016년에 35만 달러 가치였던 주택은 2026년에는 17만 2,000달러의 가치가 사라져 겨우 17만 8,000달러의 가치만 남게 될 것이다.

"그렇게 되면 이곳의 부동산 시장은 그냥 죽어 버릴 겁니다." 패스먼은 단도직입적으로 말했다.

최근에 의회가 NFIP에 대한 온건한 개혁을 허락하자 보험료가 오르기 시작했다.[16] 물론 이 프로그램이 지급 능력을 갖추게 할 만큼 신속한 상승 근처에는 가지도 못했다. 그럼에도 상승하는 보험료는 홍수 지역의 부동산을 소유한 사람들에게 큰 골칫거리다. 더 골치 아픈 것은 운, 형편없는 지도 제작, 정치적 영향력의 조합에 따라 보험료도 천차만별이라는 점이다. 내가 만난 사우스마이애미의 한 주민은 해수면에서 3미터 위에 있는 약 50만 달러짜리 주택에 살고 있었다. 그가 그 주택을 매입한 2002년만 해도 홍수 보험은 필수가 아니었다. 하지만 곧이어 FEMA에서 그곳을 홍수 지역으로 판정하고, 그에게 600달러짜리 청구서를 보냈다. 그는 자신의 주택은 그들이 생각하는 것보다 더 높이 있다고 주장하며 그 금액에 이의를 제기했고, 결국 청구 금액은 275달러로 줄어들었다. 하지만 지난 몇 년 동안 그 액수가 475달러로 다시 올랐다. 나는 거기서 멀지 않은 마이애미의 또 다른 지역에 사는 한 중학교 교사도 만났는데, 해수면에서 2미터 위에 있는 약 35만 달러짜리 주택에 대한 홍수 보험료로 매년 1,873달러를 내고 있었다. 내가 아는 한 변호사는 똑같은 높이에 있는 22만 달러짜리 주택을 보유했는데, 매년 600달러밖에 내지 않았다. 또 다른 친구는 마이애미 남부의 그리 인기 없는 동네에서 해수면으로부터 2.5미터 높이에 있는 주택을 하나 갖고 있었다. 그 주택은 겨우 25만 달러짜리였지만, 그는 홍수 보험금으로 매년 2,500달러를 냈다.

시장과 민간 지도자들은 오로지 부동산 시장을 계속 살리겠다는 의도로, 일부 지역을 지정홍수구역에서 해제하라고 더러 주장했다. 세인트어거스틴에서는 허리케인이 닥치기 몇 주 전에 1만 개소의 부동산이 홍수 지역에서 해제되었다.[17] 그중 상당수는 결국 침수되었다. 2015년에는 해수면 아래 있으며 제방으로만 보호되고 있는 뉴올리언스의 상당 부분이 홍수 지도에서 삭제되었다. 마이애미의 바로 북쪽에 있고 역시나 취약한 지역인 플로리다주 브라워드 카운티에서는 주민들의 부동산 20만 개소가 최근 홍수 지대에서 해제되었다.

NFIP가 이처럼 엉망진창이기 때문에 의회에서도 궁극적으로는 보험료 상승이 가능하고, 위험을 정확히 반영할 수 있는 방향으로 개혁하는 수밖에 없을 터다. 하지만 패스먼의 지적처럼, 향후 수년간 변화하게 될 부분은 보험료 상승만이 아니다. "아직까지는 은행들도 주택담보대출을 위해서 최소한도의 보험밖에는 요구하지 않습니다." 패스먼의 말이었다. "하지만 앞으로 10년쯤 뒤에는 해수면 상승으로 인한 홍수의 위험이 분명해짐에 따라, 아마 그것도 변화할 가능성이 있습니다. 은행들도 자산에서 더 많은 비율을 보험에 들도록 요구하기 시작할 겁니다. 은행들은 이렇게 말하겠죠. '당신이 지금 가진 것만으로는 위험이 보장되지 않습니다. 우리는 부동산 가치의 30퍼센트에서 50퍼센트에 해당하는 보험이 필요합니다.' 만약 200만 달러짜리 주택을 갖고 있다면, 그중 80만 달러를 보험에 납입해야 하는 겁니다. 만약 보험회사에서 그걸 보증하기 싫어하면 어떻게 될까요? 그러면 아마 은행들은 30년 만기 주택담보대출 제공을 중단할 겁니다. 만약 그런 일이 벌어지면 이 도시는 큰 곤경에 빠지겠지요."

패스먼이 알기로 민간 보험회사들이 이제 홍수 보험 시장에 진입하기 시작했고, 정교한 지도 제작 기술을 이용해 저위험 부동산을 선별하고 그 소유주들에게 경쟁력 있는 보험료로 보험증권을 판매한다. 하지만 물이 상승함에 따라 보험료가 오르고, 오르고, 또 오를 것임에는 의문의 여지가 없다. 이는 마이애미 같은 곳에 지대한 영향을 끼칠 가능성이 크다. 세계적인 재보험회사˙ 스위스리의 재난 위험 전문가인 알렉스 카플란은 절제된 표현이 일품인 발언을 내게 남겼다. "사람들이 더 많은 돈을 지불해야 하고 더 많은 위험을 스스로 감당해야 한다면, 어디에서 어떻게 살 것인지에 대한 그들의 결정도 변화할 것입니다."

～

스위트워터시市는 마이애미데이드카운티의 대부분 지역과 마찬가지로 원래는 에버글레이즈 습지의 일부였다. 이곳은 모기와 악어의 낙원이었으며, 20세기 초 운하가 건설되고 늪의 배수가 시작되기 전까지는 인간이 완전히 거주 불가능한 곳이었다. 1930년대 말에는 러시아 출신의 서커스 광대 무리가 고향으로 삼을 곳을 찾아서 스위트워터에 정착했다. '러시아 왕실의 난쟁이들'The Royal Russian Midgets이라 불리던 이들은 큰 계획을 품고 있었는데, 그중에는 러시아 난쟁이 관광지의 개발도 포함되어 있었다.[18] 하지만 그런 일은 실현되지 않았다. 오늘날 스위트워터는 인구 2만 1,000명의 도시이며, 그 대부분은 히스패닉이고, 가구당 평균 수입은 3만 2,000달러로 마이애미데이드카운티에서 가장 가난한 도시 가운데 하나다.[19] 또한 이곳은 가장 부패한 도시 가운데 하나이기도 하다. 《마이애미

˙ 재보험은 보험계약의 위험을 분산하기 위해 보험회사가 드는 보험으로, 보험사를 위한 보험이다.

헤럴드》에서는 스위트워터를 가리켜 "마이애미데이드카운티의 저속함의 그라운드제로"라고 부르면서, 부패 경찰과 시의원의 긴 역사를 서술했다.[20] 2014년에는 매니 마로뇨 시장이 수뢰 혐의로 3년형을 선고받았다.

스위트워터는 대서양에서 32킬로미터나 떨어져 있기 때문에 해수면 상승이 쟁점이 될 것 같지는 않아 보인다. 하지만 실제로는 쟁점이 된다. 우선, 스위트워터는 그 지역에서도 특히나 낮은 곳에 자리하고 있다. 비가 내리면 홍수가 난다. 스위트워터에는 공공 하수도가 없기 때문에, 홍수로 범람한 물에 정화조 장치의 하수관에 있던 세균이 유입되어 공중 보건의 위험을 야기할 가능성이 있다. 바다가 상승하면 만으로 이어지는 배수 운하에 있는 물이 함께 상승할 것이며, 그로 인해 도시의 홍수 문제가 더 악화된다. 더 중요한 사실은 스위트워터에서 서쪽으로 겨우 몇 킬로미터 떨어진 에버글레이즈 습지의 물 높이도 올라가리라는 것이다(이는 결국 이 도시가 좌우 양쪽에서 홍수에 협공을 당하리라는 것을 뜻한다). 그리 멀지 않은 미래에 스위트워터의 시 공무원들은 현재 플로리다 남부의 다른 도시 공무원들이 직면한 양자택일의 상황에 맞닥뜨릴 수도 있다. 즉 거리와 건물과 주요 기반 시설을 높이느냐, 아니면 부동산 가치가 급락하고 사람들이 떠나는 모습을 방관하느냐를 결정해야 하는 것이다.

나는 이 책을 집필하는 동안 스위트워터에서 많은 시간을 보냈다. 플로리다 남부 수질관리국의 공학자들도 만났는데, 이들은 홍수 발생을 줄이는 데 일조하고자 운하의 제방을 높이는 중이었다. 나는 니카라과와 쿠바 식당에서 식사를 하고서 홍수와 해수면 상승에 관해 그곳 종업원들과 이야기를 나누었다. 세차를 하고 개를 산책시키는 사람들과도 이야기를 나누었다. 이 모두로부터 내가 얻은 결론은 스위트워터에 사는 대다수는 해수면 상승으로 자기네가 직면한 위험에 관해 전혀 모르고 있다는 것이다. 나와 이야기를 나눈 사람은 대부분 '투 잡'을 뛰고 있었다. 자녀를 위한, 연로한 부모를 위한, 의료비를 내기 위한, 승용차를 고치기 위한 돈을 벌어야 하기 때문이다. 이들은 미래를 걱정할 시간이 없었다.

하지만 자비에 코르타다는 확실히 걱정하고 있었다. "저는 이곳 사람들이 모든 것을 잃어버리게 될까 봐 걱정입니다." 어느 화창한 오후에 함께 승용차를 타고 시내를 달리면서 코르타다가 내게 말했다. 마이애미에서는 유명한 미술가인 코르타다는 반짝이는 연안에서 멀리 떨어진 노동계급의 지역사회에서 해수면 상승의 위험성에 대한 인식을 높이기 위해 많은 시간을 할애하고 있었다. 나는 코르타다와 충분히 많은 시간을 보낸 터라, 그가 "이곳 사람들"이라고 말했을 때 단지 스위트워터뿐만 아니라 인근 하이얼리아의 주민들인 쿠바계 이민자, 브라질계 이민자, 흑인까지 포함하는 뜻임을 알고 있었다. 다시 말해서 살기 위해 애쓰는 모든 사람들까지, 즉 허약한 치장 벽토 건물에 살고, 차대가 녹슨 승용차를 몰고, 가지고 있는 은행 계좌라곤 잔고 0만 가득하고, 자기 가족을 먹여 살리기 위해 일하는 사람들까지 포함하는 뜻이었다.

코르타다는 당시 52세였다. 단단한 체구를 가진 남자로, 크고 둥근 얼굴에 짧은 반백의 머리카락을 하고 있다. 그리고 커밍아웃한 게이다. 그는 우리에게 직면한 비극의 완전한 규모를 그럭저럭 파악했으며, 이와 동시에 활기차다 못해 거의 쾌활하기까지 한 태도를 유지하고 있었다. 그는 쿠바 난민의 아들로 태어나서 법학전문대학원에 다녔고, 범죄 조직 상담가 및 정신 건강 상담가로 일하다가 이십 대 후반에 미술가가 되었다. 그는 미술을 상담 활동의 연장으로 생각했다. 즉 사람들의 자각을 끌어올리는 한편, 주위 세계에 관해 다르게 생각하도록 만드는 방법으로 여겼다. 그는 시내의 육교에 맹그로브를 그리고, 스위스의 강입자충돌기에서 힉스 입자를 발견한 것을 축하하는 현수막을 만들었으며, 마이애미의 학생들을 대상으로 10년 동안 나무 심기 캠페인을 벌였다.

그의 배경을 볼 때, 코르타다가 과거의 정치 난민과 미래의 기후 난민 사이의 유사성을 예민하게 자각한다는 사실은 놀랄 것도 없다. 〈선언문Testamento〉이라는 그의 회화에는 쿠바인 할아버지의 유언장에서 따온 문장과 쿠바계 미국인 손녀의 부동산 권리증에서 따온 문장이 파도 속으로 가라앉는 모습이 묘사되어 있다. 할아버지가 손녀에게 부동산을 물려주지 못한 까닭은 피델 카스트로와 공산당 정권의 등장 때문이었다. 이와 유사하게 그 손녀는 바닷물의 상승 때문에 자기 주택을 손자 손녀에게 물려주지 못하게 되리라는 것이 코르타다의 생각이다. "우리 모두는 이곳 마이애미에서 실향민입니다." 그가 내게 한 말이었다.

스위트워터에서 승용차를 몰고 가면서 코르타다는 쇼핑센터의 전당포들이며 낮은 치장 벽토 아파트 건물들이며 작은 평지붕 방갈로 몇 군데를 가리켜 보였다. "부패한 정치인들에도 불구하고 이곳은 주민 대다수가 여전히 '아메리칸 드림'을 믿고 있는 장소입니다."

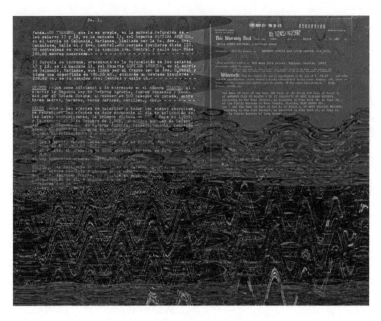

자비에 코르타다의 회화 〈선언문〉의 일부.
부동산 권리증이 파도 아래로 사라지는 모습이 묘사되어 있다.

그의 말이었다. "그들은 여전히 자기가 열심히 일하고, 돈을 모조리 저축하고, 주택을 한 채 구입하고, 대출금을 갚기 위해 열심히 일하면 남보다 앞서갈 수 있다고 믿고 있습니다. 그러다가 운이 좋아서 돈을 조금 벌면 그걸로 주택을 또 한 채 구입하는 겁니다. 그런데 바로 이런 사람들이 뒤통수를 맞게 되는 겁니다. 자기가 가진 부를 자기 주택에 모두 묶어 놓았는데, 그 주택이 물에 잠기면 결국 모든 것을 잃게 되는 셈이죠."

우리는 그 도시 가장자리에 있는 플로리다국제대학에 도착했다. 코르타다는 학생, 시정 담당관, 교사 등 소규모 지역사회 주민들과 해수면 상승에 관한 집단 토론을 주선했다. 이들은 비가 내릴 때면 항상 겁이 난다고 이야기했다. 1,700만 달러에 달하는 시 예산의 거의 대부분이 경찰과 학교와 노인복지에 소비되다 보니, 정화조 장치 개선 같은 "사치"를 위해서는 한 푼도 남지 않는다고 말했다.[21] 재학생의 93퍼센트가 빈곤선 이하 가정 출신인 스위트워터초등학교의 교장 재닛 올리베라는 그런 아이들에게 더 큰 꿈을 불어넣고 싶은 자신의 열망을 설명했다. 학생과 학교 입장에서 홍수는 수많은 문제 가운데 단 하나에 불과했다. "우리 학생들 가운데 일부는 방과 후 수업이 끝나면 카누를 타고 돌아가야 합니다." 그녀가 내게 한 말이었다.

모임이 끝나자 코르타다와 나는 그의 승용차가 있는 곳까지 다시 걸어갔다. 그는 동요한 것 같았다. 우리는 주차장에 앉았다. "시의원들이 노인 식사 제공과 홍수 방지 가운데 양자택일을 해야 할 때가 되면 무슨 일이 일어날까요?" 그는 큰 목소리로 질문했다. "그들이 세율을 올리려고 하면 무슨 일이 일어날까요? 그 돈은 어디에서 나올까요? 부동산 가격이 떨어지기 시작하면 무슨 일이 일어날까요? 사람들이 집을 버리기 시작하면 무슨 일이 일어날까요? 당신생각에 과연 누가 그걸 구제할 것 같습니까? 아무도 안 할 겁니다. 일단 물이 밀려오면, 해안가 위아래 도시들을 향해 모조리 밀려올 겁니다. 모두가 도와 달라고 소리를 지를 겁니다. 그러면 과연 누가 스위트워터에 관심을 갖겠습니까?"

물론 돈 있는 사람들 중에서도 절망적인 상황에서 스위트워터를 구제하고 싶어 하는 이들이 있을지도 모른다. 만약 가격이 적당하고 용도지역 설정 규제가 느슨해지면, 이들은 시 블록 하나를 몽 땅 매입해서 건물을 모조리 헐어 버리고 플로리다국제대학 학생들을 겨냥한 더 비싼 아파트와 콘도를 지을 것이다. 이 새로운 건물들은 더 높을 것이고, 회복탄력성이 더 클 것이며, 아마도 수십 년의 시간을 더 벌어 줄 것이다. 하지만 또 한편으로는, 그렇지 않을 수도 있다. 스위트워터 같은 저지대에 돈을 쏟아붓는 것은 한마디로 어리석어 보일지도 모른다. 현금을 가진 사람은 주택을 헐값으로 구입해서 거기 말고는 달리 살 곳이 없는 가난한 사람들에게 임대할 것이며, 결국에는 그냥 그 주택을 물에 잠기게 내버려 두어서 러시아의 난쟁이들이 오기 전 거기 살았던 악어와 모기에게 그 땅을 돌려줄 것이다.

누가 알겠는가? 그런데 해수면 상승의 충격에 대처하는 일에서는 두 가지가 중요하다. 하나는 돈이고, 또 하나는 높이다. 하지만 스위트워터는 어느 것도 갖고 있지 않다.

마침내 코르타다는 승용차에 시동을 걸었고, 우리는 한동안 아무 말 없이 달렸다. 해가 지고 있었다. 오후의 교통 정체는 심했다. "저는 이에 대한 인류의 반응이 어떠할지가 걱정입니다." 운전을 하면서 그가 말했다. "만약 시간이 충분하고 지금이라도 우아한 후퇴를 계획할 수 있다면, 어느 정도 감당할 수 있을 겁니다. 하지만 만약 사람들이 겁에 질려 각자의 주택을 판매하고 도시를 떠나기 시작해서 모든 걸 각자 알아서 해야 하는 상황이 된다면, 그거야말로 재난일 겁니다. 제가 가장 두려워하는 것은 무차별 폭력입니다. 영화 〈매드맥스〉에 나온 것 같은 대응이죠."

"당신은 어떤가요?" 잠시 후에 내가 물었다. "주택을 팔고 플로리다 남부를 떠날 계획을 하고 계신가요?"

"아뇨, 그렇지 않습니다." 정신없는 통근자들로 가득한 고속도로 위에서 조금씩 나아가며 그가 말했다. "저는 절대로 팔지 않을 겁니다. 그냥 이 배와 함께 가라앉을 겁니다."

제6장 해저의 페라리.

오, 베네치아! 공항에 있는 수상 버스에 올라타 석호를 가로질러 나아가는 동안, 나는 이 유서 깊은 도시의 낭만을 느꼈다. 매끄러운 수상 택시들이 마치 펠리니 영화 속 도망자들처럼 속도를 높여 질주하고, 바닷공기는 상쾌했으며, 저 멀리 청록색의 배경 속으로 교회 첨탑들이 솟아 있었다. 세계의 모든 수상 도시들 중에서 베네치아는 유독 첫눈에 두뇌 가동이 중단되면서, 인간이 바다 대신 육지를 자신의 영역으로 주장했더라면 얼마나 큰 잘못이었을지를 실감하게 되는 장소다.

나는 수상 버스 정류장인 폰다멘테노베에 내려서 잠시 걸어 호텔에 도착했다. 이 도시의 조용한 구역의 오래된 수도원 안에 있는 호텔이었다. 가는 길에 건넌 운하에는 보트 몇 대가 건물 옆에 정박되어 있었다. 곤돌라가 아니라 화물용 보트였는데, 베네치아에서는 포드 픽업트럭에 해당하는 물건이다. 나는 잠시 그곳에 멈춰 섰다가, 곧바로 그 도시의 조용함에 깜짝 놀랐다. 주위에는 사람이 전혀 없었고, 건물의 셔터도 모두 닫혀 있었다. 심지어 자동차도 전혀 없었다. 차량 행렬도, 배기가스도, 망가진 소음기의 털털 소리도 없었다. 작은 다리에서 바라본 운하 저 아래쪽의 모습은 마치 500년 동안 전혀 변하지 않은 것처럼 보였다. 나는 시인 조지프 브로드스키의 글에서 몇 구절을 떠올렸다. 마침 비행기에서 그가 베네치아에 관해 쓴 긴 에세이를 읽은 터다. "시간은 곧 물이며, 베네치아 사람들은 수상 도시를 건설함으로써 양쪽 모두를 정복했고, 운하라는 틀에 시간을 집어넣었다. 또는 시간을 길들였다. 또는 시간을 울타리로 둘렀다. 또는 시간을 가둬 두었다."[1] 과연 브로드스키가 오늘날에도 똑같은 이야기를 할지는 모르겠지만, 여하간 나는 또 다른 세계로 넘어온 것 같은 기분을 확실히 느꼈다.

그날 오후에 나는 호텔 직원에게 산마르코 광장으로 가는 가장 좋은 경로를 물어보았다. "그냥 사람들을 따라가면 됩니다." 그가 말했다. 나는 그대로 했다. 좁은 길들을 지나서 도시의 중심부로 걸어가다가 관광객들로 이루어진 물줄기를 만났다. 그 물줄기는 머지않아 강물이 되었으며, 마침내 인간의 노도와 같은 격류가 되어서 사람들이 어깨를 나란히 하고 걷다가 저마다 상점 진열장을 바라보거나 아이폰을 내려다보는 바람에 서로 부딪히곤 했다. 어느 시점이 되자 나는 방향감각을 모조리 잃어버리고 그냥 흐름을 따라갈 따름이었다. 그렇게 해서 산마르코 광장으로 쓸려 갔는지, 아니면 바나나리퍼블릭 광장으로 쓸려 갔는지는 나도 모르겠다. 하지만 군중이 흩어지고 나자, 나는 저 유명한 광장에 있었다. 옆으로는 바

베네치아에서는 만조로 인해 혁신적인 교통 체계가 등장했다.

실리카의 비잔틴식 탑과 첨탑이 솟아올라 있었고, 앞으로는 광장의 포석이 마치 중세의 초원처럼 펼쳐져 있었다.

나는 광장에 물이 고여 있는 모습을 보고 깜짝 놀랐다. 베네치아의 대부분은 해수면에서 겨우 90센티미터 위에 있었다. 심지어 이 광장의 일부는 해수면에서 60센티미터 높이도 되지 않았다. 그래도 만조가 되려면 아직 한 시간이나 남았기 때문에 최소한 그때까지는 광장이 마를 줄 알았다(마침 화창하고 맑은 날이었다). 나는 야외 카페 가운데 한 곳에서 와인을 주문하고, 조수가 올라오면서 물웅덩이가 확산되는 모습을 지켜보았다. 물은 우수관雨水管에서, 그리고 광장의 포석 사이에서 흘러나왔다. 광장의 일부분은 여전히 말라 있었다. 나머지 부분은 몇 센티미터 깊이로 물이 고였다. 내가 음료를 다 마셨을 즈음, 물은 거의 내 발치까지 도달해 있었다. 관광객 수백 명이 돌아다니며 바실리카 앞에서 셀카를 찍었다. 광장 저편에서는 재즈 밴드가 연주하고 있었다. 어느 누구도 당황하지 않았다. 어느 누구도 물에 대해서는 크게 걱정하지 않는 것 같았다.

나는 광장을 탐사하러 걸어갔다. 어떤 곳에서는 물이 발목 깊이까지 차올랐다. 사람들은 그냥 그곳을 피해 다녔다. 나는 11세기에 높은 기둥 위에 설치된 것으로 유명한 날개 달린 사자상像까지 갔다. 석호 가장자리를 따라서 파도가 방파제에 부딪쳐 넘어오는 모습이 보였다. 금방이라도 석호가 도시 안으로 폭포처럼 쏟아져 내릴 것만 같았다. 나는 아이폰의 조석潮汐 확인 앱을 이용해 이 도시의 검조기에서 나온 실시간 수치를 확인했다. 오늘 밤의 만조는 매년 이맘때의 평균치였고, 이례적인 것은 전혀 없었다. 물에 가라앉고 있는 도시의 또 다른 하룻밤에 불과했던 것이다.

~~~

베네치아는 로마제국이 무너지면서 고트족이 나타나 약탈을 저질렀던 5세기에 건립되었다. 완만한 구릉과 들판이 이어지는 번영의 땅 베네토의 주민들은 안전과 자유를 찾아 석호로 도망쳤다. 이들은 지대가 낮고 늪지인 몇몇 섬에서 오두막을 짓고, 물고기를 잡고, 석호로부터 소금을 얻었다. 이 초창기의 베네치아 주민은 단지 물 위에서만 산 것이 아니라, 어떤 의미에서는 물에서 태어난 사람들이었다. '바티스타 에그나지오'라는 필명으로 활동한 베네치아의 인문주의자 조반니 다 치펠리는 이에 관해서 16세기에 다음과 같은 말을 한 것으로 유명하다. "베네치아 주민의 도시는 신의 섭리에 의거하여 물 위에 건립되고, 물로 에워싸였으며, 마치 방벽으로 보호되듯 물로 보호된다."[2]

홍수는 처음부터 일상적이었다. 아쿠아 알타acqua alta●에 관한 최초의 언급은 8세기까지 거슬러 올라가는데, "물이 워낙 많이 불어나서 섬이 잠겨 버렸다"[3]고 기록되어 있다. 초창기의 베네치아 주민은 목재 위에 건물을 돋우었다. 도시가 부와 권력을 얻게 되자, 웅장한 광장을 지탱하기 위한 목재도 늘어났다. 이후 여러 세기에 걸쳐서 베네치아의 건축가들은 소금물 세계에서 건축하는 방법에 관해 수많은 지혜를 획득했다. 예를 들어 이들은 목재를 완전히 물

● 이탈리아어로 만조滿潮를 뜻하지만, 여기서는 베네치아에서 정기적으로 발생하는 이례적으로 큰 홍수를 말한다.

에 담가야 한다는 것을 알았다. 목재가 밀물과 썰물 때문에 매일같이 공기에 노출되면 썩어 버리기 때문이다. 따라서 베네치아의 건축가들은 목재를 물속에 집어넣고 그 위에 돌을 덮었다. 현명하게도 이들은 특정한 유형의 석재를 사용했는데, 오늘날의 크로아티아에 해당하는 이스트리아반도에서 생산되는 이 석재는 마치 대리석처럼 보이지만 실제로는 조밀한 석회석이어서 (대리석과는 달리) 소금물이 거의 스며들지 않았다.

시간이 흐르면서 베네치아 주민은 계속해서 홍수 높이 이상으로 도시를 돋우었다. 보통은 그냥 다른 건물 위에 새로 건물을 지음으로써 이 목표를 달성했으며, 급기야 베네치아를 일종의 건축적 레이어 케이크layer cake로 변모시켰다. 이 레이어 케이크의 높이는(또는 보기에 따라서 '깊이'는) 여전히 역사학자들을 깜짝 놀라게 할 정도다. 지금으로부터 몇 년 전, 베네치아의 거대한 오페라 극장 가운데 한 곳인 말리브란Malibran의 개축 공사 도중 땅을 파던 노동자들은 이 극장이 13세기에 지어진 마르코 폴로의 자택 바로 위에 지어져 있는 것을 발견했다.[4] 이들이 계속 땅을 파 내려갔더니 이번에는 또 다른 주택의 1층이 나왔는데, 오늘날의 땅 높이에서 무려 2미터나 더 아래였다. 그 아래에서는 11세기의 층이 하나 나왔다. 그 아래에서는 8세기의 층이 하나 나왔다. 그리고 **심지어** 그 아래에서는 6세기의 층이 하나 나왔다.

하지만 베네치아에서 수 세기 동안 이어진 바다와의 평형상태는 마침내 균형이 깨지고 말았다. 석호 가장자리의 산업체들이 지하수를 퍼내면서 도시 아래의 땅이 꺼지기 시작했고, 홍수 문제를 악화시켰다. 컨테이너선이 상업 항구로 들어올 수 있도록 석호를 준설해서 수로를 만들자, 조석의 역학이 변화해서 이 도시는 폭풍 해일에 더 취약해졌다.

1966년 11월 4일, 아드리아해의 강풍이 물의 장벽을 석호 안으로 몰아붙였다. 베네치아 주민이 아침에 일어나 보니, 도시 전체가 깊이 2미터의 물에 잠겨 있었다. 전기가 끊기고, 난방용 석유 탱크에 물이 들어가고, 1층은 물에 잠겼다. 하루 종일 강풍이 불면서 물이 도시 안으로 들어왔다. 마침내 물이 빠지자, 도시에는 망가진 가구와 젖은 쓰레기와 죽은 동물과 오물이 가득했다. 기적적으로 사망자는 한 명도 없었다.

"1966년의 홍수가 베네치아에 관한 사람들의 사고방식에 미친 영향은 아무리 강조해도 지나치지 않다." 역사가 토머스 매든의 말이다. "오늘날 베네치아에 대한 공통적인 견해는 그 도시가 가라앉고 있다는 것이다. 심지어 베네치아에 관해 잘 모르는 사람들조차도 그렇게 생각한다. 1966년 이전까지만 해도 이런 의견은 거의 존재하지도 않았다. 그 파괴적인 홍수로 베네치아는 완전히 새롭게 조명되었다. 그곳은 원래부터 정교한 아름다움과 느린 죽음으로 이루어진 연약한 장소였다. 이제 그곳은 비상사태에 처해 있다. 베네치아는 모든 것을 잡아먹는 파도 밑으로 내려가고 있으며, 반드시 뭔가 조치를 취할 필요가 있다. 그것도 곧바로."5

실제로도 그러했다. 국제연합UN의 문화 및 과학 분과인 유네스코UNESCO에서는 베네치아 지부를 개설했다. '베네치아 구하기'와 '베네치아의 위기' 같은 이름의 단체가 생겨났고, 무너져 가는 프레스코화와 옛 교회의 파사드를 보존하기 위해 전 세계에서 수천억 달러의 기금이 모였다. 더 중요한 사실은 이탈리아 정부가 1973년 특별법을 통과시켜서, "베네치아시와 그 석호의 역사적, 고고학적, 예술적 환경"을 보전하기 위한 자금을 보장한 것이다.[6] 지하수 채취 금지 조치로 이 도시의 땅 꺼짐 현상도 멈추었다(또는 최소한 현재 속도인 연간 1밀리미터 남짓으로 느려졌다).

하지만 베네치아에 바다를 막는 더 큰 보호책이 필요하다는 사실은 명백했다. 해결책을 고안하기 위해 일단의 공학 회사들이 정부와 힘을 합쳐 신新베네치아 컨소시엄을 결성했다. 단순히 도시의 보도를 돋우는 것에서부터 석호를 바다와 차단하는 거대한 제방을 건축하는 것에 이르기까지, 모두 여섯 가지 방안이 나왔다. 하지만 결국 선택된 것은 석호의 입구에 최첨단 개폐식 방벽을 건설하는 방안이었다. 즉 폭풍이 다가오면 방벽을 올려서 도시를 보호하고, 폭풍이 없으면 방벽을 내려서 석호와 바다를 연결하자는 계획이다. 1994년에 이탈리아의 공공토목공사 고등위원회에서는 이 계획을 승인했다. 공학자들은 이 계획에 '실험적 전자기계 모듈'Modulo Sperimentale Elettromeccanico이라는 이름을 지어 주었는데, 그 약자인 MOSE는 바다를 갈라놓았다는 성경의 모세Moses를 연상하도록 의도한 것이었다. 신베네치아 컨소시엄은 다른 기업들과의 경쟁 절차도 없이 비공개 입찰로 방벽 건설 계약을 따냈다(훗날 베네치아 주민 다수는 이 조치를 후회하게 된다). 거만한 미디어 재벌이자 중도우파 지도자이며 훗날 탈세 혐의로 유죄가 확정된 실비오 베를루스코니 총리는 이 방벽을 강력 지지했고, 2003년에 이 프로젝트를 위한 첫

베네치아의 MOSE 방벽은 조수에 맞춰서 상승과 하강이 가능하도록 설계되었다.

돌을 놓았다.

MOSE 방벽은 야심만만하고도 정교한 공학의 산물이다. 실제로는 세 가지 별개의 홍수 방벽이 석호의 세 군데 입구에 하나씩 설치된다. 각각의 방벽은 약 20개의 개별 수문으로 이루어져 있고, 이 수문은 석호 바닥의 경첩에 매달려 있으며, 속이 텅 비어서 그 안에 물을 채워 넣을 수 있다. 잔잔한 날씨에는 물을 채운 수문이 석호의 바닥에 놓여 있다. 하지만 이례적인 정도의 만조, 즉 베네치아에서 말하는 '아쿠아 알타'가 위협을 가하면 수문에 들어 있는 물을 빼내고 공기를 주입한다. 그러면 수문이 수면으로 떠오르면서 방벽이 만들어져서 높이 3미터의 폭풍해일까지 저지할 수 있다. 해일이 지나가면, 수문 속에 있던 공기를 빼내고 물을 주입해서 다시 석호 바닥에 가라앉힌다.

개폐식 방벽인 까닭에 MOSE는 매끈하고 우아하다. 해수면 상승에 있어서 개폐식 방벽이 담당하는 역할은 성행위에서 콘돔이 담당하는 역할과 마찬가지다. 즉 열띤 순간에 우리 스스로를 보호하기 위한 도구인 것이다. 실제 방벽이나 제방과는 달리, MOSE 같은 개폐식 방벽은 오로지 도시를 해일에서 보호하기 위해 필요할 때만 가동하도록 설계된 것이다. 따라서 베네치아를 바다로부터 완전히 차단하지는 않는다. 석호로 들어오는 조수의 흐름을 저지하지도 않는다. 이것은 베네치아의 수평선에 솟아오른 거대한 산업 구조물도 아니다. 그렇지만 큰 폭풍이 닥치면 30분 동안 방벽을 들어 올릴 수 있고, 일시적으로나마 물막이 노릇을 해 준다.

어쨌거나 이론상으로는 그렇다고 알려져 있다. 하지만 현실에서 이 프로젝트는 지연되고 노골적인 부패 스캔들에 얽혔으며, 갖가지 공학적 문제까지 드러나다 보니 신중한 관찰자 다수는 과연 이게 실제로 가동될 수나 있을지 의구심을 품게 되었다.[7] 다른 무엇보다도 그 비용이 20억 달러에서 무려 60억 달러로 껑충 뛰었으며, 지금도 여전히 늘어나고 있다. 내가 베네치아에서 참석한 한 대회에서 네덜란드 바헤닝언대학의 기후학자 피르 펠링아는 MOSE 방벽을 가리켜 "해저의 페라리"라고 일컬었다. 그가 이 말을 칭찬으로 한 것인지는 명확하지 않았다.

~~~

용케도 나는 1966년에 일어난 홍수의 50주년에 맞춰 베네치아를 찾은 셈이었다. 이 사건의 기념행사를 광고하는 포스터가 도시 전체에 붙어 있었다. 한 신문의 1면에는 바실리카 앞에서 보트에 타고 노를 저어 가는 사람들이며, 광장의 가슴까지 차오른 물속을 헤치고 걸어가는 사람들의 사진이 실렸다.

그날 오후 산마르코 광장의 한 박물관에서 열린 행사에 참석했다. 당시 베네치아의 시장이며 우익 사업가인("저 양반은 우리의 작은 트럼프죠." 참석자 가운데 한 명은 내게 이렇게 속삭였다) 루이지 브루냐로가 베네치아의 사업가와 정치인으로 이루어진 소수의 청중을 놓고 연설을 했다. MOSE 방벽에 관한 최첨단 동영상이 그의 뒤쪽 모니터에서 상영되었다. 수문이 오르내리는 이미지를 보여 주는 동시에, 경첩이 매달린 해저의 대형 콘크리트 구조물 케이슨(잠함)의 복잡한 공학을 강조하고 있었다. 이 동영상은 마치 최근의 애플 제품 광고라고 해도 믿을 만큼 말쑥하게 제작되었다. 브루냐로는 이 동영상에 곁들여 매우 활기찬 연설을 내놓았다. 나는 이탈리아어를 몰랐지만, 그가 MOSE를 열정적으로 선전하고 있다고 추측할 수는 있었다.

나는 베네치아의 활동가이자 오랜 거주자인 제인 다 모스토에게 몸을 기울여서, 지금 저 사람이 무슨 말을 하고 있느냐고 물어보았다. "돈, 돈, 돈." 그녀의 말이었다. "그는 우리에게 더 많은 돈이 필요하다고 말하고 있어요."

행사가 끝나고 나는 다 모스토와 함께 산마르코 광장으로 나갔다. 그녀는 멋지게 차려입었고, 목에는 화려한 스카프를 둘렀으며, 곱슬거리는 갈색 머리와 파란 눈을 갖고 있었다. 그녀는 시민 활동가이고, 해수면 상승을 연구하는 학자이며, 네 아이를 둔 어머니이고, 남편 쪽은 무려 14세기부터 시작된 베네치아의 가장 오래된 가문 가운데 한 곳의 일원이기도 했다. 몇 년 전에 다 모스토는 베네치아의 미래를 걱정하는 주민들로 이루어진 시민 단체 '우리 여기 베네치아'We Are Here Venice를 창립했다. 그녀는 1966년 홍수 50주년을 기념하는 사진 전시회를 비롯한 여러 가지 행사를 준비함으로써 현재 진행 중인 상황에 대한 경각심을 심어 주려 노력했다. 또한 광장의 상점주들을 설득해서 1966년의 홍수를 기념하는 의미로 가게 전면에 그 당시의 물 높이를 표시하는 파란 테이프를 붙여 두게 했다. 광장의 여러 상점에서는 파란 테이프가 허리 높이에 이어져 있었다. 이것은 현재 위기에 처한 것이 무엇인지를 생생히 상기시켜 주었다.

다 모스토와 나는 광장에서 몇 명의 상점주들과 이야기를 나누었다. 대화의 상당 부분은 또 다른 종류의 홍수에 관한 내용이었다. 그것은 바로 관광객의 홍수였고, 특히 외계에서 온 괴물들마냥 베네치아 석호를 침공하는 초대형 유람선을 타고 온 사람들을 가리켰다. 매년 베네치아를 찾는 관광객은 2,000만 명에 달했고, 그 숫자는 이 역사적인 도시의 주민 5만 6,000명을 압도했다. "우리는 관광객의 홍수에도 빠져 죽어 가는 상황이에요." 한 상점주가 내게 한 말이었다. "하지만 먹고살려면 그들이 필요하죠."

함께 광장 주위를 걸어 다니면서 다 모스토는 유람선과 해수면 상승이 현재 베네치아가 직면한 가장 커다란 두 가지 위협이라고 말했다. 유람선 때문에 베네치아의 경제는 관광객에게 서비스를 제공하는 단일 엔진으로 변모했다. 즉 모든 상점마다 가짜 무라노Murano 구슬 목걸이와 베네치아 카니발 가면을 판매하고, 모든 식당마다 똑같은 미트볼 파스타를 판매하고, 모든 아파트가 지금은 에어비앤비 숙소다. 이는 이 도시의 세금 기반을 잠식하고 전통적인 일자리를 몰아낼 뿐만 아니라, 베네치아를 졸지에 디즈니랜드식 유원지와 거의 구분이 되지 않는 뭔가로 변모시키고 말았다.

이런 위협 때문에 해수면 상승이라는 더 큰 위협은 오히려 덜 주목받게 되었다. 다 모스토의 지적처럼, 홍수는 점점 더 심해지고 있었다. 1940년대에 베네치아의 홍수는 1년에 겨우 10차례 정도에 불과했다. 그런데 지금은 1년에 무려 75차례나 발생한다. "물론 베네치아 주민은 물과 함께 살아가는 데 워낙 익숙한 나머지, 그런 변화를 잘 알아차리지 못하죠." 다 모스토의 설명이었다. "많은 사람들이 그냥 예전부터 그랬거니 하며 넘어가요."

그들의 생각도 일리는 있다. 베네치아를 유지하는 문제는 이 도시를 건립했을 당시부터 계속되어 온 골칫거리였다. 하지만 그 부담은 점점 더 커져 가고 있다. 물이 상승하면서 수많은 역사적인 건물과 벽의 기초가 되는 이스트리아산産 석재 위까지 침수되었다. 소금물은 틈새로 들어가서 벽돌과 대리석으로 스며드는데, 양쪽 모두 부식에 매우 취약하다. 벽과 기초가 구조 건전성을 상실하면 창틀과 문틀이 휘어지고, 천장 대들보가 약해진다. 이에 벽돌 건축을 보호하고 염분의 침투를 방지하기 위해 다양한 화학적 및 물리적 처리법이 개발되었다. 그중 한 가지 사례를 들자면 외부 미장 공사를 통해 "희생층"sacrificial layer을 만드는 것인데, 이는 염분이 벽돌 건축 안에 머무르지 않고 바깥쪽에 농축되고 결정화되도록 하는 방법이다. 이 같은 조치도 어느 정도 도움이 되기는 하지만, 소금물

베네치아의 벽토와 벽돌을 부식시키는 소금물

범람에 대한 장기적인 해결책이 될 수는 없다.

다 모스토는 산마르코 바실리카의 경우에는 상황이 특히나 민감하다고 설명했다. 이곳은 산마르코 광장에 있는 11세기 비잔틴 양식 교회로, 베네치아에서 가장 상징적인 건물 가운데 하나다. 광장에서도 낮은 지점에 자리하다 보니 성당 내부, 특히 안마당이 종종 침수된다. 게다가 연구자들은 바실리카의 벽 위로 6미터 이상 높이에서까지 소금물 부식의 증거를 발견했다. 그로 인해 수 세기 된 벽과 천장 모자이크의 타일이 들뜨고 떨어졌다.

어떻게 해야 할까? 바실리카의 바닥은 과거에도 여러 차례 돋웠고, 광장 전체도 포석을 다시 깔았다. 하지만 오늘날은 더 이상 그런 선택을 내릴 수도 없다. 바닥을 더 높였다가는 건물과 건물 사이의, 그리고 건물과 포석 사이의 건축적이고 구성적인 관계가 파괴될 것이기 때문이다. "MOSE 방벽은 이 모두를 해결해 놓을 것이라고 여겨졌어요." 이렇게 말하는 다 모스토의 목소리에는 회의가 묻어났다.

다 모스토는 MOSE를 그리 크게 신뢰하지는 않았다. 그녀는 이 프로젝트가 어설프게 설계되었고, 부패했으며, 게다가 건설과 작동 모두에 터무니없이 비용이 많이 든다고 생각했다. 또한 비용 상승과 부패 때문에 결코 완공되지 못할 가능성이 상당히 크다고 생각했다. "하지만 제가 어떻게 알겠어요?" 그녀는 작별 인사를 하고 또 다른 모임을 위해 떠나기 전에 내게 이렇게 말했다. "저는 공학자가 아니니까요. 저는 단지 베네치아를 사랑하고 베네치아의 미래를 걱정하는 이름 없는 여성에 불과할 뿐이에요."

그날 저녁 조수가 상승하고 산마르코 광장에 다시 한번 물이 차오르기 시작할 무렵, 나는 1966년의 홍수를 기념해 바실리카에서 열린 특별 미사에 참석했다. 아트리움의 대리석은 소금물에 부식되어서 마치 빗속에 방치한 웨딩 케이크 같았다. 모자이크 바닥은 물결처럼 울퉁불퉁해져 있었다. 워낙 자주 물에 잠긴 까닭에, 영구적으로 바다의 모양새를 갖춘 것 같았다. 그럼에도 불구하고 황금색 돔이 웅장한 이 바실리카는 1,000년 동안 이곳에 있어 왔다. 왜 많은 사람들이 앞으로 1,000년 더 이곳에 이 건물이 남아 있을 것이라고 믿는지는 쉽게 알 수 있었다.

미사가 끝나자 나는 라페니체La Fenice로 갔다. 베네치아의 이 유명한 오페라 극장은 1996년의 화재로 전소되었으며, 내가 만나 이야기를 나눈 많은 베네치아 사람들은 7년 뒤에 이루어진 그 부활을 가리켜 최악의 비극을 극복할 이 도시의 역량과 회복탄력성을 보여 주는 증거라고 말했다. 홍수 50주년 기념으로 특별 제작된 오페라 〈아쿠아그란다Aquagranda〉는 상징적 오페라 다큐멘터리라고 부를 만한 내용을 통해 1966년의 침수를 버텨 낸 경험을 재현하기 위해 최선을 다했다.[8] 그 작품이 과연 오페라로서 얼마나 성공했는지는 나도 알 수 없지만 솜씨 좋게 연출된 것은 사실이어서, 예를 들어 고무장화 차림의 가수들이 무대에서 물을 철벅거리며 걸어가거나 위에 매달린 커다란 플렉시글라스 두 장 사이로 흐르는 물의 장벽 너머에 갇히기도 했다. 폭풍이(이와 함께 음악이) 점점 빨라지는 동안 덩치 좋은 바리톤이 부르는 노래의 자막에는 베네치아 주민이 바로 그날 직면했던(그리고 어쩌면 미래에 또다시 겪을 수 있는) 공포가 이렇게 포착되어 있었다.

나는 두렵다네
아니, 나는 두렵지 않다네
물
홍수
분노하신 하느님
검은 물
쓴 물
더러운 물
망할 물

차갑고 탐욕스럽고
더럽고 지저분한
홍수

다음 날 아침, 나는 MOSE 건설을 담당하는 공학 회사 집단인 신베네치아 컨소시엄CVN의 사무실을 찾아갔다. 그 사무실은 베네치아 병기창에 있었다. 본래 중세의 조선소였다가 재건된 곳이어서 아름다운 아치형 콜로네이드(열주)가 남아 있었다. 12세기에 건립된 이 병기창은 베네치아공화국의 전성기에 전함을 대량 생산했으며, 산업혁명 이전까지만 해도 유럽에서 가장 큰 산업 단지였다(갈릴레오도 바로 이곳에서 고문으로 있으면서 공학적 문제에 봉착한 조선 기사들을 도왔다). MOSE 프로젝트의 본부가 병기창에 있다는 사실은 어쩐지 잘 어울려 보였다. 어쨌거나 오늘날의 베네치아 주민에게 MOSE 방벽은 15세기의 베네치아 주민에게 갤리선이 갖는 의미와 어느 정도 비슷하기 때문이다. 이 도시를 침략으로부터 보호하는 도구라는 점에서 말이다.

재건된 벽돌 조선소 건물에 자리한 CVN 사무실에는 유리벽 칸막이 공간과 매끈한 회의용 탁자가 비치되어 있었다. 그 모습은 상당히 실리콘밸리와 유사했다. 벽에는 MOSE 방벽에 관한 포스터가 붙어 있었고, 간혹 복도 저편에 있는 누군가의 컴퓨터에서 들리는 이메일 도착 알림 소리가 무작위로 침묵을 깨트릴 뿐이었다. 나는 CVN의 언론 홍보 담당자인 모니카 암브로시니를 본인의 사무실에서 만났다. 에스프레소 한 잔을 앞에 놓아두고서 그녀는 방벽 건설의 현재 상황을 설명했다. 아직까지는 석호 입구 세 군데 중 겨우 한 군데만 수문이 설치된 상태였다. 나는 혹시 그 설치 현장으로 직접 안내해 줄 수 있는지 물었지만, 그녀는 고개를 저었다. "이미 시험 가동을 마친 상태입니다만, 지금은 가동하지 않고 있어요. 그래서 현장에 가도 보실 게 없을 거예요. 지금은 물속에 내려가 있으니까요." 그녀는 그 대신 MOSE 방벽의 통제실을 안내해 주면 좋을 텐데, 유감스럽게도 아직 건설되지 않았다고 설명했다. "그런데 방금 막 도착한 수문 두 개를 보여 드릴 수는 있겠네요." 그녀가 제안했다.

암브로시니가 MOSE의 진척을 보여 주려고 열심인 까닭은, 이 조직이 최근 몇 년간 과도한 비용 초과로 인해 호된 비난을 받았기 때문이었다. 거기에 부패 스캔들까지 겹치면서, 수많은 베네치아 주민은 방벽의 설계와 건축에 도대체 얼마나 많은 돈이 들어갔으며 그 프로젝트에 관여한 정치인들의 별장 설계와 건축에 도대체 얼마나 많은 돈이 들어갔는지를 궁금해하게 되었다. 2013년 7월, 도급 계약 조작 혐의를 조사하기 위해 경찰관 500명이 베네치아부터 토스카나와 로마에 이르기까지 사무실 140개소를 급습했다.[9] 35명 이상이 체포되었는데, 그중에는 뇌물 및 기타 유형의 부패로 고발된 정치인과 회사 고위층이 포함되어 있었다. 이 수사의 결과로 베네치아 시장은 물론이고 베네토 주지사도 기소되었다. 이탈리아의 한 경제학자가 주장한 것처럼, MOSE는 "애초의 설계대로 시민들에게 유익하기보다는 오히려 건설의 독점권을 부여받은 자들에게, 그리고 그 일을 부정한 수익을 위해 이용한 정치인들에게 더 유익

했다."[10] 부패한 공무원들이 과연 얼마나 많은 금액을 갈취했는지는 어느 누구도 확실히 알지 못했지만, 10억 달러에 가깝다는 것이 대체적인 추산이다.

이 모두에 관해서 내가 물어보자, 암브로시니는 얼굴을 붉히더니 이제부터는 비공개 조건으로 이야기해도 되는지 물었다. 곧이어 그녀가 길게 늘어놓은 해명에 따르면, 자기도 그 사건을 정당화하거나 해명할 수는 없지만, 나쁜 사람들이 관여했던 것은 사실이긴 해도 한때이며 지금은 그런 사람들이 이미 사라졌다는 것이다. 다시 공개 조건으로 돌아와서 그녀는 이렇게 말했다. "우리는 조직의 구조를 완전히 바꾸고, 새로운 사람들을 책임자로 앉히고, 새로운 규정을 마련해서 그런 일이 다시 일어날 수 없도록 조치했습니다."

이 말과 함께 우리는 안전모와 오렌지색 안전 조끼를 걸치고 병기창 뒤의 숲으로 나갔다. 잡초가 수북이 자라난 폐쇄된 벽돌 건물들 옆을 지나 걸어가다 보니 석호 근처의 넓고 탁 트인 땅이 나왔다. 노동자들이 주위를 바쁘게 돌아다녔다. 지게차 한 대가 콘크리트파이프를 싣고 지나다녔다. 암브로시니는 철망 울타리 쪽으로 나를 안내했는데, 그 너머에는 커다란 금속판이 두 개 놓여 있었다. 그 모습은 마치 거인 행성의 어떤 괴물에게서 뽑아낸 길이 30미터에 너비 5미터의 이빨처럼 보였다. 하나는 밝은 노란색으로, 나머지 하나는 옥색으로 칠해져 있었다. "무게는 330톤쯤 됩니다." 그녀의 설명이었다. 석호 입구 중앙의 개폐식 방벽은 이런 수문 21개를 조합해서 만들어지며, 각각의 수문이 해저의 경첩에 연결된 상태에서 함께 작동할 것이다.

그제야 나는 이 프로젝트의 규모와 야심을 명확히 이해할 수 있었다. 이 수문들은 다름 아닌 자연의 원초적 힘 가운데 하나인 바다를 통제하기 위해 설계된 것이었다. 인간이 그런 도구를 만들 생각을 했다는 것은 기술혁신의 위력, 혹은 인간의 오만이라는 어리석음을 보여 주는 증거였다. 아니면 양쪽 다일 수도 있었다.

나는 MOSE 방벽 전체가 설치되어 이 도시를 방어할 채비가 갖춰지는 때를 언제로 예상하냐고 암브로시니에게 물어보았다.

"2018년입니다." 그녀가 말했다. 그리고 곧바로 이렇게 덧붙였다. "어쨌거나 희망 사항은 그렇다는 거예요."•

~~~

MOSE 방벽은 2018년까지 완공될 수도 있고, 안 될 수도 있지만 60억 달러짜리 프로젝트가 계획대로 추진된다고 가정하더라도 (이것만 해도 상당히 후한 가정이겠지만) 방벽의 설계와 건설이 제기하는 여러 가지 쟁점에 관해서는 고려할 만한 가치가 있다.

첫째는 방벽을 설계하고 건설하는 데 필요한 시간이다. 1966년의 홍수 이후 도시를 보호하기 위한 계획이 결정되고, 승인되고, 자금이 지원되고, 설계되고, 부분적으로 지어지는 데까지 무려 50년 이상이 걸렸다. 예를 들어 시청을 새로 건설할 경우에는 이런 종류의 시간 척도가 그리 중요하지 않을 수도 있다. 하지만 기후변화에 적응하기 위한 뭔가를 건설할 경우, 50년이란 세월은 마치 50세기

• MOSE는 2020년 7월 10일에야 사상 최초로 완전한 성능 시험에 성공했으며, 2020년 10월 3일에는 실전 가동되어 홍수를 방지했다는 평가를 받았다.

와도 같다. 1966년에만 해도 해수면 상승이란 겨우 몇몇 과학자들만 생각한 주제였다. 반면에 오늘날 그것은 세계 각지의 도시들이 맞닥뜨린 실존적 위협이다. 하지만 2000년까지는 MOSE의 설계가 확정되지 않아 수정할 기회가 있었는데도, 정작 설계의 전제인 해수면 상승에 대한 예측은 여전히 끔찍하리만치 시대에 뒤떨어졌다. UNESCO의 보고서에 따르면, 이 프로젝트의 계획 단계 동안 2100년의 해수면 상승 시나리오 세 가지가 고려되었다.[11] 즉 "가장 가능성 높은" 예측은 16센티미터(약 6인치), 가장 "신중한" 예측은 22센티미터(약 8인치), 마지막으로 "비관적인" 예측은 31.4센티미터(약 1피트)였다. 계획자들은 이 가운데 신중한 시나리오를 설계 목적으로 사용하라고 권장했다. 명성 있는 과학자들이 2100년까지 해수면 상승이 1.8미터 이상에 달할 수도 있다고 주장하는 세상에서, 고작 22센티미터의 해수면 상승을 막을 수 있는 방벽의 설계라니. 돌이켜보면 놀라우리만치 순진하거나, 놀라우리만치 무능한 것 같다.

두 번째 쟁점은 비용이다. 세금 60억 달러를 문제 해결에 사용할 경우에는 반드시 효과가 있어야 한다. 그 정도 금액이면 두 번째 기회가 생길 가능성이 없기 때문이다. 하지만 비용은 완공과 함께 마무리되지 않는다. 관리의 문제도 있다. MOSE는 해저의 페라리가 될지도 모르지만, 페라리라면 계속 굴러가게 만드는 데만도 상당한 노력이 필요하다. 초기 관리 비용은 매년 500만 달러에서 900만 달러로 추산되었다. 암브로시니는 매년 5,000만 달러가 더 적절한 수치라고 주장했다. 다른 사람들은 그 수문을 얼마나 자주 사용하느냐에 따라서 매년 최대 8,000만 달러까지도 갈 수 있다고 주장했다. 이 비용은 해마다 지불해야 하는 인질의 몸값과 비슷하다. 만약 관리가 굼뜨고 수문이 작동하지 않는다면, 베네치아는 침수될 테니까.

가장 중요한 문제는 물론 그 방벽이 실제로 도시를 보호하느냐, 그리고 만약 보호한다고 치면 얼마나 오래 보호하느냐이다. 이것은 대답하기 쉬운 질문은 아니다. "보호"를 어떻게 정의하느냐에 따라 답변도 달라지기 때문이다. 만약 방벽이 완공되어서 이미 선전한 대로 작동한다고 치면, 1966년에 닥친 것과 비슷한 규모의 폭풍해일로부터는 그 도시를 구제할 가능성이 크다. 어쨌거나 이후 수십 년간은 그럴 것이다. 하지만 석호의 조수 수위가 110센티미터(약 3.5피트)에 도달해야만 수문이 올라가기 때문에, 베네치아 저지대의 홍수를 막지는 못할 것이다. 저지대에서는 조수 수위가 80센티미터 남짓만 해도 이미 홍수가 시작된다. 간조 때에도 방벽을 올리면 이런 문제를 해결할 수는 있다. 하지만 그렇게 하면 석호의 건강 상태에 큰 충격이 생기고, 가동으로 인한 방벽의 마모가 늘어나며, 결과적으로는 관리 비용의 상승을 초래할 것이다.

이 세계의 다른 많은 것과 마찬가지로, 장기적으로 보자면 방벽의 보호에 관한 질문은 설계 수명 50년 동안 해수면 상승이 얼마나 폭넓게, 또 얼마나 빨리 일어나는지에 달려 있다. 최대 높이 2.7미터의 폭풍해일까지 막아 내도록 설계된 MOSE지만, 정작 해수면 상승에 대해서는 겨우 30센티미터 미만에만 대처할 수 있도록 설계되었다. 이것은 중요한 쟁점이 아닐 수 없다. 바다가 상승하면 더 높은 폭풍해일이 일어날 가능성이 커질 뿐만 아니라, 방벽을 더 자주 가동할 필요가 생겨서 애초에 설계에서 고려하지 않았던 추가적인 스트레스가 방벽에 가해지기 때문이기도 하다.

현재 기술자들은 MOSE 방벽이 1년에 10회쯤, 폭풍해일이 지나갈 때까지 보통 매번 다섯 시간 정도 가동될 것이라고 예상한다. 이탈리아국립연구위원회 산하 해양과학연구소의 해양학자 게오르크 움기서는 해수면이 50센티미터(2피트 가까이) 상승할 경우, 방벽을 하루에 한 번씩 닫아야 할 것이라고 추산했다. 해수면이 70센티미터(2피트를 살짝 넘도록) 상승할 경우, 움기서의 연구에서는 수문이 열려 있는 경우보다 닫혀 있는 경우가 더 흔할 것이라고 주장한다. 닫혀 있는 경우가 잦아진다는 것은 관리 비용이 더 높아진다는 뜻만이 아니라, 도시의 대대적인 홍수를 막기 위해 방벽에 점점 더 많이 의존해야 한다는 뜻도 된다. 전적인 실패는 파국을 야기할 수도 있다. 물론 수문이 항상 닫혀 있다면, 60억 달러짜리 해저의 페라리의 의의 자체가 논란이 될 것이다. 결국 그렇게 될 거였으면, 차라리 그 비용의 극히 일부만 가지고 단단한 방벽을 만들었어도 그만이 아니었을까?

방벽을 살펴보고 난 후에 우리는 다시 암브로시니의 사무실로 돌아갔고, 그곳에서 그녀는 베네치아 석호의 지도를 펼쳤다. 나는 해수면 상승에 대한 보호라는 문제를 꺼냈다.

"제 생각에 가장 큰 문제는 결국 이것이 아닐까 싶습니다. MOSE는 과연 어느 정도의 해수면 상승으로부터 이 도시를 보호할 수 있을까요?"

"우리는 베네치아가 최대 60센티미터의 해수면 상승에 대해서도 보호받을 수 있다고 생각합니다." 암브로시니는 통명스럽게 대답했다.

그렇다면 MOSE의 설계 한도에서 제시한 수치보다 더 높은 셈이지만, 나는 그냥 넘겨 버렸다. 하지만 그녀가 이런 사실을 그토록 대놓고 시인하는 것을 들으니 충격적이었다. 일부 과학자들은 이르면 2050년에 해수면 상승이 60센티미터(약 2피트)에 달할 수 있다고 믿고 있다.

"그렇다면 그 이상이 되면요?"

암브로시니는 전문가다운 태도가 사라지더니, 갑자기 걱정스러운 표정을 지었다. 그녀는 지도를 가리키더니 손가락으로 석호의 북쪽 가장자리 너머를 죽 훑었다. "그 이상이 되면 바닷물이 퍼질 겁니다. 다른 여러 장소에서부터 시작해 북쪽과 남쪽으로까지 말이죠. 그렇게 되면 우리로서도 저지할 방법이 전혀 없어요."

베네치아에 머무는 동안, 나로선 해수면 상승 관련 학술 대회에 참석하기 위해 다녀왔던 몇 달 전 로테르담 여행과의 유사성을 떠올리지 않을 수 없었다. 네덜란드 로테르담은 세계에서 해수면 상승에 가장 잘 적응한 도시 가운데 하나로 종종 꼽힌다. 그 말은 아마 사실일 것이다. 하지만 로테르담은 거의 완전히 새로운 도시라는 말 또한 사실이다. 그곳은 제2차 세계대전 당시에 크게 폭격을 당했다. 내가 보기에 그 도시의 가장 놀라운 점은 유서 깊은 북유럽 도시라고 하면 으레 떠올리게 마련인 그런 역사적 느낌을 주는 오래된 건축물이 전혀 없다는 사실이다. 그곳은 온통 현대식 고층 건물과 광장과 블록뿐이다. 또한 그곳은 현대 건축가들의 놀이터이기도 하다. 기차역은 치솟은 파도 같고, 건물은 육면체와 사다리꼴로 만든 듯했으며, 내가 커피를 산 대규모 신축 시장은 커다란 비행기 격납고에 꽃과 젖소 그림을 그려 놓은 듯했다.

로테르담은 유럽에서 가장 큰 항구이며, 북해에서 50킬로미터 떨어진 라인강변에 전략적으로 자리 잡고 있다. 이 도시에는 오래된 운하와 (지금은 인기 있는 호텔과 식당으로 개조된) 목제 보트가 가득하다. 이곳에서 홍수는 익히 알려진 위협이다. 이 도시는 스헬더강, 뫼즈강, 라인강의 물을 흡수하는 평야에 자리하고 있어서 비가 많이 내릴 때는 침수에 취약하며, 라인강을 거슬러 올라오는 폭풍해일과 해수면 상승에도 역시나 취약하다.

네덜란드의 공학자들은 로테르담의 홍수에 대처하는 여러 가지 혁신적인 방법을 고안했는데, 그중 하나가 이른바 "저수 광장"의 선구적인 이용이다. 즉 평소에는 공공 광장으로 사용하던 장소에 물받이 웅덩이라는 이중 용도를 부여함으로써, 사실상 물이 도로로 흘러가서 인근에 홍수를 야기하지 않도록 가둬 놓는 저수지로 삼는 것이다. 큰 폭풍우가 닥치면 이 물받이 웅덩이로 흘러온 물은 우수雨水 배출구로 빠져나가 결국 강으로 향한다. 나는 로테르담에 있는 그런 저수 광장 가운데 한 곳을 방문했다. 화창한 날이어서 저수 광장도 말라 있었다. 그 모습만 보면 현대식 사무실과 아파트 고층 건물 사이에 있는 크고 움푹 들어간 콘크리트 광장에 불과해 보였다. 줄줄이 놓인 콘크리트 벤치를 따라서 아래로 내려가자 광장 한가운데의 물받이 웅덩이가 나왔다. 단조로움이 특징인 공공장소의 기준으로 보아도 상당히 황량한 광경이었다. 하지만 홍수가 일어난 도시보다는 차라리 이쪽이 덜 황량할 것이다.

베네치아의 산마르코 광장에서 홍수를 목격하는 동안, 나는 로테르담에 있는 저수 광장을 떠올렸다(코펜하겐에 있는 저수 광장도 방문한 적 있는데, 그곳에는 빗물받이 조각상을 비롯해 친수성 높은 풀과 나무가 심어져 있어서 덜 황량했다는 점이 이채로웠다). 우리가 역사를, 또는 산마르코 광장의 건축적 통합성을 신경 쓰지 않는다면 그곳이 어떻게 저수 광장으로 바뀔지를 쉽게 상상할 수 있다. 그곳이라면 로테르담의 특징 없는 콘크리트 광장보다 훨씬 더 아름다울 수 있고, 움푹 들어간 구조물이 사방에서 몰려오는 물을 빨아들이면서도 지금과 마찬가지로 사람들이 모이는 장소를 여전히 제공할 것이다. 그렇게 되면 바실리카도 소금물 부식 효과로부터 안전해지고, 종탑도 안정될 것이다. 그리고 가장 중요하게는, 베네치아가 단지 박물관이 아니라 시간에 따라 변화하는 살아 숨 쉬는 도시라는 것을 드러내게 될 것이다.

베네치아와 로테르담은 실제로 최소한 한 가지 공통점이 있다. 그것은 바로 비극을 겪음으로써 물과 함께하는 삶의 위험을 이해하게 되었다는 점이다. 1953년, 북해에서 몰려온 거대한 폭풍이 만조 때 밀어닥치면서 네덜란드, 영국, 벨기에의 수많은 지역에 홍수가 나서 2,000명이 사망했다. 네덜란드에서는 높이 6미터의 해일에 제방이 무너지고, 급기야 절대 홍수가 일어나지 않으리라 여겨지던 지역에 물난리가 났다. 심리적인 충격 면에서 말하자면, 이 재난은 베네치아가 겪은 1966년의 홍수와도 유사했다. 네덜란드의 국제 물 문제 특사 헨크 오빈크는 로테르담에서 내게 이렇게 말했다. "우리가 더 이상 그렇게 안전하지 않다는 사실을 깨달았던 순간이죠."

베네치아 사람들처럼 네덜란드 국민도 1,000년 동안 물과 함께 살아왔다. 이 나라에서 가장 오래된 법률 가운데 일부는 물을 통제하고, 공유하고, 나아가 물로부터 스스로를 보호하는 내용이다. 바다를 매립해 땅을 만드는 것이야말로 어떤 면에서는 네덜란드의 건국신화나 다름없다. 이 나라의 30퍼센트는 해수면 아래에 있고, 국민들은 덤벼드는 바다에 대해 방벽과 제방의 보호를 받는다는 느낌을 오래전부터 가져 왔다. 하지만 1953년의 홍수는 이들이 미래에 직면하게 될 위험에 대한 경종을 울렸다.[12] 네덜란드 정부는 자국을 바다로부터 보호하기 위해 전면적인 공학적 노력으로 대응하여 '삼각주계획'Delta Works을 출범했다. 무엇보다도 이 계획은 모든 기반 시설을 1만 년에 한 번 있을 법한 홍수 기준에 따라 건축하도록 의무화했다. 이는 제방을 높이고, 강의 물길을 다시 내고, 일부 경우에는 마을 전체를 안전한 곳으로 이주시키는 것을 의미했다.

삼각주계획의 핵심은 마에슬란트 방벽Maeslant Barrier으로, 로테르담 중심부에서 24킬로미터 떨어진 라인강 하구에 자리하고 있다 ("이곳은 유럽의 우수관이라고 할 수 있지요." 한 공학자가 내게 한 말이다). 베네치아의 MOSE 방벽과 마찬가지로 이것은 도시의 핵심적인 보호 장치다. 마에슬란트 방벽은 라인강을 거슬러 올라와 범람을 일으키는 큰 폭풍해일로부터 로테르담을 지키기 위해서, 아울러 이와 동시에 라인강을 계속 운항 가능한 상태로 유지하기 위해서 고안되었다(라인강 운항은 유럽 전체에 경제적으로 중요하다). 폭풍이 다가오면 강변에 설치된 경첩에 달린 거대한 수문 두 개를 닫아서 강을 바다로부터 차단하고, 그리하여 라인강 물의 흐름과 밀려오는 바다의 해일 모두를 막아 버린다. 땅에 묻힌 5만 2,000톤의 콘크리트로 단단히 지지되는 수문은 파도에 맞춰 들썩이도록 만들어졌으며, 마치 인간의 어깨처럼 수평과 수직 축 모두를 따라 움직인다. 하지만 방벽의 크기 때문에 겨우 열두 시간 동안만 그렇게 닫아 둘 수 있다. 그 이상이 지나면 연결부와 기초에 가해지는 압력이 너무 커지기 때문에 어쩔 수 없이 수문을 열어야 하는 것이다.

로테르담에 머무르는 동안, 나는 네덜란드 홍수방지프로그램의 이사 리하르트 요리센과 함께 차를 타고 방벽으로 향했다. 우리는 안내 센터 가까이에 주차한 다음, 장대하고도 힘찬 라인강을 보러 걸어갔다. 우리는 바다를 오가는 화물선이 북해로 빠져나가는 모습을 지켜보았다. 그 화물선은 석탄을 싣고 있었다.

평소에는 물속에 숨어 있다가 필요할 때면 해일을 막으려는 초인 영웅처럼 솟아오르도록 설계된 MOSE 방벽과 달리, 마에슬란트 방벽은 해안에 모습을 드러내고 있었으며 거대한 경첩과 어마어마한 강철 수문을 과시하고 있었다("양쪽 수문을 닫으면 총길이는 에펠탑의 높이보다도 더 깁니다." 요리센의 말이었다). 조심스럽게 몸을 숨기는 대신, 제 근육을 과시하면서 바다를 향해 어디 한번 솟아올라 덤벼 보라고 으르는 셈이다. 1997년에 완공된 이 방벽의 건설 비용은 4억 5,000만 달러였다. 가동된 지는 20년째였지만, 실제로 사용된 적은 딱 한 번뿐이었다(물론 시험 가동은 매년 하고 있다).

"10년에 한 번 사용하는 물건을 만드는 비용치고는 꽤 많이 들었네요." 내가 요리센에게 말했다.

"우리는 네덜란드인이니까요. 우리는 보호를 진지하게 생각합니다." 그가 농담을 던졌다.

"그러니까 이 방벽이 작동하는 한, 로테르담은 홍수로부터 안전하다는 거죠?"

"음, 아닙니다. 그럼에도 불구하고 파국이 벌어질 것이라는 시나리오를 여러 가지 상상할 수 있습니다."

"예를 들면요?"

요리센은 자신의 악몽 같은 시나리오를 설명해 주었다. 허리케인급 폭풍이 북동쪽에서부터 불어와 로테르담에 호우가 쏟아진다. 동시에 폭풍에 밀려온 물의 장벽이 라인강을 거슬러 오는데, 설령 호우가 없다 해도 로테르담을 침수시키기에는 충분한 양이다. 그리하여 방벽 운영자들은 악마의 선택 비슷한 상황에 직면하게 된다. 방벽을 열면 빗물로 불어난 강물은 빠지겠지만 폭풍해일이 거슬러 올라오고, 방벽을 닫으면 폭풍해일은 막아 내겠지만 빗물로 불어난 강물이 빠지지 않는다. 어느 쪽이든 도시에는 홍수가 일어난다.

"운 좋게도 우리는 아직 최악의 상황까지 가지는 않았고, 아마도 결코 그런 일에 맞닥뜨리지 않을 겁니다." 요리센이 내게 한 말이었다.

설계와 가격표의 차이에도 불구하고, 마에슬란트 방벽과 베네치아의 MOSE 방벽 사이에는 여러 가지 공통점이 있다. 우선 양쪽 모두 중요한 도시를 바다로부터 보호하는 동시에, 그 도시를 항상 바다에 열려 있도록 만든다는 복잡한 목적에 봉사한다는 점이 그렇다. 하지만 이렇게 애써 고안한 해결책조차도 바다가 빠르게 상승하는 세계에서는 아마 효과가 오래가지 않을 것이다. 해수면이 90센티미터만 상승하더라도, 마에슬란트는 MOSE보다 딱히 더 도움이 된다고는 말할 수 없다. 그 주위로 수 킬로미터에 걸쳐 방벽과 제방을 쌓아올리지 않는 한, 바다가 여러 방향에서 밀려들어 수문의 여닫힘을 무용지물로 만들 테니까. 한 공학자는 내게 이렇게 말했다. "이 구조물들은 문제 해결을 위한 것이 아닙니다. 문제가 실제로 얼마나 큰지를 우리가 더 잘 파악할 때까지 시간을 벌기 위한 것에 불과합니다."

또 한 가지 사례는 런던 바로 동쪽에 있는 템스강의 방벽이다. 네덜란드를 초토화했던 1953년의 바로 그 폭풍은 템스강을 거슬러 런던까지 해일을 몰고 왔고, 급기야 영국에서는 다시 그런 일이 일어나지 못하도록 방벽을 건설하기로 작정했다. 방벽은 1982년부터 가동에 들어갔으며, 대형 직사각형 수문의 건설로는 첫 번째 사례였다. 조수가 상승함에 따라 미닫이 방식으로 열리고 닫히는 모습을 보면 〈스타워즈〉가 떠오른다. 해수면 상승과 잦아진 폭풍해일 때문에 이 시설은 점점 더 자주 사용되고 있다. 1980년대에는 겨우 4회만 닫혔던 반면, 2000년부터 내가 이 책을 쓰고 있는 지금까지의 기간 동안에는 무려 75회나 닫혔다. 하지만 영국 공무원들은 지금 당장 새로운 방벽을 설계하는 일을 보류했으며, 대신에 앞으로 수십 년 내에 바다가 얼마나 빨리 상승할지를 과학자들이 더 잘 파악할 때까지 다른 적응 방법을 선택했다. 영국의 도시계획가들은 거대 기반 시설에 따르는 본질적인 문제를 이해하고 있었다. 즉 돈이 매우 많이 들고, 건설하는 데 오랜 시간이 걸리고, 변화하는 상황에 아주 잘 적응하지는 못한다는 것이다.

물론 또 다른 해결책도 있다. 바로 바다를 막아 두는 것이 위험천만하고도 궁극적으로는 무용지물인 발상에 불과하다는 간단한 결론을 내리는 것이다. 영국 사우샘프턴대학의 해양학자 아이반 헤이그는 내게 이렇게 말했다. "우리는 물과 싸우는 것보다는 차라리 물과 함께 살아가는 방법을 궁리하는 게 때로는 더 낫다는 사실을 배우고 있습니다."

～～～

상승하는 물 때문에 수백만 명의 인구가 실향민이 되는 라고스나 자카르타와 달리, 베네치아의 침수가 인류의 비극이라고 주장하기는 어렵다. 물론 5만 6,000명이나 되는 주민의 거처 상실이 사소한 일이라는 뜻은 결코 아니며, 그런 일에 실제 인간의 고통이 수반되지 않는다는 뜻도 결코 아니다. 실제로도 중대하고 고통스러운 일일 것이다.

하지만 베네치아의 상실에 관해 생각해 보면, 대다수 사람들의 머릿속에 가장 먼저 떠오르는 것은 베네치아 주민이 아니다. 바로 서양 문명의 발전에서 어마어마한 역할을 했던 아름답고 역사적인 도시의 상실이다. 그것은 화가 티치아노와 조르조네가 걸어 다녔던 좁은 거리들에 깔린 포석의 상실이다. 그것은 바실리카에 있는 11세기 모자이크의, 발굴된 마르코 폴로 자택의, 워낙 뛰어나게 설계되고 건축되어 그토록 위험한 장소에서도 무려 500년 동안이나 대운하Grand Canal 주변에 멀쩡히 서 있었던 저택들의 상실이다. 베네치아의 상실은 과거로 기억을 거슬러 올라가 우리를 문명인으로 한데 엮어 주는 우리 자신의 일부의 상실이다.

19세기 초에 몇 년 동안 베네치아에 살았고, 한때 7킬로미터에 달하는 대운하를 끝까지 헤엄쳐 간 적도 있는(심지어 그날 아침에 두 번이나 성행위를 하고 나서 그랬다고 자랑까지 했다) 영국 시인 바이런 경卿은 지금으로부터 200년 전에 이 모든 것을 잘 이해하고 있었다.

오, 베네치아! 베네치아! 그대의 대리석 벽들이
물과 나란히 놓일 때, 그대의 가라앉은 연회장들
위로 여러 국가들의 울음소리가 들릴 것이며,
휩쓰는 바다를 따라 큰 탄식이 들릴 것이다!
북쪽의 방랑자인 나조차도 그대를 위해 운다면,
그대의 아들들은 어떠할까? 울 수밖에 없잖겠나?[13]

베네치아를 떠나기 전에 나는 베네치아 석호를 연구하는 이탈리아의 여러 대학과 과학 단체의 연구를 감독하는 준準정부기관 CORILA의 대표인 피에르파올로 캄포스트리니를 만나러 갔다. 만약 석호의 차르가 있다면 바로 캄포스트리니일 것이다. 그는 본래 전기공학자 겸 물리학자였지만, 바실리카를 비롯해서 그 도시의 복원과 보전에도 깊이 관여하고 있었다. 그의 사무실은 대운하의 아카데미아교 인근 팔라조프란체티에 있었다. 내부에는 지도와 책, 서류가 사방에 쌓여 있어서 사업체 같은 느낌이 들었다.

캄포스트리니와 대화를 나눈 때는 금요일 늦은 오후였다. 그는 마치 기나긴 한 주를 보낸 것만 같았다. 짙은 파란색 정장은 조금 구겨져 있었고, 약간 서두르는 듯한 태도였다. 그래도 여전히 따뜻하고 친근했으며, 베네치아에 대해 깊이 우려하는 것이 역력했다. "저는 여기서 태어났고, 제 아이들도 여기서 태어났어요. 저는 제 아이들의 아이들도 여기서 태어나기를 바랍니다." 그의 말이었다.

내가 이 도시의 장기적 미래에 관해 묻자, 캄포스트리니는 우선 과거를 이야기하는 것으로 답변을 시작했다. 그는 베네치아 석호가 알프스산맥을 따라 강물에 실려 내려온 퇴적물에 의해 형성되었다고 지적했다. "자연 상태에서 석호의 수명은 짧게 마련입니다." 캄포스트리니의 말이었다. "베네치아 석호도 결국에는 매립될 운명이었습니다. 하지만 실제로 그렇게 되지 않은 이유는 특정 시점에 사람들이 석호에 도시를 건설하기로 작정했기 때문입니다. 베네치아는 스스로의 운명을 좇기로 했습니다. 강의 물길이 돌려지고, 퇴적물로 인한 석호 매립이 중지되었지요. 이 석호는 이제 인공물이고, 자연물이 전혀 아닙니다. 비록 우리는 반대로 생각하지만요."

캄포스트리니의 지적에 따르면, 과거만 해도 베네치아는 상승하는 바다에 대처하는 데 아무 문제가 없었다. "우리는 그저 도시를 더 높이 건설하기만 하면 그만이었지요. 지금 우리가 있는 이 저택만 해도 15세기에 지어진 것입니다만, 이 아래에는 13세기의 또 다른 저택이 있습니다. 그리고 그 아래 또 뭐가 있는지 과연 누가 알겠습니까? 이곳 사람들은 과거에 대해서 감상적으로 생각하지 않았습니다. 오래된 건물을 보전하는 것을 크게 신경 쓰지 않았습니다. 단지 오래된 건물 위에 새로운 건물을 지었을 뿐입니다. 그렇게 해서 이 도시는 계속 상승했던 것이지요. 물론 우리는 더 이상 그렇게 할 수가 없습니다. 지금은 문화적 제약이 있으니까요. 우리는 이곳에 있는 아름다운 르네상스 건축물을 잃고 싶어 하지 않잖아요. 그걸 무너트리고 그 위에 뭔가를 지어 올린다는 것은 선택지가 되지 못합니다. 그걸 구제할 또 다른 방법을 찾아야만 하는 겁니다."

내가 이야기를 나눈 다른 많은 사람들과 마찬가지로, 캄포스트리니도 산마르코 광장이 가까운 미래에 가장 큰 문제가 되리라는 사실에 동의했다. 그는 책상 근처의 탁자 위에 놓인 둘둘 말린 종이를 집어 들고 내 앞에서 펼쳤다. 광장의 등고선 지도였다. 각각의 등고선은 광장의 지면 높이가 1센티미터씩 바뀔 때마다 표시되었다. 지도를 보면 광장 표면이 얼마나 물결치고 울퉁불퉁한지를 알 수 있었다.

캄포스트리니는 바실리카 바로 앞을 손으로 가리켰다. "바로 여기가 가장 낮은 지점입니다. 높이가 겨우 70센티미터에 불과합니다." 반면에 인근의 부두 안벽과 기타 장소에서 높은 곳은 110센티미터에 달했다. 무려 40센티미터(즉 약 1.5피트)의 낙차만으로도 그 광장으로 들어온 물은 모조리 바실리카로 흘러가서 홍수를 일으키고 대리석과 벽돌에 부식과 부패를 야기할 수 있었다.

"이게 진짜 문제입니다." 캄포스트리니는 심각하게 말했다. "그렇다면 우리는 어떻게 해야 할까요? 바실리카를 들어 올릴 수는 없습니다. 그건 불가능합니다."

그는 바실리카의 배수 설비를 향상함으로써 홍수가 일어나더라도 물이 빠르게 빠져나가게 한다는 계획을 설명했다. 또 광장의 오래된 포석을 들어낸 다음, 그 밑에 진흙 방벽을 설치해서 물이 스며 올라오는 것을 방지한다는 다른 계획도 설명했다(대운하를 따라 늘어 선 저택들과는 달리, 광장은 석호의 일부분인 천연 모래섬 위에 건설되었다). "과 격한 방법이기는 합니다만, 반드시 조치할 필요가 있습니다." 그의 말이었다. 비용은 약 6,000만 달러가 들 것이다.

"이 모든 것은 어디까지나 단기적으로만 도움이 될 뿐입니다." 내가 지적했다. "그런데 이번 세기말에 이르러 베네치아의 해수면 상승은 4피트, 5피트, 심지어 6피트가 될 수 있습니다. 광장의 배수 설비를 보강한다고 해서 이 도시를 구제할 수는 없습니다. 제가 이 해한 바에 따르면, MOSE 방벽도 마찬가지일 것이고 말입니다."

캄포스트리니는 큰 숨을 들이마시더니, 곧바로 내뱉었다. 그는 굳은 표정이었다. "예, 구제할 수 없을 겁니다."

"그렇다면 해수면이 6피트 상승할 경우 베네치아는 어떤 모습 일 거라고 전망하십니까?"

"음, 우리는 더 과감한 조치를 취해야 할 겁니다."

"예를 들면요?" 내가 물었다.

"이 도시를 바다에서 차단하기 위해 그 둘레에 제방을 건설하 는 것도 가능은 하겠지요. 물론 그렇게 하면 석호가 죽게 되고 다 른 여러 가지 문제도 야기되겠지만, 그래도 일단은 가능하다는 겁 니다."

"결국 방벽 두른 도시로 바꿔 놓는 셈이로군요."

"맞습니다. 여전히 석호가 있겠지만, 그때부터는 민물 석호가 될 겁니다." 그는 막 불치병 진단을 받은 사람 같은 표정이었다. "그런 조치가 효과를 거두려면, 이 도시의 정화 시스템을 바꿔서 오염이 일어나지 않도록 만들어야 할 겁니다. 항구도 이전해야 할 거고요. 이 도시는 이전과 다른 특성을 갖게 될 겁니다. 하지만 일단은 가능하다는 겁니다."

캄포스트리니는 광장의 등고선 지도를 바라보았다.

"또 한 가지 가능성도 있습니다." 그는 머뭇거리며 말했다. 마치 자기가 지금부터 말하려는 내용이 민망한 듯했다. "도시 아래 약 600미터 지점의 진흙층에 바닷물을 주입해서 도시를 들어 올리는 겁니다. 앞으로 10년 안에는 그런 방식으로 30센티미터쯤 도시를 상승시키는 것이 가능할 수도 있습니다. 황당하게 들릴 수도 있겠습니다만, 이론상으로는 가능하다는 겁니다. 석유업계에서는 이런 종류의 기술에 대한 경험이 있으니까요. 그리고 컴퓨터 모델에서도 효과가 있는 것으로 나타났고요."

"하지만 현실에서는…."

"예, 현실에서는 이런 방안에 뭔가 다른 문제가 있을 수도 있겠지요." 캄포스트리니는 고개를 저었다. 터무니없는 방안이라는 것을 마치 자기도 안다는 듯한 투였다. "여차하면 도시를 고르지 않게 들어 올릴 수도 있습니다. 그러면 건물에는 좋을 리가 없겠지요, 당연히."

문득 이런 상상을 해 보았다. '지금 나는 두칼레 궁전 앞 부두에 서 있다. 갑자기 발밑에서 도시가 상승하는 느낌이 든다. 땅이 약간 왼쪽으로 기운다. 다시 약간 오른쪽으로 기운다. 곧이어 궁전 벽에 균열이 생긴다.'

"저는 회의적이라고 봅니다." 내가 말했다.

"물론 그러시겠지요." 캄포스트리니는 한숨을 내쉬었다. 그리고 창밖으로 아카데미아교를 오가는 관광객 무리를 바라보았다. "우리가 과연 어떻게 베네치아를 구제할 수 있을지는 저도 모릅니다. 하지만 베네치아는 무려 1,000년 넘게 이곳에 있었습니다. 결국 우리는 아주 연약하지는 않은 겁니다. 어떻게든 우리는 거기에 대처할 방법을 찾아낼 겁니다."

제7장

방벽 두른 도시.

화창한 봄날, 나는 뉴욕시 산하 회복탄력성복원사무소의 소장 댄 재릴리와 함께 맨해튼 로어이스트사이드의 해벽海壁을 따라 걸었다. 쉽게 말해서 그는 뉴욕시에 향후 수십 년 동안 있을 폭풍과 해수면 상승에 대한 대비책을 마련하고자 빌 드 블라시오 시장이 임명한 해결사다. 사십 대 초반인 재릴리는 평소와 마찬가지로 흰색 셔츠와 넥타이, 반질거리는 검은 구두 등 시청 직원에 어울리는 옷차림을 하고 있었다. 그는 짧게 자른 반백 머리에 검은 눈, 그리고 '할 일이 있다'는 듯 안절부절못하는 태도를 지니고 있었다. 재릴리로 말하자면, 상승하는 바다와 점점 더 거칠어지는 폭풍이 미국에서 가장 큰 도시들 중 한 곳에 가져올 수 있는 파국의 전체 모습을 머릿속에 담고 있는 세계 유일의 인물일 것이다. 따라서 그가 아름다운 날씨에 관해서 언급하는 대신, 우리 아래 높이 2미터 정도 되는 해벽에 무심하게 부딪히는 이스트강의 물을 가리키면서 이렇게 말한 것도 놀랄 일도 아니었다. "샌디 때 이곳에 닥친 폭풍해일의 높이는 무려 3.3미터에 달했습니다." 그는 음산하게 말했다.

재릴리가 다른 누구보다도 잘 아는 것처럼, 2012년 10월 뉴욕시에 닥친 허리케인 샌디는 이 도시의 건물 8만 8,000채를 침수시키고, 44명의 사망자를 낳고, 190억 달러 상당의 피해와 경제활동 중단을 초래한 획기적인 사건이었다.[1] 이 사태는 뉴욕처럼 부유하고 현대적인 도시가 강력한 폭풍에 얼마나 취약한지를 드러낸 것은 물론, 아울러 다가올 세기에 이 도시가 어떤 상황에 직면하게 될지 그 예고편을 보여 주기도 했다. "뉴욕의 문제는 다른 모든 연안 도시들과 똑같습니다." 뉴욕의 공항, 터널, 기타 교통 기반 시설을 운영하는 뉴욕-뉴저지 전前 항만관리청장 크리스 워드가 내게 말했다. "기후과학이 발전할수록 폭풍의 강도와 해수면 상승 추정치들은 점점 더 경악스러워지고 있습니다. 그러다 보니 뉴욕의 존재에 대해서 근본적인 의문이 제기되는 겁니다. 물이 몰려오는 중이며, 그 장기적 함의는 어마어마합니다."

재릴리는 물가에서 뒤로 돌아섰다. 우리는 로어이스트사이드 쪽의 FDR 도로와 강 사이에 자리한 잔뜩 짓밟힌 강변 공원을 향해 걸어갔다. "우리의 목표 가운데 하나는 단순히 이 도시를 보호하는 것이 아니라, 도시를 개선하는 것입니다." 재릴리의 설명이었다. 2019년, 뉴욕시는 이스트사이드 연안회복탄력성 프로젝트라는 것에 착수할 계획이었다.[2] 즉 이스트 25번가에서 맨해튼교橋까지 약 3킬로미터에 걸쳐 이어지는 높이 3미터의 강철 콘크리트 강화 둑길을 쌓는다는 것이다. 무려 7억 6,000만 달러의 예산[3]이 책정되었지만 완공도 되기 전에 그보다 훨씬 더 많은 비용이 들어갈 것이 확실시되는 이 프로젝트는 (비공식적 별명으로는) '빅 유'Big U라는 더 거대한 방벽 체계의 첫 번째 부분으로, 언젠가 로어맨해튼의 아래쪽을 둘러싸게 될 것이다. 베네치아의 MOSE 방벽 프로젝트와는 달리, 빅 유는 (물론 실제로 완공된다고 치면) 단단한 장벽이 될 예정이었다. 한마디로 공격하는 바다에 대항하는 현대식 누벽壘壁인 셈이다. 로커웨이반도와 스태튼아일랜드에도, 그리고 강 건너 호보컨에도 또 다른 장벽과 방벽을 건설하기 위한 계획이 있기는 했다. 하지만 로어맨해튼의 빅 유야말로 주연급인데, 단지 수십억 달러에 달하는 건설 비용(대략적인 추산으로만 30억 달러고, 이후로도 계속 빠르게 늘어나고 있다) 때문만이 아니라, 로어맨해튼이 지구상에서 가장 값비싼 부동산 덩어리인 데다 그 지역 전체의 경제적 엔진이기 때문이기도 하다. 로어맨해튼을 보호할 수 없다면, 뉴욕시는 크나큰 곤란에 처하게 될 것이라는 뜻이다.

재릴리는 '빅 유'라는 별명을 좋아하지 않았다. 마치 방벽의 설계에 참여한 덴마크의 건축 회사 BIG●를 위한 광고처럼 보였기 때문이다. 그는 이 장벽에 관해 이야기하면서 불편한 기색이었다. 한편으로는 이것 때문에 시에서 추진하는 여타의 더 민주적인 조치들, 예컨대 개발업자들에게 필수적인 기반 시설을 돋우게 하고, 튼튼한 예비 발전기를 설치하도록 의무화하는 등의 조치가 졸지에 그

● BIG는 덴마크의 건축가 비야케 잉엘스가 설립한 비야케잉엘스그룹Bjarke Ingels Group의 약자다.

맨해튼의 빅 유. 이스트 42번가에서 시작해
웨스트 57번가까지 이어진다.

늘에 가려지기 때문이었고, 또 한편으로는 장벽 건설이 정치적 위험을 내포하기 때문이었다. 이 도시의 해안선 840킬로미터 전체에 장벽을 쌓을 수는 없는 노릇인데, 그렇다면 과연 누구를 벽 뒤에 살게 하고 또 누구를 살지 못하게 할 것인가? "어디서부턴가는 시작을 할 수밖에 없습니다." 재릴리의 설명이었다. "따라서 가장 많은 사람들에게 가장 큰 혜택을 줄 수 있는 곳에서부터 시작하게 된 것이죠."

재릴리 입장에서는 허비할 시간이 없었다. 그는 미국에서 가장 굳건한 도시조차도 상승하는 바다와 점점 더 거칠어지는 폭풍의 가혹한 미래에 직면하고 있다는 사실을 누구 못지않게 잘 알고 있었다. 우리가 보행자용 육교를 통해 FDR 도로를 건너는 동안, 나는 아직 어린 두 아이의 아버지이기도 한 재릴리에게 물어보았다. 혹시 다가오고 있을지도 모를 경제적이고 정치적인 혼돈에 관해서 생각하면 두렵지 않느냐고 말이다. "예쁜 그림은 아니죠. 하지만 두려움에 몸이 마비되도록 둘 수는 없습니다." 그는 태연한 얼굴로 대답했다. "한 번에 한 걸음씩 나아가면서, 지금 당장 할 수 있는 일을 해야 합니다."

～～～

해수면 상승에 관해서라면, 뉴욕시보다 더 큰 위험에 처해 있는 도시도 드물다. 순전히 경제적인 면에서 보자면 뉴욕 대도시권은 미국 국내총생산의 10퍼센트 가까이를 책임지고 있으며,[4] 자유 진영의 금융 중심지이기도 하다. 또한 이 도시는 수량화하기 힘든 상징적 가치를 지니고 있다. 전 세계에서 온 850만 명의 사람들이 살고 있으며, 일이나 가족을 통해서는 물론이고 이곳에 와서 성공하고 싶다는 꿈으로 이 도시와 연결된 이들이 수십억 명이나 더 있다. "기후변화에 대처하려면 우리에게는 영감이 필요합니다." 샌디 이후 뉴욕의 재건에도 깊이 관여했던 헨크 오빈크 국제 물 문제 네덜란드 특사는 이렇게 말했다. "뉴욕시는 선진 세계의 수도입니다.

만약 이곳에서 제대로만 한다면, 다른 모두에게 영감을 줄 수 있습니다."

바다가 급상승하는 세계에서, 뉴욕은 다른 여러 연안 도시들보다는 대비가 잘 되어 있다. 센트럴파크에서 바위 노두露頭를 본 사람이라면 누구나 알겠지만 맨해튼은 5억 년이나 된 편암片巖 위에 건설되었는데, 이 암석으로 말하자면 소금물이 스며들지 않는다. 고지대도 충분히 많다. 어퍼맨해튼의 워싱턴하이츠뿐만이 아니라, 퀸스와 브루클린을 대각선으로 지나가는 능선을 따라 위치한 잭슨하이츠와 파크슬로프 같은 곳들도 지대가 높다. 마지막으로 이 도시에는 두뇌, 자금, 마음가짐이 있다. 뉴욕은 싸우지도 않고 허망하게 쓰러지지는 않을 것이다.

하지만 다른 면에서 보자면 뉴욕은 놀라우리만치 위험에 처해 있다. 첫째로, 이곳은 하구河口다. 이 도시의 서쪽으로 흐르는 허드슨강에는 출구가 필요하다. 따라서 도쿄 같은 항구도시나 베네치아 같은 석호 위의 도시와는 달리, 뉴욕은 손쉽게 장벽을 쌓아 상승하는 바다를 차단해 버릴 수가 없다. 둘째로, 이곳에는 저지대가 상당히 많다. 예를 들어 브루클린, 퀸스 부두, 로어맨해튼은 수년간의 매립을 통해 확장된 땅이다(2012년 샌디로 침수된 맨해튼의 지도와 1650년의 맨해튼 지도5를 비교해 보면, 양쪽이 거의 똑같다는 사실을 알 수 있다. 즉 홍수는 대개 매립 지역에서 발생했던 것이다). 뉴욕에서 위험에 처한 부동산의 숫자만 놓고 보면 정신이 아득해질 정도다. 1,290억 달러 이상의 가치를 지닌 건물 7만 2,000채가 오늘날의 홍수 지대에 서 있고, 해수면이 1피트[30센티미터]씩 상승할 때마다 수천 채의 다른 건물이 더 위험에 처하게 된다.[6] 게다가 뉴욕에는 유독 물질과 가난한 동네가 밀집해 있는 산업용 부두가 상당히 많으며 지하철, 터널, 전력 공급망 등 지하 기반 시설의 양도 막대하다. 마지막으로 뉴욕은 해수면 상승의 주요 지점이다. 해양 역학의 변화와 더불어 대륙이 마지막 빙하기로부터 회복되면서 도시 아래 지반이 가라앉고 있다는 사실 때문에,* 오늘날의 바다는 뉴욕 지역에서 세계 평균보다 50퍼센트나 더 빠르게 상승한다.[7]

~~~

도시 주위에 요새를 건설한다는 발상은 도시 그 자체만큼이나 오래된 것이다. 중세에는 외적을 막기 위해 장벽을 건설했다. 오늘날에는 대자연(또는 트럼프 랜드에서는 불법 이민자)을 막기 위해 장벽을 건설한다. 분명한 사실은 장벽을 제대로만 지어 놓으면 효과가 있다는 것이다. 네덜란드 국토의 70퍼센트는 해수면 아래에 있다. 만약 장벽과 제방이 없다면, 네덜란드는 졸지에 물고기 왕국이 될 것이다. 오늘날의 뉴올리언스도 바닷물을 막아 주는 거대한 제방 덕분에 존재할 수 있다. 일본은 사실상 거대한 해벽을 두른 채 쓰나미로부터 주민을 보호하고 있다. 하지만 구세계식 제방 건설의 달인인 네덜란드에서도 장벽과 제방은 인기가 없어지고 있다. "우리는 장벽을 영원히 유지할 수 없다는 사실을 깨닫기 시작했습니다." 로

• 빙하가 대륙의 한쪽을 짓누르고 있던 과거에는 대륙의 다른 쪽이 올라가 있었다. 하지만 빙하가 녹으면 시소와 같이 반작용이 일어나, 올라갔던 땅이 다시 내려가며 지반침하가 발생한다. 3장의 '빙하 반동' 설명을 참고하라.

테르담 인근의 마에슬란트 장벽을 구경시켜 준 네덜란드의 전문가 리하르트 요리센의 말이다. "어떤 때는 장벽이 필요하기도 하지요. 그런데 또 어떤 때는 우리가 물과 함께 살아가는 방법을 배워야 한다는 사실을 이해하게 되었습니다. 제대로 지어 놓지 않으면, 장벽으로 해결되는 문제 못지않게 많은 문제가 생겨날 수 있습니다."

빅 유는 장벽으로서 최대한 멋진 모습이 되도록 설계되었다. 세계 각지에 쾌활하면서도 약간은 초현실적인 건물을 여럿 설계한 바 있는(그중에는 개발업자 데이비드 마틴의 의뢰로 마이애미에 건설한 콘도 두 채도 있다) 덴마크의 회사 비야케잉엘스그룹BIG이 주도한 합작 프로젝트의 사생아라 할 수 있다.

빅 유는 샌디 이후에 미국 주택도시개발부HUD, Department of Housing and Urban Development에서 주최하여 세계 각지의 건축가와 도시계획가로부터 수많은 제안을 제출받았던 총상금 9,300억 달러의 '재건을 위한 설계'8 공모 대회에서 당선된 네 가지 제안 가운데 하나다. BIG가 이 프로젝트를 홍보하기 위해 만든 애니메이션 영상을 보면, 빅 유는 잔디 깔린 둑길에 꽃과 나무를 심고 마치 공원처럼 꾸며 놓아서 화창한 날에 사람들이 산책과 야구를 즐길 수 있는, 경사가 완만한 공공장소로 묘사된다. 고가 차도인 FDR 도로 아래의 자갈투성이에 소음만 요란하던 공터는 아이들이 탁구를 치고 주말마다 농산물 직거래 장터가 열리는 공간으로 변모해 있다. 이 도시는 (강철과 콘크리트로 지지되는) 둑길과 (FDR 도로에서부터 이어지는 그림으로 뒤덮인) 장벽에 의해 물에서 보호된다.

그런데 문제는 실제 장벽이 그 비디오에 나온 장벽을 닮을 수도 있고, 안 닮을 수도 있다는 점이다. 내가 이야기를 나눠 본 도시계획가 몇몇은 비용 절감과 공학적 복잡성 때문에라도, 실제로 지어질 즈음에는 그 장벽에서 대중이 즐거워할 만한 편의 시설이 모두 사라져 버릴 것이라고 생각했다. "완공되고 나면 그저 크고 멍청한 장벽에 불과할 겁니다." 이 프로젝트를 면밀히 살펴본 어느 조경건축가의 말이다.

하지만 멍청하거나 말거나 간에, 로어맨해튼의 값비싼 부동산의 규모를 고려해 보면 물을 막아 주는 어떤 방어 구조물 같은 것이 세워지긴 할 것이다. 장벽을 건설하는 것은 (더 장기적이고 미묘한 선택지들과 비교했을 때) 저렴하고, 신속하고, 심지어 자기가 대담하게 행동했음을 입증하고 싶어 하는 정치가들에게는 저항할 수 없이 매력적인 방법이다. 하지만 그렇다고 해서 그것이 항상 가장 현명하다거나 가장 안전한 해결책이라는 뜻은 아니다.

한편으로는 베네치아 MOSE 방벽 설계에 숨겨진 잘못된 가정에서 드러났듯이, 과연 이 장벽이 어느 정도 수준의 보호를 제공하도록 설계되었느냐 하는 의문이 항상 있게 마련이다. 일본 가마이시釜石 주민들은 길이 1.6킬로미터에 높이 6미터의 강철 콘크리트 해벽이 있으므로 안전하다고 생각했다. 하지만 2011년에 높이 9미터의 쓰나미가 닥치자 해벽이 무너지며 주민 935명이 사망했다. 물론 로어맨해튼은 쓰나미를 겪은 적이 없으며, 그 외의 다른 이유에서라도 로어맨해튼과 일본을 나란히 놓고 비교하기는 불가능할 것이다. 하지만 장벽을 만들 경우, 여차하면 대자연이 그 설계 사양을 깡그리 무시할 위험이 항상 있게 마련이다. 빅 유 같은 방벽은 이론상 또 다른 샌디로부터 도시를 보호하기 위해 설계되었지만, 그 이상은 아니다(2100년이 되면 샌디와 유사한 자연재해가 훨씬 더 빈번해질 것으로 예상된다[9]). 나는 BIG의 파트너인 카이우웨 버그먼에게 이렇게 물어보았다. 어째서 그 장벽은 샌디 수준의 홍수에 더해서 (예를 들어) 미래의 해수면 상승을 감안하여 추가로 1.5미터까지 더 견딜 수 있도록 설계되지 않은 걸까? "비용이 기하급수적으로 높아지기 때문입니다." 그는 노골적이면서도 솔직하게 대답했다.

또 한 가지 분명한 문제는, 이 장벽이 단지 그 뒤에 있는 사람들만 보호해 준다는 점이다. 로어이스트사이드에 건설될 새로운 방벽은 몇몇 대규모 공공 주택 개발지를 보호하는 동시에, 샌디 때 물에 잠겨서 로어맨해튼에 대규모 정전을 야기한 핵심 시설인 콘에디슨 변전소를 보호한다는 장점이 있을 것이다. 하지만 이 방벽은 그저 로어맨해튼 장벽 두르기의 시작에 불과할 가능성이 있다. "빅유의 실제 목적은 월스트리트를 보호하는 것입니다." 컬럼비아대학의 재난 전문가 클라우스 야코프의 말이다. 월스트리트가 미국 경제에 갖는 중요성을 고려한다면 이는 놀라운 일도 아니다. 하지만 역시나 샌디에 의해 큰 피해를 입었으며, 주민 대부분이 가난하고 흑인인 브루클린의 레드후크에 비야케잉엘스그룹이 설계한 방벽이 건설되려면 과연 얼마나 오래 기다려야 할까?

뉴욕시 허드슨강 너머의 뉴저지주 호보컨에서는 장벽이 또 다른 문제를 야기했다. 호보컨의 상당 부분은 원래 습지였던 곳에 건설되었다. 허리케인 샌디가 닥치자 마치 커다란 대접을 채우는 것처럼 물이 잔뜩 쏟아져 들어왔다(샌디의 가장 상징적인 사진 가운데 하나는 호보컨에 있는 호화판 아파트 앞에 요트 한 척이 파도에 떠밀려와 있고, 그 선체에 누군가가 '지구온난화는 현실이다'라고 스프레이로 적어 놓은 것이다). 시장 돈 짐머는 도시를 보호하기 위해서 물가에 빅 유와 유사한 장벽을 건설하는 계획을 내놓았다. 그런데 문제는 도시를 보호하려다 보면, 그 장벽이 맨해튼을 조망하는 것으로 유명한 호화판 고층 건물들 앞에 건설되어야 한다는 점이다. "장벽을 바라보게 되느니 차라리 홍수가 일어나는 편이 낫습니다." 그곳 물가에 사는 월스트리트의 한 분석가는 내게 이렇게 단언했다. 최근 나와 함께 그 도시를 걸어 다니던 도중에 짐머는 장벽을 둘러싼 논쟁의 정치학에 불만스러운 듯, 차라리 호화판 고층 건물들 뒤의 골목을 따라서 장벽을 짓겠다는 제안을 꺼냈다. 이렇게 할 경우에는 35채의 건물이, 그것도 호보컨에서 가장 비싼 부동산의 일부가 장벽 바깥에 남아서 상승하는 물과 폭풍해일에 고스란히 노출된다. "만약 그들이 이 계획에 포함되고 싶지 않다면, 스스로 알아서 견뎌야 할 겁니다." 짐머가 내게 한 말이었다.

어떤 경우에는 장벽이 물 문제를 악화시키기도 한다. 지구 반대편에 있는 방글라데시에서는 장벽과 제방을 건설하자 거대한 갠지스-브라마푸트라 삼각주의 일부 지역에서 실제로 홍수가 악화되었다.[10] 일부 농민이 자기 땅을 보호하기 위해 조수의 통로를 따라서 제방을 쌓았던 것이다. 하지만 이 과정에서 이들은 부지불식간에 물을 내륙으로 더 깊이 보내게 되었고, 그리하여 보호 조치가 미흡했던 지역에서 홍수와 염수 오염이 대대적으로 증가하고 말았다. 이와 마찬가지로, 로어맨해튼 주위에 장벽을 쌓으면 그곳을 비껴간

물이 레드후크 같은 지역에 실제로 더 많이 들어올 수 있다는 것이 호보컨 소재 스티븐스공과대학의 해양학자 앨런 블룸버그의 설명이다. "그 장벽은 맨해튼을 물에서 지켜 주겠지만, 브루클린에 사는 주민에게는 문제를 개선하는 것이 아니라 오히려 악화시킬 수 있습니다."

또한 현실 안주의 문제도 있다. 장벽과 제방 덕분에 사람들은 안전한 느낌을 받는다. 심지어는 안전하지 않은 상황에서도 그렇다. 허리케인 카트리나가 뉴올리언스에 닥쳤을 때, 많은 사람들이 제방이 무너지지 않을 것이라고 여겼기 때문에 대피하지 않았다. 게다가 그런 잘못된 가정 때문에 어떤 사람들은 목숨을 잃었다. 2008년에 중국의 주장珠江 삼각주에 폭풍이 닥쳤을 때, 인근 도시 주하이珠海의 화강암 해벽 3분의 1이 무너져서 물이 시내로 쏟아져 들어왔다.[11] "장벽 때문에 사람들은 종종 어리석어집니다." 리하르트 요리센의 말이다. "장벽 때문에 우리는 위태로운 장소에서 살아가는 것의 위험을 무시하게 됩니다. 그러다 뭔가가 잘못되면 그야말로 파국이 되는 거죠."

로어맨해튼을 보호하는 방법에 관해서라면 이와는 다른, 그리고 덜 가혹한 방안들도 있었다. 샌디가 닥치기 전에도 뉴욕의 조경건축가 겸 도시설계가 수재너 드레이크가 이끄는 연구진은 로어맨해튼의 가장자리를 2미터쯤 돋우고, 보도 아래 지하의 공공 시설물을 방수 처리하고, 홍수가 나면 물을 붙잡아 둘 수 있도록 거리를 높이고 재설계하자고 제안했다.[12] 또한 물가에 소금물 늪지 salt marsh(염성 소택지)와 일반 습지대를 완충지로 조성함으로써 파도의 힘을 흡수하고 우수雨水를 정화하자고 제안했다. 이 같은 새로운 기반 시설의 재원을 마련하는 한편 땅을 돋운 도시를 물가와 어우러지게 하기 위해, 드레이크의 계획에서는 이스트강을 따라 일련의 새로운 고층 건물을 짓도록 허용했다. 전반적으로 이는 물이 상승하는 세계의 로어맨해튼에 관한 우아한 재상상이었다. 하지만 이 같은 계획은 섬세하고, 복잡하고, 비용이 커서 신속한 처방전으로 내놓기는 어렵다. 게다가 이 계획이 성공하려면 세계가 빠르게 변화하고 있으며 미래에는 지금과 다르게 살아야 한다는 점을 사람들이 반드시 인정해야 한다. 그러니 이보다는 차라리 장벽을 건설하고, 나머지는 잊어버리는 편이 훨씬 더 쉽다. "물론 큰 폭풍이 닥쳐서 장벽을 쓸어가 버리기 전까지 그렇다." 드레이크의 말이다. "그때가 되면 결국 재난이 벌어지는 것이니까."

샌디 이후의 '재건을 위한 설계' 공모 대회에서 나온 제안 중에서도 가장 혁신적인 것은 '살아 있는 방파제'Living Breakwaters라는 것으로, 연방 자금 6,000만 달러를 지원받았다.[13] 이 프로젝트는 뉴욕시의 디자인 회사 SCAPE에서 설계한 것인데, 그 설립자 케이트 오프는 한때 굴을 다시 서식하게 만들어서 뉴욕시의 항구를 정화하자는 대담한 계획으로 악명을 떨친 바 있다. 그녀의 '살아 있는 방파제' 계획은 길이 1,200미터의 방파제 시스템으로, 스태튼아일랜드 남쪽의 해안 마을 토튼빌에서 300미터쯤 떨어진 바다에 설치될 예정이었다. 이 구조물은 해수면 상승을 방지하기 위해 설계된 것은 아니다. 파도가 연안에 닥치기 전에 속도를 늦추고 부드럽게 만들어서, 폭풍의 충격을 줄이고 침식을 늦추려고 고안되었다. 방파제 자체에는 여러 생태적 특성을 담아서, 이를테면 치어들에게 건강한 서식처를 제공하는 거칠거칠한 콘크리트 구조물을 사용하는 식으로 건설할 예정이다. 또 방파제에 굴 종자를 뿌려서 물의 정화와 속도 완화에 추가적인 도움이 되도록 할 것이다. 마치 요새 같은 장벽을 세워서 공동체를 물가에서 차단하는 대신("거대 기반 시설의 시대는 끝났다." 오프는 노골적으로 말했다), 오프는 공동체를 다시 해안선에 연결하고 싶어 했다. 다른 무엇보다도 SCAPE는 여러 학교와 공조해 굴을 기르는 일을 돕고, 방파제에 추가할 수 있는 조개류 채집 프로그램을 시작함으로써 차츰 성장하는 방파제의 생태계를 더 건강히 만들 수 있기를 바란다. "지속 가능성과 회복탄력성을 구축할 수는 있지만, 그러기 위해서는 800킬로미터도 넘는 이 도시의 해안선에 장벽을 두를 것이 아니라 오히려 우리가 해안선과 다시 연결되어야 한다." 오프는 《뉴욕타임스》 기고문에 이렇게 썼다.[14]

이 도시를 보호하기 위해 나온 제안 중에서 가장 대담한 것은 아마도 '푸른 모래언덕'Blue Dunes일 것이다.[15] 일단의 과학자와 건축가들이 내놓은 이 제안에서는 연안으로부터 16킬로미터가량 떨어진 얕은 물에 길이 64킬로미터에 달하는 섬들의 사슬을 만들자고 주장했다. 도시에서 바라보면 모래언덕은 거의 눈에 보이지 않겠지만, 섬들의 사슬은 스태튼아일랜드에서부터 롱아일랜드까지 이어지는 모래의 보호 목걸이를 형성할 것이다. SCAPE의 '살아 있는 방파제'와 마찬가지로, '푸른 모래언덕'은 대서양이 이 도시를 덮치기 전에 파도의 에너지를 흡수하고, 만조의 충격을 낮추고, 도시가 해수면 상승에 맞춰 변화할 시간을 벌어 주려고 설계되었다. 하지만

'살아 있는 방파제'가 온건한 포부와 인간적인 규모를 지닌 반면, 네덜란드의 조경건축가 아드리안 괴저가 이끄는 모임이 내놓은 '푸른 모래언덕'은 뉴욕시의 해안선 전체를 재형성할 계획이었다. '푸른 모래언덕'은 이 도시를 해수면 상승에서 구제하지는 못하겠지만, 뉴요커들을 해수면 상승에 대한 '두려움'에서 구제해 줄 수는 있을 것이다. 괴저의 말마따나 "자연을 처벌하려 애쓰기보다는 자연과 함께 일하는, 자연의 의지를 굽히는" 방법이 있음을 뉴요커들에게 보여 줄 것이기 때문이다.

'푸른 모래언덕'은 '재건을 위한 설계' 공모 대회 동안 많은 논의

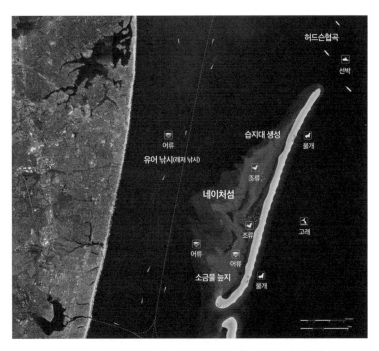

파도가 뉴욕을 강타하기 전에 파도의 에너지를 흡수하기 위해 설계된
길이 64킬로미터의 인공 섬들인 '푸른 모래언덕' 가운데 하나

를 불러일으켰지만, 결국에는 자금 지원을 받지 못했다.

～～～

　뉴욕 시장 빌 드 블라시오는 선견지명이 있는 지도자라는 평판을 갖고 있지는 않다. 하지만 기후변화에 관해서만큼은 확실히 선견지명을 발휘한 바 있다. 비록 자발적으로 이 문제에 관심을 가졌던 것까지는 아니었지만 말이다. 이는 시장 선거가 한창이던 2012년 말, 도시를 덮친 허리케인 샌디가 그에게 강요한 결과였다. 당시 뉴욕 시장 마이클 블룸버그는 기후변화 문제를 오래전부터 밀어붙이고 있었으며, 그중에는 2007년 그가 발표한 더 친환경적인 도시를 위한 25개년 계획인 플래엔와이시PlaNYC라는 기념비적인 연구도 포함되어 있었다. 반면에 드 블라시오는 전직 시의원 겸 정치 활동가(그는 2000년에 힐러리 클린턴의 뉴욕주 상원의원 유세를 총괄했다)로서 오히려 교육과 경제 불평등에 관심이 있었다. 하지만 허리케인 샌디가 닥치자, 당시 브루클린 자치구의 파크슬로프에 살고 있던 드 블라시오는 기후변화와 극단적인 날씨의 위험에 대해 알게 되었다. 기특하게도 드 블라시오는 샌디가 모든 사람을 동등하게 대우하지 않았음을 곧바로 이해했다. 폭풍으로부터 몇 달 뒤에 그는 《뉴욕타임스》에 이렇게 말했다. "이 일을 두고 '해벽이 필요해.'라고 바라볼 수도 있고, 아니면 '인명 보호, 경제 안정, 경제 형평성을 위한 접근법을 재정비해야 돼.'라고 바라볼 수도 있습니다."

　허리케인 샌디 이후 도시를 재건하는 일은 시와 주, 연방의 공동 프로젝트였다. 거의 모든 자금은 의회의 연방 재난 구호 예산

600억 달러에서 나왔으며, 이 자금을 주택도시개발부HUD가 여러 주와 지역 기관에 나눠 주는 식이었다. 당시 HUD 장관이었던 숀 도노반은 토박이 뉴요커였으며, 샌디에 대한 대응으로 널리 찬사를 받았다. 하지만 샌디로부터의 재건과 이 도시의 장기적 미래를 고려한 재건은 똑같지 않다. 이런 점에서 이 도시는 워싱턴으로부터 도움받은 것이 거의 없었으며, 올버니의 주의회로부터 도움받은 것은 더욱 없었다. 뉴욕 주지사 앤드루 쿠오모는 주州의 에너지 전력 망을 친환경적으로 바꾸는 데에는 어느 정도 힘을 썼지만, 뉴욕시의 재건에 대해서만큼은 관심을 많이 주지 않았다(시청 내부에서는 개인적 동기 때문이라고 보는 사람이 많았다. 뉴욕주 민주당 정계에서 거물로 자처했던 쿠오모는 자신의 최대 경쟁자 드 블라시오가 좋게 보이는 일을 결코 하고 싶어 하지 않았다). 샌디의 후폭풍으로, 쿠오모는 뉴욕주가 기후변화에 더 회복탄력성을 갖추는 방법에 관한 수준 높은 연구를 의뢰했다[16](하지만 정작 연구가 완료된 이후로는 다시 언급하는 일이 거의 없었다). 그가 애지중지한 프로젝트들 가운데 일부는 급속히 상승하는 바다의 세계에서 전혀 말이 되지 않았다. 예를 들어 고위험 홍수 지대에 자리한 노후화된 라과디아 공항을 개조하는 40억 달러짜리 제안이 그랬다.[17]

주지사가 제 역할을 못하는 상황에서 드 블라시오의 지도력은 더욱 중요할 수밖에 없었다. 나는 2016년 지구의 날에 그를 만났다. 마침 그는 국제연합에서 파리기후협정 서명을 축하하는 짧은 연설을 마친 직후였다. 이 연설에서 그는 이산화탄소 감축 방안들 중에서도 특히 건물 효율을 개선하고 더 많은 재생에너지를 구매하는 이 도시의 진전을 정당하게 내세웠다. 드 블라시오는 뉴욕의 탄소 발자국을 줄이기 위한 정책을 강하게 밀어붙인 공이 적지 않으며, 기후변화가 가난한 사람들과 노동계급에 대해 갖는 함의에 관해서 종종 설득력 있게 이야기했지만, 나로선 이 시기야말로 도시의 장기적 생존에 관한 어떤 전략적 사고를 할 때가 아닌지 궁금할 수밖에 없었다. 예를 들어 이런 내용 말이다. 지금은 도시의 공항을 더 높은 지대로 옮기는 것을 고려할 시기가 아닐까? 사람들이 도시의 저지대에서 빠져나오도록 장려하기 위해 경제적 유인책을 만드는 것은 어떨까? 만약 뉴욕시가 신규 지하철 노선 하나를 만드는 데 50년이 걸린다고 치면, 상승하는 바다에 제때 대처하기 위해서 이 도시의 수변 공간을 재건축하는 것에 과연 무슨 희망이 있단 말인가?

드 블라시오는 내가 줄줄이 던지는 질문에 반발했으며, 그 대신 오늘과 내일 이 도시가 직면한 기후 문제에 집중하기를 원했다. "제가 생각했을 때 간단히 떠오르는 방법은, 우리가 앞서 겪었던 종류의 폭풍으로부터 안전을 확보하려면 바로 지금 가장 즉각적인 회복탄력성 조치를 취해야 한다는 것이죠." 그가 내게 말했다. "그런 다음에는 그냥 계속 나아가고, 지어 올리고, 지어 올려서, 갈수록 심각해질 문젯거리에 한발 앞서 나가려고 노력하는 것뿐입니다. 하지만 제가 보기에 이것은 문자 그대로 마치 벽돌 한 장, 한 장, 한 장씩을 올리는 것과 비슷합니다. 이번 단계를 마치면 곧바로 다음 단계로 접어들게 되죠. 이것은 우리가 매우, 매우 다른 세계를 만들 때까지 영원히 정부의 우선순위가 되어야 합니다."

내가 말했다. "해수면 상승을 5피트[1.5미터]에서 6피트[1.8미터]로 예상하는 홍수 지도를 들여다보면 아시겠지만… 상당히 종말론적인 시나리오입니다. 안 그렇습니까?"

"그렇습니다. 이번 세기말에는요, 진짜입니다."

"그리 멀지 않았네요." 내가 대답했다.

"예, 그렇습니다." 그가 말했다.

"당신의 손주들은 여전히 여기 있겠지요."

"예, 하지만 공공 정책의 문제로서 앞으로 75년, 또는 80년, 또는 그 이상 미래의 일에 관해서 이야기할 경우, 제 생각에는 이렇게 말하는 것이 매우, 정말 매우 온당하다고 봅니다. '좋습니다. 우선 지금 당장 사람들의 필요를 처리하도록 합시다.' 여기서 말하는 필요란 회복탄력성과 환경문제 모두에 관한 것이기도 하지만, 또 인간적인 필요의 총체에 관한 것이기도 하니까요. 만약 그게 맨 앞자리에 없다면, 우리에게 뭔가 문제가 있는 겁니다. 그렇겠지요?"

이는 빈말이 아니었다. 내가 드 블라시오와 대화를 나눈 지 몇 달 뒤에 뉴욕시에서는 건축가와 공학자를 대상으로 미래의 해수면 상승으로부터 홍수의 위험을 감소시킬 수 있는 설계의 요소, 예컨대 신축 건물을 최대 90센티미터까지 돋우고, 장소에 걸맞은 홍수 방벽을 건립하는 것 같은 방안을 찾아 달라고 권장하는 새로운 지침을 발표했다.[18] 이 지침은 뉴욕시 건축 조례의 일부분으로 아직 편입되지는 못했지만, 아마도 앞으로 몇 년 안에는 그렇게 될 것이다. 여하튼 이것이야말로 점점 더 젖어 가는 기나긴 길을 따라 나아가는 또 다른 한 걸음이었다.

클라우스 야코프는 허리케인 샌디를 예언한 카산드라였다. 그는 컬럼비아대학 산하 라몬트-도허티 지구관측소의 과학연구원을 지냈으며, 그곳에서 40년 동안 지진 예측 과학과 재난 구제를 연구했다. 지난 10여 년간 그는 뉴욕시 기후변화 관련 대책위원회의 일원으로서 상승하는 바다에 대한 도시의 대응이 형태를 갖추는 데 깊이 관여해 왔다. 80세인 그에게는 지금도 독일어 억양이 살짝 남아 있었으며, 마치 개구쟁이처럼 눈이 반짝였다(만난 지 5분 만에 그는 자기가 1960년대에 흑인 활동가 앤절러 데이비스*와 어울리곤 했다고 말했다).

허리케인 샌디가 닥치기 몇 달 전, 야코프가 이끄는 컬럼비아대학 연구진은 100년에 한 번 있을 법한 폭풍해일이 뉴욕의 수십억 달러짜리 교통 기반 시설에 끼치는 영향에 관한 사례 연구를 발표했다.[19] 귀를 기울이는 사람이라면 누구라도 붙잡고서 야코프가 거듭 말했던 이야기는, 상승하는 바다와 유난히 강력한 폭풍이 겹치면 터널은 물론이고 지상의 설비도 물에 잠겨서 도시의 기차와 지하철이 쑥대밭으로 변할 수 있다는 것이었다. 샌디가 닥쳐왔을 때 실제로 일어난 일들이 딱 그러했다. 지하철은 며칠 동안 가동 불능 상태였고, 수백만 명의 통근자를 완전히 실어 나를 수 있는 체계로 돌아오기까지는 몇 주가 걸렸다. 뉴욕의 공무원들은 어느 정도는

• 앤절러 데이비스Angela Davis(1944~)는 미국의 학자 겸 정치 활동가다. 철학을 전공하고 대학교수로 재직하면서 1970년대에 미국공산당 및 급진적인 흑인 인권 단체인 블랙팬서당과의 연계를 이유로 파면과 투옥을 겪었으며, 이후에도 페미니즘 운동과 베트남전쟁 반대 같은 다양한 정치 활동에 참여했다.

야코프의 경고 덕분에 샌디가 닥치기 전에 지하철 운행을 중단해서 그나마 피해를 줄일 수 있었다.

야코프는 이 도시가 직면할 미래가 어떤 종류인지에 대해 충분히 생각하지 않는다는 이유로 드 블라시오와 몇몇 사람들을 비판했다. "그들은 선거라는 시간 척도에서만 생각합니다." 그의 말이다. 야코프는 맨해튼의 지속적인 수변 부동산 개발, 쿠오모 주지사의 라과디아 공항 터미널 혁신 계획, 그리고 125번가 인근 웨스트사이드의 저지대에 자리한 컬럼비아대학의 신규 맨해튼빌캠퍼스 등을 예로 들었다. "우리는 수변 공간 개발을 여전히 허용하고 있는데, 앞으로 50년 내지 80년 후에는 그렇게 했던 것을 후회하게 될 겁니다." 야코프가 내게 말했다. 심지어 더 잘 알아야 할 기업들조차도 지금 무엇이 다가오고 있는지를 파악하지 못하고 있다. 그는 이 도시의 전력 대부분을 공급하는 공익 기업 콘에디슨이 샌디 이후의 재건에 10억 달러를 지출하기로 제안하면서도 정작 기후변화는 셈에 넣지 않았다고 지적했다(하지만 납세자들이 회사를 상대로 소송을 제기하자 상황이 바뀌었다. 야코프는 이 소송에서 기술 자문을 담당했다).

그가 보기에 뉴욕의 아킬레스건은 바로 지하철이다. 특히 터널은 환기를 위해 신선한 공기가 필요하다 보니 밀폐시키는 것이 불가능하기 때문에 취약하다. 비록 지하철 터널이 민물 침수를 처리할 수 있도록 설계되었다고는 해도, 소금물이 전기회로나 터널의 콘크리트에 크게 부식을 일으킨다(뉴욕 지하철 L 노선이 복구를 위해 무려 1년이 넘도록 운행이 정지된 가장 큰 이유도 바로 그것이다). 이론상으로는 환기구를 더 돋울 수도 있고, 그 주위에 방벽을 쌓아서 폭풍 때 소금물이 들어가지 못하게 할 수도 있지만, 어느 선을 넘어가면 그 비용이 터무니없이 높아진다. "결국 다 돈입니다." 전前 항만관리청장 크리스 워드가 내게 한 말이다. 그는 뉴욕 지하철을 운영하는 메트로폴리탄 교통관리청MTA, Metropolitan Transit Authority이 2001년 9월 11일의 테러 공격 직후 심하게 피해를 입은 로어맨해튼의 사우스페리역을 신축하는 데 무려 5억 3,000만 달러를 썼다는 사실을 지적했다. 그런데 허리케인 샌디로 인해 새로운 역도 졸지에 수족관으로 변하자, MTA에서는 이전의 역사를 재운영하는 동안 신축 역사 수리에 6억 달러를 썼다. MTA는 다음번 폭풍이 몰아칠 때는 바닷물이 새로운 역으로 들어오지 않도록 개폐식 방벽을 설치했지만, 여전히 지하철 노선들은 상승하는 바다에 매우 취약한 상태다. "우리는 기후변화에 대해 체계적으로 생각하지 않고 있습니다." 컬럼비아 법학전문대학원 산하 세이빈기후변화법센터의 대표를 맡고 있는 마이클 제러드의 말이다. "이건 단지 다음번의 샌디에 관한 내용이 아닌데도, 모두 샌디가 발생 가능한 최악의 상황인 것처럼 간주하고 있습니다."

~~~

1920년대에 개발업자들은 롱아일랜드의 서부 자메이카만灣에서 작은 땅을 발견했다. 그곳에는 맨해튼에서 온 경찰관, 소방관, 배관공, 기타 노동계급 사람들이 만들어 놓은 주말 낚시터가 있었다. 퀸스 자치구의 이 얕은 만에는 게와 전갱이, 배스가 가득했다. 가끔씩 말 시체 한 구가 둥둥 떠다녔다. 죽은 동물을 치우는 데 내야 하는 요금을 아까워하는 누군가가 만에 던져 버렸던 까닭이었겠지만, 어느 누구도 그 일에 대해서는 깊이 생각하지 않았다. 그 모래섬의 구조물 상당수는 그냥 나무 오두막이었기 때문에 큰 폭풍이 닥칠 때면 유실되곤 했다. 오두막을 소유한 사람들은 신경도 쓰지 않고 그냥 새로운 오두막을 뚝딱뚝딱 만들고는 다시 낚시를 하러 갔을 뿐이다. 지금으로부터 500년 전 플로리다 남부의 칼루사족이 팔라파(움막)와 조개무지에서 살아가던 방식과 크게 다르지 않았다.

오래지 않아 개발업자들이 그곳을 찾아와 섬에 있는 수로를 준설했다. 만약 주택 소유주들이 자기 보트를 뒷마당에 정박할 수 있다면 이 장소의 매력이 더해질 것이라고 생각했기 때문이다. 곧이어 주택도 건설했다. 이번에는 콘크리트 기초와 단열 벽과 정화조 장치를 갖춘, 진짜 주택이었다. 이들은 이 장소에 '브로드채널'Broad Channel(넓은 수로)이라는 이름을 붙였다.[20] 많은 경찰관과 소방관은 오두막을 버리고 이 새로운 주택에 정착해서 영구 거주자가 되었다. 이들은 맨해튼을 조망할 수도 있었으며, 퇴근한 다음에는 낚시를 갈 수도 있었다. 좋아하지 않을 이유가 있었을까? 물론 때로 폭풍이 닥칠 수도 있다는 사실을 알았지만, 로커웨이반도(동쪽의 연안 사주로, 규모가 훨씬 더 크다)가 보호해 주기 때문에 최악의 상황은 면할 수 있으리라 여겼다. 그렇다면 상승하는 바다는? 당시만 해도 그런 일은 오로지 SF 소설에서나 벌어지는 무언가로 간주되었다.

1920년대 브로드채널에 주택을 구입했던 이들 가운데 먼디 일가가 있었다. 2016년에 내가 찾아갔을 때, 브로드채널에서 태어나서 벌써 칠십 대 후반인 대니얼 먼디가 물가 바로 옆 주택에 살고 있었다. 그의 아들 대니얼 먼디 2세는 오십 대 초반이었으며, 운하 건너편의 역시나 물가를 마주한 주택에 살고 있었다. 허리케인 샌디가 닥쳤을 때는 두 사람 모두 운이 좋았다. 양쪽 집 모두 1.5미터나 물이 차오르기는 했지만, 그래도 주택 자체에 구조적 피해는 거의 없었다. 다른 사람들은 그리 운이 좋지 못했는지, 브로드채널은 그 도시에서 가장 심한 피해를 입은 지역 가운데 하나였다. 1,200채 이상의 주택이 침수되었으며, 400채 이상이 무너져서 완전히 새로 지어야 했다. 다른 주택도 돋우고 수리했다.

"우리는 제대로 두들겨 맞았습니다." 저 멀리 맨해튼의 고층 건물이 번쩍이는 화창한 어느 날, 대니얼 먼디 2세가 자기 집 거실에 서서 이렇게 말했다. 먼디는 뉴욕시 소방청의 대대장으로, 뉴욕 정치 체계의 레버와 스위치를 조작하는 법을 잘 알고 있는 진지하고도 근육질인 남성이었다.

뒤쪽 베란다에 앉은 먼디는 가느다란 섬 두 개를 손으로 가리켰다. 질소 농도를 낮추는 동시에 물고기의 서식지를 개선하기 위해 브로드채널에 사는 친구들과 함께(아울러 미국 육군 공병대의 도움까지 받아서)21 만灣에 건설한 섬이었다. 먼디 같은 사람들의 노력이 한몫을 한 덕분에, 동부 연안의 가장 중요한 조류鳥類 서식 하구 가운데 한 곳이자 참게의 산란지인 이곳이 복원되고 있었다.

먼디는 해수면 상승의 위험을 잘 알고 있었다. 나는 그에게 혹시 이곳을 떠날 생각이 있는지 물어보았다.

"부모님 두 분 모두 이곳에서 태어났습니다." 먼디는 퉁명스럽게 말했다. "저는 여기서 자라났습니다. 제 누이도 여기 살고요. 저는 이 만의 부두 아래로 500번이나 스쿠버다이빙을 했습니다. 왜 이곳을 떠나겠습니까? 여기는 제 고향입니다."

브로드채널에서 나와 만나 이야기를 나눈 다른 여러 사람도 똑같이 느끼고 있었다. 그들은 무슨 일이 닥쳐도 그곳에 머물러 있었다. 게다가 육군 공병대의 개입으로 자메이카만 전체에 대한 보호 계획이 신속히 처리되자, 떠나지 않고 이곳에 계속 남는 것이 실행 가능한 대안이라는 생각이 굳어졌다. 20억 달러 규모의 이 프로젝트는 로커웨이비치의 바다를 마주보는 모래언덕을 보강하고, 만의 해벽을 높이고, 그 입구에 개폐식 방벽을 건립함으로써 폭풍해일이 닥치면 닫아서 방어하는 등의 내용을 담고 있었다. 기본적으로 이것은 베네치아 MOSE 방벽의 저가형에 해당했다. 그런데다 고가형이 지닌 문제를 모조리 갖고 있었다. 우선 어마어마하게 값비쌌고, 짓는 데 수십 년이 걸렸으며, 결국 완공했을 즈음에는 무용지물이 될 수 있었다. 하지만 자메이카만 인근에 사는 사람들에게 어느 정도의 시간을 더 벌어 주고 싶다면, 다른 선택지가 많지는 않았다. 이 만 주위의 다른 지역, 이를테면 퀸스 자치구의 하워드비치 같은 곳은 특히 문제가 많았다. 가뜩이나 저지대에 지하실 딸린 벽돌 주택을 줄줄이 지어 놓았기 때문에 사실상 돋우는 것 자체가 불가능했기 때문이다.

그날 늦게 나는 그 지역의 모임에 참석했다. 육군 공병대의 프로젝트 책임자 댄 폴트가 그 지역 주민들에게 처음으로 계획의 요지를 설명하는 자리였다. 로커웨이비치의 방갈로에 살고 있는 폴트는 이 계획이 자칫 논란을 불러일으키게 될까 봐 걱정했다. 그럼에도 불구하고 엄밀히 말해서 계획 자체는 새로울 것이 전혀 없었다. 육군 공병대는 1964년에 이미 이 만을 지키기 위해 거의 똑같은 계획을 제안한 바 있었다. 2016년에는 몇 가지 사소한 수정만 있을 뿐이었다.

하지만 이 모임에서는 의외의 사실이 드러났다. 자메이카만 인근 주민은 정작 이 계획이 케케묵은 것이라는 사실에는 신경을 쓰지 않았던 것이다. 이들은 보호를 원했다. 아니면 적어도, 보호의 환상을 원했다. 그들은 자기들에게 보호를 제공하는 것이 바로 정부의 역할이라고 믿었다. 그 방벽 때문에 만이 졸지에 큰 연못으로 변모한들 누가 신경이나 쓰겠는가? 그 모임에서 발언하는 사람들의 기본적인 견해는 다음과 같이 요약할 수 있었다. 새들과 해양 생물이 있는 것도 좋은 일이지만, 고향이 있다는 것은 훨씬 좋은 일이다. 설령 불과 몇십 년에 불과하더라도 말이다. 물과 함께 살아가는 것, 주택을 돋우는 것, 보트를 타고 통근하는 것에 관한 이야기는 전혀 나오지 않았다. 또 아직 할 수 있을 때 여기를 떠나 더 높은 곳으로 옮겨 가는 것이 현명한 일일 수 있다는 생각을 어느 누구도 개진하지 않았다. 모임 장소 뒤쪽에서 일어난 어떤 여성이 당혹스러운 기색의 목소리로 이렇게 말한 것처럼. "정말 알고 싶은 것은 이겁니다. 그 장벽을 세우기까지 과연 얼마나 시간이 걸릴까요? 우리는 과연 얼마나 취약한 상태로 지내야 하는 걸까요? 큰 홍수가 한 번 더 일어나면 우리는 끝장이잖아요."

한 시간 뒤, 나는 차를 대 놓은 먼디의 집 근처까지 걸어갔다. 마침 만조 때여서 거리는 온통 물바다였다. 머리 위로 떠 있는 보름

달은 제 인력이 뉴요커들에게 야기한 번거로움에 대해서는 무관심한 모습이었다. 나는 신발과 양말을 벗고 바짓단을 걷어 올린 다음, 차갑고 짭짤한 대서양의 물을 건너서 내 차로 향했다.

제8장 **섬**
나
라.

파리 외곽의 오래된 공항 르부르제의 연회장에서는 젖은 합판과 향수 냄새가 났다. 르부르제에서 파리기후회담에 대비해 개축한 몇 개의 널찍한 방 가운데 하나인 이곳에는 오늘 협상 마지막 밤을 맞이해 사실상 세계 모든 나라에서 온 사람들이 가득했다. 흑색과 갈색과 백색의 얼굴들이 바다를 이루었고, 일부는 비즈니스 정장을 입고 또 일부는 의례용 예복과 가운을 입고 있었다. 나는 그 가운데 서서, 프랑스 대통령 프랑수아 올랑드가 연회장 앞의 연단에 올라 의사봉을 탁 내려치며 2015년 파리기후협정의 공식 채택을 알리는 모습을 지켜보았다. 모두가 환호했다. 몇몇은 눈물을 흘렸다. 놀랍게도 나는 바로 옆에 있는 사람을 끌어안았다. 한 번도 만나거나 이야기를 나눠 본 적 없는 젊은 아시아 여성이었다. 아마도 낯선 사람이 자기를 갑자기 붙잡아서 놀랐는지 그녀가 몸을 빼는 것 같았는데, 잠시 후에는 그녀도 나를 안아 주었다. 나는 그녀의 이름은커녕 어느 나라를 대표하러 왔는지도 결코 알지 못했지만, 그 순간의 위력에 관해 우리가 공유했던 표현만큼은 진실했다.

파리협정은 복잡한 합의였다. 자발적 배출 목표에 관해서나, 부유한 국가들이 가난한 국가들의 청정에너지에 자금을 지원하는 방법에 관해서 미묘한 표현들이 가득했다. 하지만 이 협상의 요지는 사실상 세계 모든 나라가 향후 수십 년간 온실가스를 감축하기로 맹세했다는 것이었다. 그럼으로써 기후 온난화를 산업화 이전 수준 대비 섭씨 2도 이내로 제한하겠다는 것인데, 이는 최악의 기후변화 충격으로부터 벗어나기 위해 우리에게 허락된 확고부동한 문턱이었다. 트럼프 대통령이 이 협상에 대한 미국의 서약을 철회하기 전부터도 과연 이 합의가 단지 모두가 금세 잊어버리고 말 기분 좋은 순간에 불과할지, 아니면 향후 수십 년간 탄소 오염의 궤적을 아래로 끌어내리기 위한 진지한 노력의 시작을 상징할지 여부는 불확실한 상태였다. 그런데 알고 보면 이 회담의 눈에 띄지 않은 영웅 한 명이 있었으니, 바로 마셜제도공화국의 외무장관 토니 드 브룸이다.

협상 당시 70세였던 드 브룸은 르부르제의 어디에서나 볼 수 있었다. 그는 붉은색과 푸른색 줄무늬 넥타이를 어깨 위로 펄럭이며 재빨리 이 회담에서 저 회담으로 오갔으며, 종종 그 옆에는 이번 행사 내내 드 브룸과 함께 일한 비영리 자문 단체 '독립외교단'의 자문위원 한 명이 따라다니곤 했다. 반백의 머리카락과 콧등을 타고 흘러내린 안경만 놓고 보면, 그는 마치 어딘가에 정신이 팔린 화학 교수님 같은 인상을 주었다. 하지만 드 브룸이 파리에서 맡은 자

파리기후회담의 마지막 날 밤, 마셜제도 외무장관 토니 드 브룸이
연회장으로 들어서고 있다.

기 임무에 관해 드러낸 진지함이란 차마 무시하기 힘들었다. 마셜
제도 국민들에게나, 또 다른 세계 여러 저지대 국가의 국민들에게
나 이 기후 협상은 단지 경제적 경쟁력이나 국제적 실력 행사의 문
제만이 아니었다. 오히려 삶과 죽음의 문제였다. "우리나라는 소멸
에 직면해 있습니다." 드 브룸이 내게 한 말이었다. 드 브룸은 훗날
파리 협상의 "야심찬"high ambition 연대라고 일컬어진 것을(이 연대에
는 결국 미국은 물론이고 버뮤다와 몰디브제도 같은 작은 섬나라들도 가담하게 되
었다) 구성하는 데 상당 부분 기여한 바 있으며, 이 연대는 결국 온
난화 수준을 산업화 이전보다 최대 1.5도 상승 이내로 제한하는 동
시에 2050년까지 탄소 배출을 0으로 만들겠다는 "희망"aspirational
목표를 성공적으로 밀어붙였다.

이 협상에서 드 브룸의 도덕적 입지는 반박의 여지가 없었다. 이는 단순히 마셜제도가 기후변화로부터 불균등하게 많은 몫의 고통을 겪기 때문만은 아니었다. 20세기 전체를 통틀어 마셜제도만큼 나쁜 대우를 받은 곳은 세계에서 거의 없다시피 했다. 드 브룸은 그 모두를 직접 목격했다. 아홉 살 때는 할아버지와 함께 고기를 낚다가 수평선에서 섬광을 보았는데, 바로 미국의 원자폭탄 실험 가운데 하나였다. "불과 몇 초 만에 하늘 전체가 빨갛게 변했습니다. 마치 어항을 뒤집어쓴 상태에서, 제 머리 위로 피를 끼얹은 것 같았습니다."[1] 그의 회고다. 1946년부터 1958년까지 미국은 마셜제도에서 연이어 핵폭탄 실험을 시행했고, 비키니환초Bikini Atoll에만 23개의 폭탄을 퍼부었다.[2] 그중에서도 가장 컸던 이른바 브라보Bravo 핵실험은 히로시마에 떨어진 폭탄보다 1,000배나 더 강력한 위력으로 작은 섬을 무려 세 개나 증발시켰다.

여러 해 동안 미국은 핵실험 중 다친 마셜제도 주민이 단 한 명도 없다고 주장해 왔다.[3] 하지만 이는 사실이 아니었다. 비키니에서는 주민이 대피했지만, 방사능 파편이 바람에 실려 인근의 다른 환초로 옮겨 갔다. "몇 시간 만에 환초는 미세한 흰색 가루 같은 물질로 뒤덮였습니다." 가장 큰 영향을 받은 환초 가운데 하나인 롱겔라프Rongelap에서 최종 대피를 지휘했던 제톤 안자인의 회고다. "그게 방사능 낙진이라는 것은 아무도 몰랐습니다. 아이들은 그 눈雪 속에서 뛰놀았습니다. 심지어 먹기도 했지요."[4] 이 방사능과 접촉했던 사람들 다수에게는 암, 특히 갑상선암이 만연했다.[5]

주로 세계의 부유한 나라들이 배출한 탄소 오염 물질로 인해 상승하는 바다 때문에, 이제 마셜제도는 자칫 삶과 문화가 전멸당할 위험에 처해 있었다. 이런 상황은 스스로의 죽음에 기여하는 일이라고는 단 한 번도 한 적이 없는 다른 수많은 가난한 저지대 국가들에서도 마찬가지였다.

"우리에게는 종말이 이미 시작되었습니다." 회담이 끝난 직후에 드 브룸이 내게 한 말이다. "문제는 이겁니다. 우리는, 그리고 세계는 이 문제를 어떻게 할 것인가?" 안타깝게도 드 브룸은 이 질문에 대한 답변을 얻지 못했다. 그는 2017년 마셜제도에서 사망했다. 마셜제도공화국의 대통령 힐다 하이네는 그를 "국가적 영웅"[6]이라고 일컬었다.

~

마셜제도의 수도 마주로는 태평양의 오아시스 같은 도시다. 길이 1.6킬로미터의 석호를 에워싼 이 가느다란 땅덩어리에 약 3만 명이 살고 있다. 비행기에서 내리는 순간, 사방이 바다이고 공기에는 소금기가 배어 있어서 주위를 에워싼 물의 세계가 상상조차 할 수 없을 정도로 방대하다는 것을 암시한다. 이곳에서의 삶은 불안정하기 때문에, 굳이 기후과학자가 아니더라도 급속히 상승하는 바다의 세계에서 이곳이 큰 곤란에 처해 있음을 누구나 알 수 있다.

마셜제도공화국은 이미 단단한 땅보다 물이 훨씬 더 많은 상태다. 이곳은 약 180제곱킬로미터의 육지로 이루어졌지만, 그 모두는 필리핀부터 하와이 사이의 태평양에서 면적 190만 제곱킬로미터에 달하는 해역에 1,000여 개의 섬과 환초로 흩어져 있다. 환초를 이루는 "땅"은 오래된 사화산의 해저 잔해 위에서 자라난 산호초로부터 생겨났다. 환초 대부분은 해수면보다 1.5미터 내지 1.8미터 더 높지만, 마주로의 몇몇 군데는 그 높이가 6미터에 달한다. 마셜제도 남쪽에 있는 키리바시라든지, 인도양의 몰디브제도 같은 다른 섬나라들도 이와 유사하게 낮고 평탄한 지형을 갖고 있다. 또한 급속히 상승하는 바다의 세계에서, 이들 섬나라의 미래는 비슷비슷하게 어둡다.

물론 다른 여러 곳도 처지는 똑같다. 하지만 섬나라들의 곤경이 그토록 비극적인(그리고 토니 드 브룸이 파리에서 그토록 많은 권한을 갖고 있었던) 이유는 두 가지가 있다. 첫째, 이들은 다른 국가들의 방종 때문에 고통받고 있다. 기후변화는 서양이 무려 200년 동안 만끽했던 화석연료 파티 때문에 시작되었다(앞 장에서 언급한 것처럼 이산화탄소는 대기 중에 축적된다. 따라서 우리의 따뜻해지는 대기가 누구 때문인지를 알고 싶다면 역사적 배출량을 살펴보아야 한다). 마셜제도 주민들이 이 문제에 기여한 바가 얼마나 적은지를 쉽게 알아보려면 다음과 같은 사실을 기억하면 된다. 마셜제도 주민들이 지난 50년 동안 배출한 이산화탄소의 총량은 미국 오리건주 포틀랜드시의 연간 배출량보다도 더 적다.7 물론 기후변화의 기본적인 부당함은 그 문제에 대해 가장 책임이 적은 사람들이 가장 큰 대가를 치르게 된다는 점이다. 부유한 서양 국가들이 지난 30년간의 기후 협상에서 맞닥뜨린 가장 다급했던 질문이자, 아마도 앞으로 30년간의 기후 협상에서 다시 맞닥뜨릴 수밖에 없을 법한 질문은 쉽게 말해 이런 것이다. '우리가 그들에게 빚진 것이 무엇인가?'

그런데 섬나라들에는 이런 질문이 특히나 절박하다. 이들 입장에서는 주택과 생계뿐만이 아니라, 언어와 문화와 정체성까지도 위태위태하기 때문이다. 마셜제도에는 이주할 만한 고지대가 전혀 없다. 따라서 그곳이 물에 잠기면 모두가 사라지는 셈이다. 드 브룸이 파리 회담 시작 직전의 인터뷰에서 밝힌 그대로다. "주민의 실향과 문화적 언어 및 전통의 파괴야말로 우리에게는 종족 학살이나 마찬가지입니다."[8]

미국 국방부가 이 섬들을 핵무기 실험장으로 변모시키고 수십 년간 그곳의 땅과 사람에게 유독 물질을 흩뿌린 대가로, 마셜제도는 미국으로부터 각종 보조금과 지급금 형태로 수십억 달러를 받아 왔다. 그 돈이 어디에 사용되었든지 간에, 졸지에 핵 시대Nuclear Age의 고양이 화장실로 전락함으로써 야기된 심리적이고 문화적인 황폐화에 대한 보상이 되지는 못했음이 분명하다.

마셜제도는 색 바랜 미국 달러 지폐를 사용하고, 아예 경제라고 할 만한 것이 없는 나라다. 비록 코코넛과 빵나무 열매를 생산하고 자국 영해에서 참치를 잡는 외국 어선에 어업 허가권을 판매하기는 하지만, 이 나라는 다른 나라들의 원조에 크게 의존한다. 마주로의 경찰서, 법원, 가로등은 일본, 대만, 오스트레일리아의 지원으로 건립되었다. 현대식 하수 설비도 미비하다. 결국 오염 물질이 환초를 에워싼 석호를 파괴하고 물고기를 죽인다는 뜻이며, 어부들도 물고기를 잡으려고 점점 더 멀리 나가야 해서 연료를 낭비하게 된다는 뜻이다.

마주로는 또한 덤벼드는 바다와의 전투에서도 위치가 좋지 않다. 이곳은 섬들 중에서도 바람이 불어오는 쪽의 가느다랗고 작은 섬에 자리 잡고 있는데, 이는 미국 점령 시절의 잔재다. 그 당시 미군의 수상 비행기 기지 주위에 도시가 건설된 것이다. 그전까지만 해도 사람들은 더 신중하게도 환초에서 바람을 등진 쪽의 훨씬 넓은 섬에 살고 있었다. 방파제는 수리가 잘 되지 않았지만, 그렇다고 새로 지을 만한 돈은 없었다. 렘 콜하스 같은 스타 건축가들이야 군이 이런 곳에 해수면 상승을 환기할 만한 가치를 지닌 현대적인 건물을 짓지도 않는다. 이곳의 거의 모든 건축물이 진흙 벽돌과 양철 지붕으로 이루어져 있다. 유일하게 회복탄력성 있는 구조물은 석호에 자주 닻을 내리는 보트들뿐이다(구글의 공동 창립자 래리 페이지 소유의 길이 58미터짜리 요트 센시즈호도 근해에서 목격된 적 있다).

바다 위 요새가 어떤 모습인지 보려면, 마셜제도 주민들은 보트에 올라타 그곳에서 가장 큰 환초인 콰잘레인Kwajalein까지 조금만 가면 된다. 바로 그곳에 로널드레이건 탄도미사일방어실험장이 있다. 이 기지에 살고 있는 1,200명의 미국인은 미사일을 발사하고, 우주 무기 프로그램을 가동하고, NASA의 연구를 추적하는데, 연간 예산만 1억 8,200만 달러에 달한다.[9]

콰잘레인이라고 해서 상승하는 바다의 위협을 면하는 것은 아니다. 하지만 미군은 새로운 방파제와 또 다른 방어용 기반 시설을 구축할 자금을 마련하는 데 아무 문제가 없다. 2008년에 폭풍해일로 기지가 침수되어 섬의 민물 공급원이 모조리 파괴되자, 미군은 값비싼 담수화 기계를 도입하고 흔히 쇄석碎石이라고 부르는 강화 화강암으로 만든 튼튼한 장벽을 설치하여 대응했다. 펜타곤은 이 강화 조치에 자신감을 느낀 것이 분명했는지, 신형 레이더 설비를 섬에 설치하기 위해 10억 달러를 투자했다. 이 설비는 지구 궤도를 선회하는 인공위성과 우주인이 우주 쓰레기와 충돌하지 않도록 도움을 주기 위해 고안된 것이었다.[10]

"저 기지는 완전히 다른 세계죠." 시험장에서 일하는 한 마셜제도 주민이 내게 말했다. "그곳에 가면 안전하다는 느낌이 들거든요."

기지 바깥으로는 시야 저 멀리까지 오로지 모래와 무너져 내리는 방파제와 물만 보일 뿐이다. 그런 광경이 마셜제도 주민들에게 환기하는 질문은 근본적이다. 내가 얼마나 오래 여기 머물 수 있을까? 그리고 떠나야 할 때가 되면, 나는 과연 어디로 갈 수 있을까?

~

마셜제도 같은 산호 환초에서는 샘이 흘러 생긴 강도, 산속의 호수도, 목가적인 개울도 없다. 민물은 하늘에서 내려온다. 마셜제도 주민들은 자기네 집 지붕에 놓아 둔 빗물받이 양동이로, 또는 공항 내의 빗물받이 연못으로 물을 모은다. 대자연은 때때로 빗물을 좁은 지하 대수층帶水層, 즉 지질학자들이 담수렌즈체freshwater lens● 라고 부르는 곳에 저장한다. 비가 계속 내리는 한에는 만사형

● 지하 깊은 곳의 염수 위에 떠 있는 렌즈 모양의 민물 덩어리를 말한다. 투수성 좋은 해안가 지층의 틈을 통해 내륙 쪽으로 들어온 바닷물이, 고지대에서 바다 쪽으로 흘러내려 오는 담수 지하수와 만나 섞인 뒤 밀도 차에 의해 담수가 위로 뜨며 형성된다.

통이다. 하지만 몇 달 동안 비가 내리지 않으면 문제가 생긴다. 실제로 2013년에 그러했고, 2015년에도 역시나 그러했다. 마셜제도 주민들은 마치 영화 속 로빈슨 크루소처럼 온통 물에 에워싸여 있으면서도 정작 갈증으로 죽어 가는 곤경에 처하게 되었다.

산호 환초에서 민물은 예나 지금이나 항상 쟁점이었다. 하지만 인구가 증가하면서 이 문제는 더 극심해졌다. 인구 300명의 섬에서 빗물을 충분히 모으는 것은 그럭저럭 가능하다. 하지만 인구 3만 명의 도시에서 그렇게 하기란 아주 다른 문제일 수밖에 없다.

마셜제도 주민들은 이 문제를 충분히 타당한 방법으로 처리했다. 모으는 빗물의 양을 늘린 것이다. 하지만 거대한 저수지를 지을 만큼 땅이 충분하지 않았다. 게다가 땅을 너무 깊이 파면 아래에서 소금물이 콸콸 올라왔다. 결국 주민들은 아스팔트 활주로를 따라 흐르는 물을 모으기 위해 공항 근처에 여러 개의 빗물받이 연못을 건설했다. 얼핏 보면 (증발을 줄이려고) 검은 비닐로 덮어 놓은 수영장들이 줄줄이 늘어선 것처럼 보였다. 하지만 이 물은 윤활유와 석유, 새똥으로 오염된 상태이기 때문에 반드시 처리하고 여과해야 마실 수 있다. 이 저수지를 가득 채우면 3,400만 갤런[13억 리터]의 민물이 생겼고, 그 정도면 마주로의 주민이 몇 달은 충분히 생존할 수 있었다.[11]

하지만 공항에서 나오는 공용 수도를 연결해서 사용할 수 있는 주민은 마주로 전체 인구의 4분의 1에 불과하다. 나머지 2만 2,000명가량의 주민을 비롯해, 바깥쪽 환초들 곳곳에 흩어져 살아가는 또 다른 2만 명가량의 주민은 플라스틱 드럼통에 받아 놓은 빗물에 의존하거나, 아니면 땅속의 담수렌즈체에서 물을 뽑아 써야 한다. 이런 현실 때문인지 마셜제도 주민들은 민물 보전 능력이 매우 뛰어나다. 뉴욕시에서는 매일 1인당 평균 118갤런[447리터]의 물을 사용한다. 반면에 마주로에서의 사용량은 매일 1인당 평균 14갤런 [53리터]에 그친다.

그럼에도 불구하고 식수 부족은 마셜제도의 끊임없는 걱정거리다. 북쪽 환초들의 연간 강수량은 127센티미터 미만이다. 남쪽의 환초들은 그 2배 정도 된다. 기후가 온난해지면서 강우 패턴이 변화할 가능성이 있다. 몇몇 모델에 따르면 앞으로 수십 년 동안 마셜제도에서는 평균적으로 비가 더 적게 내리는 것이 아니라, 오히려 더 많이 내릴 것이라고 한다. 아울러 더 뜨거운 기온과 더 긴 가뭄을 겪을 수도 있다.

하지만 강우 패턴이 어떻게 변하든, 식수는 여전히 걱정거리로 남아 있을 수 있다. 공항 저수지 주위에는 제방을 둘러놓긴 했지만, 큰 폭풍이 닥치면 더러는 파도가 장벽을 넘어온다. "월파越波가 벌어지면, 소금물이 우리 저수지로 들어옵니다. 그렇게 오염된 민물은 석호로 내버릴 수밖에 없지요." 마주로의 부서기장 키노 카부아의 말이다. "기후변화가 닥치고 해수면이 상승하면, 그럴 위험도 늘어날 겁니다."

이보다 더 큰 위협은 섬과 환초 여러 곳의 담수렌즈체로 소금물이 침투하는 것이다. 담수렌즈체는 극도로 민감하고 항상 변화한다. 건기에는 종종 고갈되며, 염분이 높아지기 때문에 마실 수조차 없게 된다. 그러다가 마침내 비가 내리면 빗물이 담수렌즈체를 다시 채우고, 이 물은 모래 토양을 따라 여과되어 환초의 기반을 이루는 다공성 산호암으로 스며든다. 담수렌즈체의 두께는 섬의 크기, 강우량, 바다의 깊이에 따라 달라진다. 더 깊숙이 들어갈수록 물의 염분이 높아지면서 결국에는 순수한 바닷물로 변한다.

문제는 해수면이 상승함에 따라 아래 있던 소금물이 점점 위로 밀려 올라오며 민물이 있을 공간이 점점 줄어든다는 점이다(민물은 부력이 더 커서 소금물 위로 올라간다). 게다가 바다가 상승하면 폭풍해일로 인한 홍수가 더 잦아질 수 있다. 환초 하나가 통째로 침수되면 소금물이 스며들어 담수렌즈체가 오염될 가능성이 있다. 이 물이 다시 음용수로 적합해질 때까지는 몇 년이 걸릴 수도 있다.

이에 버금가는 심각한 문제로, 토양 염류화가 있다. 토니 드 브룸은 나무가 염분이 많은 토양을 더 이상 견딜 수 없기 때문에, 마셜제도의 주식인 빵나무 열매를 기르기가 점점 어려워진다는 사실을 자주 이야기했다. 마셜제도의 토양오염은 한편으로 염수를 관개에 이용한 탓이기도 하지만, 또 한편으로는 만조와 폭풍 때마다 홍수가 점점 빈번해진 탓이기도 하다. 마주로 전역에서 시들고 죽어가는 빵나무를 볼 수 있다. 바나나와 파파야, 망고 같은 기타 식용 작물도 마찬가지로 영향을 받았다.

정부에서 운영하는 농장들은 타로감자와 카사바처럼 소금에 저항력을 지닌 변종 작물을 실험하고 있다. 하지만 토양의 염분이 점점 강해지면, 마셜제도 주민들은 점점 더 식량 수입에 의존하게 될 것이다. 지금도 생선과 과일 같은 이 섬의 옛 식단은 거의 사라져 버렸다. 오늘날은 쌀과 밀가루, 고기가 삼시 세끼의 주식이다. 이것들 거의 대부분이 수입품이어서 가격도 비싸다(마셜제도에서는 쌀도, 밀도, 가축도 기르지 못한다). 마셜제도 주민들은 다른 면에서도 그 비용을 감내하고 있다. 즉 인구의 65퍼센트가 과체중이거나 비만인 것이다.[12] 30퍼센트 이상이 당뇨를 앓고 있는데, 이는 전 세계에서 가장 높은 비율이다.

～

갈수록 염분이 높아지는 토양과 식수 문제는 단지 섬나라들에 국한된 일이 아니다. 마이애미에서는 도시 아래의 얕은 대수층으로 소금물이 점점 더 깊숙이 밀려들어 와서, 이 지역의 식수 공급을 위협하고 있다. 베트남의 메콩강 삼각주에서는 소금물로 오염된 토양 때문에 한때 생산적이었던 육지가 불모지로 바뀌고, 수백만 명이 쌀 같은 전통적인 농작물에 손댈 수 없게 되었다. 이집트에서는 민물 공급이 놀라운 속도로 감소해서 2025년에 이르러서는 전국적인 부족 상황에 직면할 수도 있어 보인다.[13] 최근의 한 연구에 따르면, 민물 공급이 감소하고 나일강 삼각주 농경지의 염분이 증가함에 따라 2100년에 이르러 이집트는 주거 불가능 상태가 되어 버릴 공산이 크다. 방글라데시에서는 자국의 수자원모델화연구소가 세계은행과 함께 수행한 연구가 2015년에 발표되었는데, 최악의 시나리오에 따르면 방글라데시 연안 지역에서 민물 강을 이용할 수 있는 지역의 숫자는 향후 수십 년 사이에 절반으로 뚝 떨어질 것으로 보인다.[14] "우리가 겪는 가장 큰 문제는 바로 물입니다." 방글라데시의 연안 지역 가부라의 한 마을 주민 아스마 베굼이 BBC 기자에게 한 말이다. "사방에 물이 있는데도 마실 수가 없습니다. 게다가 그 물이 우리 땅을 파괴하고 있습니다."

또한 염분은 방글라데시의 농작물인 쌀을 파괴하고 있으며, 베트남을 비롯해 남아시아와 동남아시아의 다른 삼각주 지역에서도 마찬가지 상황이 펼쳐지고 있다. 이는 식량 안보 측면에서 어마어마한 함의를 지닌다. 쌀은 이 나라의 1억 6,000만 인구가 소비하는 칼로리의 70퍼센트를 담당하기 때문이다. 연구자들은 염분에 잘 견디는 쌀 품종을 실험하고 있지만 진척은 더디다. 그 대신 많은 방글라데시 사람들은 소금물에서 잘 사는 새우 양식업으로 눈을 돌리고 있다.[15] 하지만 새우 양식은 대개 염류화 문제를 더 악화시킬 뿐이다. 새우 양식장이 늘어나면서 농사를 포기한 농부들이 민물 담긴 논을 소금물 담긴 양식장으로 바꾸자 소금물이 삼각주 지역 안으로 점점 더 깊이 들어오게 되었고, 한때 일가족이 야채를 재배하고 닭을 기를 수 있었던 거주 가능 지역을 사실상 해양 환경으로 변모시키고 있다.

염분이 있는 토양과 달리, 염분이 있는 식수는 비교적 손쉬운 기술적 해결책을 갖고 있다. 물론 어디까지나 돈이 있을 경우에 그렇다는 뜻이다. 현재 세계에서 가장 큰 담수화 공장은 미국 샌디에이고에 있다.[16] 설계와 건설에만 10억 달러가 들었다. 이 공장은 하루 1억 갤런의 태평양 물로 5,400만 갤런의 음용 가능한 신선한 물을 만들어 낸다. 그 정도 양이면 샌디에이고카운티에 필요한 총량의 약 10퍼센트에 불과하지만, 안정적인 데다 가뭄에 영향을 받지 않는다는 장점이 있다. 다른 대부분의 담수화 공장처럼 이곳은 역삼투라는 과정을 사용한다. 즉 바닷물을 얇은 막에 통과시켜서 소금과 기타 불순물을 제거하는 것이다. 이 설비가 그토록 비싼 것은 바닷물을 밀어서 막에 통과시킬 때 어마어마한 양의 에너지가 필요하기 때문이다. 샌디에이고 공장에서는 매년 35메가와트의 전력을 사용하는데, 그 비용만 3,000억 달러에 달한다. 이처럼 높은 비용이야말로 세계의 담수화 공장 중 70퍼센트가 중동의 부유한 산유국에 있는 한 가지 이유다. 사우디아라비아만 해도 앞으로 몇 년 동안 280억 달러를 들여 새로운 공장들을 건립할 계획이다.

마셜제도 같은 가난한 국가는 작고 휴대 가능한 담수화 기계를 비상용 가뭄 구제에 사용한다. 하지만 거기서 생산되는 물은 하루 몇천 갤런에 불과하고, 그나마도 많은 연료가 들며, 심지어 기계도 자주 고장 난다. 이 섬을 방문한 물 전문가들은 증발 방식으로 민물을 만드는 플라스틱 텐트 등 더 간단한 기술을 실험하고 있다. 비록 생산되는 물의 양이 적은 편이고 자칫 폭풍에 유실될 수 있지만, 이런 방법도 충분히 효과는 있다. 시간이 흐르면서 담수화 기술은 분명히 더 나아지고, 더 저렴해지고, 더 견고해질 것이다. 하지만 그로 인해 기술적 의존성이 생기면 외딴 환초에서 살아가는 비용과 복잡성, 위험성은 또다시 증가한다. 어떤 사람은 딱 알맞게 관리할 수 있을지도 모른다. 하지만 다른 사람들에게는 그것이야말로 이곳을 떠나야 하는 또 한 가지 이유가 될 가능성이 있다.

~

파리기후회담이 시작되기 2주 전인 2015년 11월 13일, 이슬람 테러리스트들이 파리 시내에서 총기 난사와 자살 폭탄 공격을 연이어 감행해 130명이 사망하고 400명 가까이 부상을 입었다. 최악의 공격은 파리 11구의 바타클랑극장에서 열린 밴드 이글스오브데스메탈의 공연에서 발생했으며, 90명이 사망했다. 기후 회담이 열리는 동안 도시는 삼엄한 경계 태세를 갖추고 있었고, 곳곳에 보안요원이 있었다. 나는 기관총을 든 군 장교들이 루브르의 출입구 인근 덤불을 수색하고, 장갑차 여러 대가 콩코르드 광장에 배치된 모습도 보았다.

이 공격이 파리에서의 협상에 어떤 영향을 끼쳤는지는 알 수 없다. 르부르제의 분위기를 어둡게 만든 것은 분명했고, 이 세계가 더 위험한 장소로 변하고 있다는 느낌을 부각시킨 것도 분명했다. 지금 와서 돌이켜 보면 파리 테러는 유럽이(그리고 세계가) 안쪽으로 방향을 틀기 시작한, 즉 방벽과 장벽을 건설하기 시작한 순간을 상징했다. 당시 유럽의 지도자들은 이미 시리아의 전쟁을 피해 몰려온 피난민의 홍수에 대처하기 위해 안간힘을 쓰고 있었다. 비록 파리 테러에 가담한 테러리스트 모두가 유럽연합의 시민들로 밝혀졌지만, 기후 회담 동안에는 이 테러가 앞으로 닥칠 일에 대한 예고편이라는 차마 말하지 못할 두려움이 맴돌고 있었다. 인구학자들이 말하는 저고도 연안 지대에 사는 사람은 세계적으로 10억 명 이상이다.[17] 이 사람들 가운데 상당수는 적응을 지원할 돈이 거의 없는 가난한 나라에 살고 있다. 물이 상승하면 이들은 어디로 갈 것인가? 이들의 법적 권리는 무엇인가? 미국이나 유럽연합 등 부유한 산업국가들이 이들에게 무슨 빚을 졌는가? 지난 30년간의 기후 회담을 바라보는 한 가지 방식이 있다면, 자기네 미래를 훔쳐 간 대가로 부유한 나라들로부터 보상을 얻어 내려는 가난한 나라들의 지난한 시도로 여기는 것이다.

그 시도가 가난한 나라들에는 아주 잘 풀리지 않았다는 사실이야 놀라운 일도 아니다. 국제연합UN은 여러 해에 걸쳐 다양한 종류의 특별기금을 만들었지만, 관료제로 숨통이 막혔으며 서구에서 많은 금액을 기부하지도 않았다. 2009년 코펜하겐 회담 이후 서방국가들은 일명 녹색기후기금Green Climate Fund이라는 새로운 메커니즘을 수립했고, 공공 및 민간 자금으로 매년 1,000억 달러씩 조성해서 개발도상국의 문제 해결을 지원하겠다고 밝혔다.[18] 파리에서 미국은 이 기금에 30억 달러를 내겠다고 약속했지만, 오바마 임기 종료 때까지 실제로 내놓은 돈은 10억 달러에 불과했다. 그중 5억 달러도 겨우 임기 종료 며칠 전에야 송금한 것이었다. 이 기금은 1,000억 달러의 조성 목표에서 여전히 턱없이 모자랐다. 2016년 말 기준, 이 기금이 외부에서 지원을 약속받은 금액은 100억 달러 상당이며, 이 기금이 외부로 지급한 금액은 약 10억 달러에 달한다. 얼핏 보기에는 많은 금액인 듯하다. 하지만 세계의 여러 가난한 나라들이 청정에너지로 전환하고, 상승하는 바다로부터 스스로를 보호하고, 식량 및 물 공급을 확보하고, 전반적으로 미래에 대비하도록 지원하겠다는 녹색기후기금의 취지를 떠올려 보면 10억 달러의 기금은 양동이에 떨어진 물 한 방울도 될까 말까 한 셈이다. 뉴욕시에서 맨해튼 로어이스트사이드에 장벽을 구축하는 데에도 그 정도 돈이 들었으니 말이다.

마셜제도에는 녹색기후기금이 별 도움이 되지 못했다. 기금에서 기후변화 적응을 지원하겠다며 마셜제도에 지급한 돈의 총액은 사실상 0이나 다름없다(지금 내가 이 글을 쓰는 동안에는 몇 가지 작은 프로젝트가 진행 중이다). 이 나라는 다른 국제기구로부터도 자금 지원을 받긴 했다. 예를 들어 세계은행은 적응 프로젝트를 돕기 위해 마셜제도에 600만 달러를 제공했으며, 그중 150만 달러는 건물의 회복탄력성을 높이고 재난 대비 인력을 고용하기 위한 용도였다. 마셜제도는 또한 아시아개발은행을 비롯한 다른 여러 국제기구로부터도 자금 지원을 받았다. 하지만 분명한 사실은 해수면 상승의 결과로부터 자국을 보호하기 위한 자금이 마셜제도에는 없다는 것이다. 이들의 생존은 외부의 증여에 달려 있다.

일부 섬나라들은 기금을 조성하는 다른 방법을 궁리했다. 예를 들어 몰디브제도는 마셜제도와 비교했을 때 인구수가 훨씬 많고(35만 명 대 5만 명) 경제 규모도 훨씬 큰데(GDP 23억 달러 대 1억 9,000만 달러), 이는 상당 부분 최고급 관광산업이 잘 발전한 덕분이다. 이곳에서는 기금 조성을 위해 바다를 매립해서 땅을 만들고 있다. 쉽게 말해 기존 석호 내부에 새로운 섬들을 건설하는 것이다. 2016년 몰디브제도 의회는 사상 최초로 자국 영토에 대한 외국인의 소유권을 인정하는 헌법 개정안을 통과시켰다. 구체적으로 이 수정안은 10억 달러 이상을 투자하는 외국인에게 토지 소유를 허가했는데 단, 해당 토지에서 최소한 70퍼센트는 바다를 매립한 결과물이어야 했다. 인도 정부 관계자는 혹시나 이로 인해 중국인이 유입되지 않을까 우려하고 있다. 중국은 이미 남중국해에서 대대적인 육지 매립 프로젝트를 시작한 상황이었다. 익명의 인도 정부 관계자는 이제 중국이 인도양의 전략적인 위치에 있는 몰디브제도의 섬 1,200개 가운데 일부에서도 이와 똑같은 일을 하지 않을지 "우려된다"고 언급했다. 몰디브제도의 단 열네 명뿐인 국회의원 가운데 한 명으로 이 수정안에 반대표를 던졌던 에바 압둘라는 이렇게 말했다. "이렇게 하면 몰디브는 중국의 식민지가 되고 말 겁니다."[19]

파리기후회담 동안 미국 협상단 가운데 한 명이 내게 말한 바에 따르면, 중국은 작은 섬나라들이 직면하는 사안에 "매우 밀접히 동조하고" 있었다. 중국이 태평양에서 자국의 존재감을 확장하는 데 뚜렷이 관심을 갖고 있음을 고려할 때 놀라운 일은 아니다. 하지만 그 덕분에 작은 섬나라들은 협상에서 추가적인 무기를 얻게 되었다. "당신네는 우리를 돕고, 우리의 후원자가 될 수 있습니다." 한 섬나라의 협상가는 미국 측 협상가에게 이렇게 말했다. "그게 싫다면 우리는 중국 친구들에게 갈 겁니다."

2007년 기후변화에 관한 유엔기본협약UNFCCC, United Nations Framework Convention on Climate Change은 "손실과 피해"를 기후 협상에서 새로운 범주로 추가하는 것을 검토하기로 합의했다. 이로써 바르샤바 국제손실피해기구라는 것이 생겼다. 이는 사실상 "손실과 피해"를 어떻게 정의할 것이며, 책임과 보상을 어떻게 처리할 것인지를 따져 보기 위해 창설된 UN 위원회였다. 예를 들어 미국 같은 대규모 오염국들은 마셜제도의 홍수에 대한 법적 책임을 갖는가? 부동산의 상실된 가치에 대해서는? 만약 생물 종 하나가 멸종될 경우에는 어떻게 보상해야 하는가? 어떤 사람이 홍수로 사망할 경우, 그

유족은 범람을 야기한 지난 150년간의 탄소 오염에 대해서 영국을 고소할 수 있는가?

미국과 다른 부자 나라들이 기후 협상 참여를 달가워하지 않았던 이유를 파악하기란 어렵지 않다. 선진국들이 더 이전의 의무를 수행하는 데에도 별반 노력하지 않은 상황에서, 자칫 개발도상국들을 향한 또 다른 경제적 의무를 만들어 낼 수 있기 때문이다. 또 한편으로는 이로 인해 복잡하고도 값비싼 소송으로 나아가는 문이 열릴 위험이 존재하기 때문이다. 예를 들어 미국이 고의로 이산화탄소를 대기 중에 배출함으로써 해수면 상승을 야기해 자기 집을 떠내려가게 만들었다며, 태평양 섬나라의 주민이 소송을 제기할 수 있다. 그런 상상만으로도 부자 나라들은 경직되고 말았다. 그런 일이 조만간 벌어질 것이라고 생각했다기보다는, 기후변화로 가난한 나라들이 입은 손해에 대한 법적 책임의 선례가 남게 될 것이라고 생각했던 것이다. "[손실 및 피해를 고려하는 것에 대해] 우리도 반대하는 것이 아닙니다." 존 케리 국무장관은 파리 회담을 몇 주 앞두고 내게 이렇게 말했다. "다만 우리는 법적 배상을 만들어 내지 않는 방식으로 틀을 잡는 쪽을 선호할 뿐입니다. 왜냐하면 그런 것이 들어 있는 협정이라면 의회가 결코 승인하지 않을 테니까요. … 결국 그 영향으로 협상은 끝장나고 말 겁니다."

파리에서는 손실 및 피해가 협상 과정에서 가장 변덕스러운 쟁점 중 하나였다. 개발도상국들이 기후변화로 겪는 피해에 대한 보상을 요구할 도덕적 권리를 가졌다는 데에는 폭넓은 합의가 있었다. 어떤 협상에서든 훼방을 놓으려는 갖가지 식상한 시도도 있었다(우습게도 세계 15위의 경제 대국인 사우디아라비아의 협상가들은 만약 키리바시나 마셜제도 같은 섬나라들이 피해를 보상받아야 한다고 치면, 사우디아라비아역시 미래의 석유 수익 손실에 대해 보호받아야 마땅하다고 요구했다). 결국 협상가들은 단지 기후변화에 수반되는 손실 및 피해에 대한 "이해, 행동, 지지"를 증진하기로만 합의했다. 달리 말하자면, 앞으로도 계속 이야기를 나누기로 합의한 것이다.

하지만 파리에서의 테러 공격이 모두에게 상기시킨 것처럼, 이것은 단순한 돈 이상의 뭔가에 관한 일이었다. 이는 또한 실향민에 관한 일이기도 했다. 매년 2,000만 명이 홍수, 폭풍, 기타 재난으로 인해 이재민이 된다. 세계 각지의 실향민에 관한 정보와 분석을 제공하는 독립 조직인 국내실향민●감시센터에 따르면, 이는 무력 충돌이나 폭력 사태로 인한 실향민의 숫자보다 대략 3배나 많은 숫자다. 물론 앞으로 수십 년 동안 얼마나 많은 사람들이 강제로 이주하게 될지는 아무도 모른다. 다만 이번 세기 중반에 최소 2,500만 명에서 최대 10억 명까지 이를 수 있다는 다양한 예측이 나올 뿐이다. 가장 신뢰할 만한 국제이민기구의 예측치에서는 2050년에 이르러 2억 명의 기후 난민이 발생할 것이라고 본다.[20]

이런 실향민은 법적 지위도 없고, 보호를 받지도 못한다. 국제법상 기후 난민이란 것은 아예 존재하지도 않는다. 1951년의 난민협약Refugee Convention에서는 난민을 가리켜 "자신의 인종, 종교, 국적,

● 난민과 비슷한 이유로 자신의 일상적 거주지에서 어쩔 수 없이 떠나 자국 안에서 피신한 사람을 국내실향민이라고 한다. 이들은 국제적으로 인정된 국경을 넘지 않고 자국 내에 머물고 있기 때문에 난민의 지위를 인정받을 수 없다.

특정 단체 소속, 또는 정치적 견해 등을 이유로 탄압받을 수 있다는 충분한 근거가 있는 두려움을 가진" 사람으로 좁게 정의한다.[21] 하지만 비록 구체적인 정의가 존재한다 하더라도, 사람들의 이동을 야기하는 문제의 범위를 포착하는 것은 어려운 일일 수밖에 없다. 태평양의 섬나라 사람들에게는 해수면 상승이 쟁점이었다. 또 다른 사람들에게는 땅이나 물을 둘러싼 갈등이 쟁점이었다. 학자와 활동가, 정부 관료들이 모여 기후변화로 인해 국경을 넘는 사람들의 처우에 관해 포괄적 지침을 제안했지만, 법적 강제력을 갖고 있지는 못하다.

파리 회의 이전에, 이주를 인정하고 돕는 동시에 보상을 제공하기 위한 단체를 UN 내부에 만들려는 움직임이 있었다. 하지만 오스트레일리아의 협상가들이 이를 무력화했다. 난민에 관한 쟁점 전

태평양의 섬 키리바시에서 만조에 대피하는 사람들의 모습

체는 워낙 정치적으로 폭발력이 있었기 때문에 파리 회담 내내 거의 논의되지 않았다.

～～～

파리 회담이 끝난 지 거의 1년이 다 된 쌀쌀한 11월이었다. 세계는 변했다. 미국은 기후변화가 사기극이라고 믿는 대통령을 선출한 직후였고, 머지않아 그는 온갖 종류의 기후변화 부정론자들을 데려다가 내각에 앉혀 놓을 예정이었다. 마셜제도의 국민 베네티크 카부아 매디슨은 이 소식에 기뻐하지 않았다. 스물한 살인 그는 대학생들로 이루어진 무리와 함께(그중 일부는 마셜제도 국민이었고, 일부는 힐빌리 백인이었다) 아칸소주 스프링데일의 혼잡한 길모퉁이에 앉아 있었다. 이들은 '흙에 충성하라. 우리는 석유가 아니라 물이 필요하다. 우리가 피조물을 파괴하면, 피조물도 우리를 파괴할 것이다.'라고 적힌 피켓을 흔들고 있었다. 매디슨은 지저분한 턱수염에 검은 테 안경을 끼고 검정 비니를 쓴 채로 천천히 어슬렁거리듯 걸었다. 외모만 봐서는 알 수 없었지만, 그는 무려 마셜제도의 왕족 출신이었다(마셜제도의 초대 대통령 아마타 카부아가 그의 할아버지의 사촌이었다). 매디슨은 마주로에서 태어나 여섯 살 때까지 살다가 가족과 함께 미국으로 이주했다. 지금은 노스웨스트아칸소 지역대학community college에서 정치학을 공부하며, 스프링데일의 방 네 개짜리 주택에서 부모님과 일곱 형제자매와 함께 살고 있다. 대학을 마친 후에는 마셜제도로 돌아가서 정계에 뛰어들고, 언젠가는 그 섬의 대통령이 되기를 기대하고 있다.

그 길모퉁이 시위는 트럼프에 대한 항의 차원이었지만, 이보다 더 중요한 사실은 이 같은 방식으로 스프링데일 주민을 향해(아울러 대통령 당선자를 향해) 이민과 기후변화 같은 사안이 당신들에게도 중요하다고 알렸다는 것이다. 매디슨과 그의 가족은 자유연합협정 Compact of Free Association이라는 조약에 의거하여 미국에 살고 있었는데, 조약의 내용에 따르면 미군이 마셜제도의 환초를 마음대로 사용하는 대가로 마셜제도 주민은 미국에 와서 무기한으로 살면서 일할 수 있다. 비록 투표권까지는 없지만, 오가는 것은 자유이며 세금도 내고 연금도 받을 수 있다.

오늘날 유독 스프링데일에는 마셜제도 국민이 무려 1만 4,000명이나 살고 있다. 이들은 1990년대부터 이곳에 오기 시작했다. 세계 가금류의 수도로 자랑스레 일컬어지는 이 지역의 닭고기 가공 일자리가 그들을 불러들인 것이다. 230억 달러 규모의 타이슨식품은 본사가 스프링데일에 있고, 매주 도살하는 닭의 숫자만 약 3,300만 마리에 달한다. 가공 공장에서는 직원들이 가혹한 환경 속에서 24시간 2교대 방식으로 분당 평균 50마리쯤의 닭을 자르고 찢었다.[22] 한 연구에 따르면 노동자의 86퍼센트는 손과 손목의 통증, 붓기, 저림, 주먹 쥐기 불가능 같은 증상을 호소했다. 휴먼라이츠워치에서는 손가락이 구부러진 형태로 굳어 버리는 "갈퀴손"claw hand 증상이 가금 가공 노동자들 사이에서 종종 나타난다는 사실을 확인했다.[23] 심지어 더 기본적인 차원의 모욕도 있었다. "가공 공장의 노동자는 화장실에 다녀올 휴식 시간도 얻지 못하는 경우가 흔하다 보니 그 자리에서 오줌을 싸야 했습니다." 시위 후에 나를 만난 매디슨의 말이었다. "개인 청결에 큰 자부심을 가진 마셜제도 여성들에게는 매우 곤란한 일이었습니다."

시위 군중은 공원의 연단으로 자리를 옮겼고, 매디슨이 올라가서 짧은 연설을 했다. 기후변화에 대처하는 일의 긴박성에 관한 내용이었지만, 또한 아칸소에서 마셜제도 국민으로 살아가는 것의 낯섦에 대한 언급도 있었다. "한 문화를 이 장소에서 저 장소로 옮겨 놓을 수는 없습니다. 마셜제도의 문화에서는 땅이 핵심이기 때문입니다." 그는 군중에게 말했다. "마셜제도 국민인 우리에게는 우리의 섬이 중요한 것만큼이나 우리의 문화도 중요합니다. 그것은 우리의 정체성이며, 우리 선조들이 하나님으로부터 선물 받아서 그 후손으로 오늘날 살아 있는 우리에게까지 물려주신 것입니다. 마셜제도는 마치 고대에 각자의 귀중한 재산을 넣어 두는 데 사용했다던 알렐레alele*와도 유사합니다. 우리가 섬을 잃어버린다면, 지난 수천 년 동안 우리 것이었던 그 재산 모두가 사라지는 것입니다."

시위가 끝나고 오래 지나지 않아서 매디슨과 나는 근처 식당으로 점심을 먹으러 갔다. 그곳 벽에는 나무 울타리 기둥과 낡은 헛간의 키치풍 사진이며 그림들이 잔뜩 걸려 있었다. 매디슨은 아칸소주에서의 생활, 출석하는 교회, 일곱 형제자매에 관해서 이야기했다. 가족들이 스프링데일에 도착한 후, 그의 아버지는 공구 제조 회사에서 몇 년 일하다가 건강 문제로 퇴직해야 했다. 매디슨은 정

• '알렐레'는 판다누스라는 열대식물의 잎사귀를 엮어 만든 납작한 가방이나 바구니로, 가족의 귀중품을 넣어 두고 가족 중 최연장자인 여성이 대대로 물려받아 관리한다.

규 수업을 듣는 것 외에도, 중학생에게 과외 공부와 마셜제도 언어 교습을 제공하는 지역 사회 단체인 마셜제도교육운동에서 일했다.

나는 혹시 스스로를 기후 난민이라고 생각하냐고 그에게 물어보았다. "그렇습니다." 매디슨의 말이었다. 지금으로부터 15년 전에 그의 가족이 마셜제도를 떠났던 이유 가운데 하나는 만조 때마다 발생하는 홍수의 증가였다. 매디슨은 다섯 살 때 경험한 홍수를 회고했다. "물이 그냥 집으로 밀려들어 오더군요." 이렇게 말하는 그의 목소리가 빨라지고 있었다. "제 허리까지 물이 차올랐죠. 장난감이며 이불이 사방에 흩어져 있었습니다. 아버지께서 저를 붙잡으시더군요. 정말 무서웠어요. 섬 전체가 물에 잠겼거든요."

매디슨은 미국에서 자신의 특권적인 위치를 인식하고 있었다. "여기 계속 머물면서 공부할 겁니다. 이것에 대해서만큼은 미국에 감사하고 있습니다. 하지만 저는 되도록 빨리 고국으로 돌아가고 싶습니다."

어떤 면에서 마셜제도 사람들은 운이 좋은 편이다. 자유연합협정 덕분에 미국에 올 수 있는 마셜제도 국민의 숫자에는 아무런 제한이 없기 때문이다. 그 나라의 인구 전체가 아칸소로 이주해 올 수도 있었다. 태평양의 다른 섬나라 사람들은 이 정도로 운이 좋지는 못하다. 물이 상승하고 섬에서의 생활이 점점 더 위험해지자, 그들 중 일부는 국가를 존속시키기 위해 비상 지원 계획을 수립했다. 2014년 키리바시는 피지의 사유지 20제곱킬로미터를 800만 달러에 매입했다.[24] 라투 에펠리 나일라티카우 피지 대통령은 혹시나 필요한 경우에는 공해상으로 2,100킬로미터 떨어진 자국으로 키리바시

국민 일부, 또는 전부가 이주해도 환영하겠다고 약속했다. "피지는 도움이 필요할 때 우리 이웃을 외면하지 않을 것입니다." 그는 2014년에 이렇게 말했다. "최악의 상황에서 다른 모든 수단이 실패하더라도, 당신들은 난민이 되지 않을 것입니다."[25]

이는 이례적인 선언이었다. 기후 난민에게는 단지 국제법상의 법적 지위를 결여하고 있다는 사실만이 문제는 아니었다. 실향민이라면 그 종류를 막론하고 세계 모든 나라가 외면한다는 것 역시 문제다. 덴마크처럼 부유하고도 진보적인 국가들조차도 사람들을 막기 위해 방벽을 세운다. 유럽에서만 그러는 것도 아니다. 심지어 오랜 이민의 역사를 간직한 오스트레일리아에서도 난민을 태운 보트를 바다에서 저지했다. 난민은 뒤로 돌아서든지, 아니면 섬에 갇혀 있어야 했다. 미국에서는 물론 트럼프가 어두운 피부의 외부인들에 대한 공포를 부추기며 이들을 몰아내기 위한 장벽을 건설하겠다고 약속함으로써 백악관을 차지했다.

지금으로부터 몇 년 전, 몰디브제도의 전직 대통령 모하메드 나시드는 서양의 오염국들에 다음과 같은 선택지를 제시했다. "당신네들이 온실가스 배출을 대폭 줄여서 바다가 그렇게 많이 상승하지 않도록 만들든지… 아니면 우리가 보트를 타고 당신네 해안에 나타났을 때 받아 주든지… 아니면 우리가 보트를 타고 당신네 해안에 나타났을 때 총으로 쏴 죽이든지. 어디 한번 선택해 보시죠."[26] 하지만 이보다는 오히려 "마치 케냐에 있는 것 같은 난민 수용소가 더 많이 등장할" 가능성이 크다는 것이 뉴욕시 소재 컬럼비아 법학전문대학원 산하 세이빈기후변화법센터의 대표인 마이클 제러드의 의견이다. 케냐에는 전쟁을 피해 소말리아에서 온 사람들을 위해 1992년부터 운영된 다다브Dadaab라는 난민 수용소가 있었다. 그로부터 20년 뒤에 이곳은 사막 한가운데 자리한 인구 50만 명의 반#영구 천막 도시로 진화했다. "그런 곳에서 빚어지는 비참함의 수준은 정말 상상할 수 없을 정도입니다." 제러드의 말이었다.

제러드는 산업화 국가들이 이 재난을 야기한 온실가스의 배출에 각자 기여한 정도에 따라서 실향민을 분배 수용하기로 약속할 의무가 있다는 도발적인 주장을 펼쳤다.[27] 세계자원연구소에 따르면 1850년부터 2011년까지 전 세계 이산화탄소 배출량의 27퍼센트가 미국에서 비롯되었다. 영국을 포함한 유럽연합은 25퍼센트, 중국은 11퍼센트, 러시아는 8퍼센트, 일본은 4퍼센트였다. "계산하기 쉽도록, 예를 들어 2050년에 이르러 자국 밖에서 새로운 고향을 찾아야 하는 사람의 숫자가 1억 명이라고 가정해 보자." 제러드는 이렇게 썼다. "역사적 온실가스 배출에 근거한 공식에 따르면, 미국은 2,700만 명을 수용해야 한다. 유럽은 2,500만 명이다. 이런 식으로 계속된다. 비록 대략적인 추산이지만, 이는 문제의 규모가 어느 정도인지를 이해하게끔 도와준다. 미국은 지난 수십 년 동안 기껏해야 연간 100만 명쯤에게만 합법적인 영주권자의 지위를 부여해 왔기 때문이다." 임기 첫 몇 주 만에 난민은 그 종류를 막론하고 미국에서 환영받지 못할 것이라고 분명히 밝힌 트럼프 대통령 집권 아래서라면 그 숫자는 당연히 급락할 것이다.

식당에서 함께 햄버거를 먹는 동안, 매디슨은 비록 자기가 여섯 살 때 마셜제도를 떠난 이후로 한 번도 그곳에 돌아가 보지는 않았지만, 이메일과 페이스북으로 그곳에 남은 친척과 계속 연락하고 있다고 말했다. 한동안 이야기를 나눈 뒤에야 나는 그가 이중생활을 하고 있음을 깨달았다. 비록 몸은 아칸소주에 있지만, 마음과 영혼은 마셜제도에 있으니 말이다. 수업이 없을 때면 매디슨은 사라지고 있는 고국의 문화를 보전하는 일에 많은 시간을 보냈다. 섬의 구술사를 위해 노인들의 이야기를 수집했고, 영어만 쓰며 자라난 마셜제도 출신 이민자의 자녀에게 마셜제도의 언어를 가르쳤다.

점심을 먹고 나서 우리 둘은 스프링데일 시내를 걸어 다녔다. 비가 부슬부슬 내렸고, 상점가는 대부분 텅 비어 있었다. 함께 걷는 동안 매디슨은 가라앉고 있는 자기 조국의 법적 함의에 관해서 큰 목소리로 물어보았다. "여러 가지 질문이 있지만, 저로서도 답변이 무엇인지는 모르겠어요." 그의 말이었다. "만약 국토가 물에 잠기더라도 저는 여전히 마셜제도의 합법적 거주민인 걸까요? 우리나라의 어업권은 어떻게 되는 걸가요?" 또한 매디슨은 에네웨타크환초에 있는 콘크리트 벙커인 러니트돔Runit Dome에 관해서도 이야기했다.[28] 미군은 핵실험 이후에 남은 8만 4,000세제곱미터 규모의 방사능 파편을 바로 그곳에 묻어 두고 있었다. 그리고 그곳은 딱 해수면 높이에 있었다. "그곳에는 이미 균열이 생겼어요. 물이 상승하면 결국 잠겨 버릴 겁니다. 그러니 우리는 핵폐기물 문제도 겪게 될 거예요."

나는 혹시 그 문제 때문에, 그리고 그의 조국이 지금껏 당한 모든 일 때문에 미국에 대해서 화가 나는지 물어보았다. 예컨대 섬에 핵폭탄을 떨어트리고, 화석연료 사용으로 기후를 가열시켜 그의 동포와 그의 조국과 그의 정체성을 향해 토니 드 브룸이 퉁명스레 파리에서 말한 것처럼 "절멸"의 위협을 가하는 것에 대해서 말이다.

미래의 마셜제도 대통령은 월마트 트럭 한 대가 지나갈 때까지 잠시 모퉁이에서 기다렸다가 도로를 건너갔다. "저는 마셜제도 국민이 화를 내는 사람들이라고는 생각하지 않습니다." 매디슨은 천천히 대답했다. "하지만 우리는 정의를 믿습니다. 만약 당신네가 다른 누군가의 나라를 파괴한다면, 당신네는 그 누군가에게 뭔가를 빚지게 된다는 게 저의 생각입니다."

제9장 대량 살상 무기.

노퍽 해군기지Naval Station Norfolk는 미국 해군 대서양 함대의 본거지로서, 섬뜩한 방식으로 우리 문명의 더없는 영광인 놀라운 군사력의 총합이다. 내가 이 기지를 방문했을 때는 항공모함 시어도어루스벨트호가 항구에 정박 중이었다. 길이 300미터의 이 수상 전쟁 기계는 일찍이 이라크와 아프가니스탄에서 미국 군사작전의 핵심 노릇을 했다. 기지 내에서 TR이라는 약칭으로 통하는 이 항공모함은 분주한 활동으로 북적였다. 크레인이 장비를 갑판으로 올리고, 수병들은 배다리를 따라 위아래로 뛰어다녔다. 곳곳의 경비가 삼엄했다. 내가 있었던 7번 부두는 이 기지의 신형 2층 콘크리트 부두였는데, 어찌나 넓은지 마치 쇼핑센터의 주차장 같은 느낌이 들었다. 그곳에서 나는 일찍이 페르시아만에서 순찰 임무를 담당하며 많은 시간을 보냈던 유도탄 구축함 그레이블리호를 더 가까이서 구경하러 돌아다녔다. 갑판 위의 무장 병력들이 나를 경계하듯 지켜보았다. 심지어 내 곁의 공식 안내원조차도 신경이 곤두서는 듯했다("우리가 살짝 뒤로 물러나는 게 좋겠습니다." 그는 내 한쪽 팔을 붙잡고 이렇게 말했다). 머리 위로는 해군 헬리콥터가 선회했고, 기지에서 일하는 7만 5,000명의 수병과 민간인이 선박들을 번쩍거리게 유지하고, 상시 배치 준비를 하는 등 평소 일과를 수행하면서 웅웅 소리가 끊이지 않았다.

이 기지에 들어서면 불과 10분도 되기 전에 그곳의 깊은 역사를 느끼게 된다. 남북전쟁 당시 두 척의 철갑함이 격돌한 유명한 해전인 햄프턴로즈 전투가 바로 이 근해에서 벌어졌다. 이 기지는 제2차 세계대전 때도 수천 명의 수병이 떠나간 핵심 출항지였으며, 그중 상당수는 끝내 돌아오지 못했다. 이들의 유령은 여전히 이곳을 맴돌고 있다. 이곳은 전쟁을 위해 태어난 세계이며, 이곳에 사는 모두의 이모나 삼촌은 브리즈번이나 바르셀로나 항구에서의 하룻밤에 대해서, 또는 함선 갑판에서 대포 발사 소리를 처음 들었을 때 귀가 먹먹했던 것에 대해서 저마다 해 줄 이야기가 있다. 또한 이곳은 머지않아 바닷속으로 사라질 세계이기도 하다. "노펀은 세계에서 가장 큰 해군기지이지만, 앞으로 이전해야 할 겁니다." 전직 부통령 앨 고어는 내게 이렇게 말했다. "그건 단지 시간문제일 뿐입니다."

노펀 해군기지는 기지가 지어진 땅의 지반침하, 이곳 연안까지 밀려오는 멕시코만류 흐름의 둔화 등 여러 가지 요인으로 인해 위험에 처해 있다(중부 대서양 연안의 나머지 지역과 마찬가지로, 노펀의 해수면은 세계 평균보다 대략 2배 더 빨리 상승하고 있다). 폭풍우와 큰 파도만 닥

미국에서 가장 큰 해군기지인 노퍽 해군기지는
해수면 상승에 매우 취약한 곳이다.

쳤다 하면 대서양이 이 기지로 침입한다. 도로는 물에 잠기고, 정문
을 통과할 수 없게 된다. 내가 이 기지를 방문한 것은 12월의 어느
북동풍 부는 날이었는데, 벌써부터 사방에 물이 들어차 있었다. 기
지 가장자리에 서서 윌러비만灣의 회색 물을 굽어보고 있을 때도
내 신발에 물이 튀었다. 이 기지의 주 연료 보급소인 크레이니아일
랜드에 가 보니 군용 차량의 차축까지 바닷물이 차올라 있었다. 물
은 애드머럴스로Admirals' Row(제독 관사 거리) 인근의 길고도 평탄한 풀
밭에도 고였다. 1907년 이곳에서 개최된 제임스타운 박람회를 위
해 지어진 위풍당당한 주택에는 해군 지휘관들이 살고 있었다. 기
지에는 고지대가 전혀 없었고, 후퇴할 만한 곳도 전혀 없었다. 마치
늪을 준설한 다음 땅을 포장한 것 같은 느낌이었다. 실제의 모습이
대부분 그러했다.

노퍽은(아울러 모두 합쳐 햄프턴로즈라고 일컬어지는 인근의 더 작은 도시들도) 미군의 중핵 지대다. 이곳은 펜타곤에서 승용차로 몇 시간밖에 걸리지 않는다. 햄프턴로즈 지역에는 29개소의 다른 군사기지, 조선소, 설비도 있는데 그 대부분도 마찬가지로 큰 곤란에 처해 있다. 인근의 랭글리 공군기지는 전투기 여러 대를 보유한 공중전투사령부의 본부인데, 이곳의 기지 사령관들은 만조 시에도 계속 건물과 활주로를 사용 가능하게 유지하려고 그 주변에 쌓을 3만 개의 모래주머니를 비치하고 있다. 또 다른 해군기지 댐네크에서는 해안선의 침식을 막기 위해 오래된 크리스마스트리를 주민들로부터 기증받아 해변에 쌓아 놓기도 했다. 인공위성을 궤도상으로 발사하는 장소인 NASA의 월로프 비행기지에서는 발사대를 해변에서 먼 곳으로 옮기려는 계획이 이미 가동 중이다. "해수면 상승으로 인해 군 준비태세에 이미 영향이 있었고, 앞으로도 더 악화될 것입니다." 버지니아주 상원의원 팀 케인이 내게 한 말이다. 얼마나 더, 얼마나 빨리 악화될 것인지는 케인도 차마 말하지 않았다. 한편으로는 자칫 이 지역을 벗어나는 피난 행렬을 만들어 내고 싶지 않아서였을 것이고, 또 한편으로는 아무도 미래를 확실히 알 수 없어서였을 것이다.

지금 당장의 전략은 단순히 시간을 버는 것뿐이다. 1990년대 중반부터 해군은 2억 5,000만 달러를 들여서 해수면 상승에도 견딜 수 있도록 신형 2층 부두 네 개를 건설했다.[1] 기지에 남아 있는 다른 부두도 그렇게 돋우려면 추가로 5억 달러 정도가 더 들겠지만, 설령 그렇게 하더라도 그곳의 중요 기반 시설이자 하나같이 위험에 처해 있는 여러 도로와 건물과 활주로까지 구제할 수는 없을 것이다. 노퍽 같은 기지는 단지 막사와 부두와 함선으로만 이루어진 것이 아니다. 이곳은 지난 한 세기 내내 성장한 전체 생태계의 허브다. 연료 보급소와 전기 선로와 철도 노선과 정비소는 물론이고, 이곳에 주둔한 군인들의 가족을 위한 적정가격 주택의 재고와 어엿한 학교도 있다. 이 모두를 뉴햄프셔주의 아무 연안, 아무 장소로 제꺽 옮겨 놓을 수는 없는 노릇이다. "일부 함선을 다른 기지로 옮기거나, 보다 안전한 장소에 더 작은 기지를 새로 지을 수는 있습니다." 노퍽 해군기지의 전직 사령관 조 부샤드의 말이다. "하지만 그 비용이 어마어마할 겁니다. 무려 수천억 달러 규모라고요."

이 기지를 처음 방문하고 나서 몇 달 뒤에, 나는 국무장관 존 케리를 따라서 이곳을 다시 찾았다. 그는 미국 해병대 창설 250주년을 기념하기 위해 이 기지를 방문 중이었다. 그 행사는 가히 예술의 경지에 이른 전함 샌안토니오호의 선상에서 열렸는데, 이 수륙양용선은 상륙정과 헬리콥터를 이용해 해병대원을 최대 800명까지 상륙시킬 수 있도록 설계되었다. 케리는 아래층 갑판에서 열린 행사에서 몇 마디를 꺼냈고, 해병대 장교들과 함께 생일 케이크를 조금 먹은 다음 곧바로 함교로 올라가서 선내 확성 장치로 병사들에게 연설했다.

함교에 올라선 케리는 기지를 한눈에 보게 되었다. 왼쪽에는 항공모함이, 오른쪽에는 전함이 늘어선 군사력의 파노라마가 펼쳐졌다. 연설을 마친 케리는 해군 장교들로부터 해수면 상승에 대한 이 기지의 취약성에 관해 비공식 브리핑을 받았다. 이 기지와 노퍽시市

를 연결하는 도로가 큰 폭풍우로 이미 물에 잠겼다는 보고가 나왔다. 만조에는 바닷물이 해벽을 넘어와서 핵심 기반 시설을 위협하고 건물이 침수된다는 보고도 이어졌다. 선명한 파란색 정장에 분홍색과 오렌지색이 섞인 넥타이를 맨 케리는 해군 장교들에게 이 기지의 예상 수명을 물었다. "20년 내지 50년입니다." J. 팻 리오스 대령의 답변이었다.

함교의 국무장관과 해군 장교들 사이에는 미묘하지만 충분히 눈에 띄는 침묵이 흘렀다. 이것은 미국 군 역사의 연대기에서도 상당히 이례적인 순간이었다. 미국 해군 장교 한 명이 방금 국무장관에게 건넨 말뜻은 무려 항공모함 여섯 척의 본거지이며 유럽과 중동 작전에서 핵심인 이 거대한 해군기지가 빠르면 기껏해야 20년 안에 사실상 가동 불가능해지리라는 내용이었다. 그렇다. 한동안은 해벽을 보강할 수도 있다. 그렇다. 도로를 돋울 수도 있다. 하지만 노퍽시 전체를, 그리고 주변 지역으로 연결되는 도로와 철도를 보강하고 돋우기 위한 수십억 달러의 대규모 자금 투입이 없다면, 이 기지는 큰 곤경에 처하게 될 것이었다.

케리는 시간을 벌기 위해서 지금 하고 있는 일이 무엇이냐고 몇 가지 후속 질문을 던졌지만, 이 문제 때문에 불안을 느끼는 것처럼 보이지는 않았다. 그 이유 가운데 하나는 이 하루 동안의 노퍽 해군기지 순방이 그의 더 긴박한 걱정거리에서 벗어나는 짧은 기분 전환이기 때문이었을 수 있다. 국무장관은 현재 시리아에서의 유혈 사태를 중지시키는 동시에, 러시아 대통령 블라디미르 푸틴의 시리아 내 영향력 상승에 대응할 방법을 모색하려고 노력 중이었다. 하지만 그보다 더 큰 이유는 바로 이 해군기지의 곤경이 케리에게는 전혀 새로운 사실이 아니라는 것이다. 국무장관은 기후변화의 국가 안보적 함의에 관해 이미 여러 해 동안 이야기해 왔다. 하지만 이제는 현실이 그를 따라잡기 시작했다.

우리의 급변하는 기후 때문에 위험에 빠진 군사 자산의 규모는 정신이 아득해질 정도다. 펜타곤은 전 세계에 걸쳐 11만 3,000제곱 킬로미터의 땅에 자리한 55만 5,000개 시설로 이루어진 부동산 포트폴리오를 관리하고 있다.[2] 그리고 사실상 그 모두가 기후변화로부터 어떤 식으로건 영향을 받게 될 것이다. 단지 군사기지와 설비만 곤란에 처한 것은 아니다. 중남미와 카리브해에서의 군사작전을 관장하는 미군 남부사령부는 이미 홍수에 취약한 것으로 드러난 마이애미 국제공항 인근 저지대에 자리하고 있다. 메릴랜드주 애너폴리스의 해군사관학교 역시 체서피크만灣의 가장자리에 자리하고 있다 보니 만조 시에 종종 침수된다.

동부 연안의 핵심 군사기지 가운데 최소한 4개소가 해수면 상승과 폭풍해일로 인해 위험에 처한 상태이며, 여기에는 플로리다 팬핸들에 있는 세계 최대 규모의 이글린 공군기지도 포함된다. 저위쪽 알래스카에서도 더 높아진 조수로 인해 가속화하는 연안 침식, 그리고 녹아내리는 영구동토층이 문제가 된다. 북한이나 러시아에서 미국 영토로 날아오는 모든 물체를 면밀히 감시하는 데 도움을 주는 공군 조기경보레이더 시설은 특히나 연안 침식으로부터 큰 타격을 받았다. 한 레이더 설비에서는 해안선 12미터가 사라지는 바람에 레이더의 안정적인 운용이 어려워지고 말았다.

어떤 곳에서는 이런 영향이 기껏해야 돈 많이 드는 골칫거리 정도에 불과하다. 하지만 다른 곳에서는 기지 전체의 미래에 대한 의문이 제기되기도 한다. 이런 기지 상당수는 그 지리적이고 전략적인 위치 때문에 사실상 대체 불가능하다. 내가 앞서 8장에서 언급했던 마셜제도의 미사일 기지도 그 한 가지 예다. 또 하나의 사례는 인도양의 작은 산호 환초 디에고가르시아섬에 자리한 미국 해군 기지로, 해수면 상승으로부터 이미 위협을 받고 있는 또 다른 전략적 군사 자산이다.[3] 냉전 시기에 건설된 이 기지는 이 지역에서 미국이 소련의 영향력에 대응하는 발판을 제공했으며, 또한 중동에서부터 시작되는 항로를 보호하는 토대가 되어 주기도 했다. 이 기지는 중동과 지중해, 남유럽에 자리한 미국의 통합군에 보급품을 보내는 중요한 병참 허브에 해당했다. 또한 이곳에는 전 세계 GPS 시스템을 제어하는 데 사용되는 공군 위성통제네트워크 장비가 설치되어 있다. 선박과 장비는 충분히 손쉽게 옮길 수 있지만, 세계에서도 가뜩이나 중요하고도 일촉즉발인 지역에서 발판을 포기하는 것은 군대로서도 선뜻 할 수 있는 일이 아니다. "해군에게는 현시顯示, presence가 핵심입니다." 해군 제독 출신으로 현재는 펜실베이니아주립대학교 산하 기상기후위기해결센터의 대표를 맡고 있는 데이비드 타이틀리가 내게 한 말이다. 하지만 그 환초는 워낙 저지대이기 때문에, 만약 해군이 그곳에 수십억 달러를 들여 인도양 한가운데 있는 요새로 보강하려 하지 않는다면 인근의 몰디브제도처럼 사라질 것이 확실하다.

펜타곤은 가장 위험이 큰 기지들을 판정하기 위해 지난 몇 년 동안 704개소의 연안 설비와 장소에 대해 연구해 왔다. 결국 그중 어디를 폐쇄하고, 어디를 이전하고, 어디를 보호할 것인지에 대해서 향후 적잖이 어려운 결정을 내려야 할 것이다. 하지만 의회의 어느 누구도(민주당이건 공화당이건 간에) 그 문제에 관해 이야기하고 싶어 하지 않는다.

이런 결정의 첫 번째 윤곽은 2019년으로 예정된 기지재편폐쇄위원회Base Realignment and Closure Commission의 다음번 회의 때 밝혀질 가능성이 크다(그러나 미뤄질 가능성도 있다).● "BRAC(기지재편폐쇄)에서의 모든 결정은 우리가 보유한 군사시설의 군사적 가치에 근거해 이루어집니다." BRAC을 관장하는 국방차관 존 콩거가 2015년에 내게 한 말이다. "과연 기후변화가 시설의 군사적 가치에 영향을 줄 것인가? 음, 그럴 것이 확실합니다. 특정 장소에서 홍수의 위험이 증대하는데, 어떻게 영향이 없을 수 있겠습니까? 따라서 그 일은 군사적 가치에도 영향을 끼칩니다. 하지만 문제는 이겁니다. 그 일은 군사적 평형 상태를 좌우하는가? 저는 그렇다고 생각하지 않습니다. '아직은' 말입니다."

노퍽에서는 문제가 단지 지리적인 데 국한되지 않으며, 정치적인 문제도 있다. 기후변화의 핫스팟이 있는 것처럼 기후변화 부정론의 핫스팟도 있는데, 버지니아가 바로 그런 곳 가운데 하나다. 지

● 저자의 예상처럼 2019년에는 BRAC이 열리지 않았다.

금으로부터 몇 년 전, 전직 주ᵐ 검찰총장 켄 쿠치넬리는 저명한 기후과학자 마이클 만을 겨냥한 마녀사냥을 시작했고, 그의 연구에 대한 불신을 조장하기 위한 시도로서 서류와 개인 이메일 제출을 요구했다.[4] 공화당이 다수인 버지니아주 의회는 기후변화에 관한 논의를 사실상 차단했다. 한 의원은 해수면 상승을 가리켜 "좌파의 용어"[5]라고 단언했다. 대신에 버지니아주에서 정치적으로 용인 가능한 표현은 "반복적 홍수"였다. 한때 민주당 전당대회의 조직 위원장을 지냈고, 2014년에 당선된 빌 클린턴 대통령의 자금 조달 책임자였던 테리 매콜리프 주지사는 버지니아주의 기후변화 부정론자들에게 가장 미적지근한 반대를 내놓았고, 한편으로는 청정에너지를 지지하는 동시에 또 한편으로는 더 많은 수압파쇄공법frack-ing*과 근해 석유 시추를 옹호하는 주장을 내놓았다.[6] 하지만 기특하게도 매콜리프는 트럼프 대통령이 발전소의 이산화탄소 오염 감축 규정을 폐기했을 때 오히려 반격을 가하면서, 주 전체에 걸쳐 공공 부분의 이산화탄소 오염을 감축하는 한편 재생에너지 투자를 늘리기 위한 계획을 2017년 말까지 제안하라고 주내ᵐᵐ 대기 규제 기관들에 명령한 최초의 주지사들 가운데 하나이기도 하다. "기후변화의 위협은 현실입니다." 매콜리프 주지사는 이 지시 사항을 발표하면서 이렇게 말했다.

　버지니아주에서 이처럼 기후변화의 현실을 외면하는 태도의 상

---

* 물과 모래, 화학물질 등을 섞은 액체를 고압으로 주입해 광물을 파쇄하고 석유, 천연가스가 흘러나오게 하는 방법이다. 지하수가 오염될 가능성이 있으며, 지진 활동을 증가시킨다는 주장도 나온다.

당 부분은 석탄 연료 산업, 특히 빅콜Big Coal●의 정치적 영향력으로 까지 거슬러 올라간다. 버지니아주에서 가장 큰 전력 회사인 도미니언에너지 역시 미국에서 가장 큰 석탄 소비업체 가운데 하나다. 실제로 기지에서 사용되는 전력의 95퍼센트는 도미니언에서 나오는데, 이는 결국 노퍽에 있는 미국 해군의 작전이 대부분 석탄과 천연가스에 의존한다는 뜻이다. 가라앉고 있는 기지 입장에서는 이것이야말로 화석연료의 원조를 받은 자살이나 다름없다.

노퍽이 직면한 가장 직접적인 문제는 도로를 계속 열어 두는 것이다. 버지니아 해양과학연구소의 한 연구에 따르면 노퍽, 버지니아비치, 체서피크 지역만 해도 홍수에 취약한 도로가 무려 800킬로미터 이상에 달했다.[7] "우리가 안고 있는 가장 큰 문제가 그겁니다." 중부 대서양 지역의 해군 시설을 담당하는 팻 리오스 대령의 말이었다. "도로가 침수되어 기지에서 일하는 사람들이 오갈 수 없다면 우리는 큰 문제를 겪게 됩니다." 하지만 해군에게는 또 한 가지 문제가 있으니, 바로 노퍽의 도로가 해군 관할이 아니라는 점이다. 문제의 도로는 주 관할이었다. 정작 돈줄을 쥐고 있는 버지니아주의 회 의원 다수는 기후변화가 큰 문제라고 믿지 않기 때문에, 굳이 도로를 수리하기 위해 많은 돈을 지출하고 싶어 하지 않는다. "이 주의 다른 곳에서는 수리할 만한 도로를 잘도 찾아내더군요." 노퍽

● 저자는 전작 『빅콜: 미국의 에너지 미래 배후의 더러운 비밀Big Coal: The Dirty Secret Behind America's Energy Future』(2006)에서 석탄업계가 미국 정치계에 발휘하는 영향력을 고발하면서, 탄광과 에너지와 철도 등 석탄 관련 업체들의 이러한 제휴를 가리켜 '빅콜'이라고 불렀다.

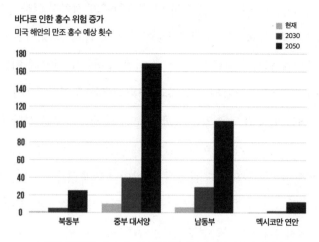

바다로 인한 홍수 위험 증가
미국 해안의 만조 홍수 예상 횟수

현재
2030
2050

노퍽은 반복되는 홍수에 가장 취약한 미국의 지역 가운데 하나다.

해군기지의 전직 사령관 조 부샤드의 말이다.

현재까지 그 기지에서 가장 중요한 기반 시설은 바로 부두이다. 부두는 육지와 바다 사이의 중요한 연결부이며, 고도로 잘 설계된 콘크리트 바닥은 선박의 안전한 정박지로서뿐 아니라 정비 요원들을 위한 플랫폼으로도 이용된다. 노퍽에서는 부두 대부분의 너비가 2차선 고속도로만큼이나 넓고 길이는 약 80미터에 달한다. 1990년대 말 해군 공병대에서는 제2차 세계대전 당시 제작된 부두 13개의 수명이 거의 끝나 가고 있음을 파악했다. 아울러 해수면 상승에 대해서는 아무도 생각조차 안 했던 시절에 건설된 것이다 보니, 부두가 상대적으로 낮아서 물 가까이에 있었다. 바다가 상승하면서 부두는 매년 더 낮아졌고, 그로 인해 유지하기가 어려워졌다. 만조 때는 부두 바닥 밑에 매설한 시설들, 즉 전력, 난방, 전화, 인터넷이 물에 잠겨서 부두를 사용할 수 없는 경우가 종종 있었다. 이를 수리하기 위해 간조 때 요원 한 명이 작은 보트를 타고 나가서 부두 주위를 깐닥거리며 돌아다녔다. 이것이야말로 느리고도 위험천만한 시도가 아닐 수 없었다. "그건 결코 귀찮음에 그치는 문제가 아닙니다. 그건 결코 사소한 기능의 문제가 아닙니다." 부샤드의 말이다. "해수면 상승은 대서양 함대의 전투 준비태세를 실제로 저해하고 있습니다."

1990년대 후반부터 해군은 부두를 교체하기 시작했다. 하나당 6,000만 달러 정도가 소요되었으니 상당히 많은 금액이었지만, 무려 5,000억 달러에 달하는 국방부의 연간 예산에서는 사실상 반올림 오차에 해당하는 푼돈이었다. 현재까지 신형 부두는 모두 네 개가 건설되었는데, 구형 부두에 비해서는 더 높고, 더 튼튼하고, 더 잘 설계되었다. 첫 번째 신형 부두가 건설되었을 때 사령관이었던 부샤드는 이렇게 말했다. "해수면 상승을 염두에 두고 건설했습니다."

하지만 기지 밖으로 나서면 어느 누구도 해수면 상승에 대처하기 위해 돈을 쓰자고 직접적으로 말하고 싶어 하지 않는다. 대개는 의회에 버티고 있으면서 "기후"라는 단어가 들어간 지출 내역이라면 모조리 기꺼이 삭감해 버리는 기후변화 부정론자들의 면밀한 조사를 걱정하기 때문이다. 대신에 많은 군 관계자들은 결국 중학생이 성性에 관해 말하는 것과 비슷한 방식, 즉 완곡한 표현과 윙크와 암시적인 언어만으로 기후에 관해서 이야기하고 만다.

"우리가 부두를 높인 것은 기후변화 때문이 아니었습니다." 팻 리오스 대령은 내가 11월에 해군기지를 방문했을 때 이렇게 말했다. 그는 윙크를 확실하게 하지는 않았지만, 그래도 거의 비슷하게 는 했다.

"그렇다면 왜 굳이 부두를 높이셨습니까?" 내가 물었다.

"우리에게는 새로운 부두가 필요했거든요. 또 어차피 신형 부 두를 만드는 참이라면, 조금 더 높이 건설한다고 해서 비용이 아주 많이 드는 것도 아니니까요."

"하지만 해수면 상승이 부두를 더 높게 건설한 이유 아닙니 까?"

"그것도 한 가지 요인이기는 하죠. 하지만 주된 이유는 어쨌거 나 우리가 신형 부두를 건설해야 했다는 겁니다."

오늘날 군 관계자들과 기후변화에 관한 대화를 나눠 보면 대개 이런 식으로 흘러간다. 그들은 그 이야기를 직접적이고 강력하게 하지 않는 편이 더 낫다고 본다. 안 그랬다가는 자칫 이들의 프로젝 트에 자금을 지원하면서도 기후변화는 별 문제가 아니라고 믿어서 그 문제를 대비하는 데 시간이나 돈을 써서는 안 된다고 여기는, 특 히나 지금처럼 테러리스트와 싸워야 할 때는 더욱 그래서는 안 된 다고 보는 선출직 공무원들을 격분시킬 것이기 때문이다.

하지만 신형 부두를 건설한다고 해서 노퍽에 있는 기지를 구제 할 수는 없을 것이다. 그 부두를 제아무리 물보다 높게 만들어도 마찬가지다. 정작 도로가 물에 침수되어 사람들이 기지에 갈 수조 차 없고, 항상 홍수가 나서 주택의 가치가 급락해 사람들이 그 지 역에 살고 싶어 하지 않는다면, 급기야 지역의 세금 기반이 함께 줄 어들어서 공립학교 지원금부터 쓰레기 수거 일정에 이르기까지 전부가 충격을 받는다면 펜타곤이 신형 부두와 해벽에 사용할 예산을 아무리 많이 보내더라도 소용이 없다. 상수도, 하수도, 전기, 전화 등 기지의 중요 기반 시설 전부는 기지 밖에서 오는 것이기 때문이다. "기지를 살리려면 우선 그 지역 전체를 살려야 합니다." 부샤드의 말이다.

～～～

기후변화는 미군이 무시할 수 있는 문제가 아니다. 가뭄은 식량 가격 상승에 기여해서, 2011년 이집트에서 이른바 아랍의 봄 봉기를 촉발했다.[8] 어쩌면 시리아 내전도 같은 이유로 촉발되었을지 모른다. 나이지리아 북부에서는 가뭄과 홍수의 극심한 주기로 인해 한 지역이 불안정해지자, 테러 조직 보코하람이 여러 마을을 습격해서 주민 수천 명을 죽였다.[9] 미국 서부에서는 산불 때문에 주 방위군이 혹사당하고 있으며, 공군도 사태 진정을 돕기 위해 비행기를 배치해야 할 지경에 처했다. 점점 더 강력해지고 빈번해지는 폭풍과 허리케인 때문에 군대는 갈수록 더 많이 구출과 구제 작전에 관여될 수밖에 없으며, 이는 관련 예산 증가와 전투 역량 저해로 이어진다.

앞으로 수십 년 사이에 이런 모든 일은 더 악화될 것이다. 냉전 종식 이후로 미군이 사실상 무시해 온 북극권 같은 지역이 훗날 영토 분쟁과 자원 전쟁의 심각한 발화점이 될 가능성도 있다. 앞으로 10년 안에 얼음이 녹아 사라지면 더 많은 관광객이 도착할 것이고, 가스와 석유 시추가 증가하며, 새로운 항로가 열릴 것이다. 급기야 이 새롭고도 낯선 세계에서 미국의 이익을 보호하기 위해 미군이 출동하게 될 것이다(물론 미군이 그곳에서 작전을 펼치기에는 장비부터 열악한 상황이지만 말이다). 그리 멀지 않은 미래에 베링해협(알래스카 근해에 자리한, 러시아와 미국 사이의 너비 80킬로미터짜리 간극)은 아시아의 말라카해협이나 페르시아만의 호르무즈해협처럼 세계 무역의 전략적인 요충지가 될 수 있다. 알래스카에서의 작전을 총괄하는 미국 해양경비대의 대니얼 에이블 해군 소장은 자신이 직면한 난제들을 잘 알고 있다. "아시는지 모르겠지만, 미발굴 석유의 13퍼센트가 바로 이곳에 있습니다. 미발굴 천연가스의 30퍼센트, 그리고 1조 달러 상당의 광물도 바로 이곳에 있습니다." 그는 최근 한 인터뷰에서 이렇게 말했다. "이 문제에 관해 제가 들어 본 설명 중 최고는 이겁니다. 파나마운하의 지정학적 중요성과 사우디아라비아의 에너지 자원 보유량 모두를 갖춘 장소가 하필이면 제 담당 구역에 있는 상황인 거죠. 그걸 어떻게 받아들여야 하겠습니까?"[10]

북극권의 군사화된 미래의 모습은 벌써부터 일별할 수 있다. 2014년 9월, 러시아 전투기 6대가 알래스카 인근에서 포착되었다. 미국과 캐나다 전투기가 미국의 영공 바깥인 90킬로미터 근해에서 요격하자, 러시아 전투기는 선회해서 고국으로 향했다. 그야말로 근접 조우였는데, 이런 일이 매년 10회쯤은 일어난다.[11] 2015년 11월에는 그린란드 인근 바렌츠해海에서 러시아 잠수함이 자국의 최신 무기이자 가장 치명적인 핵무기인 불라바Bulava 대륙간탄도미사일 1기를 시험 발사했다. 이 미사일의 사정거리는 약 8,000킬로미터이며, 최대 10개의 핵탄두를 탑재할 수 있는데, 각각의 탄두는 개별

기동이 가능하다. 이번 경우에 시험용 미사일은 러시아 영토를 겨 냥해 발사되었다. 하지만 북극권의 잠수함에서 발사한 불라바 미사 일이라면 보스턴, 뉴욕, 워싱턴 DC에도 쉽게 도달할 수 있다.[12]

펜타곤의 몇몇 계획가들은 이런 도발이 과거 냉전 시대의 게임 규칙보다 정도가 훨씬 심하다고 보았다. 이들이 보기에 푸틴은 그 다지 섬세하지는 않은 메시지, 즉 미국인이 한때 미국 서부를 생각 했던 것과 매한가지로 자신이 북극권을 생각한다는 메시지를 보내 고 있었다. 방대하고 문명화되지 않은 곳의 자원은 먼저 발견해서 소유권을 주장하는 쪽 차지라는 것이다. 지난 몇 년 동안 러시아군 은 북극권에 새로운 군사기지를 잇달아 건설했고, 새로운 항구도 개발했으며, 쇄빙선 함대를(지금도 충분히 압도적 규모이며 그중 6척은 원자 력으로 가동된다) 꾸준히 개량하고 있으며, 크루즈미사일을 탑재한 북 극권 순찰선을 여러 척 건조하고 있다. 북극권의 여름철 해빙海氷이 갑작스럽고 극적으로 녹아내린 2007년, 소형 잠수함을 탄 러시아 병사들이 북극 3,000미터 아래로 내려가 해저에 러시아 국기를 꽂 아서 자기네 영토로 표시했다. "지금은 15세기가 아닙니다. 그냥 세 계를 한 바퀴 돌면서 깃발을 꽂아 놓고 자기 영토라고 주장할 수는 없습니다." 캐나다 외무장관 피터 매케이는 이렇게 일축했다.[13] 하 지만 푸틴의 세계에서는 딱 그렇게 할 수 있었다. 특히 불라바 미사 일을 장착한 잠수함 여러 대를 보유한 입장이라면 말이다.

북극권에서 푸틴의 의도가 무엇인지는 아무도 모른다(아마 푸틴 본인도 모를 가능성이 있다). 일부 분석가들에 따르면 러시아에서 푸틴 의 지지율은 서양을 들쑤시려는 그의 열의에 좌우되며, 북극해야말로 그렇게 하기에 좋은 장소다. 감소하는 화석연료의 매장량을 놓고 벌어질 갈등에 관해 서술한 책 『자원 전쟁Resource Wars』의 저자 마이클 클레어 역시 북극해를 푸틴의 미래에서 핵심적인 장소로 보고 있다. "북극해를 개발하지 않는다면 그는 유럽에서 가스와 석유 판매를 지금처럼 계속 장악할 수 없다."라고 클레어는 주장한다. "지정학의 인력은 이런 식으로 매우 강력하다." 반면에 앨 고어는 상반된 견해를 갖고 있다. "하락하는 유가 때문에 푸틴은 국내적으로 상처를 입었는데, 이는 그가 대규모 북극권 탐사에 자금을 지원할 세입이 없다는 뜻입니다." 그가 내게 한 말이다. "석유 가격에 따라서, 그리고 재생에너지가 얼마나 빨리 준비되느냐에 따라서 우리가 북극권 개발을 못 보게 될 가능성도 진짜로 있을 겁니다." 하지만 석유야 어쨌거나 간에 북극권을 통제함으로써, 또는 최소한 북극권에서 힘을 과시함으로써 얻는 전략적 가치가 감소할 가능성은 적다. 얼음이 후퇴하면 방대한 매장량의 광물을 채굴할 수 있고 (내가 최근 그린란드에 있을 때만 해도 헬리콥터 빌리기가 거의 불가능할 지경이었다. 모두 유망한 광산 부지를 물색하러 다니는 광업 회사가 예약했기 때문이다), 보호해야 할 항로도 생길 것이다. "그 전략적 가치는 늘어날 뿐입니다." 클레어의 말이다.

그곳에서 무슨 일이 벌어지든, 미국 해군에게는 큰일이 될 것이다. "얼음이 녹으면서 새로운 바다가 열리고 있습니다." 2007년부터 2011년까지 미국 해군 참모총장을 지낸 게리 러페드 제독의 말이다. "천 년에 한 번 일어날까 말까 한 사건이죠."

기후변화와 상승하는 물이 중대한 위험으로 떠오른 지는 무려 30년이 넘었지만, 그 문제를 어떻게 처리할 것인지를 둘러싼 싸움은 대부분 경제적인 측면에서 진행되었다. 기후변화 부정론자들은 청정에너지로의 이행이 우리 경제를 파괴할 것이라고 주장한다. 반면에 기후변화 활동가들은 그렇지 않다고, 그것이 우리 경제를 살릴 것이라고 주장한다. 만약 우리가 탄소 오염을 줄였는데 정작 중국은 줄이지 않는다면, 결과적으로 저쪽에 경쟁 우위를 주게 되는 걸까? 이따금씩 미래 세대를 위해 지구를 보전해야 한다는 도덕적 의무가 일깨워지곤 한다. 하지만 2015년 신년 국정 연설에서 오바마 대통령은 기후변화를 명백히 군사적인 맥락에 놓았다. "펜타곤에 따르면 기후변화는 우리의 국가 안보에 직접적인 위협을 가하고 있습니다." 오바마의 말이다. "우리는 강력하게 행동해야 합니다."

어떤 면에서는 이것이야말로 영리한 정치다. 파충류의 멸종 비율이나 동아프리카의 식량 가격에 대해서는 신경 쓰지 않는 사람들에게 기후변화에 관해서 말하는 방법인 것이다. 그런데 이것은 기후변화에 관한 조치를 가로막아 온 의회의 모든 부정론자들을 궁지로 몰아넣는 방법이기도 하다. 알고 보면 그들 중 상당수는 군대의 강력한 지지자이기 때문이다.

오바마 행정부 당시 상원 군사위원회는 오클라호마주 상원의원 제임스 인호프, 텍사스주 상원의원 테드 크루즈, 전前 앨라배마주 상원의원(2017~2018년 법무장관) 제프 세션스 같은 인물들로 구성되었다. 그런데 이들 모두는 우리 행성에 살고 있는 70억 인류가 지구 기후에 아무런 영향도 끼칠 수 없을 것이라는 생각의 강력한 신봉자였다. 하원 군사위원회도 마찬가지여서, 현재 위원장인 텍사스주 하원의원 맥 손베리는 2011년에 폭염과 가뭄에 대한 더 나은 대응은 탄소 오염의 감축이 아니라 오히려 기도라고 주장하는 신문 기고문을 내놓은 바 있다.[14]

하지만 펜타곤 내부에서는 기후변화의 국가 안보적 함의가 전혀 새로운 이야기도 아니다. 2003년, 국방부 내부 싱크탱크인 총괄평가국Office of Net Assessment의 책임자 앤드루 마셜은 미래학자 피터 슈워츠와 더그 랜들에게 갑작스러운 기후변화의 결과에 대한 연구 보고서를 의뢰했다. 때때로 펜타곤 내부에서 장난스럽게 '요다'라는 별명으로 통하던 마셜은 전직 국방장관 도널드 럼스펠드와 다른 여러 사람의 조언자이기도 했다. 그 결과인 "갑작스러운 기후변화 시나리오, 그리고 미국의 안보에 대한 그 함의"라는 제목의 연구 보고서는 급격한 기후변화가 야기하는 세계적 안정성에 대한 위협이 테러리즘의 위협을 훨씬 능가한다고 경고했다. "혼란과 갈등은 삶의 고질적인 특징이 될 것이다."[15] 보고서는 이렇게 결론을 내렸다. 이 보고서에서는 갑작스러운 변화를 추진하는 물리적 메커니즘, 즉 북대서양 해양 순환 체계의 급속한 폐쇄가 더 이상 시급한 걱정거리는 아니라고 설명했다. 하지만 우리의 국가 안보가 기후의 안정성과 깊은 연계를 맺고 있다는 더 커다란 핵심은 그 어느 때보다도 확고했다. 미군의 현재 정책을 설명하는 펜타곤의 주요 공개 보고서인 4개년 국방검토보고서의 2014년판에서는 급기야 가뭄, 상승하는 바다, 더 극단적인 날씨 같은 기후변화의 영향과 테러리즘의 직접적인 연관성을 그려 보이는 데까지 나아갔다.[16] "이런 영향들은 위협의 증폭자로서 빈곤, 환경 악화, 정치적 불안정, 사회적 긴장 같은 스트레스 요인들을 악화시킨다. 이는 테러 활동 및 또 다른 형태의 폭력을 가능케 할 수 있는 조건들이다."[17] 보고서에서는 이렇게 설명했다.

트럼프 행정부의 고위층에서도 기후변화와 갈등 사이의 연관성은 익히 알려진 상태였다. 2017년 1월의 인사 청문회 직후 상원 군사위원회에 제출된 미공개 서면 증언서에서 국방장관 제임스 매티스는 녹고 있는 북극의 개빙구역open-water• 항로라든지 세계 위험지역의 가뭄 같은 변화가 병력과 국방 계획가들에게 어떤 도전을 제기하는지 군대가 고려하는 것이 중요하다고 말했다. 그는 또한 이것이 어떤 머나먼 상상이 아니라, 실시간 쟁점이라고 강조했다. "기후변화는 우리 병력이 현재 작전 수행 중인 세계 여러 지역의 안정성에 영향을 주고 있습니다." 매티스는 군사위원회의 민주당 의원들이 제기한 질문에 대한 서면 답변서에서 이렇게 말했다. "전투사령부에서는 각 지역의 안보 환경에 영향을 끼치는 불안정의 동인動因을 계획에 통합하는 것이 타당합니다."[18]

예전만 해도, 그러니까 기후변화가 대부분의 공화당원(아울러 일부 민주당원)에게 금기시되기 전만 해도 이 주제에 관해 공개적이고 솔직한 토론을 할 수 있었다. 심지어 현재는 확고히 부정론자 진영에 가 있는 상원의원 존 매케인까지도 기후변화와 국가 안보를 서

• 물에 떠 있는 얼음이 수면의 10분의 1 이하인 지대로, 얼음이 얼지 않는 바다.

숨없이 연결 짓는다. "만약 과학자들이 옳고, 기온이 계속 상승한다면, 우리는 상상할 수 있는 수준을 까마득히 넘어서는 환경적이고 경제적이고 국가 안보적인 결과에 직면할 가능성이 있습니다."[19] 그는 2007년에 상원 의회에서 이렇게 발언했다.

하지만 2009년 티파티 운동이 대두하면서부터 그런 논의는 사라져 버렸다. 티파티를 배후에서 지원한 코크산업Koch Industries은 공화당 후원자인 데이비드 코크와 찰스 코크 형제가 운영하는 화석 연료 제국이었다. 티파티 공화당원들은 기후와 국가 안보 사이의 연관성을 잠식하기 위해 애썼다. 예를 들자면 다음과 같다. 2009년, CIA 국장 리온 파네타는 CIA 기후변화국가안보센터를 조용히 출범시켰다.[20] 이는 기후변화가 세계를 재편하는 과정에 대해 더 나은 이해를 갖추기 위한 정보계의 솔직한 시도였다. 다른 무엇보다도 이 센터는 미국에서 가장 존경받는 과학 기관인 국립과학아카데미가 주관하는 기후변화와 사회적 스트레스의 관계에 관한 중요한 연구에 자금을 지원했다. 일부 공화당 의원들은 이를 좋아하지 않았는데, 주요 석탄 산지인 와이오밍주의 존 바라소가 특히 그랬다. 2016년 선거에서 가뜩이나 막강한 상원 환경공공사업위원회 위원장이 된 바라소는 이른바 '우리가 원하는 만큼 석탄을 사용할 수 있는 천부의 권리'를 침해하는 모든 것에 반격을 가하는 지칠 줄 모르는 적수였다. 2011년에 그는 EPA(환경보호국)가 탄소 오염을 규제하는 것을 저지할 뿐만 아니라, 심지어 이 기관이 기후에 어떤 일이 일어나고 있는지 연구하는 일조차도 저지하는 내용의 법안을 제출했다.

CIA의 새로운 기후 센터에 관해서 알게 된 바라소는 공격에 나섰다. 그의 성전聖戰은 그 기관의 수장이 파네타에서 데이비드 피트레이어스로 교체되면서 탄력이 붙었다. 이 신임 국장은 드론을 이용해 테러리스트를 죽이는 최선의 방법을 찾는 데 주로 관심을 두었기 때문이다. "우리는 결론에 물을 타라는 압력을 항상 받았습니다." 국립과학아카데미 보고서의 공저자 가운데 한 명의 말이다. 보고서가 배포되는 날에 기자 회견은 갑자기 취소되었고, 결국 보고서도 묻혀 버렸다. 몇 주 뒤에 기후변화국가안보센터는 사라져 버렸다.

의회에 포진한 기후변화 부정론자들은 펜타곤이 가장 아픔을 느끼는 부위를 공격하는 방법을 터득했다. 바로 예산이었다. 2014년 공화당 하원의원들이 국방부 예산안에 덧붙인 수정안을 보면, 펜타곤이 UN IPCC의 최신 보고서에 나온 권고 사항을 실천하는 데에는 한 푼도 쓰지 못하도록 금지했다. "이 수정안은 국방 예산에는 아무런 영향도 끼치지 않았습니다. IPCC의 권고안이 사실 우리에게는 적용되지 않기 때문이지요." 펜타곤 관계자가 내게 한 말이었다. "하지만 그 의도는 분명했습니다. 여차하면 전쟁이 시작되리라는 뜻이었지요."[21] 결국 예산안에서 "기후"라는 단어가 포함된 항목은 무엇이든 빨간불을 켜게 되리라는 사실이 확실히 명백해진 셈이었다. 2016년에 공화당이 다수인 하원에서는 한 걸음 더 나아가서 군사훈련, 전투, 무기 구매, 기타 필요 사항에 대한 기후변화의 영향 평가에 국방부가 자금을 지출하지 못하도록 하는 금지 조치를 가결했다. "과격한 기후변화 의제로 우리 군대를 일탈하게 만드는 것"이야말로, 예를 들어 이슬람국가IS 같은 "적들로부터 미국을 보호한다는 주 목적에서 우리 군대를 일탈하게 만드는 것이나 매한가지다."[22] 이 조치의 지지자 가운데 하나인 콜로라도주 공화당 의원 켄 버크의 말이다.

오늘날의 정치 풍토에서 기후변화가 제기하는 안보 위험에 대한 공개 토론은 사실상 반역적이라고 간주된다. 훈장까지 받은 전쟁 영웅 존 케리는 2014년에 기후변화를 가리켜 "아마도 세계에서 가장 무시무시한 대량 살상 무기일 것"[23]이라고 지적하면서, 이를 테러리즘이나 전염병, 빈곤에 비견했다. 이에 매케인은 시리아에서 13만 명이 사망한 일, 이란의 핵, 팔레스타인과 이스라엘의 협상에 관해 언급하며 곧바로 그를 맹비난했다. "여보세요? 도대체 어떤 행성에 살고 계신 겁니까?"[24] 군 복무 경험이 전무한 전직 공화당 지도자 뉴트 깅리치는 이런 트윗을 남겼다. "케리는 정말로 지구 온난화가 북한과 이란의 핵보다 더 위험하다고 믿는 걸까? 러시아와 중국의 핵보다 더 위험하다고? 정말?" 이후에 그는 이렇게 쓰기도 했다. "국가 안보를 걱정하는 미국인이라면 누구나 케리의 사임을 요구해야 한다. 망상에 빠진 국무장관은 우리의 안전에 위협이 된다."

물론 미군이 북극곰 구출 단체는 아니다. "이들의 주된 임무는 뭔가를 부수고 사람을 죽이는 것입니다." 전직 국방차관보이자 현재 뉴아메리카New America라는 싱크탱크의 선임 고문인 샤론 버크의 말이다. 기후변화에 대해서는 전혀 신경도 쓰지 않으면서, 이를 "대자연이 칼이라도 뽑았다는 거냐"고 일축하는 고집불통 장군들이 얼마나 많을지는 아무도 모를 일이다. 하지만 군대는 또 실용적인 사고방식에 대해서 나름대로 자부심을 갖고 있다. 군 지도자들은 이 나라의 다른 나머지 사람들보다 훨씬 오래전에 인종차별 철폐를 포용했으며, 피부색과 무관하게 가급적 최고의 인재를 원했다는 것이 하나의 이유였다. "이는 임무에 관한 것이지, 정치에 관한 것이 아닙니다." 군 설비를 담당하는 국방차관보 존 콩거는 펜타곤의 집무실에서 나를 만나 이렇게 말했다. "우리의 임무란 있는 그대로의 세계를 상대하는 것이지, 우리가 원하는 모습의 세계를 상대하는 것이 아닙니다."

있는 그대로의 세계에서는 기후변화가 갈등의 엔진임을 보여주는 증거가 명백하다. 최상의 사례는 시리아다. 2015년 《국립과학아카데미 회보》에 실린 상세한 연구에서는 이산화탄소 오염 증가로 인해 2007년부터 2010년까지 시리아의 가뭄 발생 가능성이 2배 늘어났으며, 그 4년간의 가뭄이 시리아의 정치적 불안에 "촉매 효과"로 작용했다는 것을 밝혀냈다.[25] 목축업자는 원래 살던 땅에서 쫓겨나 다른 곳에서 물과 식량을 찾아야 했다. 시골 인구 150만 명 이상이 실향민으로 전락했고, 도시 지역으로의 대대적인 이주가 야기되었으며, 그곳으로 밀려드는 이라크와 팔레스타인 난민들과 충돌하게 되었다. 연구자들이 시리아의 농민 출신 실향민에게 혹시 가뭄이 내전을 촉발했다고 생각하는지 물어보자, 이렇게 답했다. "물론입니다. 가뭄과 실직은 사람들을 혁명으로 내모는 데 큰 역할을 했습니다. 가뭄이 벌어지고서 2년 동안 용케 버텼습니다만, 결국 이렇게 말하게 되더군요. '이제는 우리도 질렸어.'"[26]

여러 군 사령관들이야 굳이 과학 보고서를 읽지 않아도 이런 사실을 파악할 수 있다. 이들은 기후변화의 영향을 직접 목격하고 있기 때문이다. 태평양의 미군 병력을 총괄하는 새뮤얼 로클리어 제독은 미군에서 가장 존경받는 인물 가운데 하나다. 그는 특히 중국과 북한을 감시한다는 가장 어려운 임무를 띤 인물이기도 하다. 하지만 2013년 한 언론인이 이 지역의 가장 큰 장기적 안보 위협이라고 생각하는 것이 무엇이냐고 질문했을 때, 그가 내놓은 답변은 북한 지도자 김정은의 핵에 대한 환상도 아니었고, 중국과의 사이버 전쟁도 아니었다. 오히려 그는 해수면 상승과 작은 나라 하나쯤을 싹 쓸어버릴 수 있는 괴물 폭풍의 증가에 관해서 말했다. 로클리어는 급속히 더워지는 우리 행성에서 목격하게 될 정치적, 사회적인 격변이야말로 "안보 환경을 저해하는 요인이 될 가능성이 가장 클 것이다. 아마도 우리가 흔히 이야기하는 다른 시나리오보다 훨씬 더 그렇다."[27]라고 말했다.

로클리어의 발언을 매우 설득력 있게 만드는 것은 그가 단지 펜타곤 사무실에만 틀어박힌 일벌레나 세계를 여행하는 외교관이 아니라, 무려 훈장까지 받은 참전 용사라는 점이다. 그는 백악관의 정치적 압력에 굴복하지도 않았고, 국방 장관의 연설 내용을 앵무새처럼 반복하지도 않았다. 그는 세계에서 가장 큰 상비군 10개 가운데 7개가 포진하고, 핵무기를 보유한 7개국 가운데 5개국이 포진한 태평양에서 매일매일 미국의 이익을 지키는 책임을 지고 있는 인물이었다.

결국 로클리어가 상원 군사위원회에 소환되어 자신의 발언에 대해 "설명하라"는 요구를 제임스 인호프로부터 받은 것은 놀라운 일도 아니었다. 제독은 침착하고 강력하게 아시아의 꾸준한 인구 증가로 인해 결과적으로 더 많은 사람들이 폭풍과 또 다른 기후 관련 재난으로 위험에 처할 수밖에 없을 것이라고 상원의원에게 가르쳐 주었다. "좋습니다. 여기까지만 합시다." 인호프는 자신에게 승산이 없음을 깨달았다. 그래서 얼른 주제를 바꾸었다.[28]

로클리어가 정확하게 예견한 바가 있다면 기후가 주도하는 혼돈의 세계가 이미 우리에게 닥쳤으며, 상황은 더욱 악화되리라는 것이었다. 미국의 힘의 한계는 어디일까? 우리는 실패한 국가들을 얼마나 많이 지원할 수 있으며, 자연재해에 얼마나 많이 대응할 수 있을까? 노르망디해변 상륙 작전이나 팔루자의 포위 공격을 계획하는 것이야 충분히 가능했어도, 지구 전체를 위한 구출 부대가 되려고 계획하는 것은 또 다른 문제다. 우리는 이라크와 아프가니스탄에서 이미 1조 달러 이상을 지출했지만, 주목할 만한 성과는 없었다. 우리는 얼마나 더 많은 것을 감당할 수 있을까? "제 생각에 우리는 뭔가 전략적인 선택을 내려야 합니다." 게리 러페드 제독이 내게 한 말이다. "우리는 세계의 어느 부분을 가장 신경 쓰는가? 전략적 발화점은 어디인가? 우리는 북극권에서 작전을 할 수 있기를 바라는가, 바라지 않는가? 우리는 어떤 종류의 세계를 준비하고 있는가?"

〜

나는 노퍽 기지 방문 일정을 마친 케리 장관의 비행기에 동승해

워싱턴 DC 인근 앤드루스 합동기지로 돌아왔다. 그가 오바마 행정부의 다른 고위 관료들과 함께 쓰는 정부 소유의 757 개조기는 에어포스원의 화려함 근처에도 미치지 못했다. 사실 케리의 격실은 금속제 책상이 바닥에 볼트로 고정되었고 오래된(아마도 매우 안전할 듯한) 탁상용 전화가 놓여 있어서, 진짜 〈닥터 스트레인지러브〉 같은 느낌이 들었다. 이야기를 나누면서 케리는 외투를 벗어 놓고 신선한 과일 접시를 집어 들었다. 긴 하루를 보내고 난 그의 목이 쉬어 있었다. 그는 지친 모습이었고, 얼굴은 평소보다 더 일그러져 있다. 케리와 대화하는 동안, 그의 어깨에 놓인 세계의 무게를 느끼지 않을 수 없었다.

우리는 방금 기지에서 본 것들에 대해, 그리고 앞으로 2주 뒤에 개최될 파리기후회담을 향한 그의 기대에 대해 한동안 이야기를 나누었다.

나는 파리에서 일이 어떻게 진행되더라도 오늘날 세계가 직면한 위협의 규모를 미국이 온전히 파악하려면 갈 길이 여전히 먼 것 같다고 말했다.

"우리는 정말로 갈 길이 멉니다. 미국 상원에는 그런 위협의 존재조차도 부정하는 사람들이 여전히 있으니까요." 케리는 단도직입적으로 말했다. "우리의 민주적 절차가 일부는 정체되어 있고, 얼어붙어 있으며, 어떤 경우에는 무지몽매한 상황입니다. 이런 민주주의 아래서 과연 어떻게 우리 정부를 움직이겠습니까?"

그는 비교적 온화하게 설명했다. 케리로서는 최악의 악몽 속에서라도 조만간 렉스 틸러슨(즉 기후변화의 위험을 수십 년간 부정하고 오도

하고 과소평가한 석유업계의 거물, 엑슨모빌의 CEO)이 자기 자리를 대신 차지하게 되리라고는 미처 예상하지 못했을 것이다.•

나는 기후 회담을 비롯해 청정에너지 필요성에 관한 논의가 지난 30년간 있어 왔음에도 불구하고, 전 세계의 이산화탄소 농도는 여전히 상승하고 있다고 케리에게 지적했다.[29]

"우리는 지금까지 만들어진 것 중 가장 큰 유조선을 뒤로 돌려 세우려고 아직 애쓰는 중이거든요."

"인간 문명 말인가요?"

"맞습니다." 그가 말했다. 그러고는 창밖으로 저 아래 회색 구름을 내다보았다. "그리고 이건 매우 큰 도전이지요."

• 렉스 틸러슨은 트럼프 정권 출범과 함께 존 케리의 뒤를 이어 미국의 제69대 국무장관(2017년 2월 1일~2018년 3월 31일)을 지냈다.

제10장 **기후 아파르트헤이트.**

나이지리아의 라고스에 사는 사람이 정확히 몇 명인지는 아무도 모른다. 국제연합의 공식 집계는 1,300만 명[1]이지만, 라고스의 공무원들은 2,100만 명[2]에 육박한다고 말한다. 그 도시의 구닥다리 공항에 줄을 서 있다 보면 3,000만 명인 것도 같다. 가장 정확한 숫자가 무엇이든 간에, 라고스야말로 세계에서 가장 빨리 성장하는 거대도시라는 사실만큼은 모두가 동의한다. 그 성장 속도는 뉴욕이나 LA보다 10배는 더 빠르다.[3]

이곳은 부자와 빈자의 경계가 뚜렷한 도시이기도 하다. 인구의 약 70퍼센트는 하루 1달러 25센트 이하로 살아가는 반면,[4] 상위 2~3퍼센트는 베벌리힐스 비슷한 저택의 담장 안에서 살아간다. 그들 가운데 상당수는 석유로 돈을 벌었다. 나이지리아는 아프리카에서 석유 산업의 규모가 단연코 으뜸인 나라로, 하루 평균 약 200만 배럴의 원유를 생산한다.[5]

라고스는 삼각주 도시로, 석호 주위에 건설되었다는 점에서 베네치아와 매우 비슷하다. 대부분의 삼각주 도시와 마찬가지로 이곳은 평탄한 저지대이고, 그 대부분은 해수면에서 겨우 1.5미터도 떨어지지 않은 땅 위에 지어졌다. 그러다 보니 이 도시의 기반 시설은 홍수와 폭풍해일을 상대하기에는 불충분하다. 해변은 유실되는 중이고, 항구의 금속판으로 만든 해벽은 마치 녹슨 양철 깡통처럼 부식되고 있다. 2012년의 돌발 홍수로 이 도시는 일주일 동안 기능이 마비되었다.[6] 비가 잠깐만 내려도 이 도시의 가장 부유한 지역 가운데 하나인 빅토리아섬 거리에 자동차 바퀴가 빠질 정도의 웅덩이가 생겨난다. 홍수는 공중 보건 측면에서도 큰 위험 요소다. 이 도시에 사는 사람은 1,300만(또는 2,100만) 명이나 되는데 정작 공공 하수도는 없다. 빈민가의 아이들 사이에서는 홍수가 지나갈 때마다 발진과 결막염이 돌며, 콜레라가 발생하는 경우도 드물지 않다.

이런 와중에 물가에서는 새로운 도시가 자라나고 있다. 에코애틀랜틱Eko Atlantic이라는 이 도시는 내가 방문한 2016년에도 아직 만들어지고 있는 작업물 상태였다.[7] 사실 이곳은 빅토리아섬 앞에 건설된 5제곱킬로미터 크기의 플랫폼으로 이루어진 새로운 땅이다. 일단 완공되면(또는 좀 더 정확히 표현해서 완공된다고 '가정'하면. 왜냐하면 나이지리아 통화의 평가절하와 기타 경제적 요인 탓에 그 미래가 의심스럽기 때문이다) 에코애틀랜틱은 7제곱킬로미터 이상의 새로운 땅을 아우르게 될 것인데, 개발업자들의 희망대로라면 30만 명의 부유하고도 기술적으로 수준 높은 사람들이 광섬유 인터넷 연결과 정교한 보안 시스템, 높이 8미터의 해벽이 완비된 매끈한 현대식 콘도에 살아갈

나이지리아 라고스의 새로 건설한 땅 위에 지어진 에코애틀랜틱

것이다. 거대도시 빈민가의 번쩍거리는 새로운 부속물인 이곳은 라고스의 새로운 비전을 자처한다. 이곳은 아프리카의 두바이라는 것이다.

라고스에서 벌어지고 있는 일은 구시대적인 공학 수단을 이용해서 해수면 상승과 싸우는 커다란 흐름의 일부다. 세계 곳곳의 연안과 얕은 만에서는 거대한 준설기가 해저에서 모래와 자갈을 퍼 올려서 새로운 땅을 만들고 있다. 예를 들어 남중국해에서는 중국이 군사기지와 비행장, 항구 시설을 지지할 수 있게끔 산호초를 섬으로 빠르게 변화시키고 있다.[8] 1965년의 독립 이후로 싱가포르는 그 규모를 632제곱킬로미터에서 717제곱킬로미터로 거의 4분의 1이나 확장했다.[9] 일본은 도쿄만灣에서만 무려 260제곱킬로미터 이상의 땅을 매립했다.[10] 물론 이것이 새로운 생각은 아니다. 칼 피셔가 마이애미비치를 만든 방식, 로어맨해튼이 강으로 확장된 방식, 칼루사족 같은 연안 부족들이 지금으로부터 1,000년 전에 조개무덤을 만든 방식도 결국 본질적으로 그것이었다.

이 모든 인간의 공학 덕분에 지난 30년 동안 지구는 잃어버린 것보다 더 많은 땅을 얻었다. 네덜란드의 연구 기관 델타레스Deltares에서는 구글어스의 위성 데이터를 이용해 1985년 이래로 연안 지역에서 순면적 5,237제곱마일의 땅(대략 코네티컷주 면적에 해당한다)을 얻었음을 확인했다.[11] "우리에게는 막대한 공학적 힘이 있습니다." 이 연구의 저자인 페도르 바르트가 내게 한 말이다. 그의 말에 따르면, 중국에서는 "홍콩부터 황허강까지의 해안 전체가 달라졌을" 정도다.

이 통계는 (해안선이 줄어들지 않고, 증가한다는 내용인 까닭에) 기후변화 회의론자들이 해수면 상승은 큰 문제가 아니라고 주장할 때 가끔 이용된다. 바다에 땅을 조금 빼앗긴다면 더 많이 만들 수도 있는 것 아니냐는 식이다. 하지만 단순히 이 행성의 전체 땅덩어리가 줄어들지 않고 증가하고 있다고 말하는 것만 가지고 모든 것이 설명되지는 않는다. 땅이 어디서 늘어나는지, 또 과연 그 땅이 어떻게 사용되는지 알 수 없는 것이다. 아울러 그런 주장은 조만간 어느 시점에 이르면 해수면 상승의 가속화로 저지대가 잠식되는 속도가 준설기로 새로운 땅을 만들어 내는 속도를 능가하게 되리라는 명백한 사실을 무시한다.

내가 에코애틀랜틱을 방문한 날은 비가 내렸고, 라고스의 거리에는 고약한 냄새가 나는 검은 물이 몇 센티미터 깊이로 고여 있었다. 내가 탄 택시는 에코애틀랜틱의 분양 사무소에 내렸는데, 그곳에 들어가려면 경비원이 지키는 정문 출입구를 지나야 했다. 사무실은 새로운 땅이 시작되는 장소인 빅토리아섬 끄트머리에 있는 낮고 특징 없는 건물이었다. 로비로 들어가자 유키 오메나이가 나를 맞이했다. 삼십 대 후반의 건장해 보이는 이 남성은 나이지리아의 전통 의상인 화려한 색깔의 세나토르Senator를 걸치고 있었다. "라고스의 미래에 오신 것을 환영합니다." 그는 완벽한 영국식 억양의 영어로 말했다. 부유하고도 정치적으로 연줄 좋은 나이지리아 가문 출신인 오메나이는 에코애틀랜틱이 완공되지도 않은 간척지를 건축 부지로 판매하기 시작한 직후인 2010년부터 이곳의 도시계획가로 일해 왔다고 말했다.

오메나이는 근처의 전시장으로 나를 안내했다. 그곳의 커다란 탁자 위에는 전체 개발 사업의 모습이 지도로 그려져 있었다. 각각의 부지며 거리, 가로수 하나하나까지도 표시되어 있었다. 오메나이의 설명에 따르면, 에코애틀랜틱 내에는 상업용 건물과 주거용 건물이 혼합되어 있을 것이고, 자체적인 천연가스 발전소와 상수도, 학교를 비롯해 당연히 자체 경비 인력도 갖추게 될 것이다. 벽에는 이 개발 사업이 완공된 모습을 예술적으로 표현해 놓았다. 눈부신 고층 건물, 차량이라곤 없는 거리, 사람들이 신선한 바닷 공기를 즐길 수 있는 넓은 산책로가 있었다. 그 전시장을 보니 문득 "계약금만 내면 당신의 아름다운 삶을 저희가 대신 상상해 드리겠다"고 홍보하던 마이애미의 콘도 분양 사무실이 떠올랐다.

나는 개발 사업의 지도에서 아무 부지나 손으로 가리켜 보였다. 6,000제곱미터짜리였다. "이건 가격이 얼마나 합니까?"

"1,800만 유로입니다."

나는 그보다 더 작은 부지를 가리켜 보였다. 지도에서 가장 작은 2,500제곱미터짜리였다. "그럼 이건 얼마나 합니까?"

"600만 유로입니다."

내가 약간 놀란 표정을 짓자, 그는 이 토지가 단독주택을 지을 용도가 아니라, 콘도 건물을 지을 개발업자들이 사들일 것이라고 상기시켜 주었다.

"그렇다면 이 프로젝트가 완공되고서 이곳에 살게 될 사람이 얼마나 된다고 예상하십니까?" 내가 물었다.

"대략 30만 명입니다." 그가 내게 말했다.

"라고스에 부자들이 그렇게 많은 줄은 미처 몰랐네요." 내가 말했다.

"음, 물론 그렇게 많지는 않습니다. 이 콘도는 중산층, 즉 전문직 종사자들이 구입할 겁니다. 그들이 바로 우리의 목표 고객이죠."

혹시 에코애틀랜틱의 투자자들이 해수면 상승에 관해 우려하지는 않느냐고 내가 묻자, 그가 이렇게 대답했다. "아, 많이들 걱정합니다." 곧이어 그가 이 개발 사업을 보호하기 위해 건설 중인 (때때로 '라고스 장성長城'이라고도 일컬어지는) 해벽의 개략도를 살펴볼 수 있는 곳으로 나를 안내했다. 해벽이 완공되면 그 길이는 13킬로미터에 달할 것이며, 라고스는 화강암과 콘크리트로 만든 높이 8미터짜리 목걸이를 거는 형국이 될 것이다.

"우리는 실제로 기후변화와 바다의 위험을 절실히 느끼고 있습니다." 그의 설명이었다. "여기 사는 사람들은 안전을 확신하고 싶어 합니다."

몇 분 뒤에 나는 오메나이의 SUV에 함께 타고 에코애틀랜틱을 한 바퀴 둘러보러 나섰다. 비는 이미 그쳐 있었고, 우리는 측면 도로를 따라 달리다가 경비 초소를 지나갔다. 곧이어 오르막길을 지나자 우리는 새로운 땅에 들어섰다. 마치 황량한 초원처럼 보였고, 흙 위로 콘도 건물 몇 채가 솟아올라 있었다. 도로가 넓어졌고, 서로 맞물리는 회색 벽돌로 포장되어 있었다. 보도는 넓었고, 아직 어린 야자수를 줄줄이 심어 놓고 버팀대를 설치해 두었다. "저희 회장님께서는 세세한 부분까지 직접 신경을 쓰십니다." 운전 중에 오메나이가 내게 한 말이다. "그분 때문에 보도 색깔만 세 번을 바꿨습니다. 나무 가운데 일부를 뽑아내고 다른 나무로 교체하라는 지시도 있었죠. 회장님께서는 모든 세부 사항에 관여하고 계십니다. 만사를 제대로 하고 싶어 하시거든요."

그가 말하는 "저희 회장님"이란 부동산부터 운송업, 생수 제조업에 이르기까지 온갖 일에 관여하는 나이지리아 여러 기업의 복합체인 샤구리그룹의 길버트 샤구리를 가리킨다. 이 그룹의 새로운 자회사인 사우스에너직스 나이지리아는 바로 에코애틀랜틱의 개발을 주도하기 위해 설립되었다.

육십 대 후반인 샤구리는 라고스에서 태어났지만 레바논과 영국에서 성장했다. 그는 나이지리아의 전 독재자 사니 아바차의 하수인 노릇을 한 것으로 가장 유명하다. 2001년 미국의 TV 시사 프로그램 〈프런트라인〉의 탐사 보도에 따르면, 나이지리아의 대표적인 반부패 사건 담당 검사는 샤구리를 가리켜 아바차 정권을 규정하는 "부패의 우두머리"[12]라고 불렀다. 이 보도에 따르면, 샤구리는 1990년대 내내 정교한 뇌물과 부패 계획을 통해 아바차가 수십억 달러를 훔치도록 도와주었으며, 그중 일부를 착복하기도 했다. 그는 이렇게 얻은 돈을 가지고 샤구리그룹을 세웠고, 심지어 돈으로 존경까지 사들여 결국에는 자선사업가이자 빌 클린턴의 친구로 세간의 이목을 끌었다(샤구리는 클린턴재단에 수백만 달러를 기부했다). 에코애틀랜틱을 건설하는 과정에서 샤구리가 감행한 도박에 감탄하지 않기란 쉽지 않다. 무려 수십억 달러를 투자해서 만든 새로운 땅을 개발업자들에게 판매한다는 대담한 계획이었으니까. "에코애틀랜틱의 투자금은 전적으로 민간 자금입니다." 오메나이가 내게 한 말이다. "정부 자금은 전혀 관여되지 않았습니다." 그런데 에코애틀랜틱은 경제적인 "자유 지대"로 지정되었기 때문에 라고스시市나 그보다 더 큰 나이지리아 경제에 대해 직접 세금을 내거나 기타 수혜를 제공하지는 않을 것이다. 에코애틀랜틱은 다른 여느 빗장 공동체gated community보다 훨씬 더 큰 목소리로 세계를 향해 이렇게 말하는 셈이다. 아니, 우리 모두가 하나는 아니지.

오메나이는 일명 라고스 장성을 향해 차를 몰았고, 우리는 목적지에 내려서 주위를 둘러보았다. 세계에서 가장 위험한 해역으로 해적 행위와 납치, 나포 사건이 빈발한 기니만灣이 수평선까지

넓게 펼쳐져 있었다. 오메나이는 우리 밑으로 장벽을 따라 작은 보트를 노 저어 가는 한 남자를 손으로 가리켰다. "저 사람이 얼마나 작게 보이는지 아시겠죠?" 그의 말은 마치 이렇게 말하는 듯했다. "저 사람이 얼마나 취약해 보이는지 아시겠죠?" 오메나이는 자랑스럽게 이 장벽의 공학을 선전했다. 일단 완공될 경우 그 8킬로미터짜리 구조물에는 개당 무게가 5톤씩 하는 콘크리트블록 10만 개가 사용되었을 것이라고 했다. 이 장벽의 정확한 축소 모형을 코펜하겐 소재 한 연구소에서 제작해 1,000년에 한 번 있을 법한 최악의 폭풍에 대한 실험을 거쳤다고도 했다. "지구온난화와 해수면 상승도 모두 설계에 감안했습니다." 그의 말이었다. "우리는 정말로 안전한 피난처를 만들고 싶었거든요."

우리는 승용차를 타고 에코펄타워스Eko Pearl Towers라는 개발 사업 현장으로 갔다. 첫 번째 건물은 상자 모양의 건물로 완공될 예정이었는데, 마치 프랭크 게리가 인간 상상력의 처참한 광경 앞에서 그만 통곡할 법한 외양이었다.• 우리는 지하에 주차하고 검은색 대리석 복도를 지나 엘리베이터까지 갔다. 사방에 감시 카메라가 달려 있었다.

우리는 19층에서 내려 가죽 소파와 의자, LG 평면 스크린 TV, 그리고 벽에 세련되어 보이는 현대미술 판화까지 완비된 콘도 모델하우스를 구경했다. 널찍한 베란다로 걸어 나가자 라고스시와 기니만의 모습이 한눈에 들어왔다. 저 밑에서는 노동자들이 올림픽 규

• 캐나다의 건축가 프랭크 게리(1929~)는 대표작인 빌바오 구겐하임미술관에서 드러나듯 울퉁불퉁 파격적인 형태의 건축물 설계로 유명하다.

격의 수영장에서 마무리 작업을 하고 있었다.

"우리는 라고스의 삶을 재정의하고 싶습니다." 오메나이의 설명이었다. "이것이야말로 신新라고스입니다."

나는 구舊라고스를 뒤돌아보며, 만조 때마다 물이 차오르는 그곳의 오두막과 싸구려 콘크리트 건물에 사는 수백만 명의 사람들을 생각했다. 구舊라고스가 물에 잠긴 상황에서, 과연 내가 이 19층의 가죽 소파에 앉아서 얼마나 안전하다고 느낄지 궁금해지기도 했다.

~~~

해수면 상승에 따른 위험이 가장 큰 거대도시 중에서도 라고스의 잠재적인 경제적 손실은 세계 10위권 내에 들어가지 않는다.[13] 광저우, 상하이, 콜카타, 뭄바이, 그리고 기타 아시아 도시들이 순위에서 최상위를 차지한다. 라고스가 이런 도시들과 어깨를 나란히 하지 못하는 까닭은, 경제적 차원에서 엄밀히 보자면 그곳 연안을 따라 설치된 기반 시설이 상하이 같은 도시에 비할 바가 못 되기 때문이다.

하지만 경제적 상실이라는 것도 해수면 상승의 결과를 바라보는 여러 가지 방법 가운데 하나에 불과하다. 그로 인해 발생하는 실향민(다시 말해 잠재적인 기후 난민)의 숫자는 이와 또 별개다. 미래의 인구 증가까지 감안하면 라고스는 걱정해야 할 장소들의 목록에서도 최상위에 가깝다. 2050년에 이 도시의 인구는 3,000만 명에 이를 것으로 예상된다.[14] 그중 얼마나 많은 사람들이 상승하는 바다에 잠긴 나머지 이곳을 떠날 수밖에 없게 될까? 갖가지 연구에서 300만 명부터 800만 명에 이르기까지 여러 숫자를 내놓았다. 실제 숫자가 어떻든지 간에, 라고스에서 몇 시간만 있어 보면 해수면 상승으로 실향민이 될 사람이 상당히 많을 것이며, 아울러 그 사람들은 다른 어딘가로 가야 할 것이라는 사실을 누구나 금세 깨닫게 된다.

세계의 다른 여러 장소와 마찬가지로 해수면 상승은 이미 아프리카를 강타하고 있다. 서아프리카는 특히나 취약하다. 그중에서도 유독 모리타니부터 카메룬까지 이어진 길이 6,400킬로미터의 사하라사막 이남 해안선이 그렇다.[15] 이곳은 대부분 저지대인 데다 모래밭인데, 어떤 곳에서는 매년 폭 30미터 이상의 해변이 바다로 유실된다.

세계은행에 따르면, 인구의 30퍼센트가 해안선을 따라 살고 있는 지역에서 이것은 자칫 파국적인 문제로 치달을 수 있다. "서아프리카는 기반 시설과 경제활동이 연안 지역에 집중되어 있는 상황인데, 해수면이 계속해서 상승하면서 우리의 수입원과 존재 그 자체를 위협하고 있습니다." 가나대학 해양어업과학과 교수 콰시 아페아닝 아도가 말했다. "우리는 시한폭탄 위에 앉아 있는 것입니다."[16]

위험에 처한 도시가 라고스 하나만은 아니다. 가나의 수도 아크라에서는 매년 우기마다 도시의 저지대에서 홍수가 일어난다.[17] 모리타니의 수도 누악쇼트에서도 매년 사라지는 해변이 최대 24미터에 달하며, 이 같은 침식은 베냉의 경제 허브인 코토누의 중요한 물 처리 시설뿐만 아니라 감비아와 세네갈의 몇몇 호텔에도 피해를 입혔다. 토고의 수도 로메 외곽에는 해변을 따라서 파손된 건물들이 줄줄이 늘어서 있다.

바닷물에 휩쓸려 가는 것은 주택과 사업체만이 아니다. 서아프리카 역시 플로리다 남부나 마셜제도처럼 해수면 상승과 관련된 토양 염류화, 식수 공급원 오염 등 갖가지 문제로 고통을 겪고 있다. 가나에서는 바다거북의 산란지가 사라지고 있다.[18] UNESCO에서 보호하는 가나와 코트디부아르 연안의 식민지 시대 요새들 역시 바다에 잠길 위기에 처해 있다. 이들 요새는 과거 노예무역의 통로로 이용되었던 곳이다. 연안이 와해되면서 해안선은 보통 더 가팔라지고, 근해에서 작은 보트로 물고기를 낚아 생계를 유지하는 주민의 생존은 점점 더 어려워진다. 이제는 더 먼 바다로 나가기 위해 더 큰 배가 필요한데, 주민 상당수는 이런 필수품을 마련할 여력이 없다. 대신에 일부 마을 사람들은 불법인 모래 채굴로 전업한다. 모래를 채취해 콘크리트블록과 기타 건축 자재의 원료로 판매하는 것이다. "우리 아이들 몇몇은 학교에서 돌아오자마자 모래를 채취하러 갑니다. 그래야 돈을 조금이나마 벌 수 있으니까요." 토고의 작은 마을 아그바비의 한 주민은 최근 이렇게 말했다. "사람들은 굶주리고 있고, 꼬마들은 도둑질을 하지 않을 수 없습니다. 우리는 많은 고통을 겪고 있습니다."[19]

~

내가 나이지리아에 찾아간 것은 아프리카 연안이 유실되는 모습을 직접 보기 위해서는 아니었다. 나는 라고스의 수상 빈민가에서 해수면 상승에 대한 우아한 해결책을 발견했다고 생각했기 때

마코코 수상 학교

문에 나이지리아에 찾아갔다. 이 책을 집필하는 동안 나이지리아 태생의 건축가 쿤레 아데예미의 설계로 2013년에 라고스의 수상 빈민가 가운데 한 곳에 등장한 수상 학교 사진을 보았다.[20] 단순하고도 우아한 그 구조물은 만약 우리가 조금만 다르게 생각한다면 물과 함께 살아가는 문제를 해결할 수 있을 것이라고 시사했다. 그 학교는 마치 물 위에 떠 있는 삼각형 같았다. 바닥은 250개의 파란색 플라스틱 통을 한데 엮어 만들었고, 구조물 자체는 나무로 되어 있었으며, 지붕은 금속제이고 벽은 그냥 트여 있었다.[21] 맨 아래층은 주민 회의를 열어도 될 만큼 충분히 넓었다. 2층에는 교실이 두 개 있었다. 이보다 더 단순할 수는 없을 것이다. 하지만 단순하면서도 매우 우아하고, 야심만만하면서도 매우 희망적이었기에 그 건물은 세계 언론의 관심을 끌고, 여러 건축상을 수상했으며, 아데예미도 스타가 되었다. 《가디언》에서는 그 건물을 "희망의 등대"²²라고 불렀다. 나는 호기심이 생긴 나머지 그 건물을 직접 보기 위해 라고스로의 여행을 계획했던 것이다.

나는 출발 전에 뉴욕주 이타카로 갔다. 마침 그곳에서 아데예미가 라고스의 적정가격 주택affordable housing 문제에 관한 강의를 진행하고 있었다. 나는 그 수업을 참관했는데, 학생들이 발표한 단순한 구조물의 설계도를 보니 대부분이 지주支柱위에 짓는 수상 주택의 변형이었다. 아데예미는 교실 앞에 앉아서 귀를 기울이다가 몇 가지 질문을 던지며 학생들에게 자극을 주었다. 그는 말씨가 부드러웠으며, 사십 대의 나이에, 잘생기고, 조용하고, 흰 셔츠와 청바지 차림이었고, 머리는 박박 밀고 있었다.

수업이 끝나고 아데예미는 적정가격 주택 건설의 해법을 생각하기 시작한 2011년 당시, 수상 학교에 관한 아이디어가 떠올랐다고 내게 말했다. "저는 보통 사람들이 저렴하게 집을 짓는 방법을 알아보려고 토속 건축을 살펴보기 시작했습니다." 그의 회고다. 아데예미는 나이지리아 북부의 도시 카두나에서 성장했으며, 그의 아버지는 그 지역의 주택과 공공건물, 병원을 설계한 성공한 건축가였다. 아데예미는 열여덟 살 때 라고스로 갔고, 라고스대학에서 건축을 공부했다. 2002년에 그는 렘 콜하스가 설립한 건축 회사인 로테르담의 OMA에 취직했다. 이후 아데예미는 미국으로 건너가 몇 년간 프린스턴대학에서 공부했고, 네덜란드로 돌아와서 2010년에 개인 회사를 설립했다. 회사의 이름은 요루바어語로 "집"을 뜻하는 은레NLÉ였다.

"물과 도시에 관한 저의 로맨스는 암스테르담에서 시작되었습니다." 아데예미는 회상했다. "물이 워낙 많은 도시에 살면서 매일같이 물을 보고 있자니, 여러 가지에 대해서 뭔가 다르게 생각하게 되었습니다." 라고스에서 살던 시절에도 수상 빈민가에 관해 들어본 적이 있었지만(심지어 매번 제3대교를 건너서 시내로 들어갈 때마다 멀찍이서 바라보곤 했지만) 그가 직접 그곳에서 시간을 보낸 것은 2010년에 적정가격 주택에 관한 연구를 시작하면서부터였다. 라고스의 수상 빈민가 중에서도 가장 규모가 큰 마코코를 방문한 아데예미는 물 위에서 온갖 세계를 만날 수 있었다. 학교, 교회, 기계 공장을 비롯해서 수만 명에 달하는 사람들의 보금자리가 지주支柱 위의 판잣집에 있는 세계였다. "사람들이 그렇게 살아가는 모습을 보니 충격적이었습니다." 그가 내게 한 말이다. "아울러 영감이 떠오르기도 했습니다. 그들은 무척이나 적은 것들로 무척이나 많은 것들을 해내고 있었으니까요."

마코코에 머무는 동안 아데예미는 학교가 간척지에 지어졌고 다른 구조물처럼 돋우지 못한 까닭에, 1년에 몇 번씩 침수된다는 사실을 알게 되었다. "저는 혹시 새로운 학교를 만들도록 도와줘도 되겠느냐고 물어보았습니다." 그의 회고다. 아데예미의 최초 계획은 마코코의 다른 대다수 건물들처럼 지주 위에 학교를 짓는 것이었다. 하지만 그가 학교 도면을 그리기 시작하려던 즈음인 2012년 7월에 만조와 호우가 라고스를 강타했다. "도시 전체가 완전히 침수되고 말았습니다." 아데예미가 회상했다. "사방에 물이 넘실거렸어요. 그 순간 이런 생각이 들었습니다. 이것이 바로 여기서 일어나는 일이다. 물은 일상적인 현실이다. 저는 지금 여기서 홍수 문제를 해결하려 애쓰고 있었는데, 문득 이런 생각이 들더군요. 물에 뜨게 하자! 그렇게 하면 물이 제아무리 높아도 문제가 되지 않을 테고, 물과 함께 움직일 수 있을 테니까요. 그 순간 저는 단순히 학교를 짓고 있는 것이 아니라, 제가 점차 몰두하게 된 한 가지 문제를 공략하기 시작했다는 사실을 깨달았습니다. 그 문제란 바로 기후변화였죠."

수상 구조물이야 새로울 게 전혀 없다(대표적인 것이 '보트'다). 하지만 바다가 상승하면서, 건축가와 도시계획가는 그 유용성과 설계에 관해 예전과는 다른 생각을 하게 되었다. 내가 참석한 거의 모든 해수면 상승 학술 대회에서는 물 위에서 살아가는 것에 대한 건축학적 숙고가 있었다. 어떤 이들은 나름대로 실험을 하고 있다. 멕시코에서는 리처트 소와라는 남자가 25만 개의 폐기된 플라스틱 병을 재활용 과일 자루에 넣어서 수상 섬을 만들었다. 그는 섬에 맹그로브와 야자나무를 심고, 나무와 천을 이용해 2층짜리 주택도 지었으며, 자신의 플라스틱 병 섬을 환경 낙원eco-paradise이라고 불렀다. 그런가 하면 정부의 손길이 닿지 않는 바다 한가운데의 완전한 도시를 꿈꾸는 바다정주定住연구소도 있다.[23] 이 연구소의 공동 설립자인 피터 틸은 페이스북 이사회에 이름을 올리는가 하면, 2016년 대선에서는 도널드 트럼프를 지지하기도 했던 괴짜 억만장자다. 바다정주자定住者에게 근해의 정주지란 자유 지상주의적 꿈의 일종으로, 과거의 규칙들은 적용되지 않는 도시국가다. 이 연구소는 최근 블루프런티어스라는 영리 회사를 설립했는데, 그 목표는 타히티의 한 석호에 수상 플랫폼 14개를 건설하여 연구소 및 생활공간을 만드는 것이다. 블루프런티어스가 공해상의 더 야심만만한 정주지의 시범 모형으로 간주하는 이 프로젝트의 제안서에는 수상 태양광 패널, 고속 인터넷 접속, 그리고 자체 암호화폐 시코인SeaCoin이 포함되어 있다.

아데예미에게 마코코 수상 학교는 새로운 생활 방식을 그려 보는 첫 번째 밑그림 작업이었다. "그 규모를 키울 수도 있고, 줄일 수도 있습니다. 그러면서 물 위, 물 너머, 물 안에 존재하는 해결책들을 만들어 내기 시작하는 겁니다. 우리는 물에 맞서 싸우는 것이 아니라, 물과 함께 살아가는 법을 배워야 합니다."

유감스럽게도 나는 수상 학교를 직접 볼 수는 없었다. 내가 라고스에 도착하기 얼마 전에 큰 폭풍이 도시를 덮쳐 학교가 박살 났기 때문이다(그나마 다행인 것은 그 당시에 아무도 다치지 않았다는 점이다). 알고 보니 이 구조물은 애초부터 아주 튼튼하게 지어지지는 않았고, 관리도 부실한 상태였다. 훗날 아데예미는 그 건물이 시범 모형이어서 애초부터 오래가도록 의도된 것은 아니었다고 내게 말했다. 그래도 아데예미에게는 그 파손이 상당한 부끄러움으로 남았다. 하필이면 몇 주 전에 수상 학교로 베네치아 건축비엔날레에서 상을 받았기 때문이다. 《가디언》은 그 파손을 가리켜 "주목할 만한 수상 도시의 미래를 향한 중대한 일격"[24]이라고 묘사했다.

〰〰

나는 마치 골프 카트처럼 생긴 3륜 차량 케케를 타고 마코코로 들어갔다(이곳 빈민가에서 절반 정도만이 영구적으로 물 위에 있으며, 나머지는 육지에 자리하고 있다). 비좁은 뒷좌석에는 프레드 패트릭이라는 깔끔한 옷차림의 근육질 청년이 함께 앉아 있었다. 그는 최근의 이른바 라고스 "정화" 시도의 일환으로 정부가 파괴한 인근의 또 다른 빈민가에서 성장했다. 현재 법학 전문대학원에 다니는 패트릭은 가난한 지역사회와 공조하여 도시 개발을 도모하고, 무료 법률 지원 및 교육을 제공하는 비영리, 비정부 조직인 정의권력운동에서 조직가로 일하고 있었다.

마코코로 진입하는 것은 완전한 혼돈처럼 보이는 곳에 떨어지는 것과 비슷했지만, 이 장소는 단지 나 같은 서양의 방문객에게는 보이지 않게 숨어 있는 규범들에 순종하는 세계라고 간주해야 더 잘 이해된다. 거리에는 쌀, 구운 옥수수, 지갑, 허리띠, 신발, 신문 등을 판매하는 노점상이 북적였다. 승용차와 트럭은 사방팔방으로 굼벵이처럼 움직였고, 오토바이가 이리저리 쏜살같이 오갔다. 밝은 색깔의 드레스를 걸친 여자들이 멜론 바구니를 머리에 이고 갔다. 아이들은 차량 정체로 꼼짝 못 하는 택시 승객들에게 DVD를 판매했다. 버스와 트럭과 인근 발전소에서 나온 디젤 매연이 공기를 가득 채웠다. 이 도시의 수상 빈민가에는 약 30만 명이 흔들거리는 판잣집과 낡아 빠진 콘크리트블록 건물에 모여 살았으며, 심지어 에코애틀랜틱 콘도의 옷장 크기에 불과한 방 하나에 가족 10명이 사는 경우도 흔했다.[25] 이런 상황에도 불구하고, 혹은 바로 이런 상황 때문에 모두가 어찌어찌 살아가는 것 같았고, 아마도 나는 지금껏 방문한 그 어느 장소에서보다 마코코에서 관용과 인내의 증거를 더 많이 발견한 것 같다.

화창한 날이었고, 일주일 동안 비가 내리지 않았다. 하지만 여전히 곳곳에 물이 있었고, 흙투성이 거리에 바퀴가 빠질 정도의 깊이로 웅덩이가 있었다. 우리는 물속을 지그재그로 달리다가 인공 운하의 강둑에 멈춰 섰다. 시큼하니 화학약품 냄새가 풍기는 물속에는 플라스틱 병과 비닐봉지가 수천 개나 흩어져 있었다. 앞서 마코코를 방문했던 한 동료의 조언이 문득 떠올랐다. "자네가 절대 하지 말아야 할 일이 있다면, 바로 그 물에 빠지는 거야." 운하를 자세히 내려다보니, 죽은 새끼 돼지 한 마리가 물에 둥둥 떠내려가고 있었다.

우리는 1달러도 안 되는 300나이라에 보트 한 척을 빌려서 노를 저어 갔다. 몇 분도 안 되어서 우리는 돋운elevated 도시, 즉 지주 위의 마을에 깊숙이 들어와 있었다. 일부 주택은 삼베 부대와 부목으로 만든 판잣집이었지만, 또 일부는 빈민가의 저택에 해당하는 듯 밝은색을 칠해 놓고, 심지어 2층에다가 방도 여러 개 덧붙여 놓았다. 운하에는 보트가 빽빽했다. 친구들과 함께 물 위를 이리저리 질주하는 아이들이며, 쌀과 야채를 가득 실은 보트를 모는 여자들도 있었다. 우리 옆으로는 남자들이 웃통을 벗고 엔진을 고치는 기계공장이 있었다. 옥수수를 빻아서 가루로 만드는 제분소도 있었고, '헤어 살롱'이라는 간판이 붙은 작고 파란 오두막도 있었다. 보트를 타고 가다 보니 수면에서 9미터 높이의 학교에서는 아이들이 책상 앞에 앉아 있었고, 모래 더미를 돋운 곳에 지어 놓은 교회도 나왔다. 우리가 지나가자 아이들이 소리를 질렀다. 다른 사람들도 나를 뚫어져라 바라보았다("저 사람들은 아직 한 번도 백인을 본 적이 없거든요." 패트릭의 설명이었다). 우리는 낮잠 자는 사람들과 빨래하는 사람들, 그물을 수선하는 사람들도 보았다. 한마디로 물 위에서 살아가는 삶을 보았다.

30분쯤 노를 저어 간 끝에 석호에서도 비교적 잘 관리된 주택들 중 한 곳의 옆에 멈춰 섰다. 벽은 가느다란 대나무 줄기로, 지붕은 야자 잎으로 만든 집이었다. 보트에서 내려 앞쪽의 작은 베란다로 들어서자 제러드 아블레시라는 남자가 우리를 맞이했다. 오십대 초반이었고, 짙은 갈색의 나이지리아 전통 의상을 입고 있었다. 근처에는 열두어 명의 사람들이 동그랗게 둘러앉아서 이야기를 나누고 있었다. 아블레시는 그들에게 고개를 끄덕인 다음, 이들은 자신의 가족과 견습생들이라고 설명했다. "이분은 이 마을의 재단사

마코코 빈민가 사람들은 물에 잘 적응해서 생활하고 있다.

거든요." 패트릭이 내게 설명해 주었다.

아블레시는 내게 들어오라고 권했고, 나는 소파에 자리를 잡고 앉았다. 이 집에서 가장 눈에 띄는 장소인 반대편 벽에는 예수와 성모마리아의 성화聖畵가 줄줄이 걸려 있었다. 벽 한쪽 구석에는 천으로 만든 예수 탄생의 구유 장면과 인형 비슷한 형체가 걸려 있었다. 바닥에는 얄팍한 붉은색 양탄자가 깔려 있었다. 아블레시는 소파 저편에 앉았고, 두 살짜리 그의 아들이 벌거벗은 채 아빠 무릎으로 기어 올라왔다. 열다섯 살 된 아블레시의 딸이 아름다운 초록색 드레스 차림으로 우리와 동석했다. 대나무 벽 사이의 틈새로 검은 물의 잔물결이 보였다.

나는 여기서 얼마나 살았는지 아블레시에게 물었다.

"12년 되었습니다." 그의 말이었다.

나는 아블레시에게 집이 멋지다고 찬사를 보냈다. 우리가 있는 방은 널찍해서 대략 가로 3.5미터에 세로 3.5미터였으며, 천장까지는 2미터였다. 위로는 다른 방들이 있었고, 옆으로는 작업장이 있었다. 그의 말에 따르면 아내와 아이들과 견습생들까지 해서 모두 19명이 이 집에 살았다. "어떤 때는 50명이 여기 살기도 했습니다." 아블레시의 말이었다.

차마 상상하기 힘들었다. 작업장과 베란다를 모두 합쳐도 이 공간 전체는 내가 어릴 적 뒷마당에 지어 놓은 비밀 기지보다 별로 크지 않았으니 말이다.

"우리는 여기서 매우 편안하게 지내고 있습니다." 아블레시의 설명이었다.

"이 집을 직접 지은 겁니까?" 내가 물었다.

그는 미소를 지으며 말했다. "그렇습니다. 가족으로부터 도움도 조금 받았죠."

"이런 집 한 채를 지으려면 얼마나 걸립니까?"

"재료만 있다면야 일주일이면 됩니다."

아블레시는 손짓을 이용해서 석호의 모래질 바닥에 지주를 망치로 박아 넣는 모습을 흉내 냈다. 지주를 모래 속으로 3미터쯤 박아 넣으면, 그게 썩어서 교체할 필요가 생길 때까지 15년쯤 유지된다고 했다.

"이 집은 수면에서 얼마나 높이 떠 있습니까?"

"1.2미터 정도죠." 그가 말했다.

"혹시 홍수 때문에 곤란했던 적이 있었습니까?"

아블레시는 고개를 저었다. "물 때문에 곤란했던 적은 없었습니다." 그가 대답했다.

"폭풍 때문에는요?"

아블레시는 고개를 저었다. "아무 문제 없었습니다."

패트릭은 집에 물이 들어올 경우 집을 조금 더 높이는 것은 쉬운 일이라고 지적했다. "아주 간단한 일입니다." 그의 설명이었다. "불과 며칠이면 할 수 있습니다. 우리는 항상 그렇게 합니다."

나는 며칠 전에 에코애틀랜틱을 방문했던 일을 떠올렸다. 기후변화는 부자보다 빈자를 더 강하게 타격할 것이라는 통념이 있다. 그리고 여러 면에서 그것은 사실이다. 부자는 더 좋은 주택에 살고, 더 나은 의료에 접근할 수 있고, 혹시나 상황이 나빠지면 떠날 돈도 있다. 하지만 만약 전화 배터리가 다 떨어지면 그들도 속수무책이다. 그들은 직접 타이어 가는 것도 못 하는데, 하물며 수상 주택을 짓거나 며칠 안에 돕우는 것은 말할 것도 없다. 기술은 우리에게 힘을 주지만, 동시에 우리를 허약하게 만들기도 한다. 패트릭과 아블레시의 말에 귀를 기울이며, 나는 이렇게 생각했다. "이 사람들은 생존 방법을 아는군."

물론 라고스의 사람들이 직면한 위협은 해수면 상승 말고도 여러 가지가 더 있다. 그런 것들에 대해서만큼은 마코코 주민들도 아주 잘 적응하지는 못하고 있다.

그런 점은 내가 아블레시에게 다음과 같이 물어보았을 때에 분명히 드러났다. "혹시 기후변화와 해수면 상승에 대해서, 그리고 그런 일들이 이곳에서의 당신 삶에 끼치는 영향에 대해서 걱정이 되십니까?"

아블레시는 어깨를 으쓱했다. "물은 두렵지 않습니다." 그는 이렇게 말하더니 잠시 침묵했다. "오히려 정부가 두렵지요."

나는 그 이유를 알 것 같았다. 내가 도착하기 몇 주 전에 라고스 주지사 아킨운미 암보데는 물가의 빈민가 주민 모두를 7일 안에 모조리 퇴거시키고 주택을 철거하라는 명령을 내렸다.[26] 정부에서는 그곳 주민들이 유괴범에, 절도범에, 무용지물이기 때문에 쫓아내는 것이라고 주장했다. 사람들에게 더 좋은 거처를 제공하겠다는 발상 자체는 훌륭했지만, 라고스 정부는 그 지역에 살다가 쫓겨난 사람들이 새로운 삶을 다시 꾸리도록 아무런 도움을 주지 않았다. "그냥 경찰이 찾아와서 앞으로 두 시간 내에 모두 나가라고 말하더군요." 정의권력운동의 공동 창립자 메건 채프먼이 내게 한 말이다. 곧이어 전기톱이 등장하고, 불과 몇 시간 만에 수만 명의 노숙자가 생겼다. 몇 달 전, 학교에 가 있던 패트릭은 난데없이 정부 관리들이 나타나 자기가 자라난 빈민가를 철거해 버렸다는 소식을 전해 들었다. "버스를 타고 돌아와 보니, 저희 가족이 사는 집이 없어진 다음이었습니다." 그가 내게 말했다.

퇴거의 위협에는 어떻게 대처하느냐고 내가 묻자, 아블레시는 굳은 표정이 되었다. 나는 집 안의 가구, 벽에 걸린 예수의 성화, 그의 딸들 중 한 명이 내게 코카콜라를 대접하기 전에 깔아 놓은 흰색 레이스 탁자보를 바라보았다. 마코코는 검은 물의 빈민가일지 모르지만, 또한 급속히 상승하는 바다의 시대에 어떻게 살아야 하는지에 대한 청사진이기도 했다. 합리적인 세계에서는 라고스시나 나이지리아 정부, 혹은 어떤 부유한 석유 재벌에서 이런 사실을 간파하고 수십만 달러를 투자해서 마코코 주민을 위해 위생 수준을 향상하고, 이들을 미래의 모범 시민으로 추켜세웠을 것이다. 하지만 현실에서는 이들의 주택이 전기톱에 난도질되거나 불타 버릴 것이고, 이들은 거리에서 살거나 누추한 콘크리트블록 건물의 작은 방에서 비좁게 살아가지 않을 수 없을 것이다. 심지어 그런 콘크리트블록 건물이라면 라고스의 거의 모든 건물과 마찬가지로 해수면 바로 위에 지어진 관계로 앞으로 수년 이내에 끝장날 운명일 수밖에 없으니, 결과적으로는 새로운 세대의 피난민이 생겨나는 셈이고, 여차하면 그런 사람들이 범죄나 테러리즘으로 돌아설 가능성도 있다. 따지고 보면 타인의 어리석음과 탐욕의 대가로 자기 자녀의 건강을 내놓고 참혹하리만치 짧은 자신의 생명을 내놓는 사람들인 셈이다.

"우리 모두는 그 문제를 걱정하고 있습니다." 아블레시가 내게 말했다. "하지만 우리가 할 수 있는 일은 전혀 없습니다. 라고스에서는 하나님 다음이 정부입니다." 그는 무릎에 올라앉은 아들을 어르면서 먼 곳을 응시했다. "만약 보트를 타고 하나님께 찾아가서 라고스주 정부가 하는 짓을 일러바칠 수만 있었다면, 저는 기꺼이 그렇게 했을 겁니다."

내가 나이지리아를 떠난 지 3주 뒤에 경찰이 인근 빈민가를 급습해 완전히 불태워 버렸고, 3만 명(대부분 어린아이가 딸린 가족이었다)이 노숙자 신세가 되었다.[27] 그로부터 몇 달 뒤에는 경찰이 또 다른 동네인 오토도그바메를 급습해서 수천 명이 더 실향민으로 전락했으며, 그 과정에서 총과 최루탄을 쏘아서 주민들이 보트를 타고 도망쳐야 했다.[28] 대니얼 아야라는 이름의 스무 살 청년은 가족의 재산을 건지려다가 목에 총을 맞아서 결국 사망했다. 그곳의 주택은 모조리 불타서 잿더미가 되었다.

제11장 **마이애미가 물에 잠기고 있다.**

선셋하버는 마이애미비치의 만灣 쪽에 있는 지역으로, 가뜩이나 낮은 사주섬에서도 더 낮은 곳에 해당한다. 100년 전만 해도 이곳은 맹그로브 늪이었다. 오늘날 수백만 달러짜리 주택과 콘도의 서쪽으로는, 비스케인만 너머 마이애미 시내의 끊임없이 변화하는 고층 건물이 즐비한 낭만적 전망이 펼쳐진다. 최근까지만 해도 이곳은 저렴한 1950년대 아파트와 목도리 파는 가게, 마이애미비치시市의 유일무이한 공식 보트 선착장이 있는 별로 세련되지 않은 지역이었다. 커다란 콘도 건물 두 채가 1980년대에 지어지기는 했지만, 인근은 여전히 거의 잊힌 상태로 남아 있다가 마이애미비치의 유명한 개발업자 스콧 로빈스와 그의 친구 필립 리바인에게 발견되었다.[1] 리바인은 특별 제작 잡지와 TV 쇼를 유람선용으로 판매해 재산을 마련한 인물로, 마이애미에서 상당한 재산을 모은 다른 모두와 마찬가지로 부동산 개발에 손을 대서 재산을 더 불

리려 했다.²

로빈스와 리바인은 식당, 커피숍, 그리고 새로운 퍼블릭스 슈퍼마켓을 유치했다. 오래된 아파트 건물을 철거하고 새로운 콘도 건물을 짓자 부동산 가격이 치솟았다. 그런데 한 가지 문제가 있었다. 이 도시의 다른 대부분의 장소들과 비교하면 선셋하버는 만조 때나 큰비가 내릴 때 홍수가 나기 쉬웠다는 것이다. 이곳은 섬의 저지대에 자리하고 있었기 때문에, 만조가 이곳에 맨 먼저 도달해서 한동안 머물러 있는 경향이 있었다. 2012년, 나는 매년 10월 중순경에 플로리다 남부를 강타하는 연중 최대 대조기king tide● 동안 선셋하버를 방문했다. 연중 최대 대조는 해와 달과 지구의 특별한 배열로 인해 바다에 미치는 중력의 영향이 최대화되면서 야기된다. 아울러 멕시코만류의 변화 때문에 나타나기도 하고, 긴 여름의 열기가 바다를 팽창시키기 때문에 일어나기도 한다. 그해 10월에 나는 무릎까지 차오르는 물을 건너서 선셋하버의 거리를 돌아다녔다. 주민들은 격분한 상태였다. 나와 대화를 나눈 상점주들은 아예 짐을 싸기 일보 직전이었다. 실은 선셋하버에 차오른 물을 건너다니고 나서야, 나는 비로소 해수면 상승으로 인해 마이애미가 직면하게 된 실시간 위협을 처음으로 자각하게 되었다.

그 방문이 있고 나서 머지않아 몇 가지 일들이 벌어졌다. 그중 첫 번째는 유람선 사업가 출신의 개발업자 필립 리바인이 시장 선거에 출마하기로 작정한 것이다. 그는 사십 대 후반의 말쑥한 남성

● 지구와 달이 가장 가까워지는 '사리'를 전후한 3~4일간 해수면이 연중 최대로 높아지는 시기를 말한다.

마이애미비치의 만조를 즐기는 방법

이다. 잘생겼고, 개인적으로는 점잖지만 정치적으로는 서슴없는 편이며, 마이애미비치를 집집마다 찾아다니며 한 표씩 부탁하는 데 거리낌이 없었다. 그는 홍수를 유세의 핵심 쟁점으로 만들었으며, 심지어 그걸 이용해서 웃음까지 자아냈다. TV 광고에서 반려견 얼과 함께 구명조끼 차림으로 노를 저으며 마이애미비치의 거리를 오가는 모습을 연기했던 것이다. 리바인은 2013년 시장 선거에서 당선되었고, 이 도시는 수많은 반대와 관료제적 미적거림 끝에 갑자기 해수면 상승에 대해 뭔가 조치를 취하기 시작했다.

마침 도시에서는 리바인이 당선되기 몇 달 전에 브루스 모리라는 신임 토목국장을 채용했다. 뚝심 있는 남부인 모리는 그 자리를 맡았을 당시 63세였으며, 일을 해내는 자신의 능력에 자부심을 품고 있었다. 시장의 요청으로 그는 세계적인 공학 및 컨설팅 회사인

AECOM의 협조로 몇 년 전에 마련된 도시의 우수雨水 관련 기본 계획을 유심히 살펴보았다. 모리가 보기에 이 계획은 높아지는 조수와 상승하는 바다로부터 도시가 직면한 위험을 간과하고 있었지만, 그는 이 계획에서 가장 파급효과가 커 보이는 부분을 제일 먼저 실행하게 되었다. 도시 여러 지역에서는 바닷물이 하수관을 타고 역류해 맨홀과 하수구를 통해 솟구치면서 홍수가 야기되었다. 이 문제를 해결하기 위해 모리는 물이 거리로 역류하지 못하도록 막아 주는 역행 방지판을 하수관에 설치했으며, 그러고도 고이는 물을 퍼내기 위해 도시의 저지대에 커다란 펌프를 설치했다. 또한 이 모든 사업의 자금을 지원하기 위해 시의원들은 주민의 공공요금 가운데 우수처리비를 7달러 가까이 인상하여 담보로 삼고 1억 달러를 채권으로 조성했다(하지만 이것은 겨우 착수금에 불과했다. 모리의 말에 따르면, 이 도시의 홍수 완화 계획에 들어가는 총비용은 5억 달러까지 상승할 가능성이 있기 때문이다).[3] 더욱이 리바인 시장은 정치인들이 정치적으로 복잡한 쟁점에 직면할 때마다 항상 하던 일을 했다. 즉 특별위원회를 구성해서 자기 친구를 그 감독관으로 지명한 것이다. 그렇다면 스콧 로빈스보다 이 일에 더 잘 어울리는 사람이 또 있겠는가?

모리와 리바인은 2014년 한 해의 대부분을 마이애미비치의 홍수 관리에 성과를 보여 주기 위해 맹렬히 일했다. 이들의 목표는 다가오는 10월 연중 최대 대조가 닥쳤을 때 상당한 진전을 보여 주는 것이었다. 리바인은 자기가 선거 유세에서 해수면 상승을 그토록 쟁점화했기 때문에, 자신의 정치적 미래는 그 쟁점에 대처하는 능력에 달려 있다는 것을 이해했다. 언론도 이에 주목했다. 2013년에 나는 《롤링스톤》에 기고한 장문의 기사에서 그 도시가 직면한 위험을 부각시켰고, 이후 몇 달에 걸쳐 《워싱턴포스트》, 《가디언》, 다른 여러 간행물들도 후속 보도를 내놓았다.[4]

2014년 연중 최대 대조가 닥치자, 시장의 정치적 도박이 성과가 있었음이 분명히 드러났다. 바다가 상승했지만 역행 방지판이 작동하고 펌프가 물을 퍼냈다. 선셋하버는 대부분 마른 상태였다(해수면 상승과는 무관한 여러 요인들 때문에 그해 연중 최대 대조는 예상 외로 낮았다). 시장은 EPA(환경보호국) 국장 지나 매카시, 플로리다 주지사 빌 넬슨, 로드아일랜드주 상원의원 셸던 화이트하우스 같은 저명인사 여럿을 선셋하버의 작은 공원에 불러서 자신의 업적을 축하했다. 이들 모두는 이 도시의 노력을 치켜세우고, 이를 기회 삼아 탄소 감축에서 더 많은 성과를 내자고 호소했다. 기후변화의 세계에서 이것은 보기 드물게 의기양양한 사건이었다. 그렇다. 마이애미비치는 위험에 처해 있다. 하지만 약간의 땀과 창의력이 무슨 일을 할 수 있는지 보라!

며칠 뒤에 나는 사우스비치의 사무실로 로빈스를 찾아갔다. 그는 상냥하고 말이 많았으며, 마치 최근 시의 문제에 진지한 관심을 갖게 된 힙스터 같은 느낌을 주었다. 우리는 마이애미비치가 직면한 도전, 그리고 훗날 도시가 이 도전에 어떻게 대처해야 하는지에 관해서 한 시간가량 대화를 나누었다.

그날의 만남에서는 두 가지가 특히 기억에 남았다. 첫째는 로빈스가 시장 직속 홍수경감특별위원회의 대표임에도 불구하고, 누군가가 그를 기후과학자로 오해할 만한 위험은 전혀 없더라는 점이었다. 예를 들자면 이렇다. 우리가 미래의 해수면 상승 속도에 관해 이야기할 때, 그는 그 주의 조수 현황표를 꺼내더니 조수 높이의 예상치와 실제 값의 차이를 언급했다. 어떤 경우에는 몇 센티미터씩 (더 높거나 더 낮게) 차이가 났다. 로빈스가 물었다. "이번 주의 조수조차도 예측할 수 없다면, 미래의 해수면 상승을 어떻게 예측할 수 있겠습니까?" 순간 나는 이것이 흔하디흔한 혼동 사항(기후변화 부정론자들의 핵심 주장이기도 하다)의 변형이라는 사실을 깨달았다. 즉 우리가 당장 다음 주의 날씨조차도 예상하지 못한다면, 앞으로 20년 뒤의 기후를 어떻게 예상할 수 있겠느냐는 논리였다. 나는 조수와 해수면 상승은 완전히 다른 것이라고 그에게 지적해 주었다. 매일의 조수는 바람과 해류의 작고 무질서한 변화에 근거하는 반면, 해수면 상승은 장기적인 평균이라고 말이다. 하지만 로빈스는 이런 차이에 대해서는 관심이 없는 듯했다. 다만 이렇게 말할 뿐이었다. "예, 저도 이해했습니다." 그러더니 주제를 바꿔 버렸다.

내가 두 번째로 알게 된 사실은 해수면 상승이 실재하건 아니건 간에, 로빈스는 마이애미비치가 이에 어떻게 대처할 것인지에 관해 매우 명료한 계획을 갖고 있다는 점이었다.

"우리는 도시를 2피트[60센티미터] 높일 겁니다." 그는 나에게 단도직입적으로 말했다.

나는 깜짝 놀랐다. 어떻게 그런 말을 그토록 무덤덤하고 그토록 단정적으로 할 수 있을까. "이 도시를 2피트 높인다니, 그게 무슨 말씀인지요?"

"제 말뜻은 우리가 마이애미비치의 모든 거리와 건물을 2피트씩 높이겠다는 겁니다. 그러려면 하룻밤 사이에 뚝딱 되는 건 아니고 시간이 좀 걸릴 수도 있겠지요. 하지만 우리가 하려는 일이 바로 그겁니다."

"혹시 그 일을 위한 공학적 계획이 있습니까?"

"아직은 아니지만, 진행 중입니다."

"비용이 어느 정도 들어갈지는 예상하고 있습니까?"

"글쎄요. 하지만 우리는 방법을 찾아낼 겁니다. 이곳에는 돈이 상당히 많으니까요."

나는 로빈스에게 더 자세한 내용을 말해 보라고 재촉했지만, 그는 아무 말도 하지 않았다. 그래서 몇 달 후에 리바인 시장이 마이애미비치의 몇몇 거리를 높일 계획이라고 발표했을 때, 나로선 적잖이 놀랐다. 그 시작 장소는 당연히 선셋하버였다.

～～～

1850년대에 시카고는 대초원의 급성장하는 전초지였고, 워낙 빨리 성장하는 바람에 어느 누구도 도시계획이나 기반 시설 같은 일상적인 것들에 관해서는 깊이 생각하지 않았다.[5] 목조 건물이 5층짜리 벽돌 건물에 자리를 내주었고, 그중에는 크고 멋진 호텔들도 있었다. 하지만 불과 10년 사이에 인구가 2만 명에서 10만 명 이상으로 증가하면서, 누구나 원하는 대로 아무렇게나 건물을 짓는 혼돈스러운 개발은 지속될 수 없다는 것이 분명해졌다. 이 도시의 건물들은 다양한 높이로 설계되었기에 목제 보도는 계단과 판자가 뒤죽박죽되어 오르락내리락 이어졌고, 그 아래의 진흙 구덩이는 당시 유행하던 표현처럼 말 한 마리가 너끈히 빠져 죽을 정도로 깊었다. 더 큰 문제는 이 도시가 미시간호湖 호숫가에 너무 가까운 습지 위에 지어졌다는 사실이었다. 그러니 비만 내렸다 하면 홍수가 났다. 이 새로 지은 도시에는 공공 하수도 시설이 없었기 때문에, 홍수로 범람한 물은 종종 오염되곤 했다. 1854년에는 콜레라 유행으로 시카고 시민 1,424명이 사망했고,[6] 1854년부터 1960년 사이에는 이질로 1,600명이 사망했다.

홍수와 하수 문제를 해결하기 위해 토목공학자들은 혁신적인 해결책을 고안했다. 진흙탕을 파헤쳐서 하수관을 지하에 파묻는 대신, 하수관을 지상에 설치하고 흙으로 덮어서 도시 전체를 8피트[2.4미터] 정도 높이는 것이다. 훗날 풀먼 여객열차를 발명해 부자가 된 조지 풀먼 같은 야심만만한 공학자들은 이내 나무 타래송곳 잭(작은 기중기) 수천 개를 이용해 5층짜리 벽돌 건물을 유리창 하나 깨먹지 않고 거뜬히 돋우기까지 했다. 풀먼의 가장 유명한 업적은 시카고에서 최고로 좋은 호텔인 트레먼트하우스를 돋운 것이었다. 심지어 투숙객이 모두 호텔 안에 머물러 있는 상태에서 도시 블록 하나를 거의 다 차지하고 있는 그 건물을 들어 올렸다. 전반적으로 보아 시카고를 들어 올리는 데는 10년 정도가 걸렸으며, 이는 도시 공학의 대승리였다. 오염된 습지는 제거되었고, 공중 보건은 개선되었으며, 시카고는 세계에서 가장 빨리 성장하는 도시 가운데 하나가 되었다.

하지만 2017년경의 마이애미비치는 1860년경의 시카고가 아니다. 예전의 시카고로 말하자면 도로라고는 흙길뿐이고, 기반 시설이라고는 거의 없는 신생 도시였다. 반면에 마이애미비치에는 수도

1857년 타래송곳 장치로 브릭스하우스호텔을 들어 올리는 모습

와 전선과 하수도와 포장도로와 콘크리트 보도가 있다. 과거의 시카고에서는 구조물 하나를 높이는(또는 이동시키는) 비용이 새로 하나를 짓는 비용에 비해 상대적으로 저렴했다. 반면에 마이애미에서는 대개 오히려 정반대다.

마이애미비치에서 리바인 시장과 모리는 일단 시작하기로 했다. 이들의 전략은 한 번에 거리 하나씩을 높이는 것이었다. 또한 오로지 거리와 보도만 높인다는 계획이었다. 그리고 나서 시간이 흐르면 거리의 건물주들도 자기네 구조물을 새로운 높이에 맞춰서 높이거나 재건축하리라 고대했던 것이다.

2016년 말까지 약 20개 블록이 돋우어졌는데, 대부분 선셋하버와 그 근방이었다. 그 결과는 초현실적이라 할 만했다. 식당과 상점은 저 아래 원래의 높이에 있었지만 거리와 보도는 그보다 2피트 더 높았기 때문에, 식당으로 들어가려면 계단을 통해 일종의 분지

정원*으로 내려가야만 했다. 원래 지면보다 높은 층에 지어 놓았던 슈퍼마켓에 들어가려면 이제 계단을 지나지 않아도 그만이었다. 도로에서 과거의 높이가 새로운 높이와 만나는 곳에는 기묘한 모양의 턱이 생겼다. 도로 아래에는 새로 만든 펌프와 하수도가 있어서, 호우나 연중 최대 대조 때도 저지대를 마른 상태로 유지하도록 되어 있었다.

어쨌거나 이론상으로는 그랬다는 것이다. 2016년 연중 최대 대조가 닥치기 몇 주 전에 허리케인 매슈가 동부 연안으로 접근했다. 폭풍이 마이애미를 직격하지는 않았지만, 도시에는 억수 같은 비가 내렸다. 그런데 공교롭게도 선셋하버의 몇몇 신형 펌프들이 꺼져 있었다. 결국 그 지역에는 과거와 똑같이 물이 몇 피트나 차오르고 말았다.

몇 주 뒤의 연중 최대 대조기에도 새로이 돋운 지역에 또다시 물이 차올랐다. 이번에는 펌프가 모두 작동했지만, 연중 최대 대조에 또 다른 호우까지 겹치자 감당이 안 되었던 것이다. 어느 날 밤에는 내가 빗속에서 차를 몰고 마이애미비치를 돌아다녀 보니, 선셋하버뿐만이 아니라 사방에 물이 고여 있었다. 퐁텐블로호텔 앞은 자동차 바퀴가 빠질 정도였고, (마침 이 도시에서 가장 값비싼 상업용 부동산인) 링컨로드 몰 주위도 마찬가지였으며, 40번가 플로리다전력조명FPL, Florida Power & Light 변전소의 임시 물막이벽에도 물결이 넘실거렸다. 만조는 겨우 몇 시간 계속되다가 조수가 빠지면서 사라져 버

* 주변 땅 높이보다 낮은 공간에 만든 정원.

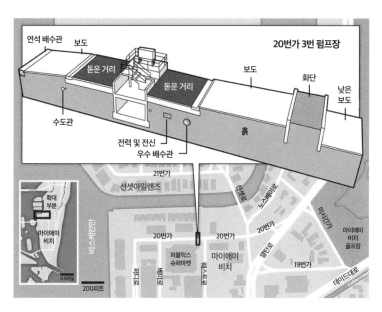

마이애미비치 선셋하버 지역의 돋운 거리와 펌프장

렸다. 마른 땅이 다시 나타난 것은 안심되는 일이었지만, 이 홍수를 유심히 지켜본 이들이라면 그 누구라도 두려움을 느꼈을 것이다. 그것이야말로 머지않아 자연이 내놓을 재난 영화 실사판의 예고편에 해당했으니 말이다.

∿

다음 날 아침 9시, 그러니까 연중 최대 대조기의 다음번 만조가 닥치기 직전에, 나는 플로리다국제대학FIU의 지질학자 헨리 브리세뇨가 몰고 나온 상당히 낡은 은색 혼다 시빅에 올라탔다. 트렁크에는 아이스박스와 플라스틱 병, 과학 장비가 가득했다. 당시 일흔이었던 브리세뇨는 베네수엘라에서 태어나 과학자로 활동하다가 독재자 우고 차베스에게 쫓겨난 인물이었는데, 외관만 보면 마치 철물점에 갔다가 집으로 돌아가는 중인 듯, 크게 물 자국이 난 초록색 폴로셔츠에 카키색 바지와 낡아 빠진 등산화를 신고 있었다. 나를 태우러 왔을 때 이 수질 전문가는 마이애미비치 곳곳에서 물 샘플을 채취하는 대학원생들을 일일이 확인하러 차를 몰고 돌아다니느라 벌써 몇 시간째 일하는 중이었다.

출발 직후 신호에 걸려 차가 멈춰 서자, 브리세뇨는 내 신발을 내려다보았다. 내가 신고 있는 것은 목이 짧은 운동화였다. "고무장화를 한 켤레 가져오라고 말씀드리는 걸 깜박했네요." 그는 사과하듯 말했다. "발이 젖는 걸 바라지는 않을 테니까요."

"그러게요. 그것까지 미리 생각해 두었어야 했는데." 내가 말했다. 약간 바보 같은 기분이 들었다.

"물론 발에 베이거나 까진 상처만 없다면야 괜찮을 겁니다." 브리세뇨가 말했다. 그렇다고는 해도 그 말이 아주 안심이 되는 것은 아니었다.

하지만 나는 곧 그 말뜻을 이해했다. 그는 인간 배설물의 박테리아로 오염되었을 가능성이 높은 물속을 걸어 다닐 예정이었고, 나 역시 그를 따라가려면 그런 위험을 이해해야 했다.

물론 나야 잘 이해하고 있었다. 브리세뇨의 연구가 중요한 까닭은 해수면 상승에 관해서 단순하지만 종종 인정받지 못하는 진실을 주장하고 있었기 때문이다. 그 진실이란 해수면 상승의 모습이 보기 좋지는 않으리라는 것이었다. 도시 지역에서 시내로 쏟아져 들어오는 물은 마치 제트스키라도 타고 질주하고 싶은 맑고 푸른 물은 아닐 것이다. 검고, 냄새가 고약하고, 유·무기 화합물로 오염된 물일 것이고, 일부 지역에서는 그 화합물 가운데 바이러스와 인간의 똥이 들어 있을 것이다.

마이애미비치의 수질에 관한 브리세뇨의 관심은 2013년부터 시작되었다. 당시 그는 거리에서 무릎 높이까지 차오른 물속을 건너가는 이웃들의 모습을 보고 이런 생각이 들었다. "저 물은 안전한 걸까?" 그는 장비를 꺼내서 몇 가지 검사를 했다. 그리고 그 물이 확실히 오염되었다는 것을 알아냈다. 사람들은 그런 물속을 걸어 다닐 뿐만 아니라, 심지어 그런 물을 펌프질해서 오염에 취약한 비스케인만 바닷물에 쏟아 버리기까지 했다. 도대체 무슨 일이 벌어지고 있는지 더 잘 이해하기 위해서 브리세뇨는 FIU, 국립해양대기국, 마이애미대학, 노바사우스이스턴대학의 과학자들과 함께 공동 연구 프로젝트를 조직했다. 이들은 2014년과 2015년의 연중 최대 대조기 나흘 동안 여러 곳의 하수 배출구에서 수질 검사 표본을 채취했다. 2015년에 검사한 네 군데 하수 배출구에서는 배설물 수치가 모두 주州 기준치를 넘어섰다.[7] 이 도시의 간선도로인 인디언크리크로를 따라서는 그 수치가 주에서 정한 허용치보다 622배 더 높았다. 14번가의 우수雨水 배출구에서는 허용치보다 630배 더 높은 측정치가 나왔다.

브리세뇨의 연구진이 2015년에 이 발견을 보고서에 담아 제출했지만, 시 공무원들은 1년 가까이 무시해 버렸다. 그러다가《마이애미헤럴드》가 그 소식을 듣고 마이애미비치의 홍수로 범람한 물의 오염에 관한 기사를 2016년 1월에 보도했다. 그러자 마이애미비치의 재계와 정계 유력자들은 자칫 휴가의 낙원이라는 이 도시의 평판에 먹칠을 할 수도 있는 기사를 실었다며 도리어 《마이애미헤럴드》를 공격했다. 리바인 시장은 이 신문이 "광고를 팔기 위한 목적으로"[8] 그런 기사를 냈다고 비난했다. 내가 참석했던 마이애미비치 100주년 행사의 만찬 연설에서 스콧 로빈스는 이렇게 말했다. "여기 계신 분들 중 우리가 만에다 오염된 물을 쏟아붓는다고 말하는 사람이 있습니다. 그것은 사실이 아닙니다. … 거짓말입니다. … 그는 거짓말쟁이입니다."[9] (그런데 로빈스가 이렇게 발언하는 현장에 당사자인 브리세뇨도 있었다. 훗날 나는 그때 어떻게 반응했는지 브리세뇨에게 물었다. "저는 그냥 크게 웃음을 터트리면서 이렇게 말했죠. '저 개자식이 나보고 거짓말쟁이라네…!' 그런 다음 일어나서 그 자리를 떴지요.") 해안 감독관 마이클 그리코는 문제의 보고서를 "청부 살인"[10]이라고 불렀다. 리바인 시장은 시의회 회의까지 쫓아가 직접 공격을 가했으며, 브리세뇨가 물 검사 하청 대가로 시 당국에 60만 달러를 내라며 압박했다고 주장했다. 마이애미비치시市 법무국장은 《마이애미헤럴드》에 편지를 보내 "우리 시의 지독하고도 불안전한 물 상태를 무모하고 부정확하게 묘사한"[11] 그 기사를 내리라고 요구했다. 하지만 신문은 기사 철회를 거부했다.

동료 과학자들 사이에서 연구로 높은 평가를 받는 인물인 브리세뇨는 이런 협박에 굴하지 않았다(그의 이메일 서명에는 물리학자이자 유명 인사인 닐 디그래스 타이슨의 다음과 같은 인용문이 들어가 있다. "과학의 좋은 점이란 누가 그걸 믿거나 말거나 사실이라는 점이다"). "저는 시장의 배후에 뭐가 있는지 모르겠습니다. 저는 그를 개인적으로 공격하는 게 아닙니다." 그날 아침, 도시 곳곳을 차로 누비는 동안 브리세뇨가 말했다. "저는 단지 여기서는 수영하지 말아야 한다고 사람들에게 알리고 싶었습니다. 왜냐하면 무방비로 노출되어 있으니까요. 그런데 시장은 이런 정보를 숨겨 왔습니다. 오래전부터 알고 있었는데도 그간 입도 뻥끗하지 않았던 거죠. 결국 이제는 사람들에게도 알리고 있어요. 그 연구가 모든 언론의 주목을 받았기 때문에, 그들이 어쩔 수 없이 인정하게 된 거죠."

그 무렵 우리는 브리세뇨의 첫 번째 표본 채취 장소에 도착했다. 선셋하버에서 몇 블록 떨어진 곳이었다. 우리는 해벽으로 다가갔는데, 거기서는 대학원생 두 명이 하수 배출관에서 쏟아져 나오는 물에 플라스틱 병을 담그고 있었다. 유기물질의 부패에서 발생하는 황화수소 때문에 물에서는 고약한 냄새가 났다. 브리세뇨는 해벽에 서서 우수(만조에서 비롯된 물이든 폭풍우에서 비롯된 물이든, 아니면 양쪽 모두에서 비롯된 물이든 간에)가 이곳의 시스템을 순환하는 과정을 설명했다. 물이 거리를 쓸고 흘러가며 땅으로 스며들어서, 결국 우수 배출관으로 들어오게 되는 과정이었다. 비록 도시에는 공공 하수도가 있지만, 파이프의 상당수가(특히 주택이나 사무실에서 하수도 본관으로 연결되는 더 작은 파이프들이) 부식되거나 갈라져 있었다. 하수가 새어 나가고 홍수로 범람한 물과 섞이면, 결국 거리에 고이거나 펌프질되어 만으로 쏟아진다. "하지만 따지고 보면 아주 복잡할 것도 없습니다." 브리세뇨의 말이었다. "저기 사는 누가 똥을 싸면," 그는 인근의 아파트들을 손으로 가리켰다. "그게 이리로 나오는 겁니다."

그는 일부 사람들이 이런 이야기를 전혀 듣고 싶어 하지 않는 이유를 매우 잘 알고 있다. "관광 경제 전체가 이곳의 수질에 달려 있거든요." 그의 설명이었다. "관광객들은 수영과 보트와 제트스키를 즐길 수 있기 때문에 이곳에 옵니다. 만약 만 전체에서 이런 냄새가 난다면, 누구도 굳이 거기로 수영하러 가고 싶지는 않을 겁니다. 그래서 그런 거죠. 경제를 어떻게든 보호해야 할 필요가 있는 겁니다. 하지만 저는 해수면 상승 때문에 여기 있는 모두가 조만간 떠나야 한다는 사실도 알고 있습니다. 그동안에라도 우리는 가능한 한 최고 수준의 생활과 최고 품질의 물을 누려야 합니다. 만약 우리가 그걸 파괴해 버린다면 아무도 여기 오지 않을 겁니다. 그렇게 되면 거리를 높이거나 해벽을 만들거나 다른 어떤 일을 하는 데 필요한 자금을 마련하지 못하겠지요. 따라서 우리는 물을 가급적 최대한 깨끗하게 유지해야 하고, 그 말미 동안 우리가 여기에서 어떻게 빠져나갈지를 계획해야 합니다."

곧이어 우리의 오염된 물 관광에서 다음 기착지가 등장했다. 마이애미비치에서 다리 하나만 건너면 나오는 마이애미의 가난한 동네 쇼어크레스트였다. 우리는 때마침 오전 만조가 절정에 도달한 때에 도착했다. 거리에 고인 물은 3피트[90센티미터] 깊이로, 주택 마당을 지나고 잔디밭을 건너서 현관문 앞까지 도달해 있었다. 차량 통제 표식을 세워 놓지도 않았고, 차량을 다른 길로 보내는 경찰관도 없었고, 물에 들어가지 말라고 주민들에게 경고하는 보건 공무원도 없었다.

브리세뇨는 주차를 하고 나서 물 표본 채취 장비를 꺼내더니, 무릎까지 올라오는 고무장화를 신었다. 그는 카메라를 든 남자 하나가 물속으로 걸어 들어가려는 모습을 보았다. "제가 당신이라면 그 물에 들어가지 않을 겁니다." 브리세뇨가 외쳤다. 남자는 고개를 끄덕였지만, 결국 물속으로 걸어 들어가서 사진을 찍기 시작했다.

브리세뇨가 물 표본을 채취하는 동안, 나는 마른 땅을 골라 껑충껑충 뛰어서 인근의 아파트 단지로 다가갔다. 마리아 투베스라는 이름의 여성이 2층 문간에 서서 그쪽으로 밀려오는 물을 바라보고 있었다. 65세의 장애인인 그녀의 얼굴에는 힘겨운 삶이 새겨져 있었다. 집 안에는 8세에 불과한 조카딸이 있는데, 만조 때문에 밖에 나가지 못하게 말렸다고 했다. 투베스는 한정된 수입으로 살아가고 있으며, 매달 200달러씩 임대료를 절약하기 위해 몇 달 전에 이 지역으로 이사 왔다고 설명했다.

우리가 이야기를 나누는 중에도 물은 계속해서 상승했고, 그녀의 집 앞 거리를 지나 차고 진입로까지 밀고 들어왔다. 마치 우리가 금방이라도 물에 떠내려갈 것 같았다.

"이렇게 물이 높아진 것을 이전에도 보신 적이 있습니까?"

"가끔은 이보다 더 높게도 올라와요." 그녀의 말이었다.

"그럴 때는 어떻게 하십니까?"

투베스는 너무 어리석은 질문이 아니냐는 듯한 표정으로 나를 바라보았다. "그냥 집 안에 있죠." 그녀의 말이었다.

"혹시 시나 주에서 누군가가 이곳을 찾아와서 저 물이 오염되었을 가능성이 있다고 경고해 준 적이 있나요?"

투베스는 고개를 저었다. "여기 찾아와서 저에게 무슨 이야기를 해 준 사람은 아무도 없었어요."

우리가 이야기를 마쳤을 때, 조수는 더 높아져 있었다. 나는 어쩔 수 없이 물속을 지나 브리세뇨의 승용차까지 걸어갈 수밖에 없었다. 목적지에 도착해서 신발과 양말을 벗고 생수로 발을 씻은 다음, 이때부터 오전 내내 맨발로 다녔다. 나는 브리세뇨가 물 표본들을 처리하는 모습을 보았다. 주사기에 물을 채워 넣고 여과지에 대고 쏘아서 거르면 불순물이 모조리 남았다. 그는 실험실로 돌아갈 때까지 박테리아를(그리고 다른 나머지를) 보존하기 위해서 물과 여과지를 플라스틱 냉장고에 집어넣었다.

몇 주 뒤에 그는 마이애미비치 인근과 쇼어크레스트에서 채취한 물 표본의 분석 결과를 이메일로 보내 주었다. EPA에서 물속 분뇨 물질의 지표로 사용하는 엔테로코쿠스Enterococcus(장내구균)라는 이름의 추적이 손쉽고 확실한 박테리아가 있다. EPA의 물속 오염 허용치는 100밀리리터당 35CFU(집락형성단위)●였다. 브리세뇨의 검사에 따르면, 쇼어크레스트의 홍수로 범람한 물의 오염도는 3만 CFU였다. 마이애미비치 인근의 표본 채취 장소 대부분에서 나온 결과도 비슷하게 높았다. 대놓고 표현하자면 그날 내가 건너다녔던 물에도, 마리아 투베스와 또 다른 많은 이들의 일상을 에워싼 물에도 똥이 가득했던 셈이다.

● 살아 있는 미생물의 수를 세는 단위로, 배양한 균이 자라나 형성한 하나의 집락colony을 1CFU로 표기한다.

마이애미데이드카운티에서 대다수의 주택과 사업체들은 공공 하수도에 연결되어 있다. 하수도의 그물처럼 얽혀 있는 지하 파이프를 통해 수집된 폐수는 중앙 하수처리장으로 보내지고, 그곳에서 처리를 거쳐 바다에 쏟아진다. 이 카운티는 무려 150회 이상의 유출로 1억 9,000만 리터의 하수를 비스케인만으로 쏟아낸 이후인 2014년에 가서야 하수도 수리에 16억 달러를 지출하기로 EPA와 합의했다.[12] 이제 카운티는 폐수를 지하 900미터의 깊은 구멍에 주입하는 방안을 고려 중이다. 하지만 더 큰 문제는 마이애미데이드카운티 주민의 20퍼센트가 공공 하수도와 연결되지 않은 구식 정화조에 의존한다는 것이다. 마이애미데이드카운티에만 8만 6,000개가량의 단독 매립형 정화조 장치가 있으며, 같은 장치가 주 전체로 따지면 200만 개 이상 존재한다.[13] 그 대부분은 낡은 데다 관리까지 소홀하다.

정화조는 기본적으로 땅에 파 놓은 잘 설계된 구멍에 불과하다. 변기 물을 내리면 폐수가 콘크리트 탱크 안으로 흘러 들어간다. 분뇨 물질과 기타 폐기물은 정화조 안에 남아서 부패하여 침전물이 되고, 액체는 정화조 주위의 여과장濾過場으로 흘러 나간다. 제대로만 작동한다면 여과장 주위의 흙이 거름종이 역할을 해서 박테리아와 병원균을 제거한다. 정화조는 주기적인 관리가 필요하다. 침전물을 정화조에서 퍼내 주어야 하고, 여과장이 막히거나 무너지지 않도록 확인해야 한다. 하지만 다른 대부분의 주 정부와 마찬가지로, 플로리다주는 정화조에 대한 정기적인 성능 검사를 의무화하지 않았다. 플로리다주 보건국에 따르면, 주의 정화조 가운데 매년 검사 및 수리를 받는 곳은 1퍼센트에 불과하다.[14] 주 내 정화조의 40퍼센트 이상이 제대로 가동되지 않고 있다는 추정치도 있다.[15]

　해수면이 상승하면서 점점 더 많은 지역이 침수됨에 따라 이런 문제들은 그저 점점 악화되기만 할 뿐이다. "지하수가 높아지면서 이 시스템에서도 제대로 배수가 이뤄지지 않게 되었습니다." 마이애미데이드카운티 상하수도국의 선임 지질학자 버지니아 월시가 내게 설명해 주었다. "여과장이 박테리아를 걸러 내지 못해요. 홍수를 맞은 정화조는 쓸모가 없죠." 해수면이 상승하면서 마이애미의 수질과 공중 보건을 우려하고 있는 월시와 또 다른 이들에게는 정화조야말로 크나큰 문제다. "우리는 이전에도 홍수가 난 지역에서 그걸 본 적이 있어요." 월시가 내게 한 말이다. "정화조가 땅에서 쑥 빠져 올라오더군요. 그러더니 둥둥 떠다니기 시작했어요."

　마이애미데이드카운티에서 가장 큰 정화조 설치 및 관리업체 가운데 하나인 제이슨정화조사社의 공동 소유주인 브리트니 네센만의 말에 따르면, 여과장이 제대로 작동하려면 반드시 지하수면에서 1피트 위에 있어야 한다. "지하수면이 상승하고 있기 때문에 저희가 수리 요청을 확실히 더 많이 받고 있습니다." 네센만이 내게 한 말이다.

　조지아대학교의 공중보건대학 소속인 미생물학자 에린 리프는 지하수면이 높은 플로리다키스●의 정화조를 이용해 실시한 실험에 참여했다. 키스의 주민들은 산호가 죽어 가고 조류藻類 대증식algae bloom**이 늘어난다는 사실을 감지한 터였다. 연구자들이 몇몇 운하의 물을 검사했더니, 하수 오염의 증거가 나타났다. 그 출처를 추측하기는 어렵지 않았다. 리프와 동료들이 변기에 바이러스 표지자 tracer를 집어넣고 물을 내렸는데, 열한 시간 뒤에 인근의 운하에서 표지자가 발견된 것이다.[16] "그런데 그 동네로 말하자면 모두들 정화조가 제대로 작동한다고 생각하던 곳이었던 겁니다." 리프의 설명이다.

누출된 하수에 들어 있는 고수준의 영양분으로 조류 대증식이 야기되면 비스케인만 같은 곳의 생태계에서 필요 불가결한 해초가 죽게 된다. 일부 조류 대증식은 인간에게도 유해하다. 이를테면 남조류는 간과 신경에 작용하는 독소를 갖고 있다. 플로리다 주민들은 2016년 인디언강에서 이에 대한 생생한 예시를 얻게 되었다. 당시 미국에서 가장 생물 다양성이 높은 하구 가운데 하나였던 이곳이 졸지에 엉겨 붙은 초록색 진창의 강이 되어서 수백만 마리의 물고기가 죽었고, 자원 봉사자들이 호스로 깨끗한 물을 뿌려서 매너티를 구출하는 유튜브 비디오가 촬영되기도 했다.[17] 인디언강의 진창은 오키초비호에 저장되었던 농경 유출수에서 나온 과도한 영양분이 원인이기도 했지만, 강을 따라 설치된 누출이 쉬운 정화조 장치 역시 주된 원인으로 의심받았다.

인간의 배설물로 오염된 물을 마실 경우 생길 공중 보건 위험에

- • 플로리다주 남부의 가늘고 긴 산호 군도로, 길이가 약 240km에 달한다.
- •• 보통 색깔에 따라 '녹조'나 '적조'라고 부르는 현상을 말한다.

관해서는 기록이 잘 되어 있다. 2010년 아이티에서는 수십만 명이 콜레라에 걸리고 그중 약 1만 명이 사망했는데, 유엔평화유지군 기지에서 정화조를 잘못 다루어 강에 쏟아붓는 바람에 비롯된 전염병이었다.[18] 현대적인 정화조 장치가 도래하기 이전인 1920년대까지만 해도, 미국에서 장티푸스는 상당히 흔한 질병이었다.

하지만 오염된 물을 마시는 것을 차치하더라도, 그런 물에서는 심지어 헤엄치거나 목욕하는 것조차도 위험하다. 에린 리프에 따르면, 콜레라와 티푸스 같은 질환을 야기하는 박테리아가 체내로 유입될 가능성은 낮다. 제아무리 정화조 장치가 물에 잠겨도 박테리아는 충분히 커서 토양 속 작은 구멍에 갇히기 때문이다. 오히려 더 큰 위험은 장腸 바이러스다. 대개는 열, 발진, 설사를 일으키는데, 일부는 A형 간염처럼 심각한 질환을 야기하기 때문이다. 게다가 이 위험은 금세 사라지지 않는다. 장 바이러스는 바닷물에서 몇 주 동안 생존할 수 있다.

마이애미 같은 도시에서 누출이 쉬운 단독형 정화조에 대한 최선의 해결책은 주민들을 독려해서 정화조를 공공 하수도망에 연결하도록 하고, 나아가 공공 하수도를 잘 관리하는 것이다. 하지만 그러려면 돈이 들어가고, 계획도 필요하다. 현재 주택 소유주가 공공 하수도망에 정화조를 연결하는 데 드는 비용은 대략 1만 5,000달러인데, 그나마도 근처에 하수관이 있을 경우의 이야기다. 만약 근처에 하수관이 없을 경우에는 카운티에서 새로운 하수도를 깔아야 하는데, 거기에만도 상당한 비용이 들어간다.

도시에 홍수가 닥치기 시작할 때 주민들이 우려해야 하는 오염의 원인은 단지 누출되기 쉬운 정화조 장치만이 아니다. 마이애미에는 트래시모어산Mount Trashmore이라는 애정 어린 별명으로 일컬어지는 80만 제곱미터의 쓰레기장이 비스케인만 가장자리에 자리하고 있다.[19] 1980년에 개장한 이래 지금까지 화학물질이 묻은 온갖 폐기물 수백만 톤이 바로 이곳에 매립되었다. 이를테면 매니큐어, 프린터 잉크, 오븐 세척제, 프레온가스, 자동차 기름, 윤활유 제거제, 주택용 페인트, 잡초 제거제, 비료, 쥐약 따위였다. 매립용 구덩이는 바닥에 진흙층을 여러 겹 깔아서 밀폐 처리했지만, 비소, 크롬, 구리, 니켈, 철, 납, 수은, 아연, 벤젠이 뒤섞인 이 탕국은 절대로 물에 잠기도록 의도된 것이 아니었다.

플로리다 남부에서는 심지어 죽은 사람들조차도 상승하는 바다에서 자유롭지 못하다.[20] 관은 물에 뜨기 때문에 물이 몰려오면 때때로 땅에서 솟아오른다. 어떤 경우에는 물 때문에 뚜껑이 열려서 유해가 밖으로 나와 떠다니기도 한다. 홍수가 난 지역에서는 이런 일이 드물지 않다. 2015년 루이지애나주 배턴루지에서는 극도로 많은 비가 며칠 동안 내리고 난 뒤에 관 수십여 개를 수거해 다시 매장해야 했다.

마이애미에서는 많은 공동묘지가 저지대에 있기 때문에 빠르게 침수될 것이다.[21] 마이애미의 창건자 줄리아 터틀은 그나마 운이 좋은 사람들 가운데 하나다. 그녀가 안치된 마이애미 시립공동묘지는 해수면에서 10피트나 떨어져 있기 때문이다. 반면에 아워레이디오브머시 공동묘지에 안장된 1950년대의 코미디언 재키 글리슨의 무덤은 해수면에서 겨우 3.5피트 떨어져 있다. 조폭 두목 마이어

랜스키가 묻힌 마운트네보마이애미 공원묘지는 해수면에서 4.5피트 떨어져 있다. 배우 레슬리 닐슨이 안장된 포트로더데일 소재 에버그린 공동묘지는 해수면에서 7피트 떨어져 있다. 2016년 플로리다의 한 나이트클럽에서 49명의 희생자를 낸 총기난사범 오마르 마틴이 묻힌 무슬림 공동묘지는 해수면에서 겨우 4피트 떨어져 있다. 해방 노예와 쿠바의 자유 전사들을 포함한 6만 명이 묻힌 역사적인 키웨스트 공동묘지는 해수면에서 8피트도 떨어져 있지 않다.[22]

~~~

브리세뇨와 함께한 모험으로부터 며칠 뒤에, 나는 마이애미비치 시청 3층의 잔뜩 어질러진 사무실로 브루스 모리를 찾아갔다. 그날 오전에도 그는 여느 때처럼 한꺼번에 여러 가지 일을 진행하는 중이었다. "제가 여기 온 이후, 하루 열두 시간 이하로 일한 적은 없는 것 같습니다." 모리가 호언장담했다. 주중에는 미드비치의 작은 아파트에서 혼자 지내고, 아내는 거기서 북쪽으로 400킬로미터 떨어진 데이터너비치 인근의 본가를 혼자 지킨다고 했다(그래서 자기가 주말마다 집에 다녀온다고 한다). 공학자 12명으로 구성된 직원들과 함께 이 도시가 침수되지 않도록 방지하는 것이 모리의 임무였다. 아울러 주민들이 이 도시가 침수된다고 **생각하지** 못하도록 방지하는 것도 역시나 그의 임무였다.

모리는 선견자가 아니었다. 그는 전술가였다. 즉 디데이에 병력을 해변에 상륙시키기 위한 계획을 세우는 종류의 인물이었다. "일반적으로 사람들은 저를 좋아하지 않습니다. 제가 너무 고압적이라고 느끼기 때문이죠. 하지만 저는 사람들에게 이렇게 말합니다. '이 봐요, 내가 여기 온 이유는 딱 하나뿐이에요.' 저는 실제로 여기 와 서도 시정 담당관에게 그렇게 말했습니다. '내가 여기 온 이유는 죽 기 전에 최대한 많은 프로젝트를 실행시키기 위해서입니다.' 어떤 사람들은 이렇게 말하더군요. '그건 정말로 좋은 태도는 아닌데요.' 그러면 저는 이렇게 말합니다. '제가 일하는 방식은 그겁니다. 저는 프로젝트를 실행시킵니다.'"

우리가 대화를 나눈 바로 그날 모리의 할 일 목록에 올라 있는 몇 가지 프로젝트는 다음과 같았다. 그는 만으로 배출되는 물속 박 테리아 문제를 해결하기 위해 박테리아나 바이러스를 죽이는 자외 선을 이용해 모든 배출물을 처리하는 시스템을 살펴보는 중이었다 (물론 이 방법을 사용하면 만의 오염 문제는 해결할 수 있겠지만, 단독 매립형 정 화조 장치의 유출 문제를 해결하는 데는 아무런 도움이 되지 않는다. 이 유출 문제 는 내가 쇼어크레스트에서 목격한 오염의 원인이지만, 그 지역은 마이애미비치에 속하지 않았다). 그는 도시 아래에서 상승하는 지하수를 측정하기 위 해 42개의 관측정觀測井을 시추하는 중이었다. 그는 지역의 해수면 을 더 잘 모니터링하기 위해 시내의 서로 다른 지역에 검조기 2대 를 설치하는 중이었다. 그는 좀 더 큰 신형 펌프 6대의 설치를 감독 하는 중이었다(모리의 말에 따르면 이 도시의 기본 계획에서는 총 60대의 펌프 를 저지대에 설치하라고 되어 있다. 2017년 초 현재, 그중 30여 대가 설치되어 가동 중이다). 그는 역사 보존론자들을 상대로 역사적 지역들에서 필요한 건축 조례 의무 사항에 관해 논쟁하는 중이었다. 그는 미래에 바다 가 상승하여 건물 1층 바닥을 돋우더라도 머리 위 공간이 충분히 남아 있도록 1층 천장을 현행보다 더 높이도록 의무화하는 조치에 관해서 다른 시 공무원들과 이야기하는 중이었다. 그는 펌프를 가동하는 디젤발전기를 감추는 현명한 방법을 알아내기 위해서 설계 회사들과 교섭하는 중이었다(사람들이 발전기 소음이 너무 심하고, 너무 흉물이라며 불만을 제기했기 때문이다). 그의 가장 중요한 프로젝트는 이 섬의 만 쪽으로 난 핵심 간선도로인 인디언크리크로를 높이는 동시에, 새로운 해벽을 건설하고 같은 장소에 또 다른 펌프장을 설치하는 총액 2,500만 달러 규모의 모험을 감독하는 것이었다.

모리가 보기에 이 모두의 궁극적인 목표는 시간을 버는 것이었다. "저는 기본적으로 해수면 상승을 우리 기반 시설의 최신화를 시작할 기회라고 봅니다. 다만 상식적인 방법으로 말입니다. 도로 하나를 바꿔야 하면, 그냥 가서 바꾸면 됩니다. 그런데 그렇게 하면서 좀 더 높이기까지 하는 겁니다. 제 생각에는 그런 식으로 뭔가를 촉발함으로써 도미노 효과를 만들어 낼 수 있습니다. 앞으로 30년에서 50년 사이에 이 도시는 점점 더 높아질 겁니다. 들어 올리는 쪽이 오히려 비용 면에서 효율적이다 싶은 건물들은 결국 들어 올리게 될 겁니다. 비용 효율이 좋지 않은 건물은 결국 철거하고 뭔가 새로운 건물을 짓게 될 거고요."

하지만 모리는 신속하게 움직여야 할 필요성을 이해하고 있었다. "문제는 우리의 경제적 엔진이 바로 이곳에 있다는 것입니다. 우리가 아무 일도 하지 않아 결국 경제 붕괴가 닥치기 전에 움직여야 한다는 것이지요. 우리는 그 일을 할 수 있는 세입이 있는 **지금** 시작해야 합니다. 물이 땅에서 펑펑 솟구치기 시작할 때까지 기다렸다가, '아, 이제는 지하수 문제를 좀 살펴보기 시작해야 할 것 같은데.' 하고 말해서는 안 된다는 겁니다."

또한 모리는 공학자는 신神이 아니며, 공학에도 그 나름의 한계가 있다는 사실을 이해하고 있다. 설령 물에 잠기는 최악의 사태를 모면하더라도, 그 사실 하나 때문에 마이애미에 미래의 번영이 보장되는 것은 아니다. 활기차고, 창의적이고, 번창하고, 안전하고, 공정한 도시라야만, 거기 덧붙여 마침 물에 잠기지도 않은 도시라야만 비로소 번성하게 될 것이다.

"개인적인 관점에서 보자면, 제가 극복하지 못할 것은 전혀 없습니다." 모리의 말이었다. "하지만 여기에는 저 혼자만 있는 게 아닙니다. 여기는 도시입니다. 저는 단지 기술 고문으로서의 기능만 하고 있을 뿐입니다. 말하자면 시의 지도자들에게 제가 할 수 있는 일과 우리가 할 수 있는 일을 말해 주는 것이지요. 하지만 주민이 동의하지 않는다면, 재계가 동의하지 않는다면, 이 도시를 찾는 방문객이 동의하지 않는다면, 이 도시의 경제는 죽고 공학자들도 실업자가 될 것입니다. 달리 말하자면, 비록 제가 문제의 해결 방법을 알려 줄 수 있다고 해도 그 방법이 이 도시의 문화와 이 도시의 미래에 적합하지 않다면, 그건 올바른 해결책이 아니라는 겁니다."

미래의 마이애미가 정확히 어떤 모습일까에 대한 것은 이 도시가 직면한 위험을 이해하는 사람들 사이에서 끊임없이 논의되는 주제였다. 그로부터 몇 주 전, 나는 마이애미 시내의 미국건축가협회 지부에서 열린 저녁 토론회에 참석했다. 그 자리를 이끄는 사람은 건축가 레이날도 보르헤스였다. 이날의 토론에서 조경건축가 월터 마이어와 제니퍼 볼스태드는 마이애미의 한 지역을 재개발하는 계획을 설명했으며, 그 내용은 플로리다 특유의 습지 매립식 개발의 사고방식이라는 맥락에서 보자면 미묘한 동시에 전복적이었다. 마이어와 볼스태드는 자기네 접근법을 "법의학적 생태학"이라고 불렀다. 앞 장에서 나는 뉴욕시를 보호하기 위해 수재너 드레이크와 케이트 오프가 내놓은 혁신적 제안을 언급했는데, 그것처럼 마이어와 볼스태드 역시 자연에 대항하는 것이 아니라 자연과 공조하기를 목표로 삼았다. 일례로 이들은 마이애미 북부 아치크리크 분지의 재개발 계획을 공개했다. 이 계획은 본래 에버글레이즈 습지와 바다를 연결하는 천연 늪지대였던 저지대 지역에 건설된 주택들을 철거하고, 더 높은 땅에 새로운 주택을 건설하자고 제안하는 내용이었다. "핵심은 사람들을 이주시켜서 위험을 줄이는 것입니다. 그 대신 이주를 지역 단위로 실시함으로써, 가족과 이웃이 와해되지 않게 하자는 것이지요." 마이어의 말이다. 자연 그대로의 늪지대가 복원된다면, 물이 자연 그대로의 등고선을 따라 모이고 배수되도록 할 수 있을 것이다. 물론 이것도 그 지역의 해수면 상승에 대한 장기적인 해결책은 아니었지만, 그래도 시간을 벌어 주는 동시에 천연 지형을 그저 불도저로 밀고 포장을 깔면 그만인 단순한 흙무더기 이상의 뭔가로 생각하도록 도시 계획가들을 독려할 것이다.

이 행사가 끝나고 나는 보르헤스와 함께 밖으로 나왔고, 주차장에 세워 놓은 그의 레인지로버 스포츠에 앉아서 몇 시간 동안 이야기를 나누었다(보르헤스는 자신의 레인지로버가 마이애미에 딱 어울리는 승용차라고 말했다. "깊이 4피트나 되는 물에서도 아무 문제 없이 굴러가거든요.") 나

레이날도 보르헤스가 구상한 마이애미 비스케인만의 플랫폼 도시 상상도

는 이 책을 집필하는 동안 보르헤스와 많은 시간을 함께 보내면서, 그가 해수면 상승이라는 쟁점에 관해 깊이 생각하고 있다는 것을 알게 되었다. 건축가인 그는 마이애미의 경제적 엔진을 계속 돌아가게 만들어야 한다는 필요성을 알고 있다. 두 딸을 둔 아버지로서, 그는 또한 시 공무원들을 재촉해서 마이애미가 물바다가 될 미래에 대비하도록 할 필요성도 이해하고 있다. 그는 모임에 많은 시간을 쏟았으며, 더 나은 건축 조례를 주장하는 한편 지하 주차장을 보유한 콘도 건물을 짓는 일의 어리석음을 지적했다. 하지만 그는 또한 바다 옆에 살아가는 것의 장점도 이해하고 있다(보르헤스 본인도 마이애미 도심의 콘도 건물 25층에 살고 있다). "사람들은 물을 좋아하죠." 그가 내게 한 말이다. "사람들은 물이 주는 평화의 느낌, 평온함을 사랑하는 겁니다. 제가 만약 물 위에 떠 있는 건물을 지을 수만 있다면, 사람들도 그걸 사랑할 겁니다."

보르헤스는 해수면 상승을 창의성의 시험대라고, 그 시험대 위의 한계는 단지 우리 자신의 상상력의 한계일 뿐이라고 여겼다. 또는 하버드대학의 철학자 로베르토 망가베이라 웅거가 말한 것처럼 "모든 층위에서 세계를 변모시키는 데 가장 큰 장애물은 바로 우리가 뭔가를 다르게 생각하는 데 필요한 명료성과 상상력을 결여했다는 점"이라고 여겼다. 보르헤스는 1950년대에 도쿄만灣의 수상 도시에 관한 정교한 계획을 세웠던 일본의 건축가 기쿠타케 기요노리에 매혹되어 있었다. 보르헤스는 여유 시간에 자신의 발상을 스케치했다. 그중 버지니아키로 건너가는 다리의 양쪽에 바다를 전망하는 콘도를 건축하자는 발상은 피렌체에 있는 유명한 중세의 다리 베키오교에서 영감을 얻은 것이었다. 또 다른 발상은 석유 시추 시설 사진을 보고 떠오른 것인데, 비스케인만에 육중한 말뚝을 박고 수면 위로 20미터가량의 높이에 일련의 플랫폼을 건설해서, 각각의 플랫폼에 수천 명씩 살 수 있는 고층 건물을 짓고 연락선으로 오가게 하자는 내용이었다. "왜 우리는 이런 것을 할 수 없다는 겁니까?" 보르헤스는 어두운 주차장에 앉아서 나와 이야기를 나누던 날 밤에 이렇게 말했다. "우리에게는 여러 가지 문제가 있습니다. 따라서 우리에게는 뭔가 급진적인 생각이 필요할 겁니다. 하지만 제 생각에는 지금이야말로 흥미진진한 시기입니다. 마이애미의 강점 가운데 하나는 이곳이 여전히 성장하고 있으며, 여전히 정체성을 형성하고 있는 새로운 도시라는 점입니다. 여기에는 수많은 에너지와 돈, 창의성이 있습니다. 우리는 그걸 새로운 방식으로 작동하게끔만 하면 됩니다."

세계의 다른 모든 도시들처럼 마이애미에서도 만약 해수면이 충분히 느리게만 상승한다면, 부정의 정치학을 무너뜨리고 혁신과 창의적 사고에 영감을 제공함으로써 그 재난 전체를 감당할 수 있게 될 것이라는 희망이 있다. 더 높아진 물의 위험을 감수하면서 살고 싶지 않은 사람들은 내륙의 고지대 도시 덴버로 이주할 수 있으며, 플랫폼 도시라든지 물과 함께 살아가는 새로운 생활 방식을 실험하고 싶어 하는 사람들은 뒤에 남아서 물의 도시 재생의 개척자가 될 수도 있다.

문제는 상승하는 바다가 또 다른 종류의 위험을 증가시킨다는 점이다. 여기에는 급작스러운 파국의 위험도 포함된다. 마이애미에서의 가장 큰 위험은 터키포인트 핵발전소에서의 핵 재난 가능성으로, 마이애미 남쪽 비스케인만의 가장자리에 위치한 이 발전소는 허리케인과 상승하는 바다 모두에 완전히 노출되어 있다. "핵발전소 건설 부지로서 터키포인트보다 더 어리석은 장소는 상상할 수 없습니다." 이 발전소를 공공연히 비판하는 사우스마이애미 시장 필립 스토다드의 말이다.

터키포인트의 핵발전소는 1970년대 초부터 가동을 시작했다. 그때로 말하자면 해수면 상승의 위험이 널리 인식되기 훨씬 전이었다. 하지만 허리케인으로부터 발전소를 보호하기 위한 예방 조치는 이루어졌다. 그중에서도 가장 중요한 조치는 원자로를 해수면에서 6미터 높이까지 돋운 것으로, 이 정도면 그 지역에서 발생한 폭풍 해일의 최대 높이보다 몇 미터쯤 더 높았다.[23] 이 발전소를 운영하

"핵발전소 건설 부지로서 터키포인트보다 더 어리석은 장소는 상상할 수 없습니다."
사우스마이애미 시장 필립 스토다드의 말이다.

는 전력 공익 기업인 플로리다전력조명에 따르면, 폭풍해일로 인해 원자로에 문제가 야기될 가능성은 사실상 전혀 없다고 한다. 이 회사의 대변인 마이클 월드론은 그런 장담의 증거로 1992년에 5등급 허리케인 앤드루가 이 발전소를 직접 통과했지만 피해가 매우 적었다는 사실을 제시했다. "안전이 우리의 최우선 순위라는 것은 두말할 것도 없습니다." 월드론은 이메일에서 이렇게 썼다.

하지만 스토다드를 비롯한 이 발전소의 비판자들은 이런 장담에도 안심하지 못한다. 무엇보다 비록 이 발전소가 허리케인을 견뎌 냈다 하더라도, 높이가 무려 5미터에 달하는 절정의 폭풍해일이 이 발전소에서 북쪽으로 16킬로미터 지점을 지나갔기 때문이다.[24] 플로리다국제대학의 저명한 연구 지질학자인 고故 피터 할럼의 말에 따르면, 과거 이 발전소가 견뎌 냈다는 해일의 높이는 기껏해야

1미터 정도에 불과했다. 이 정도면 발전소가 폭풍에 대비할 준비를 갖췄다는 증거로 보기는 어렵다. 만약 허리케인 카트리나급의 높이 8.5미터짜리 폭풍해일이 닥쳐오면 터키포인트는 어떻게 될까?

또한 스토다드는 비록 원자로 자체는 돋워 놓은 상태지만, 일부 다른 장비들은 그렇지 않다고 지적했다. "저는 2011년에 그곳을 시찰했습니다." 그의 말이다. "강풍에 대비해서는 인상적이다 싶을 정도로 단단히 묶어 두었지만, 물에 대한 취약성은 심지어 저조차도 단박에 알아볼 수 있었습니다." 스토다드는 보조 장비 중 일부가 충분히 높이 올려져 있지 않은 상태임을 파악했다. 그는 특히 정전 발생 시 냉각수 순환을 유지하는 데 필수적인 장비인 비상용 디젤발전기 하나의 위치를 보고 깜짝 놀랐다(2011년에 일본 후쿠시마에서는 쓰나미가 발전소를 강타한 이후 4중 전력 공급 장치가 작동되지 않아, 원자로 노심용융이 발생했다). 스토다드의 말에 따르면 그 발전기는 해수면에서 4.5미터 위에 있었으며, 그나마도 지붕이 탁 트인 보관함 속에 들어 있었다. "물이 들어가기 얼마나 쉽겠습니까? 물에 잠겨 버리면 발전기가 얼마나 잘 작동하겠습니까?"

또 다른 문제도 있다. 터키포인트에서는 열 발산을 위해 냉각 운하 시스템을 이용한다. 이 운하는 발전소를 에워싼 연안 습지에 건설된 것으로, 해수면보다 겨우 2피트 위에 있다. 이로 인해 폭풍해일에 취약할 뿐만 아니라, 냉각 운하가 만灣을 오염시키고 있는 상황이다. 2014년 규제 당국은 누출이 쉬운 운하가 지하의 소금물 기둥을 수마일이나 내륙으로 밀어 올려서 식수 공급을 위협한다는 사실, 그리고 방사능 물질인 트리튬으로 오염된 누출수가 비스케인

국립공원의 취약한 물속으로 새어 나간다는 사실을 발견했다.[25]

하지만 이 모든 것 가운데 가장 큰 문제는 다음과 같다. 침수 지도에 따르면 해수면이 1피트만 상승해도 냉각 운하는 범람하기 시작하고, 2피트 상승하면 냉각 운하가 침수되며, 3피트 상승하면 터키포인트는 본토와 단절되어 오로지 보트나 비행기로만 접근할 수 있다는 것이다.[26] 바다가 더 높아질수록, 더 깊이 잠기는 것이다.

참여과학자연합 산하 핵안전계획의 대표 데이브 로크봄의 말에 따르면, 터키포인트의 상황은 우리가 원자력의 위험을 계산할 때의 후진성을 분명히 보여 준다. 미국 내 핵발전소의 안전을 감독하는 핵규제위원회NRC, Nuclear Regulatory Comission에서는 폭풍과 해일 같은 과거의 자연재해를 감안하도록 운영업체 측에 요구하지만, "해수면 상승과 폭풍해일의 증대 같은 미래의 위험에 대해서는 그들조차도 침묵하고" 있다고 한다. 후쿠시마 쓰나미 이후에 핵 안전 규제를 검토한 대책 위원회에서는 미래의 일들도 감안하기 시작해야 한다고 NRC에 권고했지만, 아직까지 NRC는 그 권고에 따라 행동하지 않고 있다.

플로리다전력조명FPL은 여전히 이 발전소가 완벽히 안전하다고 주장한다. 내가 FPL의 해수면 상승에 대비한 방어 계획의 세부 사항을 요청하자, 홍보 담당자는 슬그머니 회피해 버렸다. 그들은 이 발전소의 현재 설계가 해수면 상승에 대처하기에 적합하지만, 과연 어느 수준까지 감당할 수 있는지는 말해 주지 않겠다고 했다(6인치일까? 6피트일까?). 그들은 냉각 운하를 보호하거나 재설계하는 계획을 공개하지 않으려 했다. 그러면서 "핵 안전에 필수적인 모든 장비와 부품은 해수면에서 22피트 높이까지 홍수로부터 안전한 상태에 있다"고 장담했다. 하지만 내가 발전소를 방문해서 직접 보고 싶다고 요청하자 거부했다.

나는 어쨌거나 발전소로 직접 찾아갔다. 비록 내부로 들어가 보지는 못했지만, 그 대신 희한한 광경을 아주 잘 볼 수 있었다. 하필이면 반경 수킬로미터 이내에 수백만 명이 살고 있는 지역에서, 또 하필이면 상승하는 바다의 가장자리에 무려 40년 된 원자로 2기가 자리하고 있는 광경을 말이다. 그것은 내가 이제껏 목격한 것 중에서 가장 명료하게 현대적 삶의 어리석음을 보여 주는 장면이었다.

플로리다전력조명은 터키포인트가 핵발전소를 위해서는 무척이나 훌륭한 장소라고 생각했는지, 바로 그곳에 원자로 2기를 더 건설하는 200억 달러 규모의 계획을 제안했다.[27] 핵발전소의 예상 수명을 고려하면, 이는 결국 플로리다 남부의 주민들이 최소한 2085년까지는 방사능구름이 머리 위에 감돌 수도 있는 위협과 함께 살아가게 된다는 뜻이다. 7년간의 환경 평가가 끝난 2016년 말에 이 계획을 승인한 연방 규제 당국은 새로운 원자로 2기가 사실상 환경에 아무런 영향도 끼치지 않을 것이라고 서술했다.[28] 정작 그 보고서는 해수면 상승에 대해서는 일언반구도 없었다.

제12장 긴 작별.

지금으로부터 10년 전, 과학자와 경제학자와 정부 관리로 이루어진 엘리트 무리가 콜로라도주 아스펜 인근의 스노매스 스키장에 모여서 세계의 종말에 관해 숙고했다.[1] 높이 4,300미터 봉우리들의 그늘에 자리한 탑오브더빌리지 산장에서 일주일 동안 개최된 이 워크숍은 스탠퍼드대학에 연고를 둔 학자 및 산업계 지도자들의 단체인 에너지모델링포럼에서 주최한 것이었다. 그로부터 몇 달 전, 스탠퍼드대학 교수이자 이 단체의 대표인 존 웨이언트는 참가자들에게 다음과 같은 악몽의 시나리오를 고려해 보라고 요청했다. 지금으로부터 10여 년 뒤의 미래에 기후변화의 충격이 가속화하고 있다고 말이다. 그린란드와 서남극의 빙상이 기하급수적인 속도로 녹고 있으며, 2070년까지 해수면이 극적으로 상승하리라는 예측으로 이어지고 있는 상황. 이 시나리오에서는 플로리다 남부가 사라지고, 뉴욕시는 수족관이 되며, 런던은 베네치아처럼 보인다.

방글라데시에서만 무려 4,000만 명이 상승하는 물 때문에 실향민이 된다.

웨이언트는 이렇게 물었다. "만약 이산화탄소 배출을 '긴급 중지'해야 할 필요가 있다면, 당신은 과연 어떻게 하겠습니까? 지구 경제를 중단시키는 방법은 제외하고 말입니다."

스노매스의 워크숍에서는 온실가스 배출을 "긴급 중지" 하려면 풍력 터빈에 투자하는 것 이상의 뭔가가 필요하다는 사실이 명백해졌다. 태평양북서부국립연구소 선임연구원 제이 에드먼즈는 한 발표에서 경제를 중단시키지 않고 배출을 급격히 줄이는 방법으로는 우선 발전소에서 나오는 이산화탄소 배출물을 포집해서 저장하는 것, 또한 석탄과 석유를 유전공학을 이용한 바이오연료로 대체하는 것이 있다고 제안했다. 특히 후자의 경우에는 연료원으로 사용될 농작물이 성장하면서 충분히 많은 이산화탄소를 빨아들일 경우 마이너스 배출negative emission도 가능하다고 주장했다. 하지만 이를 달성하려면 농업의 대규모 확장, 세계 에너지 기반 시설의 광범위한 변화, 대담한 정치적 지도력, 그리고 수조 달러의 자금이 필요할 것이다.

곧이어 로웰 우드가 연단으로 다가갔다. 65세인 우드는 덩치가 크고 머리가 헝클어진 남자로, 키가 크고 미사일 지하 격납고처럼 어깨가 넓었으며, 새빨간 턱수염을 길렀고, 마치 열핵반응처럼 타오르는 맑고 파란색 눈동자를 지니고 있었다. 수소폭탄 발명자인 동시에 레이건 시대 스타워즈Star Wars 미사일 방어 계획의 설계자였던 에드워드 텔러의 제자인 우드는 과학계에서 일종의 암흑성이었다. 40년 넘게 로런스리버모어 국립연구소에서 물리학자로 일한 우드는 오래전부터 펜타곤의 정상급 무기 설계자 가운데 하나였으며, 위협 평가와 무기 개발에 관한 이 기관의 단골 조언자이기도 했다. 그는 한편으로 엑스레이 레이저에서부터 상온 융합 원자로에 이르기까지 주변부 과학을 옹호한 것 때문에, 또 한편으로 스탠퍼드대학 캠퍼스에 자리한 우익 싱크탱크 후버연구소와의 오랜 연고 때문에 악명을 떨쳤다. 스노매스에 있었던 모든 이들은 우드의 그런 평판을 알고 있었다. 그는 어떤 이들의 눈에는 명석하고 고정관념을 벗어난 사고의 소유자였지만, 또 다른 이들의 눈에는 단지 빗나간 거대과학의 화신일 뿐이었다.

우드는 자기 노트북 컴퓨터를 열더니, 첫 번째 슬라이드를 스크린에 띄우고 발표를 시작했다. 만약 지구온난화에 대처하는 방법에 관한 모든 편의주의적 사고가 잘못되었다면 어떨까? 만약 우리가 탄소 거래 계획과 국제조약, 정치적 교착상태를 거치지 않고서 실제로 문제를 해결할 수 있다면 어떨까? 만약 시작하기 위한 비용이 수조 달러가 아니라 연간 1억 달러 정도라면? 다시 말해 상당한 규모의 풍력발전소를 건설하는 비용보다 오히려 덜 든다면?

우드의 제안은 기술적으로 복잡한 것이 아니었다. 이는 대기과학자들에 의해서 잘 입증된 한 가지 사실, 즉 화산 폭발로 인해 하늘에 깔린 미세 입자가 소형 반사체로 작용해서 햇빛을 차단하고 지구를 냉각시킴으로써 여러 달 동안 기후를 변화시킨다는 사실에 근거하고 있었다. 그렇다면 바로 이 원리를 응용해서 빙상을 보전할 수도 있지 않겠는가? 미세 입자를 성층권에 올려놓는 것 자체는 큰 문제도 아니다. 황산염을 태워서 충분히 손쉽게 미세 입자를 만들어 낼 수 있고, 이를 고공비행하는 제트기 몇 대에 실어 뿌리면 그만이다. 이 미세 입자들은 몇 달이 지나면 하늘에서 떨어지게 되므로, 사실상 꾸준히 뿌려 주어야 할 것이다. 우드의 주장에 따르면 미세 입자는 육안으로 보이지 않을 것이며, 환경에도 무해할 것이다. 성층권에 주입한 미세 입자의 숫자에 따라서 그린란드의 얼음을 안정시킬 수 있을 뿐만 아니라, 어쩌면 심지어 얼음을 자라나게 할 수도 있을 것이다. 그 결과는 신속히 나타날 것이다. 내일 당장 성층권에 미세 입자를 뿌린다면, 앞으로 몇 달 안에 얼음의 변화를 볼 수 있을 정도다. 만약 북극권에서 효과가 나타난다면, 지구 나머지 지역까지 아우르도록 프로그램을 확장하는 것은 충분히 쉬울 것이다. 사실상 우리는 세계의 온도 조절 장치를 만들어 낼 수 있을 것이다. 각자의 필요에 따라서(또는 북극곰의 필요에 따라서) 온도를 높이거나 낮출 수 있는 장치를.

우드의 제안에 대한 반응은 빠르고 격렬했다. 더블린 경제사회연구소의 기후 모델 연구자 리하르트 톨을 비롯해 그 자리에 함께 있던 몇몇 과학자들은 우드의 발상이 추가로 연구할 만한 가치가 있다고 생각했다. 하지만 다른 사람들은 하찮은… 일개 '무기 설계자' 따위가 내놓은 그토록 비과학적이고, 사변적이고, 노골적으로 오만방자한 제안에 격노했다. 한 과학자는 지구의 기후가 카오스 체계라고 반박했다. 성층권에 미세 입자를 뿌렸다가는 자칫 예상 밖의, 예컨대 오존 구멍이 더 커진다든지 하는 결과가 나타날 수 있고, 십중팔구 우리는 그런 손상이 이미 발생하고 나서야 뒤늦게 발견할 거라는 것이다. 만약 미세 입자가 구름 형성에 영향을 미쳐 유럽 전체에 예상 밖의 가뭄을 불러온다면 어떻게 할까? 예일대학의 경제학자 윌리엄 노드하우스는 정치적 함의에 대해서 우려했다. 마치 헤로인 중독자에게 진통제를 투여하는 것처럼, 그것은 단지 더 많은 화석연료 사용을 가능하게 해 주는 방법 아닐까? 게다가 어려운 선택이 필요하지도 않은 지구온난화 해결책이 있다고 사람들이 믿는다면, 우리는 과연 어떻게 그들에게 삶을 바꾸고 이산화탄소 배출을 줄일 필요가 있다고 납득시킬 수 있겠는가?

존 웨이언트는 우드의 제안을 둘러싼 "감정적이고 종교적인" 토론에 깜짝 놀란 나머지, 토론이 고함 대결이 되기 전에 얼른 중지시켰다. 하지만 우드는 그런 야단법석을 보며 기뻐했다. "네, 활기찬 토론이 조금 벌어졌습니다." 그 사건 직후에 그는 실리콘밸리의 한 멕시코 식당에서 나와 점심을 함께하면서 자랑했다. "하지만 저한테 이렇게 말한 사람도 놀랄 정도로 많았습니다. '왜 우리는 이런 이야기를 여태껏 못 들었던 걸까요? 왜 우리는 이것을 하지 않는 거죠?'"

곧이어 우드는 짓궂은 미소를 지었다. "제 생각에는 그중 몇 명은 이미 제가 있는 암흑 편으로 건너올 준비가 된 것 같더군요."

~

우리는 급격히 가속화하는 기술 시대에 살고 있다. 매년 신형 아이폰이 나오면 구형은 마치 벽돌처럼 원시적인 물건으로 보이는 시대고, 로봇이 수술을 하고 컴퓨터가 757을 조종하는 시대다. 과학자들은 DNA의 신비를 해결하고, 인간 두뇌의 회로를 설계하고 있다. 레이 커즈와일 같은 기술 낙관론자들은 불멸에 관해서 대놓고 이야기한다. 일론 머스크는 가까운 미래에 "다행성多行星 문명"[2]을 만들려는 포부를 품고 있다. 해수면 상승처럼 느리게 움직이는 힘에 대해서도 기술적 해결책이 있는 것이 지극히 당연해 보인다. 과연 지구를 위한 온도 조절 장치를 만들지 **말아야** 하는 이유가 있을까? 우리는 이미 매년 수십억 톤의 온실가스를 쏟아냄으로써 지구의 작동 시스템을 조작하고 있으니 말이다. 다만 우리는 이를 서툴게 하고 있을 뿐이다. 그러니 훌륭하게 하지 **말아야** 하는 이유가 있을까?

우드가 10년 전 아스펜에서 발표했을 때만 해도, 그런 지구공학 geoengineering에 관해서 들어라도 본 사람은 극소수에 불과했다. 그런데 지금은 기후와 에너지 분야에서 공개적으로 논의되고 있다. 주류 과학자들도 '기후변화에 대한 오만 가지 조치들'이 들어 있는 도구 상자에서 지구공학이 실제로 중요한 도구라는 사실을 조심스럽게나마 인정한다. 최신 IPCC 보고서의 결론도 마찬가지다. "모델들이 꾸준히 시사하는 바에 따르면, 온실가스가 고도로 집중되어 있고 [태양 지구공학이] 없는 세계와 비교했을 때 [태양 지구공학이] 있는 세계는 지역간 기후 차이를 전반적으로 감소시킬 것이다." 영국의 왕립학회와 미국의 국립과학아카데미를 비롯한 여러 단체에 소속된 또 다른 과학자들도 추가 연구를 지지한다. 환경보호기금, 천연자연보호위원회 같은 환경보호 단체들도 마찬가지다. 오바마의 두 번째 임기가 거의 끝날 무렵, 백악관에서는 심지어 지구공학의 위험과 이득을 더 잘 이해하기 위해 연방 자금을 지원하는 연구 프로젝트를 권고하는 데까지 나아갔다(안타깝게도 그 권고가 실현되지는 못했다).[3] 하지만 추가 연구의 필요성에 대한 인식이 커지면서, 잠재적인 단점에 관한 인식도 함께 커졌다. 2017년에 스위스 다보스에서 열린 세계경제포럼에서 지구공학은 세계가 직면한 가장 큰 위험 가운데 하나로 언급되었다.[4]

그리고 우드가 10년 전 그 회의에서 꺼낸 이야기는 오늘날에도 여전히 사실로 남아 있다. 해수면 상승에 대한 커다란 기술적 해결책에 관해서 생각할 때, 대기 중에 미세 입자를 뿌려서 햇빛을 반사시키는 것은 해수면 상승을 그럴싸하게 중지시키거나 느리게 만드는 해결책 중에서도 우리가 알기에는 유일한 행성 규모의 해결책인 것이다. 물론 도발적인 사고실험이라면 얼마든지 더 있다. 예를 들어 바닷물 수십억 톤을 남극대륙에 퍼부어 얼려서 해수면을 낮춘다든지, 또는 시베리아에 빙하시대의 풍경을 재건함으로써(이때는 코끼리와 털투성이 매머드의 잡종인 유전자조작 동물까지 만드는 것이 화룡점정에 해당한다) 햇빛을 반사시키고 툰드라를 얼어붙은 상태로 만들자는 등의 발상들이 그렇다.[5] 하지만 이런 발상을 실제로 진지하게 고려하는 과학자는 드물다.

대규모 지구공학 프로그램의 비용에 관해서 우드는 약간 낙관적이다. 반면에 지구공학 프로그램의 설계와 실행 방법을 깊이 생각해 온 하버드대학 교수 데이비드 키스는 프로그램 비용에 연간 1억 달러가 아니라, 연간 20억 달러 정도가 들 것이라고 추산한다.[6] 이게 많은 금액처럼 들린다면, 화석연료 산업에 지급되는 전 세계의 보조금이 그 액수의 약 1,000배(연간 1조 달러)[7]가 된다는 사실을 고려해 보라.

기술 애호가인 우드는 아스펜에서의 발표 때 지구공학의 위험을 대단치 않게 생각했다. 비록 이 방법이 지구에 닿기 전에 햇빛의 일부를 반사시켜서 빙상 표면의 녹아내림을 늦춘다 치더라도, 정작 서남극의 거대한 빙하에 가장 직접적인 위협이 되는 바다의 온난화에도 조금이나마 효과가 있으려면 아주 오랜 시간이 걸릴 것이다. 게다가 이 방법은 바다의 산성화를 감소하는 데에는 아무런 도움이 되지 못할 것이다. 대기 중의 이산화탄소 농도가 높아짐으로써 발생하는 바다의 산성화 때문에 이미 산호초가 손상되고 바다의 먹이사슬이 위협을 받고 있는데도 말이다. 또한 오존층을 위협하기도 한다. 나아가 하늘에서 천천히 떨어지는 미세 입자를 인간이 들이마실 위험이야 두말할 나위도 없다(오늘날 대기오염으로 인한 조기 사망자가 매년 650만 명에 달한다.[8] 만약 대규모의 지구공학 프로그램이 실시된다면 매년 수천 명이 추가로 사망하겠지만, 감소된 열 노출을 통해 수십만 명의 생명을 구함으로써 피해를 충분히 상쇄할 수 있다는 것이 키스의 추산이다[9]).

마지막으로 우드는 우리가 일단 성층권에 미세 입자를 뿌리기 시작하면 이후 수십 년 동안 지속해야 하며, 도중에 그만두면 자칫 갑작스러운 온난화가 찾아올 수도 있다는 사실을 미처 지적하지 않았다(사실상 기후 버전의 다모클레스의 칼이 우리 머리 위에 대롱거리고 있는 셈인 것이다).

또한 지구공학은 관리체제governance에 관한 복잡한 문제도 제기한다. 이 온도 조절 장치를 과연 누가 조절할 것인가? 예를 들어 블라디미르 푸틴이라면 마셜제도의 토니 드 브룸보다는 더 따뜻한 기온을 좋아할 것이다. 굳이 SF 소설가가 아니더라도, 지구공학이(또는 심지어 지구공학의 위협이) 자칫 갈등으로 이어지고, 급기야 기후 전쟁으로 번지는 모습을 쉽게 상상할 수 있을 것이다.

물론 과학자들이 처음 경보를 울리기 시작했던 30년 전에 전 세계가 온실가스 배출 감소를 진지하게 받아들였더라면, 해수면 상승(또는 다른 무엇)에 대한 해결책으로 지구공학에 관해서 이야기하는 사람은 아무도 없을 것이다. 여기서 분명히 짚고 넘어갈 사실이 있다. 즉 일부 음모론자들이 그렇게 믿고 있음에도 불구하고, 지금 현재 일루미나티가 대기권에 미세 입자를 뿌리고 있지는 않다는 것이다. 또한 대규모의 현장 연구 프로그램이 진행되고 있지도 않다. 지구공학에 관해서 우리가 아는 내용 대부분은 컴퓨터 모델과 몇 가지 간단한 통제 실험에서 나온 것이다. 성층권에서 미세 입자가 어떻게 반응하는지 더 잘 이해하기 위해, 키스는 하버드대학의 동료 한 명과 함께 애리조나 상공의 열기구를 이용해 미세 입자 몇 킬로그램을 실제로 성층권에 뿌려 보자고 제안했다. 그러자 미래에 지구공학의 윤리성을 놓고 벌어질 싸움의 예고편을 보여 주기라도 하는 듯, 벌써부터 비판자들은 키스의 평범하고도 귀중한 실험조차도 프랑켄슈타인 행성을 만들기 위한 첫걸음이라고 매도하는 실정이다.

지구공학에 관한 한 가지 불편한 사실은 사악하리만치 복잡한 문제에 대한 매혹적이고로 간단한 기술적 해결책이라는 것이다. 그것은 우리에게 삶을 바꾸거나, 에너지에 더 많은 돈을 지불하거나, 또는 우리의 SUV를 스케이트보드로 바꾸라고 요구하지 않는다. 그냥 매주 비행기 몇 대를 띄워서 성층권에 미세 입자를 뿌리자는 발상을 승인하라고, 또한 다른 누군가가 우리를 위해 기후를 관리하리라 믿으라고 요구할 뿐이다.

이 발상이 위험한 이유도 그래서다. 기후변화의 문제에 대처하기 위한 개인의 행동에 믿음을 보내는 대신, 지구공학은 오히려 기술의 마법에 믿음을 보낸다. 이스라엘의 역사가이며 『호모 데우스Homo Deus』의 저자인 유발 노아 하라리는 내게 보낸 이메일에서 이렇게 표현했다. "정부와 기업과 시민 스스로가 매우 무책임한 방식으로 행동하는 까닭은 결정적인 순간이 되면 과학자들이 뭔가 해결책을 발명하겠거니 가정하기 때문입니다."

나는 2015년 봄의 어느 따뜻한 밤에 이 문제에 관해 생각하면서, 당시 마이애미비치의 시장인 필립 리바인이 도시 건립 100주년 기념행사에서 저명인사로 가득한 참석자들을 환영하는 모습을 지켜보고 있었다. 이 행사는 충분히 적절하게도 마이애미비치 해변에 마련된 무대에서 개최되었다. 리바인은 똑똑한 사람이었으므로 마이애미비치의 건립 200주년 행사를 잠수복 차림으로 치러야 할 것이라고 믿는 회의주의자를 겨냥해 서슴지 않고 이야기를 꺼냈다. "저는 인간의 혁신을 믿습니다." 리바인은 청중에게 말했다. "만약 제가 30~40년 전에 우리가 주머니에 넣고 다니는 전화를 이용해서 전 세계 각지의 친구들에게 메시지를 보낼 수 있는 날이 올 것이라고 말했다면, 여러분은 제가 미쳤다고 생각했을 겁니다." 따라서 지금으로부터 30~40년 뒤에는, "우리는 지금으로서는 상상조차 할 수 없는, 해수면 상승에 대항할 혁신적인 해결책을 얻게 될 것입니다." 그의 말이었다.

옮기자면 이런 뜻이었다. '계속 즐깁시다, 여러분. 미래의 일은 미래가 알아서 할 테니까요.'

━━━

하지만 미래의 일은 미래가 알아서 하는 것이 아니다. 미래는 우리가 어제 내린 결정과 우리가 내일 내릴 결정에 의해서 형성된다. 연안 도시에 사는 사람들은 해수면 상승에 대처하는 과정에서 어려운 선택을 많이 해야 할 것이다. 이를테면 어떤 지역에 투자해 새로운 기반 시설을 만들 것인지, 어디에 해벽을 건설할 것인지, 어떤 역사적 구조물을 보존할 것이며 어떤 것을 포기할 것인지 등의 선택이다("우리가 구제할 수 있는 것은 수많은 등대뿐이에요." 메릴랜드주 애너폴리스의 역사 보전 사업 총책임자 리사 크레이그가 내게 한 말이다). 현명한 도시들은 기본 계획을 수립하고, 장기적인 전략에 대한 전망을 명확히 하고, 용도지역 설정 조례를 개정하고, 개발 지역을 더 높은 땅으로 이전하면 적용되는 세금 혜택을 통과시킬 것이다. 하지만 이것은 단지 시작에 불과하다.

취약한 연안 지대에 사는 사람들이 직면해야 하는 모든 어려운 결정 중에서도 가장 어려운 결정은 바로 후퇴라는 방안이다. 어쨌거나 후퇴야말로 우리가 해변에 서 있다가도 조수가 너무 빨리 올라오면 불가피하게 해야 하는 일이다. 이것은 1,000년 전 플로리다 연안에서 칼루사족이 한 일이고, 1만 년 전 지금은 물에 잠긴 북해 아래의 땅에 살았던 수렵채집인이 한 일이다. 하지만 우리 현대인은 해변에 수많은 콘크리트와 아스팔트를 쏟아붓고 수많은 강철을 세워 놓았으며, 그런 까닭에 단순히 천막을 접어서 더 높은 땅으로 옮겨 가는 것은 힘들어졌다.

여러 면에서 후퇴는 지구공학의 정반대다. 우리 대신 문제를 처리해 줄 과학자들에게 의존하는 것이 아니고, 오히려 개인의 행동과 사려 깊은 계획과 삶을 바꾸려는 의향이 필요하다는 뜻이다. 다른 무엇보다도 이는 물과의 전쟁을 포기하고, 자연이 승리했음을 시인한다는 의미다. 물론 많은 사람들이 받아들이는 태도는 아니다. 엄밀히 현실적인 차원에서 말하면, 후퇴에는 도시와 국가 공무원들이 세금 기반을 기꺼이 축소시키고, 정치인들이 기꺼이 권력을 포기하는 것 또한 필수적이다. 과연 누가 그런 일을 원하겠는가?

뉴저지주 톰스리버의 사례를 보라. 맨해튼 남쪽으로 120킬로미터가량 떨어진 뉴저지주 해안가에 자리한 인구 9만 2,000명의 이 도시는 1950년대까지만 해도 뉴욕시로 오는 계란의 생산지로서 가장 잘 알려져 있을 뿐인 조용하고 전원적인 곳이었다. 그러다가 화학 산업이 도래하여 그곳에 염색 공장이 들어섰다. 처음 수십 년 동안은 인구가 급증했다. 이후 혁신과 세계적인 경쟁으로 폐물이 된 공장이 문을 닫자 남은 것이라고는 암 집단 발병지[10]와 슈퍼펀드Superfund 지역●이라는 유독성 유산, 그리고 사주섬의 해변과 본토 사이에 있는 바네갓만灣을 따라 늘어선 저렴하게 지어진 주택들 뿐이었다.

어떤 면에서 톰스리버는 노동계급 버전의 마이애미와도 닮았다. 도시의 심장은 서쪽의 육지 해안에 있지만, 도시의 영혼은 만 건너편 동쪽 사주섬의 해변에 있기 때문이다. 게다가 그 해변은 마이애미비치와 비슷하게 대서양을 마주 보고 있는 가느다란 모래섬이었다. 마이애미와 마찬가지로 톰스리버도 해변 관광에 크게 의존했으며, 마찬가지로 이 도시도 침수 피해에 극도로 취약했다. 대서양과 접한 사주섬에서뿐만 아니라, 만과 접한 육지에서도 피해가 발생했다. 이미 톰스리버는 성가신 홍수nuisance flooding●● 발생 비율이 뉴저지 해안에서 가장 높은 곳 가운데 하나다. 해수면 상승까지 벌어지면서 상황은 그저 더욱 악화될 뿐이다. 뉴욕 지역의 산업계 지도자들과 대학 연구자들로 이루어진 영향력 있는 단체인 지역계획협회의 보고서에 따르면, 해수면이 1피트만 상승해도 바네갓만 인근의 주민 3,000명이 침수 피해를 입는다. 3피트 상승할 경우에는 2만 3,000명이 물에 잠긴다. "해수면이 6피트 상승할 경우, 뉴저지

● 슈퍼펀드는 1980년에 제정된 '종합환경대응보상책임법'Comprehensive Environmental Response, Compensation, and Liability Act의 별칭이다. 미국환경보호국은 이 법에 근거해 유독성 폐기물로 오염된 곳을 슈퍼펀드 지역으로 규정해 배상 및 복구 작업을 벌였다.

●● 태풍이나 대형 자연재해처럼 심각하지는 않지만 도로 범람이나 하수도 역류 등 생활에 불편을 초래하는 낮은 수준의 침수를 의미하며, 대개 만조가 발생하는 동안 저지대에서 일어난다.

해안의 이야기는 다름 아닌 뉴저지 관광 경제의 원동력이었던 아케이드, 해안 산책길, 놀이공원, 모래의 상실에 관한 이야기가 될 것이다."[11]

톰스리버는 허리케인 샌디에 호된 일격을 당했다. 높이 2.7미터의 폭풍해일로 도시가 침수되었고,[12] 1만 채의 주택이 손상되거나 파괴되었다.[13] 사주섬의 한 지역인 오틀리비치에서는 2,600채의 주택 가운데 60채를 제외한 모든 주택이 손상되거나 파괴되었다.[14] 섬의 만을 따라 늘어서 있거나 섬 뒤쪽에 자리한 주택들은 최악의 해일로부터는 안전했지만, 그래도 만에서 불어난 물로 인해 홍수가 났다. 기적적으로 톰스리버에서는 사망자가 전혀 없었다. 인근 도시 시사이드의 물에 잠긴 롤러코스터는 그 재난의 상징적인 모습 가운데 하나가 되었다.

그 직후에 앞으로의 홍수 사태로 인한 위험을 어떻게 감소시킬지에 관해 많은 이야기가 오갔다. 러트거스대학의 과학자와 연구자로 이루어진 연구진이 1년에 걸쳐 지역 공무원 및 주민들과 이야기를 나눈 끝에 계획을 내놓았는데, 그 내용은 (한 문서의 표현에 따르면) "사주섬의 주거지를 바닷가에 과도하게 의존하는 장소에서, 육지와 더 섬세하고 다양하고 지속 가능한 관계를 맺을 수 있는 장소로 전환하도록 돕기 위한"[15] 것이었다. 러트거스의 연구진은 울창한 숲에 (난초와 식충식물이 사는) 독특한 연안 생태계를 보유한 지역인 파인배런스와 연안을 연결하는 내륙 "부두" 또는 통로를 만들어서, 사람과 야생동물의 손쉬운 이동을 가능케 하기를 원했다. 이들은 케이블카와 수상 택시를 비롯한 새롭고도 좀 더 해수면 친화적인 운송 시스템을 이용해서 해안과 내륙지역을 연결하는 모습을 상상했다. 하지만 이들은 바다가 상승하면 해변 관광은 뜸해질 것이고, 그 대신 더 폭넓고 지속 가능한 종류의 생태 관광으로 대체될 것이라고도 상상했다. 파인배런스에서의 도보 여행, 자전거 여행, 탐조 여행 같은 것이 여기에 포함된다. 계획에는 5,000채의 새로운 주택을 더 높은 곳에 지어서 연안으로부터의 이주를 용이하게 하는 것도 포함되어 있었다. 전체적으로 이는 대담한 전망이었으며, 상당히 많은 시간과 자금과 정치적 지도력이 있어야만 달성할 수 있는 계획이었다. 하지만 이 계획이라면 상승하는 바다와 늘어나는 폭풍의 세계에서 번성할 가능성이 있는 장소로 도시를 변화시키는 일을 시작할 수도 있었다.

그런데 톰스리버는 예전과 똑같은 모습으로 재건되었다. 음, 아주 **똑같은** 것까지는 아니었다. 재건축된 주택 대부분은 몇 피트씩 돋운 상태였으며, 배전반 같은 중요 기반 시설은 안전한 곳으로 치워 놓았으니 말이다. 이에 덧붙여 육군 공병대는 사주섬의 대서양 쪽에다 몇 킬로미터에 걸친 더 튼튼한 모래언덕을 건설하기 위해 1억 5,000만 달러를 지출하기로 합의했는데, 여기에는 톰스리버 바로 앞 구간도 포함되었다.[16] 육군 공병대는 1960년대부터 이와 같은 "강화" 모래언덕을 건설해 왔다. 한동안은 폭풍해일로부터 어느 정도 보호 방벽이 돼 주었지만, 계속해서 재건할 필요가 있었다. 물론 육군 공병대로서는 좋은 일이었을지도 모른다. 이 덕분에 뭔가 목적이 생겼을 뿐만 아니라, 매년 연방 예산에서 더 큰 몫을 요구할 명분이 생겼기 때문이다. 하지만 장기적으로 보자면 이 모래언덕은 단지 해변에 지어 놓은 모래성에 불과했다. 해수면 상승이 일어나는 한, 제아무리 높은 모래언덕이라 해도 실제 위험이 존재하는 바네갓만의 상승하는 물로부터 주민을 보호하지는 못할 것이다. 물론 부유한 주민 몇몇은 자기 집을 높다란 요새로 바꿔 놓았지만, 전반적으로는 샌디가 다녀간 지 5년이 지난 지금도 톰스리버는 폭풍 이전에 비해서 미래를 맞이하기에 훨씬 더 나은 상태는 아니다.

뉴저지주 톰스리버. 허리케인 샌디로 인해
피해를 입은 모습(위)과 재건 후의 모습(아래)이다.

어째서일까? 가장 간단한 대답은 주민들이 톰스리버에서 자기가 사는 곳을 좋아하기 때문에 굳이 바꾸고 싶어 하지 않는다는 것이다. 오랜 주민 가운데 한 명이 내게 한 말과 마찬가지다. "이곳은 독특한 장소이고 소박한 미국 중에서도 최고입니다. 저는 이곳을 있는 그대로 사랑합니다." 그렇다면 해수면 상승은 어떻게 할 것인가? 나와 이야기를 나눈 사람 대부분은 기후변화보다 오히려 이슬람 테러리스트를 훨씬 더 걱정했다. 83세의 공화당 소속 3선 시장 톰 켈러허에게 기후변화에 관한 의견을 묻자, 이렇게 대답했다. "제 생각에도 기후는 실제로 변화하고 있습니다만, 그게 인간에 의해서인지 아닌지는 저도 모르겠습니다." 혹시 톰스리버의 주민 대다수가 똑같은 생각이냐고 묻자, 그는 이렇게 대답했다. "저도 모르겠습니다. 그건 우리가 이곳에서 많이 하는 이야기가 아니니까요." 나는 혹시 켈러허 시장이 기꺼이 입 밖에 내는 것 이상으로 기후변화에 대해서 확고한 견해를 갖고 있지만(실제로 그는 기후과학을 배우는 모임의 일원으로 몇 년 전에 노르웨이에도 다녀왔다) 단지 그 문제에 관해서 공개적으로 말하는 것의 위험을 염두에 둔 것이 아닌가 하는 의구심이 들었다. 어쨌거나 톰스리버 주민 가운데 3분의 2는 2016년 선거에서 트럼프를 뽑았으니까. 또한 켈러허는 기후변화를 심각한 문제로 생각하는 사람이라면 애초에 트럼프를 뽑지 않았으리라는 사실도 다른 누구 못지않게 잘 알았다.

하지만 단지 이데올로기만 문제인 것은 아니었다. 돈이 문제이기도 했다. 톰스리버에서는 약 20억 달러 상당의 과세 대상 부동산이 폭풍으로 파괴되어, 연간 시 예산에서 1억 8,000달러가 부족해지고 말았다.[17] 낮은 세금으로 살아가는 톰스리버 같은 도시에서는 이것이야말로 재난이었다. 켈러허와 또 다른 사람들은 시 당국이 세금을 올리면 주민들이 떠날 것이라고 생각했다. 만약 세금을 올리지 않는다면 서비스를 줄일 수밖에 없었다.

결국 이 도시는 세금을 조금이나마 올리지 않을 수 없었다. 하지만 대개는 더 큰 주택을 다시 짓도록 사람들을 독려함으로써 세금 기반을 늘리려고 애썼다. 어떤 경우에는 시 당국이 건축 조례를 강화하고 용도지역 설정 규제를 바꾸어 사람들을 위험한 지역에서 떠나도록 하지는 않고, 오히려 건축 조례와 규제를 느슨하게 풀었다.[18] 또한 뉴저지주 공무원들은 FEMA(연방재난관리청)가 이 도시의 범람원 지정에 큰 변화를 주지 못하게 하려고 노력하기까지 했다.[19] 혹시 홍수 보험료가 샌디 이후로 높아졌는지 묻자, 시장은 이렇게 대답했다. "별로 높아지지도 않았습니다."

미국에서 재난 구제의 작동 방식이 딱 이렇다. 단순한 재건에 대한 유인은 많은 반면, 획기적인 재건에 대한 유인은 거의 없다시피 하며, 연안을 따라 늘어선 도시의 장기적인 미래를 다시 생각하게끔 하는 유인은 더욱 없다. 어쨌거나 톰스리버 같은 도시에 사는 주민 스스로가 비용을 지불하는 것도 아니기 때문에, 그들로서도 굳이 생각을 바꿔야 할 유인이 없다. 2016년 말까지 뉴저지주에서 샌디의 복구 노력에 소비한 금액은 46억 달러에 달하는데, 그중 95퍼센트는 연방 정부에서 온 것이었다.[20] 사실상 캔자스와 워싱턴과 아이오와의 주민들, 즉 뉴저지의 해변을 평생 한 번도 못 볼 가능성이 큰 사람들이 그 재건 비용을 부담한 것이다. 주택 4,000채가 심각하게 손상된 톰스리버에서도 미국의 납세자들이 복구 노력에 대해 연방 복구 자금으로 3억 달러를 보조하는 셈이었다.[21] 이 도시는 재산세 세입의 손실로 인한 예산 격차를 줄이기 위해 이와 별개로 5년에 걸쳐서 주 정부 예산으로 3,000억 달러를 더 받았다.[22]

톰스리버 같은 도시들이 미래에 직면하게 될 위험을 고려하면 문득 궁금한 생각이 든다. 도대체 이런 곳은 얼마나 오래 지속될 수 있을까? 바다가 상승하고 홍수의 횟수와 피해, 비용이 자꾸 증가하면, 점점 더 많은 도시들이 점점 더 많은 도움을 요구하게 될 것이다. 뉴저지주 공무원들이 했던 것처럼 기본적으로 이렇게 주장할 것이다. 당신들이 우리를 돕지 않는다면, 이 도시는 죽고 말 것이다. "여기서의 질문은 이런 겁니다. 과연 이런 혜택을 얻지 못하는 납세자들이 각성해서 '우리는 그 일에 돈을 내지 않겠다'고 말할 때는 언제일까요?" 조지타운대학 부설 환경법정책연구소의 소장 피터 번의 말이다. "어쨌거나 우리 모두가 물에 잠기게 될 것을 알고 있는 해변의 부동산을 보호하기 위해, 대중이 언제까지 돈을 내야 하는지에 대해서는 한계가 있을 수밖에 없습니다."

한번은 내가 톰스리버를 방문해서 켈러허 시장과 함께 해변 산책로를 따라서 걷고 있었다. 그곳에는 육군 공병대가 뭔가 더 견고한 것을 건설할 때까지 기다리는 동안 도시에서 지어 놓은 임시 모래언덕이 하나 있었는데, 며칠 전에 북동풍이 불어와서 싹 날아가 버리고 말았다. 켈러허와 내가 이야기를 나누는 동안, 우리 근처에서는 덤프트럭이 늘어서서 해안으로 모래를 실어 나르고 있었다. 혹시나 또 다른 폭풍이 닥칠 경우에 해변의 주택들을 보호하기 위해서였다. 켈러허가 내게 한 말에 따르면, 트럭 2,000대 분량의 모래를 위해 이 도시가 내야 하는 총비용은 거의 100만 달러에 가까웠다. "하지만 우리가 어떻게 하겠습니까? 파도로부터 보호가 될 만한 것이 뭔가는 필요하잖아요." 그의 말이었다. 해변 산책로 위에 서 있는 그의 초록색 넥타이가 차가운 겨울바람에 나부꼈다.

켈러허는 말끔히 정돈된 해변 주택들을 손으로 가리켰다. "사람들은 여기 있는 걸 좋아합니다." 그는 자부심을 뚜렷이 드러내며 말했다. "여러 해 동안 매년 여름이면 가족을 데리고 이곳을 찾았습니다. 사람들은 그 일에 매우 애착을 느낍니다."

"당신은 해수면 상승을 이 도시가 맞닥뜨린 위험이라고 생각하십니까?"

"아, 저는 그렇다고 생각합니다. 하지만 제가 죽기 전까지는 아닐 겁니다."

나는 그가 벌써 83세이므로, 결국 얼마 남지 않은 것 아니냐고 넌지시 지적했다. 켈러허는 웃음을 터트렸다.

"어디 한번 이곳에 사는 사람들에게 직접 말씀해 보시죠. 설령 모래언덕이 있더라도 앞으로 수십 년 사이에 홍수의 위험은 점점 더 높아질 것이라고, 따라서 혹시 그런 위험에 대비하고 있지 못하다면 각자 주택을 팔고 더 높은 곳으로 이사해야 할 거라고 말입니다. 그러면 과연 무슨 일이 일어날 것 같습니까?"

켈러허는 나를 미친 사람 바라보듯 했다. "제가 만약 이 지역에서 집집마다 돌아다니면서 그런 말을 한다면 저는 멀쩡히 살아서 이곳을 나가지 못할 겁니다. 누군가가 사람들에게 더 이상 여기서는 살 수 없을 거라고 말한다면, 그것은 경제적이고 정서적인 재앙이 되겠지요."

～～

급속히 상승하는 바다의 세계에서 사람들에게 위험한 곳에서 벗어나라고 독려해야 하는 이유는 간단하다. 그래야 돈도 건지고 목숨도 건지기 때문이다. 선출직 공무원들에게는 사람들에게 위험한 곳에서 벗어나라고 독려하지 **않아야** 하는 이유도 간단하다. 만약 유권자들에게 뭔가 어려운 일, 뭔가 시간이 많이 걸리는 일, 또는 (그중에서도 최악인) 뭔가 돈이 드는 일을 하라고 요구한다면, 결국 선거에 패해서 자리를 잃을 것이기 때문이다. 아니면 소송을 당하거나.

새로운 개발 사업의 경우, 많은 도시는 사람들에게 더 높은 지대에 건설하도록 독려하기 위한 유인책을 마련했다. 용도지역 설정 조례와 규제를 통해 물에서 얼마나 가깝게 건물을 지을 수 있는지를 규정하는 방법이 가장 간단하다. 마이애미를 비롯한 일부 도시들에서는 개발업자들에게 영향 부담금impact fee을 징수하는 방안을 고려 중이다. 특히 개발업자들이 저지대 지역에 건축을 하고 싶을 경우에 그러하며, 그렇게 걷은 돈으로 청정에너지와 기후 적응 프로젝트를 지원한다는 것이다.

하지만 가장 어려운 문제는 새로운 개발 사업이 아니다. 오히려 이미 건설해 놓은 것이 문제다. 세금 혜택과 기타 규제 도구를 이용하면 사람들이 이사하도록 독려할 수 있지만, 그것은 느리고 불확실하다. 홍수 보험료를 높임으로써 위험한 장소에서 살아가는 것의 진짜 비용을 더 잘 반영하도록 하면 도움이 될 수 있다. 하지만 사람들을 저지대에서 나오게끔 만드는 가장 간단한 방법은 그냥 보상 매입하는 것이다. 주에서는 토지 수용 권한을 이용해서 부동산에 수용 선고를 내릴 수도 있지만, 이는 빅브러더의 느낌을 주는 호전적인 조치이고, 값비싼 법정 공방으로 귀결된다. 자발적인 보상 매입은 이 모두를 방지한다. 대부분의 사례에서 주 정부나 연방 정부는 거의 시장가격 전부를 지불하고 주민을 끌어낸다. 주택을 매매할 수조차 없는 위험지역에 사는 사람들에게 이것은 대개 매력적인 선택지다. 뉴욕주는 부동산 610개소를 보상 매입하는 과정에서 2억 4,000만 달러를 지출했는데, 부동산 대부분은 2012년 허리케인 샌디에 강타당한 스태튼아일랜드의 몇몇 지역에 있었다.[23] 2016년에 미국 정부는 홍수로 토지의 98퍼센트가 소실된 루이지애나주 일드진찰스에 살던 23가구를 재정착시키기 위해서 4,800만 달러를 지출했다.[24] 물이 상승하고 홍수의 위험이 증가하면, 정치인과 민간 지도자들에게도 사람들을 안전한 곳으로 옮길 방법을 찾아내라는 압력이 가해질 것이 분명하다.

하지만 장기적인 전략으로서 보상 매입에는 몇 가지 문제가 있다. 첫째로 보상 매입은 지역 전체가 기꺼이 나갈 의사가 있을 때에만 최적의 성과를 낸다. 매입 거부자들은 축소된 세금 기반에 대해서도 공공서비스(쓰레기 수거, 상하수도, 도로 관리, 제설, 가로등, 경찰관, 소방관)를 계속 제공하라고 요구한다. 보상 매입 전략의 목표 가운데 하나는 지역이 완전히 자연으로 돌아가게끔 하려는 것이지만, 이들은 그런 상황이 벌어지지 못하게 막아선다.

또 다른 문제는 자금이다. 루이지애나주에서 23가구를 보상 매입하는 것과 도시 하나를 보상 매입하는 것은 전혀 다른 일이다. 샌디에 피해를 입은 톰스리버의 주택 4,000채를 보상 매입하려면 대략 10억 달러가 들 것이다. 2017년 루이지애나 연안기본계획에 따르면, 이 주의 주택 2만 4,000채가 향후 50년 동안 홍수의 위험에 처해 있다(이 계획에서는 주가 둑과 제방, 기타 홍수 조절 장벽을 개선하기 위해 수십억 달러를 지출할 것이라고 가정했다).[25] 이 주택들을 보상 매입하는 데 필요한 돈은 어림잡아 60억 달러에 달할 것이다.

세 번째 문제는 다음과 같다. 어떤 집을 보상 매입하고 어떤 집을 침수되게 내버려 둘지를 과연 누가 결정한단 말인가? 2015년 알래스카주 공무원들은 연방 기금 6,200만 달러를 얻어 내기 위해 미국 주택도시개발부HUD에 로비를 벌였다. 앵커리지에서 서쪽으로 약 800킬로미터 떨어진 마을 뉴터크가 바다에 급속히 잠식되고 있었기 때문에, 그곳 주민 350명을 14킬로미터 떨어진 내륙으로 이주시키는 데 도움을 얻기 위해서였다.[26] 2015년에 알래스카주를 방문한 오바마 대통령은 해수면 상승의 위험에 관해서 솔직하게 이야기를 꺼냈다. 하지만 이주를 위해 돈을 지급해야 할 때가 되자, HUD에서는 일드진찰스만 지원하고 뉴터크는 지원하지 않았다. 어째서일까? 《블룸버그뷰》의 집필자 크리스토퍼 플라벨에게 내놓은 설명에서 HUD 관계자들은 연방이 자금을 지원하면 지역 및 주에서도 덩달아 지원하는 "마중물 효과"가 더 큰 지역을 일드진찰스라고 판단했기 때문이라면서 말꼬리를 흐렸다. 플라벨은 HUD의 의

사 결정 과정을 가리켜 "기후 적응에 자금을 지원하는 정신 나간 관료제"[27]의 좋은 사례로 들었다.

내가 톰스리버에서 본 것처럼, 모든 이주 전략에서 반드시 극복해야 할 가장 큰 문제는 한마디로 사람들이 자기 주택을 좋아해서 떠나기를 원치 않는다는 점이다. 이미 싼샤댐을 만드는 과정에서 100만 명의 주민이 강제 이주를 당한 중국 같은 나라에서라면, 이는 정치적 문제가 되지 않는다.[28] 하지만 심지어 네덜란드에서도, 즉 홍수의 위험을 줄이기 위해 필요하다면 정부는 어떤 행동이든 취할 권한을 가졌다는 강력한 합의가 시민들 사이에 있는 나라에서도 이주는 어려운 일이다. 네덜란드에서 가장 오래된 도시인 네이메헌에서 네덜란드 정부는 거의 5억 달러를 들여서 발강ㅍ 일부 구간의 경로를 바꾼 일이 있었다. 강물이 퍼져 나갈 공간을 더 많이 만들어서 자칫 강물이 강둑을 넘어 도시의 일부와 인근 농지로 범람할 위험을 줄이기 위해서였다.[29] 이 과정에서 주민 50명이 이주해야 했다. "쉬운 일은 아니었습니다." 내가 직접 만나 본 네이메헌시 자문위원 마티외 쇼우턴의 말이었다. "우리는 모두에게 보상 매입을 실시하고, 그들에게 더 높은 곳의 새로운 토지를 제공할 수밖에 없었습니다. 그러고 나서도 떠나고 싶어 하지 않는 사람들이 몇인가 있었습니다. 협상은 어려웠습니다. 어떤 경우에는 무려 11년이나 교섭이 이루어졌습니다."

심지어 스태튼아일랜드에서도 나는 요지부동인 사람들을 발견했다. 이곳에서는 샌디로 인해 주택이 파괴된 오크우드비치 지역의 145가구가 합심하여 뉴욕주 공무원들에게 보상 매입 조치를 요구한 바 있다.[30] 내가 2016년에 그 지역을 방문해 보니 주택 가운데 상당수는 철거되었고, 그 부지는 무성한 풀밭으로 변해 있었다. 아직 철거되지 않은 빈집들이 몇 채 남아 있기는 했지만, 자연이 되살아나고 있다는 것을 느낄 수 있었다. 거리에는 외래종 갈대가 줄줄이 늘어서서 높이 1미터가 넘는 빽빽한 초록색 벽을 이루고 있었다. 오리들이 길거리를 돌아다녔다. 한 지역이 자연에 탈환되는 모습을 지켜보고 있으니 마치 문명의 발전을 기록한 영화필름을 거꾸로 돌리는 것처럼 섬뜩한 기분마저 들었다. 아직 사람이 살고 있는 주택도 두세 군데쯤 있었다. 나는 그중 한 집(베란다에 플라스틱 땅신령 모형을 잔뜩 늘어놓은 단순한 하얀색 방갈로였다)에 들러서 친절해 보이는 오십 대 여성 로이스 켈리와 이야기를 나누었다. 그녀는 샌디가 닥쳤을 때 혼자서 집에 내내 머물러 있었다고 말했다. 물이 거실까지 들어오자 켈리는 안락의자로 올라갔다. 물이 계속 높아져서 깊이 1.5미터까지 들어찼다. 그녀는 냉장고가 물에 떠다니고, 의자가 검은 물속에서 깐딱거리는 모습을 보았다. "저는 밤새도록 어둠 속에서 제 고양이들과 함께 안락의자에 앉아 떠다녔지요." 켈리의 말이었다. 바람 속에서 그녀는 이웃들의 살려 달라는 목소리를 듣기도 했다(나중에 알고 보니 길 건너편 집에 살던 부자父子가 지하실에서 익사했다고 한다). 다음 날 물이 빠졌다. 켈리는 춥고 젖었지만 다치지는 않았다. 그녀는 고양이들에게 먹이를 주고, 업체를 불러서 젖은 집을 수리하고(비용은 홍수 보험에서 냈다) 계속해서 살아갔다. 그로부터 1년여 뒤에 시 공무원들이 집으로 찾아와서 시장가격 그대로 보상 매입을 제안했지만 켈리는 거절했다. "여기는 제 집이에요." 그녀가 내게 말했다. "제가 왜 떠나겠어요?"

~~~~

순수하게 경제적인 관점에서 보자면, 로어맨해튼을 두르는 장벽을 건설하는 일에 30억, 40억 달러를 지출하는 것이 오히려 이치에 맞을 수 있다. 가난한 동네인 브롱크스 자치구의 헌츠포인트를 구제하기 위해 30억, 40억 달러를 지출하는 것을 정당화하기는 더 힘들다. 무엇을 보호하고, 또 무엇을 보호하지 않을지를 결정하는 과정에는 가차 없는 비용편익분석 외에도 다른(예를 들어 인종, 역사적 가치, 정치적 영향력 같은) 요인들이 더 들어가지만, 한 가지 더 커다란 핵심만큼은 분명히 사실이다. 즉 모든 사람이 구제받지는 못한다는 것이다. 부유한 사람들은 자기가 알아서 할 수 있을 것이다. 예를 들어 집을 옮기거나, 돋우거나, 해벽을 건설하거나, 또는 바닷속으로 무너져 내리는 주택을 그냥 없는 셈치고 넘어갈 수도 있을 것이다. 하지만 해안선을 따라서 살아가는 무수히 많은 사람들의 경우, 주 정부나 연방 정부가 자기네를 구하기 위한 자금이나 정치적 의지를 가지고 있지 않다는 사실을 어느 날 아침에 일어나 보니 알게 된다면 힘든 날을 보내게 될 것이다.

미국에서 해변에 부동산을 보유한 사람은 그 땅이 파도 아래로 사라질 때까지 그곳에 살 권리를 갖고 있다. 관습법에 따르면, 바로 그 시점에 이르러 (이제 물에 잠긴) 그 땅은 공공재산의 일부가 된다.[31] 하지만 그 이후로도 법적 문제는 점점 더 복잡해진다. 예를 들어 이웃에 홍수를 일으키더라도, 나는 여전히 해벽을 건설할 권리를 갖고 있는 것일까? 내 부동산 가운데 절반이 물에 잠겨 있을 경우, 나는 재산세를 절반만 내도 그만인 것일까? 내가 늪으로 변한 지역 한가운데의 높은 장소에 살고 있을 경우, 나는 여전히 시 당국으로부터 소방과 경찰 같은 기본적인 서비스를 기대할 권리를 갖고 있는 것일까?

이 가운데 상당수에 대한 법률은 모호하기 그지없지만, 플로리다주 세인트존스카운티 세인트어거스틴의 바로 남쪽에 있는 고립된 부자 동네 서머헤이븐에서는 그런 일의 실제 사례 가운데 한 가지를 찾아볼 수 있다.[32] 1920년대까지만 해도 이곳에는 도로가 전혀 없었다. 사람들은 세인트어거스틴에서 배를 타거나, 아니면 해변을 따라 차를 운전해서 이곳까지 갔다. 그러다가 주에서 연안을 따라 도로를 건설하고 주립도로 A1A이라는 이름을 붙였다. 원래는 벽돌로 만든 도로였지만, 여러 번 유실되고 나서는 자갈과 아스팔트로 재건되었다.[33] 서머헤이븐은 100명 미만의 작고 배타적인 공동체로 남아 있었지만, 세월이 흐르면서 주민들도 이 도로에 익숙해졌다. 자기네 집에 가장 손쉽게 접근할 수 있게 해 주었기 때문이다.

1970년대에 주 공무원들은 폭풍이 지나갈 때마다 도로를 재건하는 일에 지친 나머지, A1A 도로를 거기서 더 한참 내륙으로 옮겨버렸다. 급기야 구 도로(이제 그 지역 사람들에게는 구 A1A 도로로 통한다) 가운데 1마일 반 구간은 카운티의 관리 대상이 되었다. 구 A1A 도로는 사실상 서머헤이븐 주민들의 기나긴 차고 진입로나 다름없게 되었다. 2004년 이 도로가 다시 유실되자, 카운티 당국에서는 양자택일에 직면했다. 즉 100만 달러를 들여서 도로를 수리하고 또다시

플로리다주 서머헤이븐에 있는 구 A1A 도로를 따라 늘어선 주택들

유실되는 꼴을 보느냐, 아니면 그곳 주민들이 접근 도로 없이 살아가도록 그냥 내버려 두느냐를 선택해야 했다. 카운티에서는 그 도로를 계속해서 개통하고 유지하기 위해 연간 평균 유지 비용의 25배 이상을 이미 지출한 다음이었다.[34]

게다가 해수면 상승으로 상황은 계속 악화될 뿐이었다. 카운티에서는 결국 도로를 바다로부터 지키려고 (연방 자금 95만 달러를 이용해)[35] 너비 1.8미터의 갓길을 만들기로 결정했지만, 그 갓길도 금세 유실되고 말았다.

더 많은 폭풍과 유실이 벌어지고 2008년이 되자 서머헤이븐의 주민들조차도 더 이상은 참지 못했다. 부동산 소유주 65명이 모여 도로를 이용 가능한 상태로 유지하지 못한 책임을 물어 카운티 당국에 집단으로 소송을 제기한 것이다.[36] 사실상 이들은 해수면 상승과 늘어나는 폭풍해일로 그 도로가 취약해졌다는 사실 따위에는 관심 없다고 주장한 셈이다. 부동산 소유주는 세금을 내고, 카운티는 도로를 소유하므로, 어쨌거나 도로를 유지하는 것이야말로 카운티의 책임이라는 것이었으니까. 부동산 소유주들은 카운티가 책임을 불이행하는 것은 자신들의 부동산에 대한 기존의 출입권을 유지할 권리를 침해하는 것이며, 따라서 이는 "정당한 보상이 없는 한 공공적 이용을 위해 사유재산을 수용收用할 수 없다"는 미국 수정헌법 제5조에서 말하는 "수용"에 해당한다고 주장했다.

이것은 무척이나 이례적인 논쟁이었다. 과거에 부동산 소유주들이 지역, 도시, 연방 공무원들의 잘못된 공사로 인해 자기 부동산 가치가 손상되었다고 주장해서 승소한 사례라면 무척이나 많았다. 한 가지 예를 들자면, 허리케인 카트리나 직후 주민들이 집단으로 미국 공병대가 만든 제방이 애초부터 어설프게 설계된 탓에 자기네 주택의 침수에 기여했다고 주장했다.[37] 이 사건은 미국 대법원까지 올라갔고, 부동산 소유주가 결국 승리했다.

하지만 이번 사건은 상황이 달랐다. 정부가 뭔가 행동을 해서 자기네 재산에 손상을 입혔다는 소송이 아니었기 때문이다. 정작 당국에서는 카운티의 다른 도로들에 사용하는 비용보다 1마일 당 25배나 더 많은 비용을 그 동네의 도로에 사용했건만, 서머헤이븐의 부유한 주민들은 정부가 '그 이상의' 행동을 하지 않았기 때문에 자신들이 손상을 입었다고 주장하는 꼴이었다.

이에 카운티 당국에서는 저지대의 연안 도로인 구 A1A 도로는 폭풍과 침식 같은 자연의 힘에 의해 지속적인 손상에 노출되었다고 주장했다. 카운티 공무원들에 따르면, 이 도로를 "바다의 파괴"[38]로부터 보호하는 유일한 방법은 1,300만 달러 이상의 비용을 들여 도로를 돋운 다음, 만조선high tide line까지 쭉 이어지는 모래 제방을 쌓아서 보호하는 것뿐이었다. 카운티 공무원들은 그런 보호책을 유지하려면 몇 년에 한 번씩 500만 달러에서 800만 달러의 추가 비용이 들어갈 것이라고 주장했다. 그 정도면 카운티의 도로 800마일을 수리하고 관리하는 데 드는 전체 예산보다 더 많은 금액이었다. 따라서 그 도로를 계속 유지해야 한다면 자칫 카운티가 파산할 수도 있었다.

지역법원에서는 카운티가 승소했지만, 부동산 소유주들은 연방 지방법원에 항소했으며, 거기서는 1심 판결을 뒤집어서 부동산 소유주들이 승소했다.[39] 기본적으로 구 A1A 도로를 "유의미한 접근"이 가능하도록 "타당하게 유지하고" 수리할 의무가 카운티 당국에 있다는 판결이었다. 하지만 더 중요한 점은 법원이 "(적극적인 행동의 의무에 직면했을 때) 정부의 부작위不作爲는 역逆수용 소송inverse condemnation• 주장의 근거가 될 수 있다"고 판결한 대목이었다. 이 사건은 플로리다주에서 최초로 원고가 정부의 **부작위**를 근거 삼아 헌법에서 말하는 수용 관련 주장을 제기할 수 있다는 선례를 확립했기 때문이다.

2014년, 부동산 소유주와 카운티 당국은 합의에 이르렀다. 카운티에서는 도로를 "보전하고, 보호하고, 유지하기 위해 성실한 노력"

• 정식 수용이 아닌 토지 규제나 정부의 토지 이용으로 인해 재산권 침해가 발생했을 때, 그에 대한 보상을 받기 위해 소유주가 취할 수 있는 법적 조치.

을 기울이는 데 동의했다. 하지만 수용 주장을 지지하는 법원 판결은 여전히 유효하다. 따라서 이것은 해수면 상승이 도시에 끼치는 경제적 함의를 생각하는 사람이라면 누구에게나 불편한 선례다. 대학에 근거한 주 정부와 지방 정부의 제휴 기구인 플로리다해양기금의 변호사이자 연안 계획 전문가 토머스 루퍼트는 이 판결을 다음과 같이 분석했다. "지방 정부에는 배수 시설의 유지 책임보다, 그 기반 시설의 '서비스 수준' 유지 책임이 더 중요하다는 것이 법원의 판결이라고 하면, 그로 인해 지방 정부는 모두의 부동산을 물에 잠기지 않은 상태로 유지하기 위해 비현실적인 금액의 자금을 지출하느냐, 아니면 법적 책임에 직면할 위험을 감수하느냐의 양자택일이라는 어려운 선택을 강요당할 수도 있다."

좀 더 거칠게 표현하자면, 이는 홍수 때문에 도로나 다리가 유실될 때마다 플로리다의 부동산 소유주들이 수정헌법 제5조를 들먹이며 각자의 도시에 소송을 제기할 수 있다는 뜻이었다. 그것도 도로가 잘못 설계되었다는 이유 때문이 아니라, 애초에 건설할 때 공학자들이 해수면 상승을 예상하지 못했다는 이유 때문에 말이다. "이렇게 되면 주민들은 자기 지역 공무원에게 이렇게 말할 수 있는 겁니다. '댁들이 우리 다리를 새로 지어야 할 것 같습니다. 이번에는 6미터 더 높이 지으세요. 안 그러면 우리가 확 정부를 고발해서 돈을 물어내게 만들 테니까요.'" 조지타운대학의 피터 번의 말이다. "이 판결 때문에 그런 사고방식이 다른 주들로까지 번지는 실정입니다." 또한 이는 부유하고 정치적으로 연줄 좋은 주민들이 도시를 향해 어디에 어떻게 예산을 쓰라고 지시할 수 있게 되었다는 뜻이기도 하다. 이 경우에 소송을 제기하겠다고 위협할 만한 수단을 갖지 못한 가난한 지역에는 예산이 덜 쓰이게 될 것이야 당연한 일이다.

"바다가 상승하면서 도시들은 도로와 다리, 기타 기반 시설을 유지하려다 자칫 파산하게 생겼다." 루퍼트의 말이다. "그 정도로 단순한 것이다. 이와 같은 법적 판결은 그런 날을 더 빨리 오게 할 수 있다. 왜냐하면 지방 정부가 그들의 제한된 자금으로 각자의 시민에게 봉사하는 최선의 방법을 재량껏 판단할 수 있는 능력을 앗아 가 버리기 때문이다." 도시들이 후퇴하고 나면, 미래의 해안선에는 새로운 모습이 출현할 것이라고 루퍼트는 본다. 정부의 손길이 닿지 않는 곳의 거주지인 수상 빈민가들과, 바다 위의 요새에서 보트와 헬리콥터로 오가는 초쿒부자들의 고립지들이 혼합된 모습이 나타날 수 있다는 것이다. "종말론적인 상상이라는 것은 나도 인정한다." 그의 말이다. "하지만 재난이 닥치기 전에 우리가 적응에 관해서 뭔가 어렵고, 값비싸고, 고통스러운 결정을 내리는 법을 배우지 않는 한, 우리는 바로 그런 결과로 향하고 있을 것이다."

~~~

하루는 뉴저지 해안을 살펴보던 중에 톰스리버 북쪽 사주섬의 소도시 라발레트의 여름 별장 몇 군데 옆으로 차를 몰고 지나가게 되었다. 겨울이어서 별장은 모두 문을 닫은 상태였지만, 나는 큰길에서 벗어나 주차한 다음, 몇 분 동안 그 지역을 걸어 다녀 보았다. 별장은 대부분 1940년대와 1950년대에 지어진 것이었으며, 어쩌면 시어스백화점 카탈로그를 통해 판매되고 현장에서 조립되었을지도 몰랐다. 일부는 개조되어 2층이나 더 큰 베란다가 덧붙여져 있었지만, 나머지는 지난 50년 동안 아무것도 바뀌지 않은 모습이었다. 여기에는 돈의 흔적이 전혀 없었다. 이 별장은 헤지펀드 운영자의 소유가 아니었다. 열심히 일하고 열심히 저축해서 가족을 위해 해변의 작은 자리를 마련한 배관공과 교사, 고속도로 건설 노동자 소유의 집들이었다. 아마 그들은 매년 2~3주 정도 여기 머물렀을지도 모른다. 그 시간은 그해의 나머지 기간 동안 그들을 몰아붙일 주 50~60시간 노동으로부터의 휴식이었을 것이다. 물론 그런 주택들 가운데 다수는 모래밭 바로 위에 지어져 있었다.

나는 차로 돌아와서 애시베리파크가 있는 북쪽으로 달렸다. 나는 뉴저지의 해안에 살아 본 적은 없지만, 그곳에서 충분히 많은 시간을 보냈기 때문에(아울러 브루스 스프링스틴의 노래를 충분히 많이 들었기 때문에) 그곳과 정서적으로 연결되었다는 느낌을 가지고 있었다. 문득 여러 해 전 애틀랜틱시티에서의 어느 날 밤이 떠올랐다. 그날 아버지가 전화를 걸어서 당신이 죽어 가고 있다는 사실을 알렸다. 그리고 그보다 훨씬 오래전, 여자 친구와 함께 와일드우드에서 두더지잡기 게임을 했던 행복한 밤도 떠올랐다. 이 순간들 중 어느 것도 오랫동안 생각하지 않고 있었는데, 우리의 기억이 어떤 장소에 밀착된 모습은 종종 놀라울 정도다. 바다가 상승하면 우리는 단지 주택과 부동산만 잃어버리는 것이 아니다. 우리 대부분이 과거의 일부를 잃어버릴 것이고, 또 다른 이들은 더 많은 것을 잃어버릴 것이다.

차를 몰고 가는 동안, 나는 뉴스를 들으려고 뉴저지 NPR 방송국에 라디오 주파수를 맞추었다. 그런데 막상 나온 것은 웬 남자의 절망적인 목소리였다. "… 음, 예, 카트리나 이후에 우리는 모든 것을 잃었고, 주 정부는 이 '집으로 가는 길'Road Home 프로그램을 내놓았습니다. 자기네가 우리 부동산을 보상 매입할 경우에는 실제 가치보다 더 낮은 액수를 지불하고, 우리가 계속 머물면서 재건축을 하면 실제 가치 전액을 지불하겠다는 내용이었지요. 그러면서 우리가 보호를 받고 도움도 받을 수 있을 거라고 조건을 내걸었습니다. 그래서 우리는 뭔가 보호를 받게 되리라고 생각해서 이곳에 집을 지었습니다. 그런데 아무것도 받은 게 없습니다."[40]

나중에 알고 보니, 그때 라디오에서 나온 목소리의 주인공은 뉴올리언스 바로 북쪽의 폰차트레인 호숫가에 사는 앤서니 카로니아였다. 나는 그곳에 워낙 자주 갔던 터라 그가 말하는 동안 그 평탄한 호수 물목의 풍경이며, 점점이 박혀 있는 쇼핑센터와 자동차 매매업체의 모습을 그려 볼 수 있을 정도였다. 카로니아는 루이지애나가 바닷속으로 사라지지 않도록 구제하려는 총 50억 달러 규모의 주 정부 계획에 대한 보도에서 인터뷰 대상자로 등장한 것이었다. 카트리나 이후에 주에서는 그에게 계속 머물면서 주택을 재건축하라고 독려해 왔다. 이제 카로니아는 자기가 거기에 동의했던 것을 후회하고 있었다.

"… 예, 주 당국에서 우리에게 한 말은 결국 머무르라는 거였습니다. 그러면 자기네가 우리를 도와주고 이 모든 보호를 제공하겠다면서요. 실제로는 아무것도, 정말 아무것도, 진짜 아무것도 조치가 이루어지지 않았습니다. 그러니 부디 댁들이, 그러니까 뉴스 만드시는 분들이 좀 알아봐 줄 수 없겠습니까? 그렇게 해서 이게 중도 작파되지 않게끔 확실히 해 줄 수 없겠습니까? 저한테는 아이가 다섯이고, 손녀가 하나고, 아내까지 있습니다. 저야 영원히 살 것도 아니니 이것이야말로 제 가족의 재산인 겁니다. 이건 남겨 줄 겁니다. 이건 바로 저 자신입니다. 제 계획은 이걸 가족에게 남겨 주는 겁니다."

카로니아의 목소리에서 분노와 실망과 공포를 느낄 수 있었다. 이 남자는 자신이 얼마나 많은 것을 잃어버릴 수밖에 없는지를 마침내 깨달았던 것이다.

"하지만 말입니다, 선생님. 홍수는 점점 더 심해지고, 더 심해지고, 더 심해지고, 더 심해지기만 합니다. 저는 준비가 됐습니다, 선생님. 카트리나 이후에 저는 이곳을 떠났어야 했습니다만, 아내가 그러더군요. '아니, 그냥… 그냥 집을 다시 지어요.' 그런데 문제는… 제가 지쳤다는 거였죠. 저는 떠날 준비가 된 상태였어요. 어떤 날에는 스쿨버스가 들어오지 못할 때도 있어서, 그럴 때면 제가 물속을 헤치고 아이들을 찾아 나서기도 했죠. 진짜로 그랬습니다. 주방위군도 우리를 구하러 올 수 없었던 것이, 물이 워낙 높아졌기 때문이었습니다. 소방서에서도 구하러 올 수 없었습니다. 그냥 집에 갇혀 있었습니다. 들어가고 나가는 길이 단 하나뿐이었거든요. 내트랙터며, 내 보트, 내 자동차, 내 제로턴 잔디깎이. 매년 봄이면 저는 식은땀이 납니다. 이 장비들을 도대체 어떻게 하면 좋지?

제 말뜻은, 솔직히 말해서, 정말 포기했다는 겁니다! 저는 쉰한

살이나 되었어요. 그러니 더 이상은 신경 쓰지 않습니다. 물론 그렇게 생각해서는 안 되겠지요! 이건 옳지 않아요. 공정하지 않다고요. 오늘 당장이라도 뭔가 조치가 이루어져야 합니다. 오늘이요. 부디 제 말을 이해해 주세요. 이건 도와 달라고 외치는 소리예요. 미국에서 제 말에 귀를 기울이는 사람 누구에게나, 모두에게 말씀드리건대, 저 앤서니 카로니아는 루이지애나주와 미국 정부에 간청하는 바입니다. 제발 이곳에 오셔서 저한테 보상 매입을 해 주시고, 제 가족을 안전한 곳으로 옮기게 해 주시라고 말입니다. 제가 외치는 소리를 부디 이해해 주세요. 저는 도움을 간청하는 바입니다. 도움을 그냥 요청하는 게 아닙니다. 도움을 정말 간청하는 것입니다."

곧이어 인터뷰가 끝났다. 나는 해변 근처의 한 주차장에 차를 세워 놓고, 카로니아를 뒤쫓아 가서 그에게 일어난 일을 더 자세히 알아보기 위해 몇 가지 메모를 했다. 어쩐지 그의 목소리에서 들려오던 분노와 공포는 물이 밀려오고 사람들이 각자 사랑하는 것을 잃게 되면서 야기될 훨씬 더 큰 분노와 공포의 시작에 불과할지도 모른다는 생각이 들었다. 문득 네덜란드의 조경건축가 아드리안 괴저와 나누었던 대화가 떠올랐다. 한번은 그가 로테르담에서 열린 학술 대회에서 해수면 상승에 관해 강연하는 모습을 지켜보았는데, 그 직후에 그가 저녁이나 먹자며 자기 집으로 초대했다. 우리는 1층의 부엌에 앉아서(그는 그곳이 사실상 해수면보다 낮다고 지적했다) 만약 해안선으로부터의 불가피한 후퇴가 신중하게 다뤄지지 않을 경우 수면 위로 떠오를 분노와 원망과 어려움에 관해 이야기를 나누었다. 괴저는 정부의 역할에 급진적인 재고가 필요할 것이라고 주장했다. 가장 기본적인 임무가 사람들을 안전하게 유지하는 것이라 했을 때, 막상 사람들이 안전하지 않다는 사실을 자각하면 무슨 일이 일어날까? 사람들을 위험에서 벗어나게 만드는 데 있어서 정부의 역할은 무엇일까? 괴저는 해수면 상승을 다른 획기적인 재난과 비교했다. 예를 들어 1930년대의 더스트볼Dust Bowl●은 부분적으로 인간이 야기한 자연재해로서 미국의 지형을 크게 바꿔 놓았으며, 가장 취약한 사람들조차도 장기적 복지를 보장받을 수 있도록 하는 일에서 정부의 역할을 확장시켰다. "우리에게는 새로운 뉴딜이 필요할 겁니다." 괴저의 주장이었다. "정부와 시민 간의 사회계약에 대해서도 재고가 필요할 겁니다."

어쩌면 그럴 수도 있었다. 또 어쩌면 그런 일은 앤서니 카로니아 같은 사람들로부터 시작될 수도 있었다. 라디오 뉴스 보도가 끝난 뒤에, 나는 차에서 내려 해변까지 걸어갔다. 해 질 녘이어서 쌀쌀했다. 머리 위를 맴도는 갈매기 몇 마리를 제외하면 나 혼자뿐이었다. 나는 해안에 부딪히는 파도 소리에 귀를 기울였다. 지난 수백만 년 동안 계속되어 온 움직임에서 비롯된 그 소리에. 마치 대자연이 자신의 시트를 펼치고 잠자리를 만드는 것처럼 들렸다.

● 1930년대 가뭄과 건조 농법으로 인해 미국과 캐나다 프레리에서 발생한 극심한 모래 폭풍으로, 황진黃塵이라고도 한다.

| 에필로그 |

콘도 다이빙

1970년대 말, UC버클리대학의 지질학자 월터 알바레즈는 이탈리아에서 연구 여행을 마치고 귀국하는 길에 덴마크에 들렀다.[1] 알바레즈는 6,600만 년 전에 벌어진 지구 전체에 걸친 재난이, 예컨대 거대 운석과의 충돌 같은 것이 공룡을 전멸시켰다는 자신의 대담하고도 여전히 증명되지 않은 발상을 지지하는 증거를 찾고 있었다. 공룡이(그리고 사실상 너구리보다 더 큰 지구상의 다른 생명체 모두가) 대격변으로 인해 전멸했을지도 모른다는 생각은 진화론에 정반대되는 것이었다. 진화론에서는 멸종 역시 진화와 마찬가지로 길고도 느린 과정이라고 설명했기 때문이다.

하지만 월터는 노벨상을 수상한 물리학자로 명성을 떨친 그의 아버지 루이스 알바레즈에게 자극을 받아 뭔가 다른 생각을 품고 있었다. 덴마크에 온 월터 알바레즈는 동료 한 명과 함께 차를 몰고 코펜하겐을 떠나 발트해의 유명한 지질학 연구지인 스테운스클린트 Stevns Klint로 갔다(덴마크어 클린트는 "절벽"이란 뜻이다). 그곳에 있는 거친 흰색 절벽은 뚜렷이 구분되는 석회암층들에 적힌 공룡의 마지막 나

날을 살펴볼 수 있는, 세계에서 몇 안 되는 장소 가운데 하나다. 절벽 높이의 절반쯤 되는 곳에는 석회암층들 사이에 가늘고 검은 선처럼 끼어 있는 진흙층이 있다. "저 진흙이 쌓여 있던 덴마크의 해저에서 뭔가 불쾌한 일이 일어났다는 것이 곧바로 명확해졌다."[2] 훗날 알바레즈는 이렇게 썼다. 진흙 선 아래의 석회암에는 그 바다에 우글거렸던 생명을 상징하는 화석이 풍부하다. 하지만 진흙층 자체는 검은색이고, 유황 냄새가 나고, 화석이라곤 없으며, 물고기 뼈뿐이다. "그 진흙으로 표현되는 시간 간격 동안 해저는 생명이라곤 없고, 정체되고, 산소가 부족한 무덤으로 변모했으며, 그곳에서 죽은 물고기들이 천천히 썩어 갔다."[3] 알바레즈의 고찰이다. 알바레즈는 물고기 진흙의 표본을 채취했고, 그 안에 이리듐이 들어 있음을 발견했다. 지구에는 희귀하지만 운석에는 풍부한 희귀 금속이었다. 이것은 우리 시대의 가장 극적인 과학적 발견 가운데 하나의 핵심 증거였다. 오늘날에는 초등학생들조차도 운석이 떨어져서 공룡이 멸종했다는 사실을 알고 있다.

나는 이 책을 집필하는 동안 운 좋게도 덴마크에서 몇 주 동안 머물 수 있었다. 주로 코펜하겐에 머물렀는데, 이 도시는 세계에서 가장 친환경적인 도시 가운데 하나라는 자부심을 갖고 있다. 곳곳에 자전거가 있었고, 국가 전력의 약 40퍼센트는 재생에너지에서 비롯되었다(덴마크 에너지부에서는 2035년까지 전력망 100퍼센트가 재생에너지로 가동될 것이라고 발표했다).[4] 나는 코펜하겐의 기후 자문위원인 뤼케 레오나르센과 만나서 이 도시가 갈수록 격렬해지는 강우 이후에 거리의 배수를 원활히 하기 위해 취하고 있는 몇 가지 조치에 관한 이야기를 들었는데, 예를 들어 네덜란드에서 내가 구경한 것과 유사한 "저수 광장"을 건설하는 것도 그중 하나였다. 해수면 상승으로부터 도시를 보호하기 위해서, 이곳의 도시계획가들은 이미 주요 운하의 양쪽 끝을 가로막아 외레순해협과 차단하는 장벽을 고려하고 있었다(이 해협은 덴마크와 스웨덴을 가르는 동시에 이 도시를 북해 및 발트해와 연결시킨다). 사실 덴마크는 발트해에서 밀려오는 홍수로 인한 문제보다는 오히려 방글라데시나 나이지리아에서 밀려오는 기후 난민의 홍수로 인한 문제를 겪을 가능성이 더 크다. 시리아 내전의 난민을 흡수하는 방안에 관한 문제 때문에 덴마크의 정치판은 이미 오른쪽으로 기울어졌으며, 기후 난민의 물결이 그런 현상을 가속화하지 않는 방안을 찾아내기란 어려운 실정이다.

코펜하겐에서 자동차로 한 시간 반쯤 가면 스테운스클린트가 나온다. 물론 이 책의 주제를 생각해 보면, 나는 그곳을 반드시 봐야만 했다. 고속도로를 따라 교외를 지난 다음, 잘 가꾼 농장들이(그중 일부는 초가지붕을 하고 있었다) 점점이 흩어진 풍경 속으로 들어갔다. 나는 렌터카를 절벽 위, 그러니까 발트해를 굽어보는 11세기의 교회 근처에 세워 두었다. 몇 년 전에 절벽이 침식되면서 교회의 뒤쪽이 바다로 떨어져 버렸다. 교회의 나머지는 지금 그곳에 위태하게 걸린 채로 똑같은 운명을 기다리고 있다.

거기서 해변까지는 긴 철제 계단이 뻗어 있다. 마치 쥐라기 공원으로 들어가는 계단처럼도 보인다. 지금으로부터 1억 년 전, 이 절벽의 아래쪽이 해저였던 시절의 세계는 지금과 매우 다른 장소였다. 유럽은 아메리카 대륙과 훨씬 더 가까웠고, 바다는 오늘날보다 90미터나 더 높았고, 당연히 공룡이 지상을 활보했다.

나는 굽이진 해안을 따라 걸었고, 백악질 절벽에 가까이 다가가 물고기 진흙층을 찾아보았다. 쉽게 눈에 띄지는 않았다. 하지만 결국 찾아냈다. 바닥에서 12미터쯤 되는 곳에 가늘고 끊어진 검은색 층이, 마치 검은색 매직마커로 그은 선마냥 나타나 있었다. 우리가 지구상에서 알고 있는 가장 충격적인 사건 가운데 하나의 최종적이고 가장 훌륭한 증거가 바로 그것이라는 사실을 믿기가 쉽지 않았다. 오늘날의 멕시코 유카탄반도에 떨어진 운석은 맨해튼섬 크기에 달했으며, 지구에 부딪히는 순간 TNT 1억 메가톤의 에너지가 방출되었다.[5] 그로 인해 발생한 불이 반경 1,600킬로미터 이내의 모든 것을 잿더미로 만들었다. 뜨거운 황산 비말과 먼지가 태양을 가렸다. 그러고 나자 수천 년 동안 지구는 춥고 어두워졌다.

내가 해변을 걸었을 때는 날씨가 화창하고 온화했으며, 발트해에서 상쾌한 산들바람이 불어왔다. 발밑에서는 조약돌이 굴렀다. 내가 만약 공룡이라면, 이 물고기 진흙 선은 뭔가 매우 나쁜 소식을 상징했을 거라는 생각이 들었다. 공룡은 수백만 년 동안 지구를 지배했지만, 빠르게 변화하는 세계에 적응하는 데 필요한 소질을 갖고 있지는 못했다. 그보다 훨씬 오래전에, 화산 폭발로 인해 구동된 기후의 변화가 아마도 수많은 생물 종을 압박하여 취약하게 만들었을 것이다. 운석은 이들을 끝장내고 말았다. 하지만 나를 포함한 인간 모두에게는 바로 그 운석 충돌이야말로 매우 다행스러운 사건이었던 것도 사실이다. 그것은 진화의 재시작에 해당했고, 덕분에 포유류가 번성할 수 있었다. 만약 운석이 이 행성에 군림하는 포식자를 전멸시키지 않았다면 우리 인간이 나타나서 마이애미 같은 도시를 지었을 가능성은 매우 희박했을 것이며, 부패한 동식물로 생성된 연료를 불태운 끝에 그 도시를 침수시켰을 가능성은 더욱 희박했을 것이다.

물론 공룡은 미래에 운석 충돌이 일어날 가능성을 이해하도록 도와주는 컴퓨터 모델을 갖고 있지 않았다. 우리 인간은 스스로가 공룡보다 훨씬 더 똑똑하고 적응력이 뛰어나다고 생각한다. 또 이미 과거와 현재와 미래에 관한 대단한 발상과 정교한 도구를 많이 갖고 있기 때문에, 우리 앞에 무엇이 나타나도 이겨낼 수 있다고 생각한다. 그런 생각은 머지않아 시험에 처하게 될 것이다.

~

만약 우리가 다음 세기에 해수면 상승의 충격을 최소화하고 싶다면, 그 방법은 다음과 같다. 화석연료 사용을 중단하고, 더 높은 땅으로 옮겨 가는 것이다. 심지어 내일부터 당장 화석연료 사용을 전면 중단할 필요도 없다. 단계적 감축을 거쳐 2050년부터 중단하더라도 충분히 괜찮을 것이다. 물론 해수면 상승을 완전히 막지는 못하겠지만, 최악의 상황을 피할 수는 있을 것이다. 세기말에 이르러 6피트, 7피트, 8피트, 또는 그 이상이 아니라, 2, 3피트 상승에 그칠 수도 있다. 우리는 여전히 낮은 해안선으로부터는 후퇴해야겠지만, 패주敗走가 아니라 느긋한 후진이 될 수 있다.

불행히도 우리가 이산화탄소 배출을 당분간 극적으로 감축할 수 있으리라고 크게 기대하기는 어렵다. 2050년에 이르러 0으로 만들 수 있으리라고 기대하기는 더더욱 어렵다. 만약 그렇다고 치면, 급속히 상승하는 바다의 세계를 위한 계획은 훨씬 더 어려워질 것이다.

이 책을 집필하는 동안 나는 급속히 상승하는 바다의 세계에서 어떻게 미래를 재상상할 것인지 고민하고 있는 여러 사려 깊은 민간 지도자와 정치인을 만나 보았다. 버지니아주 노퍽의 시 공무원들은 미국 해군 및 대학 연구자들과 공조하여 2100년까지 가장 큰 위험에 처해 있는 지역을 확인하기 위한 포괄적인 개발 계획을 도출했다. 마이애미데이드를 비롯한 해당 지역 4개 카운티의 대표를 포함한 플로리다 남동부 기후변화협약에서는 상승하는 바다와 싸우기 위한 적극적 수단을 지체시키는 관료주의적 장애물을 없애고 용도지역 설정 관련 법률을 재고하라며 해당 지역 및 주 공무원들에게 압력을 가하고 있다. 루이지애나주에서는 가라앉는 해안선을 보전하고 뉴올리언스를 보호하도록 돕는다는 명목으로 야심만만하지만 대개는 예산조차 마련되지 않은 500억 달러 규모의 기본 계획을 발표했다.[6] 영국에서는 정부가 이른바 "관리된 재배치"를 통해서 해안으로부터의 온화한 후퇴를 독려했는데, 결국 습지와 기타 연안 서식지를 내륙으로 이전시켜서 상승하는 바다에 대항하는 천연 완충지를 만드는 것이 그 계획의 내용이다.[7] 네덜란드에서는 1,000년 동안이나 바다에 맞서 싸우는 방법을 생각해 온 까닭에, 이제는 그 지식을 세계 각지로 수출하고 있다. 홍수의 위험에 처한 도시 어디에서나 네덜란드 출신의 공학자가 해결책을 제시하고(또는 더 빈번하게는 '판매하고') 있을 가능성이 높다.

이런 조치들도 모두 중요하지만, 어디까지나 향후 수십 년간 이루어져야 하는 변화들의 밑그림에 불과하다. 일부 연안 지역에서 서서히 떠오르는 전적인 경제적 혼돈은 파악하기가 힘들며, 예상하고 대비하기는 더욱 힘들다. 나아가 이런 조치들은 도시와 해안선 전체를 잃어버릴 경우의 정치적이고 심리적인 외상에 대해서는 물론이고, 그렇게 잃어버린 도시와 해안선에 여전히 들러붙은 희망과 꿈에 대해서도 대처조차 시작하지 못하는 상황이다. 하지만 우리의 행성이 변화하고 있으니, 우리도 역시나 변화할 것이다.

어쩌면 우리의 점점 더 부유해지는 인위적인 세계에서, 일부 해변과 도시를 잃어버린다는 것은 큰 문제가 아닐 수 있다. 만약 진짜 베네치아가 물에 잠기더라도, 우리는 라스베이거스에 있는 가짜 베네치아를 항상 방문할 수 있다. 어쩌면 마이애미비치도 가상현실에서는 실제와 거의 비슷하게 멋질 것이다(물론 아닐 수도 있다). 어쩌면 우리가 바랄 수 있는 최선의 상황은, 급속히 상승하는 바다의 세계에서 살아가는 것이 알고 보니 이른바 창조적 파괴에 대한 행성 규모의 실험이라고 밝혀지는 것이다. 이 실험의 목표는 두 가지다. 첫째, 우리가 기존의 어리석은 기반 시설을 포기하게 만든다. 둘째, 우리가 물과(또한 사람들끼리) 함께 사는 방법에 대한 기존의 어리석은 발상을 포기하고, 뭔가 더 똑똑하고 더 지속적이고 더 유연한 발상으로 대체하게 만든다. 어쨌거나 바퀴벌레를 제외하면 인간은 아마도 이 행성에서 가장 적응력이 뛰어난 생물일 테니까. "솔직히 말해서 저는 그때를 고대하고 있습니다." 마이애미의 한 개발업자가 내게 한 말이다. "우리가 이 일에서 살아남을 수 있는 유일한 방법은 수많은 낡은 건물을 철거하고, 그보다 더 높고 더 괜찮고 더 튼튼한 건물을 새로 짓는 것입니다. 저는 아내와 이런 농담을 합니다. '여보, 어서 가서 사륜구동 차를 하나 삽시다! 이 일에 좀 더 속도를 냅시다! 우리가 도대체 얼마나 오래 기다려야 한다는 걸까?'"

～

현대의 연안 도시 침수는 인간이 지금껏 목격하지 못한 사건이다. 우리는 홍수와 폭풍을 이미 목격했지만, 앞으로 다가올 것은 이와 전혀 다르다. 급속히 일어나고 있더라도, 마치 느리게 일어나는 것처럼 보일 것이다. 사람들은 나이 듦을 깨닫는 것과 마찬가지로 그 일을 알아차릴 것이다. '아, 우리 애들 키가 갑자기 커진 것 좀 봐!'라고 말이다.

이와 유사한 방식으로 사람들은 더 높아진 조수가 점점 더 빈번하게 밀려드는 것을 알아차리게 될 것이다. 거리와 주차장에서 물이 좀 더 오래도록 고여 있을 것이다. 소금물을 빨아들인 나무는 갈색으로 변하며 죽을 것이다. 이어서 폭풍이 닥칠 것이고, 놀라우리만치 많은 물을 도시로 밀어붙일 것이다. 어떤 사람은 더 높고 새로운 건물로 이사할 것이다. 다른 사람들은 그냥 더 높은 땅으로 이사할 것이다. 도로도 높일 것이다. 지붕마다 태양광 패널이 무성해질 것이다. 빈집들이 마치 유령처럼 남아 있을 것이며, 그 안에는 자기 나름대로의 높은 땅을 찾는 다른 피난민과 야생 고양이가 들어찰 것이다. 물은 계속해서 기어들 것이다. 금속성 광택이 나고, 고약한 냄새를 풍길 것이다. 아이들에게는 이상한 발진과 열이 날 것이다. 더 많은 사람들이 떠날 것이다. 해벽이 무너질 것이다. 그렇게 수십 년이 지나면, 저지대 지역은 무릎까지 물에 잠길 것이다. 목조 주택은 음료수

병과 세탁용 세제 통과 플라스틱 칫솔의 바닷속으로 무너져 내릴 것이다. 관에서 빠져나온 인간의 뼈가 물에 떠다니는 광경이 일상이 될 것이다. 보물 사냥꾼들이 노를 저어 다니며 작은 로봇 잠수 장비를 이용해 주화와 보석을 찾아낼 것이다. 소금물이 콘크리트 기초를 부식시키고 뼈대까지 갉아먹으면서 현대식 사무용 건물과 콘도 건물은 기울어질 것이다. 교실에는 물고기가 떼 지어 다닐 것이다. 물에 잠긴 가로등에는 굴oyster이 자라날 것이다. 종교 지도자들은 도시가 침수된 원인으로 죄인들을 비난할 것이다. 언론인은 수상 비행기를 타고 나타나서 자연의 귀환에 관한 기사를 작성할 것이다.

하지만 도시는 대부분 잊힐 것이고, 덤벼드는 바다에 상실된 여러 장소 가운데 하나가 될 것이다. 먼 미래의 언젠가에 누군가, 또는 인간과 유사한 어떤 기계가 가라앉은 도시를 탐험하다가 볼링공, 스테인리스 칼, 결혼반지, 도기 타일을 발견할지도 모른다. 그리고 어쩌면 그곳에 살았던 사람들이 누구인지, 그들의 삶은 어떠했는지, 그들은 자기네 세계가 물에 잠기는 동안 무슨 생각을 했는지 궁금해할지도 모른다.

| 감사의 말 |

이 책을 세상에 내놓기 위해 매우 열심히 일해 주신 리틀브라운 출판사의 모든 분들께 감사드린다. 처음부터 내 작품을 믿어 주고, 인내와 통찰로 빚어 주고, 거의 마지막까지 이 책을 인도해 준 담당 편집자 존 파슬리에게도 감사드린다. 온갖 도움과 열의를 베풀어 준 리건 아서, 모든 것을 함께 이끌어 준 마이클 눈, 사려 깊은 교열 작업을 해 준 바버라 페리스, 내가 보낸 가장 성미 고약한 이메일에도 사람 좋게 답장을 보내 준 가브리엘라 몽젤리에게도 감사드린다. 이 책이 언론의 조류에 묻혀 버리지 않게 도와준 로렌 벨라스케스, 캐리 닐, 엘리자베스 가리가에게도 감사드린다.

여러 해 동안 에이전트였던 헤더 슈로더는 내가 이 책을 쓸 필요가 있다는 사실을 심지어 나 자신보다도 먼저 이해했다. 헤더 같은 사람이 경력을 이끌어 준다는 것은 모든 작가들에게 행운일 것이다.

언론인으로서 나는 지난 20년 동안 《롤링스톤》을 고향으로 삼을 수 있어서 역시나 행운이었다. 잰 웨너에게 여러 가지로 감사드리며, 특히나 기후변화야말로 우리 시대의 가장 큰 쟁점이라는 그의 흔들림 없는 믿음에 감사드린다. 편집의 지혜를(아울러 땀을) 보여 준 제이슨 파인과 션 우즈, 윌 데이너에게 감사드린다. 이들은 지금은 사라진 위대한 맨해튼의 주간지 《세븐데이스》에 내가 처음 간행한 기사의 헤드라인을 작성해 주었고, 오랜 세월 동안 수많은 언론계의 모험에 나를 파견한 바 있었다. 내가 항상 필요로 할 때마다 그곳에 있어준 앨리슨 와인플래시, 사실 확인을 도와준 엘리자베스 가버폴과 코코 맥퍼슨에게도 감사드린다.

이 책을 쓰는 과정에서 나는 뉴아메리카에서 연구원으로 2년간 머물면서, 다른 연구원들과의 워크숍과 대화로부터 큰 혜택을 입었다. 나 같은 언론인에게 뉴아메리카의 연구원이 된다는 것은 마치 낮 동안에는 들에 나가 일하고 밤이면 대단한 사상으로 잔치를 베푸는 대가족에게 입양되는 것과도 유사했다. 특히 앤마리 슬로터, 케이티 마턴, 피터 버겐의 지원과 우정에 감사드린다.

내 기대를 훨씬 넘어서는 시간과 인내를 기꺼이 선사해 주신 여러 과학자들의 도움이 없었다면 나는 이 책을 쓸 수 없었을 것이다. 특히 고故 피터 할럼에게 큰 빚을 졌다. 베트남전 참전 용사이며 헌신적인 과학자였던 그는 자신이 보유한 플로리다 남부의 LiDAR 고도 지도elevation map를 내게 공유했고, 자신의 미니쿠퍼에 나를 태우고 마이애미를 돌아다니며 해수면 상승의 과거와 현재와 미래에 관한 이야기를 해 주었다. 나를 맹그로브로 안내해 주고, 코럴게이블스의 햄버거집에서 식사를 사 주고, 플로리다 지질학에 관한 자신의 깊은 지식을 공유해 주고, 차라리 가만히 있는 편이 훨씬 더 쉬웠을 상황에서도 무엇이 위험에 처했는지를 상술할 용기를 지녔던 핼 윌리스에게도 감사드린다. 플로리다키스의 산호 화석에 관한 유익한 여행을 안내해 주고, 내가 던진 고대의 얼음과 바다에 관한 여러 가지 질문에 도움을 준 앤드리아 더턴에게도 특별한 빚을 졌다. 나를 그린란드로 데려가 준 제이슨 박스에게도 감사드린다. 나는 그곳에서 단지 녹아내리는 빙상과 쪼개지는 빙하만 본 것이 아니라, 열정적인 과학자가 일하는 모습도 보았다. 브라이언 맥놀디, 케런 프라이즈 볼터, 도널드 맥닐, 에린 리프, 필립 오턴, 요헨 힌켈, 벤 스트로스, 리처드 콥, 리처드 앨리, 피터 클라크, 로브 디콘토, 제임스 핸슨도 모두 각자의 시간을 너그럽게 빌려주었다.

이 책을 집필하는 3년 동안 크고 작은 일에서 나를 도와준 분들이 많았다. 모두의 이름을 거론하는 것은 불가능하겠지만, 그래도 몇 사람은 언급하고 싶다. 셰릴 골드, 로니 아비사르, 필립 스토다드, 앨버트 슬래프, 웨인 패스먼, 데이비드 마틴, 브루스 모리, 앨리스테어 고던, 바버라 드 브리스, 존 스튜어트, 리처드 솔트릭, 마이클 제러드, 카렌 오닐, 수재너 드레이크, 마누엘 로사 다 실바, 댄 재릴리, 낸시 키트, 조 다 실바, 헨크 오빈크, 리하르트 요리센, 미란다 멘스, 피터 퍼슨, 톰 우드루프, 딘 비알레크, 메건 채프먼, 앤드루 마키, 브라이언 디스, 존 파이너, 데이비드 키스. 그리고 내가 내심 해변에 가고 싶을 때에도 계속 자판을 두들기도록 영감을 제공한 톱과 망치 음악을 연주한 브라이언 폴매티어, 팻 폴매티어, 제프 켈리어에게도 감사드린다.

마이애미에 대한 특유의 전염성 높은 사랑을 공유해 준 레이날도 보르헤스, 기후 정책에 관한 특유의 지혜와 우정을 베풀어 준 댄 듀데크, 특유의 재치와 위스키를 베풀어 준 케빈 노블로크와 니콜 세인트클레어 노블로크, 정치적 이해와 지칠 줄 모르는 활기를 보여 준 에이미 크리스텐슨, 각별히 힘들었던 순간에 글쓰기가 재미있어야 한다는 사실을 내게 상기시켜 준 짐과 카렌 셰퍼드에게도 특히 큰 빚을 졌다.

설령 아비가 딴 데 정신이 팔리고 일로 지친 상태더라도, 정작 그 자녀가 뛰어난 인간으로 성장하는 데에 아무런 장애가 없다는 사실을 다시 한번 입증한 밀로와 조지아와 그레이스에게 이 책을 바친다.

마지막으로 퍼닐에게는 감사하다는 말로 할 수 있는 것보다 훨씬 더 큰 빚을 졌다. 이 책을 쓰는 동안 그녀는 모든 큰 파도에 나와 함께 올라탔으며, 그 밑의 바다 괴물을 피하도록 나를 도와주었다. 수많은 점심 식사, 그녀의 편집자적 통찰, 리스본과 코펜하겐에서의 오랜 도보 여행, 그리고 우리가 사는 세계의 아름다움에 대한(아울러 앞으로 찾아올 세계의 아름다움에 대한) 그녀의 인식에 대해서도 감사를 전한다.

| 주 |

프롤로그: 아틀란티스

1. 필립 프로스트의 인터뷰. *The Sunshine State*. WLRN, June 12, 2017.
2. Jeff Goodell. "We Must Act Now." *Rolling Stone*, August 20, 2009, 65.
3. Andrea Dutton et al. "Sea-Level Rise Due to Polar Ice-Sheet Mass Loss During Past Warm Periods." *Science* 349, no. 6244 (2015).
4. Richard B. Alley et al. "Ice-Sheet and Sea-Level Changes." *Science* 310, no. 5747 (October 21, 2005), 457.
5. Robert Kopp et al. "Temperature-Driven Global Sea-Level Variability in the Common Era." *Proceedings of the National Academy of Sciences* 113, no. 11 (2016), 1435.
6. Carling C. Hay et al. "Probabilistic Reanalysis of Twentieth-Century Sea-Level Rise." *Nature* 517, no. 7535 (2015), 481.
7. IPCC(기후변화에 관한 정부 간 협의체)의 2013년 보고서에는 2100년의 해수면 상승 추정치가 최소 25센티미터에서 최대 98센티미터(즉 최소 1피트에서 최대 3피트)라고 했다. 하지만 여기에는 남극 바다에 있는 빙상으로부터의 기여분이 포함되어 있지 않은데, 어떤 면에서는 IPCC의 보고서가 마무리될 즈음만 해도 남극 빙상의 역학에 대해 과학자들이 이해하고 있다는 충분한 확신이 없다 보니 견실한 추측을 전혀 못 했기 때문이다(IPCC 보고서가 마무리된 이후 간행된 새로운 연구에서는 그 불확실성 가운데 일부를 해소했다). 다음 자료를 보라. John Church and Peter Clark et al. *Climate Change 2013: The Physical Science Basis. Contribution of Working Group I to the Fifth Assessment Report of the Intergovernmental Panel on Climate Change* (Cambridge and New York: Cambridge University Press, 2013). https://www.ipcc.ch/report/ar5/wg1/

2017년에 미국 국립해양대기국NOAA에서는 미래의 해수면 상승에 관해 자체 평가를 실시했는데, 여기에는 남극대륙의 얼음 역학에 관한 더 최근의 보고서도 포함되어 있다. NOAA의 보고서에 IPCC의 보고서보다 훨씬 더 큰 숫자가 나온 것도 놀라운 일은 아니다. 그 보고서는 2100년에 이르러 최소 30센티미터에서 최대 2.5미터(즉 최소 1피트에서 최대 8피트 이상)의 해수면 상승을 목도할 수 있다고 주장했다. 다음 자료를 보라. William Sweet et al. "Global and Regional Sea-Level Rise Scenarios for the United States." NOAA technical report January 2017, vi. https://tidesandcurrents.noaa.gov/publications/techrpt83_Global_and_Regional_SLR_Scenarios_for_the_US_final.pdf

8. "NASA, NOAA Data Show 2016 Warmest Year on Record Globally." NASA press release, January 18, 2017. Accessed March 3, 2017. https://www.nasa.gov/press-release/nasa-noaa-data-show-2016-warmest-year-on-record-globally

9. Chris Mooney and Jason Samenow. "The North Pole Is an Insane Thirty-Six Degrees Warmer Than Normal as Winter Descends." *Washington Post*, November 17, 2016.

10. Pierre Deschamps et al. "Ice-Sheet Collapse and Sea-Level Rise at the Bolling Warming 14,600 Years Ago." *Nature* 483, no. 7391 (2012), 559.

11. David Archer. *The Long Thaw: How Humans Are Changing the Next 100,000 Years of Earth's Climate* (Princeton: Princeton University Press, 2008), 1.

12. William Sweet et al. "Global and Regional Sea-Level Rise Scenarios for the United States," 12.

13. Ricarda Winkelmann et al. "Combustion of Available Fossil Fuel Resources Sufficient to Eliminate the Antarctic Ice Sheet." *Science Advances*, September 11, 2015, vol. 1, no. 8.

14. Krishna Rao. "Climate Change and Housing: Will a Rising Tide Sink All Homes?" Zillow, August 2, 2016. Accessed March 2, 2017. https://www.zillow.com/research/climate-change-underwater-homes-12890/

15. Jochen Hinkel et al. "Coastal Flood Damage and Adaptation Costs under 21st

Century Sea-Level Rise." *Proceedings of the National Academy of Sciences* 111, no. 9 (2014), 3292.

16. David Anthoff et al. "Global and Regional Exposure to Large Rises in Sea-Level: A Sensitivity Analysis." Report by the Tyndall Centre for Climate Change Research (2006), 8.

17. Benjamin H. Strauss et al. "Mapping Choices: Carbon, Climate, and Rising Seas, Our Global Legacy." *Climate Central Research Report* (November 2015), 5. 실향민 인구를 바라보는 약간 다른 방식은 다음 자료를 보라. Robert Nicholls et al. "Sea-level rise and Its Possible Impacts Given a 'Beyond 4 C World' in the Twenty-first Century." *Philosophical Transactions of the Royal Society* 369 (2011), 161-181. 상승하는 바다로 인한 실향민 예측의 복잡성에 관한 훌륭한 논의는 다음 자료를 보라. Michal Lichter et al. "Exploring Data-Related Uncertainties in Analyses of Land Area and Population in the 'Low-Elevation Coastal Zone.'" *Journal of Coastal Research*, vol. 27, no. 4 (July 2011), 757-768.

제1장 세상에서 가장 오래된 이야기

1. Kathryn Eident. "Farewell to the Knorr." *Oceanus*, December 1, 2014.

2. Jessi Halligan et al. "Pre-Clovis Occupation 14,550 Years Ago at the Page-Ladson Site, Florida, and the Peopling of the Americas." *Science Advances* 2, no. 5 (May 1, 2016), e1600375.

3. Pierre Deschamps et al. "Ice-Sheet Collapse and Sea-Level Rise at the Bolling Warming 14,600 Years Ago." *Nature* 483, no. 7391 (March 29, 2012), 559.

4. 제시 핼리건과의 2016년 10월 연락 내용에 의거함.

5. R. M. W. Dixon. *A Grammar of Yidiɲ* (Cambridge: Cambridge University Press, 1972).

6. Patrick D. Nunn and Nicholas J. Reid. "Aboriginal Memories of Inundation of the Australian Coast Dating from More Than 7,000 Years Ago." *Australian Geographer*

47, no. 1 (September 7, 2015), 12.

7. 위의 글, 26.

8. Irving Finkel. *The Ark Before Noah* (New York: Anchor, 2014), 35.

9. William Ryan and Walter Pitman. *Noah's Flood* (New York: Simon and Schuster, 2000), 235.

10. Liviu Giosan et al. "Was the Black Sea Catastrophically Flooded in the Early Holocene?" *Quaternary Science Reviews* 28, no. 1 (January 2009), 1-6.

11. Victor D. Thompson et al. "From Shell Midden to Midden-Mound: The Geoarchaeology of Mound Key, an Anthropogenic Island in Southwest Florida, USA." Karen Hardy, ed. *PLoS ONE* 11, no. 4 (April 28, 2016), 46.

제2장 노아와 함께 살았다

1. Debora Lima. "Former Miami Beach Home of Lenny Kravitz Listing for $25 Million." *Miami Herald*, March 27, 2016.

2. Rachel Carson. *The Sea Around Us* (New York: Oxford University Press, 1951), 14. [『우리를 둘러싼 바다』 (레이첼 카슨 지음, 김홍옥 옮김, 에코리브르, 2018)]

3. Albert C. Hine. *Geologic History of Florida* (Gainesville: University Press of Florida, 2013), 47.

4. 위의 책, 197.

5. 위의 책, 199.

6. T. D. Allman. *Finding Florida* (New York: Grove/Atlantic, 2013), 320.

7. Arva Moore Parks. *George Merrick, Son of the South Wind* (Gainesville: University Press of Florida, 2015), 68-72.

8. T. D. Allman. *Miami* (Gainesville: University Press of Florida, 2013), 239.

9. Michael Grunwald. *The Swamp: The Everglades, Florida, and the Politics of Paradise* (New York: Simon and Schuster, 2007), 176.

10. 위의 책, 176.

11. 위의 책, 174.

12. Jerry M. Fisher. *The Pacesetter* (Victoria, BC: FriesenPress, 2014), 208.

13. 다음 자료에서 재인용. John R. Gillis. *The Human Shore* (Chicago: University of Chicago Press, 2012), 115.

14. 위의 책, 149.

15. Fisher, *The Pacesetter*, 141.

16. 위의 책, 142.

17. Mark Davis, ed. *American Experience*: "Mr. Miami Beach." WGBH, Boston, 1998.

18. Fisher, *The Pacesetter*, 161.

19. 위의 책, 165.

20. Davis, *American Experience*: "Mr. Miami Beach."

21. Beth Duff Sanders. "Affluent Area Has Problems and Squabbles Too." *Sun Sentinel*, April 26, 1989.

22. Davis, *American Experience*: "Mr. Miami Beach."

23. Fisher, *The Pacesetter*, 320.

24. Fisher, *The Pacesetter*, 300-304.

25. 다음 자료에서 재인용. Polly Redford. *Billion-Dollar Sandbar: A Biography of Miami Beach* (New York: Dutton, 1970), 123.

26. Grunwald, *The Swamp*, 192.

27. Jerry Iannelli. "Miami Beach Plans to Use Alarming Ads to Scare Away Airbnb -Style Renters." *Miami New Times*, September 8, 2016.

28. Grunwald, *The Swamp*, 180.

29. 위의 책, 188.

제3장 새로운 기후의 땅

1. "An Intense Greenland Melt Season: 2012 in Review." Nsidc.org, February 5, 2013. Accessed February 12, 2017. http://nsidc.org/greenland-today/2013/02/greenland-melting-2012-in-review/

2. 제이슨 박스에 따르면, 2012년의 열파 동안 왓슨강의 첨두홍수량peak discharge(강우 시 유량 최댓값-옮긴이)은 평균 초당 1,200세제곱미터였고, 최대 초당 3,200세제곱미터였다. 템스강 유량의 최대 기록은 2014년 1월의 초당 275세제곱미터였다. 다음 자료를 보라. Matt McGrath. "River Thames Breaks Records for Water Flows in January." *BBC News*, February 13, 2014. Accessed May 3, 2017. http://www.bbc.com/news/science-environment-26175213

3. "Quick Facts on Ice Sheets." National Snow and Ice Data Center. Nsidc.org. Accessed February 19, 2017. https://nsidc.org/cryosphere/quickfacts/icesheets.html

4. "Richard Alley at INSTAAR, April 2015." University of Colorado Boulder, April 6, 2015.

5. John Mercer. "West Antarctic Ice Sheet and CO_2 Greenhouse Effect: A Threat of Disaster." *Nature* 271, 1978, 1–5. 다음 자료도 보라. Ian Joughin et al. "Marine Ice Sheet Collapse Potentially Under Way for the Thwaites Glacier Basin, West Antarctica." *Science* 344 (May 2014), 735–738.

6. Jerry X. Mitrovica et al. "The Sea-Level Fingerprint of West Antarctic Collapse." *Science* 323, no. 5915 (February 6, 2009), 753.

7. William Sweet et al. "Global and Regional Sea Level Rise Scenarios for the United States." *NOAA Technical Report* NOS CO-OPS 083 (January 2017), 17.

8. Darryl Fears. "New Study Affirms Ice-Sheet-Loss Estimates in Greenland, Antarctica." *Washington Post*, November 29, 2012.

9. Chelsea Harvey. "Greenland Lost a Staggering One Trillion Tons of Ice in Just Four Years." *Washington Post*, July 19, 2016.

10. Will Oremus. "The Upside of Global Warming: Luxury 'Northwest Passage'

Cruises for the Filthy Rich." Slate, August 17, 2016. Accessed March 3, 2017.
http://www.slate.com/blogs/future_tense/2016/08/17/crystal_serenity_s_northwest_
passage_cruise_is_a_festival_of_environmental.html

11. Andrea Thompson. "2016 'Arctic Report Card' Gives Grim Evaluation." Climate
Central, December 14, 2016. Accessed February 20, 2017. http://www.climate
central.org/news/2016-arctic-report-card-grim-20968

12. S. Y. Wang et al. "Probable Causes of the Abnormal Ridge Accompanying the
2013–2014 California Drought: ENSO Precursor and Anthropogenic Warming
Footprint." *Geophysical Research Letters* 41, no. 9 (May 16, 2014), 3220–3226.

13. Michael Mann et al. "Influence of Anthropogenic Climate Change on Planetary
Wave Resonance and Extreme Weather Events." *Scientific Reports* 7 (March 27, 2017),
45242.

14. 마이클 만과의 2013년 6월 인터뷰 내용에 의거함.

15. "Astronomers Find Largest, Most Distant Reservoir of Water." NASA.gov, July 22,
2011. https://www.nasa.gov/topics/universe/features/universe20110722.html

16. Cassie Stuurman et al. "SHARAD detection and characterization of subsurface
water ice deposits in Utopia Planitia, Mars." *Geophysical Research Letters* 43 (2016),
9484-9491.

17. N. B. Karlsson et al. "Volume of Martian Midlatitude Glaciers from Radar Ob-
servations and Ice Flow Modeling." *Geophysical Research Letters* 42 (April 28, 2015),
2627.

18. Brian Greene. "How Did Water Come to Earth?" *Smithsonian,* May 2013.

19. Steve Graham. "Milutin Milankovitch." NASA Earth Observatory, March 24,
2000. Accessed March 1, 2017. https://earthobservatory.nasa.gov/Features/
Milankovitch/

20. Amy Dusto. "Reading Between the Tides: 200 Years of Measuring Global
Sea Level." Climate.gov, August 4, 2014. Accessed February 20, 2017. https://
www.climate.gov/news-features/climate-tech/reading-between-tides-200-years-

measuring-global-sea-level

21. "Glacial Rebound: The Not So Solid Earth." NASA.gov, August 26, 2015. Accessed March 10, 2017. http://www.nasa.gov/feature/goddard/glacial-rebound-the-not-so-solid-earth

22. John Church and Peter Clark et al. *Climate Change 2013: The Physical Science Basis. Contribution of Working Group I to the Fifth Assessment Report of the Intergovernmental Panel on Climate Change*, 1161.

23. Paul B. Goddard et al. "An Extreme Event of Sea-Level Rise Along the Northeast Coast of North America in 2009-2010." *Nature Communications* 6 (February 24, 2015), 6346.

24. Jerry X. Mitrovica et al. "Reconciling Past Changes in Earth's Rotation with Twentieth-Century Global Sea-Level Rise: Resolving Munk's Enigma." *Science Advances* 1, no. 11 (December 1, 2015), e1500679.

25. 다음 자료에서 재인용. Jeff Goodell. "The Ice Maverick." *Rolling Stone*, August 3, 2013.

26. James Hansen and Larissa Nazarenko. "Soot Climate Forcing via Snow and Ice Albedos." *Proceedings of the National Academy of Sciences* 101, no. 2 (January 13, 2004), 423-428.

27. "Larsen B Ice Shelf Collapses in Antarctica." Nsidc.org, March 18, 2002. Accessed March 2, 2017. https://nsidc.org/news/newsroom/larsen_B/2002.html

28. 저자와의 2016년 7월 인터뷰 내용에 의거함.

29. 저자와의 2016년 8월 인터뷰 내용에 의거함.

30. John Church and Peter Clark et al. *Climate Change 2013: The Physical Science Basis. Contribution of Working Group I to the Fifth Assessment Report of the Intergovernmental Panel on Climate Change*.

31. James Hansen et al. "Ice Melt, Sea-Level Rise, and Superstorms: Evidence from Paleoclimate, Data, Climate Modeling and Modern Observations that 2°C Global Warming Could Be Dangerous." *Atmospheric Chemistry and Physics Discussions* 23

(2015), 20063.

32. Robert DeConto and David Pollard. "Contribution of Antarctica to Past and Future Sea-Level Rise." *Nature* 531, no. 7596 (March 30, 2016), 591.

33. 다음 자료에서 재인용. Don Jergler. "RIMS 2016: Sea-Level Rise Will Be Worse and Come Sooner." *Insurance Journal*, April 12, 2016, 64.

제4장 에어포스원

1. Erica Martinson. "Obama's Budget Shows Alaska's on the President's Mind." *Alaska Dispatch News*, February 9, 2016.

2. "Climate Impacts in Alaska." EPA.gov. Accessed February 21, 2017. https://19 january2017snapshot.epa.gov/climate-impacts/climate-impacts-alaska_.html

3. The Associated Press. "Alaska: Walrus Again Crowd onto Shore." *New York Times*, September 10, 2015.

4. Tim Bradner. "Fiscal Year 2016 Budget Deficit Estimated at $3.7 Billion." *Alaska Journal of Commerce*, July 8, 2015.

5. US Energy Information Administration. "Arctic Oil and Natural Gas Resources." Eia.gov, January 20, 2012. Accessed March 4, 2017. http://www.eia.gov/todayinenergy/detail.php?id=4650

6. Nichelle Smith and Sattineni Anoop. "Effect of Erosion in Alaskan Coastal Villages." *Proceedings of Fifty-Second ASC Annual International Conference*, 2016, 98.

제5장 부동산 룰렛

1. Siobhan Morrissey. "Twenty-Five Most Influential Hispanics in America." *Time*, August 22, 2005.

2. "Museum Receives $40 Million Gift from Miami Developer Jorge M. Pérez." PAMM.org, December 1, 2011. Accessed March 2, 2017. http://www.pamm.org/about/news/2011/museum-receives-40-million-gift-miami-developer-jorge-m-pérez 다음 자료도 보라. "Pérez Art Museum Miami Receives $15 Million Gift from Philanthropist and Patron of the Arts Jorge M. Pérez." PAMM.org, November 30, 2016. Accessed March 2, 2017. http://pamm.org/about/news/2016/pérez-art-museum-miami-receives-15-million-gift-philanthropist-and-patron-arts-jorge

3. 콘도 분석가 피터 잘레우스키와의 2017년 2월 21일 자 연락 내용에 근거함.

4. Jorge Pérez. *Powerhouse Principles* (New York: Penguin, 2008), xi.

5. "The Forbes 400." Forbes.com. Accessed February 21, 2017. http://www.forbes.com/profile/jorge-perez/

6. "National Coastal Population Report." NOAA's State of the Coast website, March 2013.

7. "Risky Business: The Economic Risks of Climate Change in the United States." The Risky Business Project, June 2014.

8. 마이애미데이드카운티 세무서와의 2017년 2월 21일 자 연락 내용에 근거함.

9. Nichola Nehamas. "Buying a Home in Miami-Dade Is So Expensive It Could Hurt the Economy." *Miami Herald*, February 9, 2017.

10. "Feds Want to Know Who's Behind Purchases in Number One Cash Real Estate Market Miami." Zillow, January 13, 2016. Accessed March 2, 2017. https://www.zillow.com/blog/cash-buyers-in-real-estate-market-190774/

11. "Hurricanes in History." National Hurricane Center. Accessed February 21, 2017. http://www.nhc.noaa.gov/outreach/history/#andrew

12. Harvey Liefert. "Sea-Level Rise Added $2 Billion to Sandy's Toll in New York City." *Eos*, March 16, 2015. Accessed May 1, 2017. https://eos.org/articles/sea-level-rise-added-2-billion-to-sandys-toll-in-new-york-city

13. United States Government Accountability Office. "GAO Report to Congressional Committees: High Risk Series." February 2017.

14. 다음 자료를 보라. "Policy Information by State" section at FEMA.gov. Accessed May 5, 2017. https://bsa.nfipstat.fema.gov/reports/1011.htm

15. 위의 자료.

16. Ann Carrns. "Federal Flood Insurance Premiums for Homeowners Rise." *New York Times*, April 2, 2015.

17. Jake Martin. "Proposed FEMA Maps Remove over 10,000 Structures from St. Johns County Flood Zones." *St. Augustine Record*, July 14, 2016.

18. Theo Karantsalis. "Sweetwater's History Rich with Circus-Like Troubles." *Miami Herald*, December 12, 2014.

19. "QuickFacts: Sweetwater, Florida." *United States Census Bureau*. Accessed February 21, 2017. https://www.census.gov/quickfacts/table/PST045216/ 1270345,12,56037,00

20. Marc Caputo. "2013: A Dirty Year When It Came to Public Corruption in Miami-Dade." *Miami Herald*, December 28, 2013.

21. "City of Sweetwater Adopted Budget FY 2016–2017." Cityofsweetwater.fl.gov, 2017. Accessed September 16, 2021. https://drive.google.com/file/d/1AbA9VRNK w3KarFTj6Cl5gaPpnrEV0kxV/view

제6장 해저의 페라리

1. Charles Fenyvesi. "The City Nobel Laureate Joseph Brodsky Called Paradise." *Smithsonian Journeys*, Winter, 2015, 68-72.

2. 베네치아 코레르박물관의 대리석판에 새겨진 '에그나지오 선언문' 가운데 일부의 번역이다. http://correr.visitmuve.it/en/il-museo/layout-and-collections/ venetian-culture/

3. Thomas F. Madden. *Venice: A New History* (New York: Viking, 2012), 63.

4. John Berendt. *The City of Falling Angels* (New York: Penguin, 2006), 183.

5. Madden, *Venice*, 412-413.

6. 위의 책, 412.

7. "Mayor of Venice Arrested over Alleged Bribes Relating to Flood Barrier Project." *The Guardian*, June 4, 2014.

8. 로베르토 비안친Roberto Bianchin·루이지 세란톨라Luigi Cerantola 각본, 필리포 페로코Filippo Perocco 작곡의 오페라로 2016년 11월 4일 베네치아 라페니체극장에서 초연되었다.

9. Nick Squires. "Venice Dawn Raids over Flood Barrier Corruption." *The Telegraph*, July 12, 2013.

10. 다음 자료에서 재인용. Salvatore Settis. *If Venice Dies* (New York: New Vessel Press, 2016), 171.

11. "From Global to Regional: Local Sea-Level Rise Scenarios." Report of workshop organized by UNESCO Venice office, November 22–23, 2010.

12. Tracy Metz and Maartje van den Heuvel. *Sweet and Salt* (Rotterdam: NAi Publishers, 2012), 227.

13. 다음 자료에서 재인용. "Ode to Venice." Collected in George Gordon Byron. *Lord Byron: The Major Works* (London: Oxford University Press, 2008), 301.

제7장 방벽 두른 도시

1. 폭풍 피해 관련 통계는 빌 드 블라시오 시장실과의 연락 내용에 의거함.

2. "OneNYC: 2016 Progress Report." The City of New York, Mayor Bill de Blasio. May 2016, 160.

3. 댄 재릴리와의 연락 내용에 의거함.

4. Richard Florida. "Sorry, London: New York Is the World's Most Economically Powerful City." TheAtlantic.com, March 3, 2015. Accessed March 1, 2017. http://www.citylab.com/work/2015/03/sorry-london-new-york-is-the-worlds-most-

economically-powerful-city/386315/

5. Snejana Farberov. "How Hurricane Sandy Flooded New York Back to Its Seven-teenth-Century Shape as It Inundated 400 Years of Reclaimed Land." *Daily Mail*, June 16, 2013.

6. "On the Front Lines: $129 Billion in Property at Risk from Floodwaters." *Office of the New York City Comptroller*, October 2014, 2.

7. Robert Kopp et al. "Probabilistic Twenty-First and Twenty-Second-Century Sea-Level Projections at a Global Network of Tide-Gauge Sites." *Earth's Future 2*, no. 8 (August 1, 2014), 383–406.

8. Rebuild by Design website. Accessed March 2, 2017. http://www.rebuild-bydesign.org/ our-work/exhibitions/rebuild-by-design-hurricane-sandy-design-competition-exhibition 다음 자료도 보라. Rory Stott. "OMA and BIG Among Six Winners in Rebuild by Design Competition." ArchDaily, June 3, 2014. Accessed March 4, 2017. http://www.archdaily.com/512516/oma-wins-rebuild-by-design-competition-with-resist-delay-store-discharge

9. A. J. Reed et al. "Past, Present, and Future Threat of Tropical Cyclones and Coastal Flooding in New York City." American Geophysical Union fall meeting abstracts, December 1, 2015.

10. Quirin Schiermeier. "Floods: Holding Back the Tide." *Nature* 508 (April 10, 2014), 164–166.

11. Michael Kimmelman. "Rising Waters Threaten China's Rising Cities." *New York Times*, April 7, 2017.

12. 로어맨해튼에 관한 드레이크의 계획의 개요는 그녀의 회사 웹사이트에서 볼 수 있다. Accessed May 5, 2017. http://www.dlandstudio.com/projects_moma.html

13. 스태튼아일랜드에 관한 SCAPE의 계획은 뉴욕 주지사 직속 폭풍복구사무소 웹사이트에서 볼 수 있다. Accessed May 5, 2017. https://stormrecovery.ny.gov/ living-breakwaters-tottenville

14. Kate Orff. "Adapt to the Future with Landscape Design." *New York Times*, Octo-

ber 28, 2015.

15. '푸른 모래언덕'의 개요는 웨스트8의 웹사이트에서 볼 수 있다. Accessed May 5, 2017. https://www.west8.com/projects/blue_dunes_the_future_of_coastal_protection/

16. Cynthia Rosenzweig et al. "Responding to Climate Change in New York State: The ClimAID Integrated Assessment for Effective Climate Change Adaptation." Technical report. New York State Energy Research and Development Authority (NYSERDA), Albany.

17. Deepti Hajela. "New York Reveals $4 Billion Plan for a New LaGuardia Airport." The Associated Press, July 27, 2015.

18. Nicholas Kusnetz. "NYC Creates Climate Change Roadmap for Builders: Plan for Rising Seas." *InsideClimate News*, May 3, 2017. Accessed May 8, 2017. https://insideclimatenews.org/news/02052017/nyc-publishes-building-design-guidelines-adapting-climate-change

19. Mireya Navarro. "New York Is Lagging as Seas and Risks Rise, Critics Warn." *New York Times*, September 10, 2012.

20. Lisa L. Colangelo. "Queens Residents Still Struggle to Rebuild Homes Damaged by Hurricane Sandy Two Years Ago." *New York Times*, October 26, 2014.

21. "Atlantic Coast of New York, East Rockaway Inlet to Rockaway Inlet and Jamaica Bay." Report by US Army Corps of Engineers New York District, August 2016.

제8장 섬나라

1. Corel Davenport. "The Marshall Islands Are Disappearing." *New York Times*, December 1, 2015.

2. "Bikini Atoll Nuclear Test Site." UNESCO World Heritage List. Accessed March 1, 2017. http://whc.unesco.org/en/list/1339

3. "The Legacy of US Nuclear Testing and Radiation Exposure in the Marshall

Islands." Report by the US Embassy in the Republic of the Marshall Islands. Accessed March 7, 2017. https://mh.usembassy.gov/the-legacy-of-u-s-nuclear-testing-and-radiation-exposure-in-the-marshall-islands/

4. Oliver Milman and Mae Ryan. "In the Marshall Islands, Climate Change Knocks on the Front Door." *Newsweek*, September 15, 2016.

5. Steven L. Simon et al. "Radiation Doses and Cancer Risks in the Marshall Islands Associated with Exposure to Radioactive Fallout from Bikini and Enewetak Nuclear Weapons Tests: Summary." *Health Physics* 99, no. 2 (August 1, 2010), 105.

6. Lisa Friedman. "Tony de Brum, Voice of Pacific Islands on Climate Change, Dies at 72." *New York Times*, August 22, 2017.

7. 물론 이는 대략적인 추산이다. 2000년 마셜제도에서 배출한 이산화탄소의 양은 12만 5,000세제곱톤에 상당한다. 다음 자료를 보라. "Republic of the Marshall Islands Intended Nationally Determined Contribution." Report to the UNFCC, July 21, 2015. 포틀랜드시의 정책 분석가 카일 디스너Kyle Diesner의 말에 따르면, 2014년 포틀랜드시가 포함된 오리건주 멀트노머카운티의 이산화탄소 총배출량은 706만 4,000세제곱톤에 상당한다. 계산해 보자면 12만 5,000세제곱톤에 50년을 곱하면 625만 세제곱톤이 되는데, 이것만 보면 멀트노머카운티의 706만 4,000세제곱톤보다 더 적게 나온다.

8. "Climate Change Migration Is Cultural Genocide." Tony de Brum interview on Radio New Zealand, October 6, 2015. Accessed March 1, 2017. http://www.radionz.co.nz/international/programmes/datelinepacific/audio/201773361/climate-change-migration-is-cultural-genocide-tony-de-brum

9. "Reagan Test Site, Marshall Islands: Managing a Missile Test Range Crucial to US Defense." Bechtel. Accessed January 14, 2017. http://www.bechtel.com/projects/kwajalein-test-range/

10. Nick Perry. "US Ignored Rising Sea Warnings at Radar Site." *The Associated Press*, October 18, 2016.

11. "Fresh Water Sources." Marshall Islands Guide. October 9, 2015. Accessed January

20, 2017. http://www.infomarshallislands.com/fresh-water-sources/

12. W. Snowdon and A. M. Thow. "Trade Policy and Obesity Prevention: Challenges and Innovation in the Pacific Islands." *Obesity Reviews* 14, no. 2 (October 23, 2013), 150–58.

13. Jean-Daniel Stanley and Pablo L. Clemente. "Increased Land Subsidence and Sea-Level Rise Are Submerging Egypt's Nile Delta Coastal Margin." *GSA Today* 27, no. 5. (May 2017).

14. Susmita Dasgupta et al. "River Salinity and Climate Change: Evidence from Coastal Bangladesh." World Bank Group, Policy Research working paper, March 2014.

15. Joanna Lovatt. "The Bangladesh Shrimp Farmers Facing Life on the Edge." *The Guardian*, February 17, 2016.

16. David Talbot. "Desalinization out of Desperation." *MIT Technology Review*, December 16, 2014.

17. 저고도 연안 지대란 일반적으로 만조선 아래로 9미터 미만의 지역이라고 정의된다. 다음 자료를 보라. Barbara Neumann et al. "Future Coastal Population Growth and Exposure to Sea-Level Rise and Coastal Flooding—A Global Assessment." *PLoS ONE* vol. 10, issue 3 (2015).

18. Michael Slezak. "Obama Transfers $500 Million to Green Climate Fund in Attempt to Protect Paris Deal." *The Guardian*, January 17, 2017.

19. Sanjay Kumar. "This Will Make the Country a Chinese Colony." TheDiplomat. com, July 25, 2015. Accessed May 4, 2017. http://thediplomat.com/2015/07/this-will-make-the-country-a-chinese-colony/

20. "Migration, Climate Change, and the Environment: A Complex Nexus." International Organization for Migration website. Accessed January 24, 2017. https://www.iom.int/complex-nexus#estimates

21. "What Is a Refugee?" The UN Refugee Agency website. Accessed March 2, 2017. https://www.unrefugees.org/refugee-facts/what-is-a-refugee/

22. Bryce Covert. "The Hellish Conditions Facing Workers at Chicken Processing Plants." Thinkprogress.com, October 27, 2015. Accessed May 5, 2017. https://www.workplacefairness.org/blog/2015/10/27/the-hellish-conditions-facing-workers-at-chicken-processing-plants/

23. "Blood, Sweat, and Fear: Workers' Rights in U.S. Meat and Poultry Plants." Report by Human Rights Watch (January 24, 2005), 32.

24. Laurence Caramel. "Besieged by the Rising Tides of Climate Change, Kiribati Buys Land in Fiji." *The Guardian*, June 30, 2014.

25. Shalveen Chand. "Kiribati's Hope for Land." *Fiji Times*, February 14, 2014.

26. 다음 자료에서 재인용. Michael Gerrard. "America Is the Worst Polluter in the History of the World. We Should Let Climate Change Refugees Resettle Here." *Washington Post*, June 25, 2015.

27. 위의 글.

28. Michael Gerrard. "A Pacific Isle, Radioactive and Forgotten." *New York Times*, December 3, 2014.

제9장 대량 살상 무기

1. "On the Front Lines of Rising Seas: Naval Station Norfolk, Virginia." Fact sheet, Union of Concerned Scientists. Accessed March 20, 2017. http://www.ucsusa.org/global-warming/global-warming-impacts/sea-level-rise-flooding-naval-station-norfolk#.WMqvUBiZNN0

2. Chuck Hagel. Quadrennial Defense Review. US Department of Defense, March 4, 2014, 40.

3. "Military Expert Panel Report: Sea-Level Rise and the US Military's Mission." The Center for Climate and Security, September 2016, 67.

4. John Collins Rudolf. "A Climate Skeptic with a Bully Pulpit in Virginia Finds an

Ear in Congress." *New York Times*, February 22, 2011.

5. Rebecca Leber. "Virginia Lawmaker Says 'Sea-Level Rise' Is a 'Left-Wing Term,' Excises It from State Report on Coastal Flooding." ThinkProgress, June 10, 2012. Accessed March 3, 2017. https://archive.thinkprogress.org/virginia-lawmaker-says-sea-level-rise-is-a-left-wing-term-excises-it-from-state-report-on-coastal-805134396adc/

6. Ladelle McWhorter and Mike Tidwell. "Virginia Governor Terry McAuliffe Has Abysmal Climate Record." *Washington Post*, June 10, 2016.

7. "Recurrent Flooding Study for Tidewater Virginia." Virginia Institute of Marine Sciences, January 2013.

8. Francesco Femia and Caitlin Werrell, eds. "The Arab Spring and Climate Change." The Center for Climate and Security, February 2013.

9. Erika Eichelberger. "How Environmental Disaster Is Making Boko Haram Violence Worse." MotherJones.com, June 10, 2014. Accessed May 3, 2017. http://www.motherjones.com/environment/2014/06/nigeria-environment-climate-change-boko-haram

10. Emily Russo Miller. "For New Coast Guard Head, Mission Still the Same." *Juneau Empire*, December 7, 2014.

11. Steve Brusk and Ralph Ellis. "Russian Planes Intercepted near US, Canadian Airspace." CNN.com, November 13, 2014. Accessed March 7, 2017. http://www.cnn.com/2014/09/19/us/russian-plane-incidents/

12. Trude Pettersen. "One More Missile Launch from Barents Sea." *Barents Observer*, November 5, 2014.

13. Doug Struck. "Russia's Deep-Sea Flag-Planting at North Pole Strikes a Chill in Canada." *Washington Post*, August 7, 2007.

14. Mac Thornberry. "Washington Won't Solve Our Drought." *USA Today*, August 10, 2011.

15. Peter Schwartz and Doug Randall. "An Abrupt Climate Change Scenario and

Its Implications for United States Security." US Department of Defense, October 2003.

16. Hagel, Quadrennial Defense Review, 34.

17. John D. Banusiewicz. "Hagel to Address 'Threat Multiplier' of Climate Change." *DoD News*, October 13, 2014.

18. Andrew Revkin. "Trump's Defense Secretary Cites Climate Change as National Security Challenge." ProPublica, March 14, 2017. Accessed March 20, 2017. https://www.propublica.org/article/trumps-defense-secretary-cites-climate-change-national-security-challenge

19. John McCain. "Remarks on Climate Stewardship Act of 2007." Office of Senator John McCain press release. January 12, 2007.

20. Annie Snider. "Amid Budget Scrutiny, CIA Shutters Climate Center." Greenwire, November 19, 2012. Accessed December 20, 2016. http://www.eenews.net/stories/1059972724

21. Ryan Koronowski. "House Votes to Deny Climate Science and Ties Pentagon's Hands on Climate Change." ThinkProgress, May 22, 2014. Accessed March 1, 2017. https://archive.thinkprogress.org/house-votes-to-deny-climate-science-and-ties-pentagons-hands-on-climate-change-6fb577189fb0/

22. W. J. Hennigan. "Climate Change Is Real: Just Ask the Pentagon." *Los Angeles Times*, November 11, 2016.

23. Arshad Mohammed. "Kerry Calls Climate Change 'Weapon of Mass Destruction.'" Reuters, February 16, 2014.

24. Aaron Blake. "Gingrich Calls for Kerry to Resign over Climate Change Speech." *Washington Post*, February 18, 2014.

25. Colin P. Kelley et al. "Climate Change in the Fertile Crescent and Implications of the Recent Syrian Drought." *Proceedings of the National Academy of Sciences* 112, no. 11 (2015), 3241-3246.

26. 위의 글, 3246.

27. Bryan Bender. "Chief of US Pacific Forces Calls Climate Biggest Worry." *Boston Globe*, March 9, 2013.

28. Ryan Koronowski. "Congress: Where the Bible Disproves Science and a Senator Tries to Torpedo an Admiral." ThinkProgress, April 10, 2013. Accessed March 7, 2017. https://archive.thinkprogress.org/congress-where-the-bible-disproves-science-and-a-senator-tries-to-torpedo-an-admiral-73dc1772710/

29. 내가 케리와 대화를 나눈 2015년 말 기준으로 가장 최신이었던 연간 이산화탄소 배출 자료에는 긴 상승 경향이 나타나 있었다. 2015년과 2016년에는 중국의 석탄 소비 감소와 아울러 미국 내 에너지 효율 향상 덕분에 상승 곡선이던 이산화탄소 배출량이 연간 32기가톤쯤에서 평행선을 그리게 되었다. "IEA Finds CO_2 Emissions Flat for Third Straight Year Even as Global Economy Grew in 2016." International Energy Agency, March 20, 2017. Accessed March 24, 2017. https://www.factorco2.com/en/iea-finds-co2-emissions-flat-for-third-straight-year-even-as-global-economy-grew-in-2016/new/1171

제10장 기후 아파르트헤이트

1. United Nations Data Booklet. "The World's Cities in 2016." Accessed March 10, 2017. http://www.un.org/en/development/desa/population/publications/pdf/urbanization/the_worlds_cities_in_2016_data_booklet.pdf

2. National Population Commission, Nigeria. 나이지리아의 인구를 알아보는 가장 손쉬운 방법은 다음과 같다. https://www.citypopulation.de/php/nigeria-metrola-gos.php

3. Walter Leal Filho and Ulisses M. Azeiteiro, eds. *Climate Change and Health: Improving Resilience and Reducing Risks* (New York: Springer, 2016), 175.

4. "World Development Indicators 2013." The World Bank, 2013. Accessed March 7, 2017. http://databank.worldbank.org/data/download/WDI-2013-ebook.pdf

5. "OPEC Annual Statistical Bulletin: Organization of the Petroleum Exporting Countries," 2016. Accessed March 7, 2017. http://www.opec.org/opec_web/static_files_project/media/downloads/publications/ASB2016.pdf

6. "Nigeria Floods Kill 363 People, Displace 2.1 Million." Reuters, November 5, 2012.

7. 이 개발 사업의 화려한 웹사이트에 가면 해당 부지를 가상현실로 둘러볼 수 있다. http://www.ekoatlantic.com/

8. Gordon Lubold. "Pentagon Says China Has Stepped Up Land Reclamation in South China Sea." Wall Street Journal, August 20, 2015.

9. "Such Quantities of Sand." The Economist, February 26, 2015.

10. 위의 글.

11. Alister Doyle. "Coastal Land Expands as Construction Outpaces Sea-Level Rise." Reuters, August 25, 2016.

12. Robin Urevich. "Chasing the Ghosts of a Corrupt Regime: Gilbert Chagoury, Clinton Donor and Diplomat with a Checkered Past." Frontline/World, January 8, 2010.

13. Stephane Hallegatte et al. "Future Flood Losses in Major Coastal Cities." Nature Climate Change 3, no. 9 (2013), 802–806.

14. Daniel Hoornweg and Kevin Pope. "Socioeconomic Pathways and Regional Distribution of the World's 101 Largest Cities." Global Cities Institute working paper, 2014 Accessed March 4, 2017. http://media.wix.com/ugd/672989_62cfa13ec4ba47788f78ad660489a2fa.pdf

15. Matteo Fagotto. "West Africa Is Being Swallowed by the Sea." Foreign Policy, October 21, 2016.

16. 위의 글에서 재인용.

17. 위의 글.

18. 위의 글.

19. 위의 글.

20. "Makoko Floating School/NLE Architects." ArchDaily, March 14, 2013. Accessed March 4, 2017. http://media.wix.com/ugd/672989_62cfa13ec4ba 47788f78ad660489a2fa.pdf

21. "The Island in Cancun Built on Recycled Plastic Bottles." BBC News, April 2, 2016.

22. Jessica Collins. "Makoko Floating School, Beacon of Hope for the Lagos 'Waterworld.'" *The Guardian*, June 2, 2015.

23. Kyle Denuccio. "Silicon Valley Is Letting Go of Its Techie Island Fantasies." Wired. com, May 16, 2015. Accessed March 5, 2017. https://www.wired.com/2015/05/silicon-valley-letting-go-techie-island-fantasies/

24. Cynthia Okoroafor. "Does Makoko Floating School's Collapse Threaten the Whole Slum's Future?" *The Guardian*, June 10, 2016.

25. 라고스 정의권력운동 소속의 메건 채프먼이 제공한 비공식 추산에 따름.

26. Ben Ezeamalu. "Lagos Slum Dwellers Set for Showdown with Government over Eviction Notice." *Premium Times*, October 12, 2016.

27. Paola Totaro and Matthew Ponsford. "Demolitions of Lagos Waterfront Communities Could Leave 300,000 Homeless: Campaigners." Reuters, November 11, 2016.

28. Laurin-Whitney Gottbrath. "Thousands Displaced as Police Raze Lagos' Otodo Gbame." Aljazeera.com, April 10, 2017. Accessed May 2, 2017. https://www.aljazeera.com/news/2017/4/10/thousands-displaced-as-police-raze-lagos-otodo-gbame

제11장 마이애미가 물에 잠기고 있다

1. Zachery Fagenson. "Sunset Harbour Developer Scott Robins: It's Never the Chef, It's the Business Guy." *Miami New Times*, December 28, 2015. 다음 자료

도 보라. Christina Lawrence. "Astute Awakening." *Miami*, October 24, 2012. Accessed March 7, 2017. http://www.modernluxury.com/miami/articles/astute-awakening

2. Richard Bradley. "Philip Levine's Second Wave." *Worth*, October 7, 2014.

3. "Moody's Assigns Negative Outlook to Miami Beach, Florida's Stormwater Revenue Bonds." Moody's Investors Service, July 10, 2015. Accessed February 4, 2017. https://www.moodys.com/research/Moodys-assigns-negative-outlook-to-Miami-Beach-FLs-Stormwater-Revenue--PR_329912

4. Jeff Goodell. "Goodbye, Miami." *Rolling Stone*, June 20, 2013. 다음 자료도 보라. Suzanne Goldenberg. "US East Coast Cities Face Frequent Flooding Due to Climate Change." *The Guardian*, October 8, 2014. 다음 자료도 보라. Joel Achenbach. "Is Miami Drowning?" *Washington Post*, July 16, 2014.

5. 시카고를 상승시키는 과제에서의 공학적이고 정치적인 복잡성에 관해서는 다음 자료에 상세히 나와 있다. Harold L. Platt. *Shock Cities: The Environmental Transformation and Reform of Manchester and Chicago* (Chicago: University of Chicago Press, 2005), 118-133.

6. David Young. "Raising the Chicago Streets Out of the Mud." *Chicago Tribune*, November 15, 2015.

7. Jenny Staletovich. "Miami Beach King Tides Flush Human Waste into Bay, Study Finds." *Miami Herald*, May 16, 2016.

8. Fred Grimm. "The Stink Beach Mayor Smells Isn't a Conspiracy, It's Fecal Runoff." Miami Herald, June 9, 2016.

9. 저자와 익명 소식통의 연락 내용에 의거함.

10. Grimm. "The Stink Beach Mayor Smells Isn't a Conspiracy, It's Fecal Runoff."

11. 마이애미비치 시 검사장 라울 아길라Raul Aguila가 《마이애미해럴드》 편집국장 아민다 마르케스 곤잘레스Aminda Marqués Gonzalez에게 보낸 2016년 5월 25일 자 편지 내용. Accessed March 15, 2017. http://www.miamiherald.com/latest-news/article82543332.ece/binary/Letter%20To%20Aminda%20Gonzalez.pdf

12. Patricia Mazzei. "Federal Judge Signs Agreement for $1.6 Billion in Miami-Dade Sewer Repairs." *Miami Herald*, April 15, 2014.

13. Linda Young. "Florida Waters: 'Fountains of Youth' or 'Fountains of Yuk'?" Report for the Florida Clean Water Network, February 13, 2015. Accessed March 12, 2017. http://floridacleanwaternetwork.org/florida-waters-fountains-of-youth-or-fountains-of-yuk/

14. 저자와의 연락 내용에 의거함.

15. Young. "Florida Waters: 'Fountains of Youth' or 'Fountains of Yuk'?"

16. John H. Paul et al. "Viral Tracer Studies Indicate Contamination of Marine Waters by Sewage Disposal Practices in Key Largo, Florida." *Applied and Environmental Microbiology* 61, no. 6 (1995), 2230.

17. Craig Pittman. "Toxic Algae Bloom Crisis Hits Florida, Drives Away Tourists." *Tampa Bay Times*, July 1, 2016.

18. Jonathan M. Katz. "UN Admits Role in Cholera Epidemic in Haiti." *New York Times*, August 17, 2016.

19. Sean Rowe. "Our Garbage, Ourselves." *Miami New Times*, January 25, 1996.

20. Lydia O'Connor. "Even the Dead Have Been Displaced by Louisiana Flooding." *Huffington Post*, August 19, 2016. Accessed March 12, 2017. http://www.huffingtonpost.com/entry/louisiana-flooding-caskets_us_57b5e6d7e4b034dc73262ee2

21. 여기서 언급한 공동묘지의 높이는 구글맵의 고도 확인 서비스로 계산한 것이다. 나는 플로리다국제대학에서 개발한 웹 앱을 이용해서 이 서비스에 접속했다. Accessed March 12, 2017. http://citizeneyes.org/app/

22. 키웨스트 공동묘지의 관리인 러셀 브리튼Russell Brittain과의 연락 내용에 의거함.

23. 플로리다전력조명의 대변인 마이클 월드론과의 2013년 4월 연락 내용에 의거함. 다음 자료에도 같은 내용이 언급되어 있다. Christina Nunez, "As Seas Rise, Are Coastal Nuclear Plants Ready?" *National Geographic*, December 16, 2015.

24. Ed Rappaport. "Preliminary Report: Hurricane Andrew, 16–28 August, 1992."

National Hurricane Center. Accessed March 12, 2017. http://www.nhc.noaa.gov /1992andrew.html

25. Jenny Staletovich. "Evidence of Salt Plume Under Turkey Point Nuclear Plant Goes Back Years." *Miami Herald*, April 21, 2016.

26. 나는 기후센트럴Climate Central의 '상승하는 바다' 위험 확인 서비스를 이용했다. Accessed February 14, 2017. http://sealevel.climatecentral.org

27. Susan Salisbury. "FPL's Turkey Point Cost Estimate Rises to Top Range of $20 Billion." *Palm Beach Post*, June 27, 2015.

28. "FPL Gets Environmental Approval for Two More Reactors at Turkey Point." *Miami Herald*, November 3, 2016.

제12장 긴 작별

1. "Workshop on Critical Issues in Climate Change." Energy Modeling Forum. July 25-August 3, 2006. 이날 있었던 사건의 세부 사항은 로웰 우드를 비롯한 여러 참석자들과의 인터뷰를 기반으로 재구성했다.

2. 다음 자료에서 재인용. Ross Andersen. "Exodus." Aeon, September 30, 2014. Accessed March 12, 2017. https://aeon.co/essays/elon-musk-puts-his-case-for-a-multi-planet-civilisation

3. Henry Fountain. "White House Urges Research on Geoengineering to Combat Climate Change." *New York Times*, January 10, 2017.

4. The Global Risks Report 2017. World Economic Forum, Geneva, 43. Accessed March 12, 2017. http://www3.weforum.org/docs/GRR17_Report_web.pdf

5. Chris Mooney. "This Mind-Boggling Study Shows Just How Massive Sea-Level Rise Really Is." *Washington Post*, March 10, 2016.

6. David Keith. *A Case for Climate Engineering* (Cambridge, MA: MIT Press, 2013), 43.

7. 화석연료 보조금의 정확한 액수를 확인하기는 쉽지 않은데, 이는 보조금을 어

떻게 정의하느냐에 따라 달라지기 때문이기도 하다. 내가 추산한 1조 달러는 다음 자료에 나온 내용이다. Oil Change International, "Fossil Fuel Subsidies: Overview." Accessed March 12, 2017. http://priceofoil.org/fossil-fuel-subsidies/ 만약 공기 오염이 건강에 미치는 영향, 시추와 채굴로 인한 환경 손상, 기후변화의 영향 같은 "외부 효과"까지 감안할 경우, 국제통화기금이 추산한 화석연료 보조금의 비용은 연간 5조 달러 이상으로 오른다. Accessed March 12, 2017. http://www.imf.org/external/pubs/ft/survey/so/2015/NEW070215A.htm

8. Stanley Reed. "Study Links 6.5 Million Deaths Each Year to Air Pollution." *New York Times*, June 26, 2016.

9. Keith. *A Case for Climate Engineering*, 69.

10. Dan Fagin. *Toms River: A Story of Science and Salvation* (New York: Bantam, 2013), 332.

11. "Under Water: How Sea-Level Rise Threatens the Tri-State Region." A report of the Fourth Regional Plan. Regional Plan Association, December 2016, 18. Accessed March 2, 2017. https://s3.us-east-1.amazonaws.com/rpa-org/pdfs/RPA-Under-Water-How-Sea-Level-Rise-Threatens-the-Tri-State-Region.pdf

12. "Barnegat Bay Storm Surge Elevations During Hurricane Sandy." The Richard Stockton College of New Jersey, October 29, 2014, 14. Accessed March 2, 2017. http://www.nj.gov/dep/shoreprotection/docs/ibsp-barnegat-bay-storm-surge-elevations-during-sandy.pdf

13. Jill P. Capuzzo. "Not Your Mother's Jersey Shore." *New York Times*, June 16, 2017.

14. 위의 글.

15. "Resilience + the Beach: A Regional Strategy and Pilot Projects for the Jersey Shore." Jury brief by Rutgers University, Saski, and ARUP for Rebuild by Design Competition, March 2014, 19. Accessed March 2, 2017. http://www.rebuildbydesign.org/data/files/670.pdf

16. Karen Wall. "Protection for Toms River: Long-Awaited Army Corps Dune Project Goes Out to Bid." Toms River Patch, September 29, 2016.

17. 톰 켈러허 시장실과의 2017년 1월 연락 내용에 의거함.

18. Gregory Kyriakakis. "Toms River Continues Aim to Relax Construction Rules for Sandy-Damaged Homes." Toms River Patch, May 8, 2013.

19. Leslie Kaufman. "Sandy's Lessons Lost: Jersey Shore Rebuilds in Sea's Inevitable Path." Inside Climate News, October 26, 2016. Accessed February 20, 2017. https://insideclimatenews.org/news/25102016/hurricane-sandy-new-jersey-shore-rebuild-climate-change-rising-sea-chris-christie

20. State of New Jersey, Office of the State Comptroller. NJ Sandy Transparency funds tracker. Accessed March 9, 2017. http://nj.gov/comptroller/sandytransparency/funds/tracker/
뉴저지에서 샌디 복구에 사용될 것으로 예상된 총비용은 90억 달러였지만, 현재까지는 겨우 46억 달러만 사용되었다. 뉴저지주 지역업무국 산하 샌디복구전략 소통실장 리사 라이언Lisa Ryan의 말에 따르면, 그 46억 달러의 95퍼센트는 연방 자금이었다. 2017년 3월 21일 자 연락 내용에 의거함.

21. 톰 켈러허 시장실과의 2017년 1월 연락 내용에 의거함.

22. 위의 내용.

23. "NY Rising 2012-2016: Fourth Anniversary Report." Governor's Office of Storm Recovery, 8. Accessed March 9, 2017. https://stormrecovery.ny.gov/sites/default/files/crp/community/documents/10292016_GOSR4thAnniversary.pdf

24. Coral Davenport and Campbell Robertson. "Resettling the First American 'Climate Refugees.'" New York Times, May 2, 2016.

25. "Louisiana's Comprehensive Master Plan for a Sustainable Coast." Coastal Protection and Restoration Authority of Louisiana, 2017, 145. Accessed March 9, 2017. http://coastal.la.gov/wp-content/uploads/2017/01/DRAFT-2017-Coastal-Master-Plan.pdf

26. "Alaska Seeks Federal Money to Move a Village Threatened by Climate Change." The Associated Press, October 3, 2015.

27. Christopher Flavelle. "The Toughest Question in Climate Change: Who Gets Saved?" Bloomberg View, August 29, 2016. Accessed March 8, 2017. https://

www.bloomberg.com/view/articles/2016-08-29/the-toughest-question-in-climate-change-who-gets-saved

28. Jim Yardley. "Chinese Dam Projects Criticized for Their Human Costs." *New York Times*, November 19, 2007.

29. Mathieu Schouten. "Partnering a River." *My Liveable City*, January-March 2016, 68-73. 다음 사이트도 참고하라. Room for the River website: https://www.rijkswaterstaat.nl/en

30. Jada Yuan. "Last Stand on Oakwood Beach." *New York Times*, March 3, 2013.

31. Peter J. Byrne. "The Cathedral Engulfed: Sea-Level Rise, Property Rights, and Time." *Louisiana Law Review* 73, no. 12 (2012), 69-118.

32. Sue Bjorkman. "Good Ole Summer Haven Time." OldCityLife.com, September 29, 2016. http://www.oldcitylife.com/features/good-ole-summer-haven-time/

33. Ken Lewis. "Great Location, Lovely View, but There's No Road." *Florida Times-Union*, August 16, 2005.

34. 세인트존스카운티의 지방검사 패트릭 F. 매코맥Patrick F. McCormack과의 2017년 1월 26일 자 연락 내용에 의거함.

35. 위의 내용.

36. *Robert and Linnie Jordan et al. v. St. Johns County*, case no. CA05-694 (Florida Seventh Judicial Circuit, May 21, 2009).

37. Edward P. Richards. "The Hurricane Katrina Levee Breach Litigation: Getting the First Geoengineering Liability Case Right." *University of Pennsylvania Law Review*, 2012, vol. 160, issue 1, article 13. Accessed March 12, 2017. http://scholarship.law.upenn.edu/penn_law_review_online/vol160/iss1/13

38. 다음 자료에서 재인용. Thomas Ruppert and Carly Grimm. "Drowning in Place: Local Government Costs and Liabilities for Flooding Due to Sea-Level Rise." *Florida Bar Journal*, November 2013, vol. 87, no. 9, 29-33.

39. *Robert and Linnie Jordan et al. v. St. Johns County*, case no. 5D09-2183 (Florida Fifth District Court of Appeal, May 20, 2011).

40. Ryan Kailath. "Louisiana Tries New Defense Against Floods: Move People to Higher Ground." NPR, January 29, 2017. Accessed March 20, 2017. www.npr. org/2017/01/29/512271883/louisiana-tries-new-defense-against-floods-move-people-to-higher-ground

에필로그: 콘도 다이빙

1. Walter Alvarez. *T. Rex and the Crater of Doom* (Princeton: Princeton University Press, 1997), 70.

2. 위의 책, 71.

3. 위의 책.

4. "Renewable Energy." Danish Ministry of Energy, Utilities, and Climate. Accessed March 2, 2017. http://old.efkm.dk/en/climate-energy-and-building-policy/denmark/energy-supply-and-efficiency/renewable-energy

5. Elizabeth Kolbert. *The Sixth Extinction: An Unnatural History* (New York: Henry Holt and Company, 2014), 75.

6. Coastal Protection and Restoration Authority of Louisiana, 13.

7. Nigel Pontee. "Factors Influencing the Long-Term Sustainability of Managed Realignment." *Managed Realignment: A Viable Long-Term Coastal Management Strategy?* (New York: Springer Briefs in Environmental Science, 2014), 95-107.

| 참고문헌 |

Adams, Mark. *Meet Me in Atlantis: My Obsessive Quest to Find the Sunken City*. New York: Penguin, 2015.

Alley, Richard B. *The Two-Mile Time Machine: Ice Cores, Abrupt Climate Change, and Our Future*. Princeton: Princeton University Press, 2014.

Allman, T. D. *Finding Florida: The True History of the Sunshine State*. New York: Grove/ Atlantic, 2013.

──────. *Miami: City of the Future*. Gainesville: University Press of Florida, 2013.

Alvarez, Walter. *T. Rex and the Crater of Doom*. Princeton: Princeton University Press, 1997.

Armstrong, Karen. *A Short History of Myth*. Edinburgh: Canongate, 2005. [『신화의 역사』 (카렌 암스트롱 지음, 이다희 옮김, 문학동네, 2005)]

Ballard, J. G. *The Drowned World: A Novel*. New York: W. W. Norton and Company, 2012. [『물에 잠긴 세계』 (J. G. 밸러드 지음, 공보경 옮김, 문학수첩, 2016)]

Barker, Robert, and Richard Coutts. *Aquatecture: Buildings and Cities Designed to Live and Work with Water*. Newcastle upon Tyne: RIBA Publishing, 2016.

Berendt, John. *The City of Falling Angels*. New York: Penguin, 2006. [『추락하는 천사들의 도시』 (존 베런트 지음, 정영문 옮김, 황금나침반, 2006)]

Brodsky, Joseph. *Watermark: An Essay on Venice*. London: Penguin UK, 2013. [『베네치아의 겨울빛』 (조지프 브로드스키 지음, 이경아 옮김, 뮤진트리, 2020)]

Burgis, Tom. *The Looting Machine: Warlords, Oligarchs, Corporations, Smugglers, and the Theft of Africa's Wealth*. New York: PublicAffairs, 2015.

Byron, George Gordon. *Lord Byron: The Major Works*. Oxford: Oxford University Press,

2008.

Carson, Rachel. *The Sea Around Us*. New York: Oxford University Press, 1951. [『우리를 둘러싼 바다』 (레이철 카슨 지음, 김홍옥 옮김, 에코리브르, 2018)]

Clark, Nancy, and Kai-Uwe Bergmann. *Miami Resiliency Studio*. Gainesville: University of Florida, 2015.

Didion, Joan. *Miami*. New York: Simon and Schuster, 1987.

Dobbs, David. *Reef Madness: Charles Darwin, Alexander Agassiz, and the Meaning of Coral*. New York: Pantheon, 2009.

Englander, John. *High Tide on Main Street: Rising Sea Level and the Coming Coastal Crisis*. The Science Bookshelf, 2012.

Fagan, Brian. *The Attacking Ocean: The Past, Present, and Future of Rising Sea Levels*. New York: Bloomsbury Publishing, 2014. [『바다의 습격: 인류의 터전을 침식하는 해수면 상승의 역사와 미래』 (브라이언 페이건 지음, 최파일 옮김, 미지북스, 2017)]

Fagin, Dan. *Toms River: A Story of Science and Salvation*. New York: Bantam, 2013.

Finkel, Irving. *The Ark Before Noah: Decoding the Story of the Flood*. New York: Nan A. Talese, 2014.

Fisher, Jerry M. *The Pacesetter: The Untold Story of Carl G. Fisher*. Victoria, BC: Friesen-Press, 2014.

Fletcher, Caroline, and Jane Da Mosto. *The Science of Saving Venice*. Turin, Italy: Umberto Allemandi and Co., 2004.

Gillis, John R. *The Human Shore: Seacoasts in History*. Chicago: University of Chicago Press, 2012.

Gould, Stephen Jay. *Leonardo's Mountain of Clams and the Diet of Worms*. New York: Harmony Books, 1998. [『레오나르도 다빈치가 조개화석을 주운 날』 (스티븐 J. 굴드 지음, 김동광 외 옮김, 세종서적, 2019)]

Grunwald, Michael. *The Swamp: The Everglades, Florida, and the Politics of Paradise*. New York: Simon and Schuster, 2007.

Harari, Yuval Noah. *Sapiens: A Brief History of Humankind*. New York: HarperCollins,

2015. [『사피엔스』 (유발 하라리 지음, 조현욱 옮김, 김영사, 2015)]

Hazen, Robert M. *The Story of Earth: The First 4.5 Billion Years, from Stardust to Living Planet*. New York: Penguin, 2013. [『지구 이야기 : 광물과 생물의 공진화로 푸는 지구의 역사』 (로버트 M. 헤이즌 지음, 김미선 옮김, 뿌리와이파리, 2014)]

Hine, Albert C. *Geologic History of Florida: Major Events That Formed the Sunshine State*. Gainesville: University Press of Florida, 2013.

Hobbs, Carl H. *The Beach Book: Science of the Shore*. New York: Columbia University Press, 2012.

Keith, David. *A Case for Climate Engineering*. Cambridge, MA: MIT Press, 2013.

Keith, Vanessa, and Studioteka. *2100: A Dystopian Utopia: The City After Climate Change*. New York: Terreform, 2017.

Kolbert, Elizabeth. *The Sixth Extinction: An Unnatural History*. New York: Henry Holt and Company, 2014. [『여섯 번째 대멸종』 (엘리자베스 콜버트 지음, 이혜리 옮김, 처음북스, 2014)]

Leary, Jim. *The Remembered Land: Surviving Sea-Level Rise After the Last Ice Age*. New York: Bloomsbury Publishing, 2015.

Lencek, Lena, and Gideon Bosker. *The Beach: The History of Paradise on Earth*. New York: Penguin, 1999.

Macaulay, Rose. *Pleasure of Ruins*. London: Thames and Hudson, 1953.

Madden, Thomas F. *Venice: A New History*. New York: Viking, 2012.

McGrath, Campbell. *Florida Poems*. New York: HarperCollins, 2003.

Meltzer, David J. *First Peoples in a New World: Colonizing Ice Age America*. Berkeley: University of California Press, 2009.

Metz, Tracy, and Maartje van den Heuvel. *Sweet and Salt: Water and the Dutch*. Rotterdam: NAi Publishers, 2012.

Mitchell, Stephen. *Gilgamesh*. New York: Free Press, 2004.

Montgomery, David R. *The Rocks Don't Lie: A Geologist Investigates Noah's Flood*. New York: W. W. Norton and Company, 2012.

Morton, Oliver. *The Planet Remade: How Geoengineering Could Change the World.* Princeton: Princeton University Press, 2015.

Ogden, Laura A. *Swamplife: People, Gators, and Mangroves Entangled in the Everglades.* Minneapolis: University of Minnesota Press, 2011.

Oka Doner, Michele, and Mitchell Wolfson Jr. *Miami Beach: Blueprint of an Eden: Lives Seen Through the Prism of Family and Place.* New York: HarperCollins, 2007.

Oshima, Ken Tadashi ed. *Between Land and Sea: Kiyonori Kikutake.* Zurich: Lars Müller, 2015.

Parks, Arva Moore. *The Forgotten Frontier: Florida Through the Lens of Ralph Middleton Munroe.* Miami: Centennial Press, 2004.

—————————. *George Merrick, Son of the South Wind: Visionary Creator of Coral Gables.* Gainesville: University Press of Florida, 2016.

Pérez, Jorge. *Powerhouse Principles: The Ultimate Blueprint for Real Estate Success in an Ever-Changing Market.* New York: Penguin, 2008.

Pittman, Craig. *Oh, Florida!: How America's Weirdest State Influences the Rest of the Country.* New York: St. Martin's Press, 2016.

Platt, Harold L. *Shock Cities: The Environmental Transformation and Reform of Manchester and Chicago.* Chicago: University of Chicago Press, 2005.

Purdy, Jedediah. *After Nature: A Politics for the Anthropocene.* Cambridge, MA: Harvard University Press, 2015.

Redford, Polly. *Billion-Dollar Sandbar: A Biography of Miami Beach.* New York: Dutton, 1970.

Rudiak-Gould, Peter. *Surviving Paradise: One Year on a Disappearing Island.* New York: Sterling, 2009.

Ryan, William, and Walter Pitman. *Noah's Flood: The New Scientific Discoveries About the Event That Changed History.* New York: Simon and Schuster, 2000.

Schober, Theresa M. *Art Calusa: Reflections on Representation.* Fort Myers: Lee Trust for Historic Preservation, 2013.

Settis, Salvatore. *If Venice Dies.* New York: New Vessel Press, 2016.

Shearer, Christine. Kivalina: *A Climate Change Story.* Chicago: Haymarket Books, 2011.

Shepard, Francis P., and Harold R. Wanless. *Our Changing Coastlines.* New York: Mc-Graw-Hill, 1971.

Shepard, Jim. *You Think That's Bad: Stories.* New York: Knopf, 2011.

Shorto, Russell. *Amsterdam: A History of the World's Most Liberal City.* New York: Vintage, 2013. [『세상에서 가장 자유로운 도시, 암스테르담』 (러셀 쇼토 지음, 허형은 옮김, 책세상, 2016)]

Sobel, Adam. *Storm Surge: Hurricane Sandy, Our Changing Climate, and Extreme Weather of the Past and Future.* New York: HarperCollins, 2014.

Sullivan, Walter. *Assault on the Unknown: The International Geophysical Year.* New York: McGraw-Hill, 1961.

Walker, Gabrielle. *Antarctica: An Intimate Portrait of a Mysterious Continent.* Boston: Houghton Miffl in Harcourt, 2013.

Ward, Peter D. *The Flooded Earth: Our Future in a World Without Ice Caps.* New York: Basic Books, 2010.

Williams, Joy. *The Florida Keys: A History and Guide.* New York: Random House, 2010.

| 도판 출처 |

| 옮긴이의 말 |

　　『물이 몰려온다』는 지난 20년간 기후변화 관련 보도를 꾸준히 내놓은 미국의 탐사 언론인 제프 구델이 지구온난화로 인한 해수면 상승에 초점을 맞춰 저술한 책이다. 이 주제에 관해서는 이미 많은 기사와 단행본이 나왔지만, 이 책은 해수면 상승의 증거를 보여 주는 현장을 직접 발로 뛰며 그 다양한 면모를 그려 냈다는 점에서 특히 주목할 만하다.

　　저자는 빙붕이 녹아내리는 그린란드, 상습 침수를 겪는 운하 도시 베네치아, 라인 강 하구에 거대 방벽을 설치한 로테르담, 초대형 제방을 구상하는 뉴욕, 수상 판자촌의 도시 라고스, 해수 침투로 민물이 부족한 마셜제도, 상습 침수로 군사력 저하마저 우려되는 노퍽 미 해군기지 등을 방문하고, 당시 대통령 버락 오바마와 기후변화를 주제로 일대일 회견도 한다.

　　이 책은 환경 재난이라는 현실을 고발하고 대책을 촉구하는 데서 그치지 않고, 그 안에서 살아가는 인간의 딜레마까지 생생하게 보여 준다. 현관 앞까지 주기적으로 물이 차오르는 상황에서도 경제

여건상 그곳을 떠날 수 없는 세입자의 현실적 고통이라든지, 조상 대대로 살아온 고향을 쉽게 떠날 수 없는 지역민의 현실적이고도 실존적인 문제까지도 짚어 주는 것이다.

특히 구델은 향후 해수면 상승으로 가장 큰 피해를 입을 가능성이 농후한 곳으로 미국 플로리다주 마이애미를 지목한다. 화창한 날씨, 푸른 바다, 하얀 모래밭, 물가에 늘어선 고층 빌딩 같은 멋진 풍광으로 유명한 관광지이지만, 애초에 늪지를 매립해 건설된 도시인 까닭에 상습 침수의 위험이 있으며, 허리케인의 길목에 자리 잡은 탓에 매년 홍수 피해가 발생한다.

하지만 마이애미의 주력 산업인 부동산과 관광의 침체를 우려하는 까닭에, 그곳의 정치인과 경제인 모두 해수면 상승이라는 현실을 애써 외면할 뿐이다. 여기에 유명무실한 건축 조례, 비용 절감에 골몰하는 건물주와 건설사, 재난 불감증을 독려하는 공공 보험 같은 문제 요인들이 더해지면서, 마이애미의 상황은 저자의 말마따나 "부동산 룰렛 게임"이나 다름없이 되어 버렸다.

유령 회사를 통해 세계를 배회하는 역외 자본의 거대한 흐름을 추적한 『머니랜드』의 저자 올리버 벌로의 지적처럼, 마이애미는 마치 자석처럼 전 세계의 온갖 부정한 돈을 끌어들이는 장소다.• 선진국의 기업가부터 개발도상국의 독재자까지 수많은 범죄자가 탈세, 횡령, 뇌물, 강탈 같은 불법행위로 얻은 돈을 세탁하여 마이애미의 고급 부동산에 묻어 두기 때문이다.

• 『머니랜드』(올리버 벌로 지음, 박중서 옮김, 북트리거, 2020)

하지만 구델의 시각에서 보자면 마이애미의 콘도나 저택에 돈을 투자하는 것은 사실상 바닷물에 돈을 내버리는 것과 매한가지가 될 수밖에 없다. 지나치게 비관적인 시각일까? 하지만 2021년 6월 마이애미데이드카운티 서프사이드에서 120여 명의 사망자를 발생시킨 12층 아파트 붕괴 사고를 보면, 이 책 내내 저자가 마이애미를 비관적으로 바라본 것도 일리가 있어 보인다.

비록 그 사고의 원인이 해수면 상승과 직결되지는 않았지만, 이 책에서 저자가 지적한 마이애미의 자연적 특성, 안전 불감증, 부동산 노후화, 건축 규제 실패 같은 문제들이 집약된 사례이기 때문이다. 사고 직후 저자는 《롤링스톤》 기고문을 통해 마이애미의 개발 역사에 만연한 건물주와 시공사의 부정행위와 정부 당국의 뒷짐지기를 원인으로 지목하며 비판했다.●

특히 그는 이 건물이 2018년에 이미 안전 진단에서 심각 판정을 받았지만, 보수공사에 들어가는 비용 충당 문제를 놓고 입주민 사이에 성과 없이 입씨름만 지속되다가 3년 만에 붕괴 사고가 일어났다는 점을 지적하며, 어쩌면 해수면 상승이라는 전 지구적 재앙에 대한 인류의 대응도 그와 비슷하게 시간만 허비하다가 성과 없이 끝나지 않겠느냐고 통렬하게 일갈한다.

● "Miami's Climate Dystopia Gets Real," *Rolling Stone*, July 1, 2021, https://www.rollingstone.com/politics/politics-features/miami-beach-building-collapse-climate-change-1191989/

저자와 오바마의 일대일 회견에서 잘 드러났듯이 제아무리 미국 대통령이라도 기후변화에 대해 확실한 대책을 단독으로 실시할 수는 없었다. 심지어 그가 적극 지지했던 2015년 파리기후협정을 후임자인 트럼프가 일거에 탈퇴하여 논란을 야기한 것만 보아도, 기후변화처럼 찬반양론이 강하게 맞서는 쟁점에 대해서는 손쉬운 해결이 과연 가능할지 의문마저 생긴다.

당장 전 지구적 재난의 전초전으로서 향후의 재난 대비에서 감안할 여러 가지 교훈을 미리 제시하고 있는 현재의 코로나 사태만 봐도 그렇다. 각국 정부와 세계 기구의 재난 대응이 생각만큼 탄력적이지는 못했고, 미국이나 일본 같은 선진국도 의료 붕괴 위기에 직면했다. 백신이 나왔지만 접종 거부 정서가 나타났고, 그나마 약소국은 백신조차 구경하기 힘들었다.

어쩌면 향후 해수면 상승이라는 문제가 본격적으로 대두했을 때도 이와 유사한 상황이 반복되지는 않을까? 그나마 마스크와 백신이라는 비교적 손쉬운 대책이 있었던 코로나 사태에서도 이런 시행착오가 불가피했다고 치면, 저자의 말마따나 수많은 부동산과 기반 시설의 존폐 여부와 권리 주장이 달린 해수면 상승 사태의 대응을 둘러싼 진통은 훨씬 더 클 것이다.

다만 코로나 사태를 통해서 얻게 된 긍정적인 교훈도 몇 가지 생각해 볼 수 있다. 우선 "해수면 상승은 절대 없을 것이다."라는 식의 부정론, 또는 낙관론은 앞으로 힘을 잃게 될 것이다. 불과 수년 전만 해도 지금의 코로나 사태를 아무도 상상 못 했을 터이니, 향후 수년 뒤에 해수면 상승이나 또 다른 재난이 절대 없으리라고는 더 이상 누구도 장담하지 못할 테니까.

아울러 지구온난화에 대한 해법으로서 대규모 셧다운의 실현 가능성이다. 마크 쿨란스키는 『대구』에서 역사상 가장 중요한 어종 가운데 하나의 남획을 비판하며, 향후 그 개체수가 회복되려면 전면적인 조업 중단을 통해 자연에 회복 시간을 줘야 한다고 주장한 바 있다.● 그러면서 제2차 세계대전 동안 조업 중단으로 대구의 개체수가 늘어났던 사례를 예로 들었다. 수년 전에 이 주장을 접했을 때는 제아무리 전쟁이 또 일어나도 지구촌이 멈춰 설 일이 과연 있겠나 싶었는데, 코로나 사태의 초기에 일부 지역에서 실제로 그런 일이 벌어진 것을 보니 놀랄 수밖에 없었다. 실제로 전면 셧다운이 실시된 일부 국가에서는 공기 질이 급격히 좋아지는 등의 가시적인 효과가 드러나며 환경문제의 중요성을 환기시키기도 했다.

물론 코로나 사태가 항상 환경문제에 유리하게만 돌아가지는 않을 것이다. 비대면 생활 방식이 보편화되며 에너지 소비와 일회용품 사용이 급증한 것만 보아도, 또 다른 고민거리가 늘었다고 봐야 맞을 것이다. 다만 우리로서는 자발적이 아니라 강제적으로나마 잠시 쉬어 가는 처지가 된 마당에, 미래를 한 번쯤 진지하게 생각할 시간을 얻었다는 점이 중요할 것이다.

'과연 예전으로 돌아갈 수 있을까?' 이런 의문을 누구나 떠올려 보았을 정도로, 코로나 사태는 과거와의 급격한 단절을 상징하는 역

● 『대구』(마크 쿨란스키 지음, 박중서 옮김, 알에이치코리아, 2014)

사적인 사건이 되었다. 따라서 '새로운 표준'과 '코로나 이후'에 대한 논의 과정에서 해수면 상승과 지구온난화 같은 환경문제에 대해서도 진지한 논의가 있어야 할 것이다. 이 책에 나와 있듯이, 좋건 싫건 간에 물은 몰려올 것이니까.

2021년 11월
박중서

인명 찾아보기

찾아보기

내용 찾아보기

북트리거 포스트

북트리거 페이스북

물이 몰려온다

높아지는 해수면, 가라앉는 도시, 그리고 문명 세계의 대전환

1판 1쇄 발행일 2021년 11월 15일

지은이 제프 구델
펴낸이 권준구 | **펴낸곳** (주)지학사
본부장 황홍규 | **편집장** 윤소현 | **팀장** 김지영 | **편집** 양선화 박보영 이인선
기획 책임편집 김지영 | 표지 **디자인** 정은경 디자인 | **본문 디자인** 이혜리
마케팅 송성만 손정빈 윤술옥 이혜인 | **제작** 김현정 이진형 강석준 방연주
등록 2017년 2월 9일(제2017-000034호) | **주소** 서울시 마포구 신촌로6길 5
전화 02.330.5265 | **팩스** 02.3141.4488 | **이메일** booktrigger@naver.com
홈페이지 www.jihak.co.kr | **포스트** http://post.naver.com/booktrigger
페이스북 www.facebook.com/booktrigger | **인스타그램** @booktrigger

 ISBN 979-11-89799-61-8 (03330)

북트리거

트리거(trigger)는 '방아쇠, 계기, 유인, 자극'을 뜻합니다.
북트리거는 나와 사물, 이웃과 세상을 바라보는 시선에 신선한 자극을 주는 책을 펴냅니다.